일본어의 어휘와 문법습득 연구

— 일본어교육학의 관점을 중심으로 —

천호재 著

일본어의 어휘와 문법습득 연구

일본어교육학의 관점을 중심으로

천호재 著

어문학사

|서언|

제4차 산업혁명의 시대를 맞이한 대한민국의 현대사회는 사회 전반에 걸쳐 각 영역들을 융합하려는 양상을 보이고 있다. 인터넷, 클라우드, 빅데이터, 인공지능 등으로 대표되는 첨단기술의 발달로 이러한 사회적 추세는 앞으로도 더더욱 가속화될 것으로 전망된다.

이러한 사회적 추세를 미리 예견하기라도 하듯, 최근 일본어교육학이라는 학문분야가 부상하고 있다. 일본어교육학이란 예를 들어 <일본어 연구(일본문학, 역사, 경제, 문화 등등)-일본어교육-일본사정>에서 보듯 각 영역의 연구가 일본어교육과 일본사정의 이해로 연계되도록 연구하려는 학문분야이다(제1장 서론 참조). 본서는 바로 이러한 일본어교육학의 관점에서 일본어 어휘와 문법습득을 연구한 것이다. 일본어 어휘와 문법 그 자체의 연구가 최종 목적이 아닌, <어휘-문법-일본어교육-일본사정>의 연계를 지향하며 집필된 연구서라는 데에 있다. 예를 들어 본서는 어휘 연구로 말하면 일본어 어휘의 특징을 해명하는 데에 끝나지 않고, 어휘 교육과 어휘를 통한 일본사정의 이해로 귀결되도록 하는 데까지 연구 시야를 넓혔다는 점에 그 특징이 있다.

일본어교육과의 연계를 전혀 고려하지 않고 순수하게 일본어학이나 일본문학, 일본사정 등, 특정 분야를 전문적으로 연구해온 연구자들에게는 이러한 본 저자의 연구 자세가 다소 생소하게 느껴질지도 모른다. 그러나 사회전반에 걸쳐 각 영역의 긴밀한 연계와 융합이 요구되는 오늘날의 현실을 감안한다면 본서의 출현을 더 이상 외면만 하고 있을 수 없는 시대가 되어 버렸다.

본서는 총 11편으로 구성이 되어 있는데 신규 작성한 것도 있는가 하면, 본 저자의 논문과 학회 발표요지문을 수정 및 가필한 것도 있다. 수정 및 가필한 장의 내용은 기존의 발표한 논문과는 크게 다르지는 않으며, 발표요지문의 내용은 대폭으로 수정 및 가필을 하였다. 구체적으로 정보를 제시하면 다음과 같다.

서론-신규 작성

제1장 千昊載(2019)「日本の飲食名の統語構造」『日本語文学』84, pp.273-298, 日本語文学会+가필

제2장 千昊載(2018)「연어(連語)에 기반한 엔카(演歌) 가사 분석」『日本語文学』82, pp.273-298, 日本語文学会.

제3장 신규 작성

제4장 千昊載(2018)「日本語学と天文学」『言語学論集』27, pp.31-57, 東北大学言語学研究会.

제5장 천호재(2018)「일본어학과 해탈」『한국일본어학회 제38회 국제학술발표대회』한국일본어학회 발표요지문(4매)+가필

제6장 천호재(2018)「일본어학과 전쟁」『대한일어일문학회 제61회 국제학술대회』대한일어일문학회 발표요지문(4매)+가필

제7장 신규 작성

제1부의 결론 신규 작성

제8장 천호재(2013)「한국인 일본어 학습자의 수수표현 습득 양상」『日語日文学』57, pp.217-232, 大韓日語日文学会 + 수정 및 가필, 천호재(2017)「한국인 일본어 학습자의 수수표현 습득-일본원어민과의 비교-」『2017년 한국일어일문학회 동계국제학술대회』발표요지문(4매) + 가필

제9장 천호재(2013)「한국인 일본어 학습자의 수동문 습득 양상」『2013년 한국일어일문학회 춘계국제학술대회』발표요지문(4매) + 가필

제10장 천호재(2018)「JLPTN1文法領域の指導・学習戦略」『韓国日語教育学会・言語文化教育研究学会(日本)共同開催 2018年度第34回冬季国際学術大会』발표요지문(4매) + 가필

제11장 천호재(2014)「스토리텔링을 활용한 문법교육」『2014년 한국일어일문학회 춘계국제학술대회』발표요지문(4매) + 가필

제2부의 결론 신규 작성

본 저자가 일본어교육학연구에 관심을 가진 지가 어느덧 10여년이 흘렀다. 일본어교육학적인 연구에 대한 일부 연구자들의 몰이해에 서운한 적도 많았지만, 그래도 꿋꿋하게 연구 성과가 나름의 결실을 맺어 이번에 이렇게 저서를 출간하게 되어 매우 기쁘다. 미미하지만 본서가 금후 일본어학연구와 일본어교육학 연구에 일조를 할 수 있었으면 하고 바라 마지 않는다.

본서의 가치를 알아봐주시고 세상에 얼굴을 내밀 수 있었던 것은 어문학사 윤석전 사장님 덕택이다. 그리고 원고의 정리에서 편집, 제본, 표지

제작에 이르기까지 많은 수고로 힘써 주신 편집부에 심심한 감사를 드린다.

2020.06

저자 천호재

차례

제2부 | 문법습득

서론

1. 이론적 배경과 본서의 목적

서언 부분에서 언급한 바와 같이 본서는 일본어교육학의 관점에서 일본어 어휘와 문법습득을 연구한 실천서이다. 일본어교육학이란 말 그대로 일본어교육을 연구하는 학문분야이다. 일본어교육학은 비교적 최근에 태동한 학문분야로 시대 상황에 맞게 일본어를 포함한 각 학문 영역을 어떻게 합리적이고 효율적으로 가르칠 것인가, 나아가 고유의 학문영역을 어떻게 연계를 지어 가르칠 것인가를 연구하는 데에 목표를 두고 있다.

일본어교육학은 크게 일본어(문학, 종교, 역사, 문화 등) 그 자체에 관한 연구, 일본어 학습자에 관한 연구, 일본어교육(일본어학)과 사회와의 상호관계 연구로 나뉜다. 일본어 그 자체의 연구는 일본어의 음성, 음운, 형태, 통사 등의 구조와 기능을 해명하는 데에 중점을 둔다. 일본어 학습자에 관한 연구는 일본어 학습자들의 습득 양상을 연구한다. 일본어교육과 사회와의 상호관계 연구는 일본어교육과 사회와의 연계 가능성을 연구한다. 일본어교육학은 이들 세 가지 영역을 독립된 영역으로 인정하며 그 교수법을 연구하는 한편, 각 영역을 서로 어떻게 연계를 지어 가르칠지를 연구한다(cf. 혼다 히로유키 외(本田弘之, 2006: 15-66)). 더 자세히 말하면 일본어교육학은 각 학문영역을 독립된 영역으로 인정하면서 각 영역들을 어떻게 일본사정(정치, 경제, 사회, 문화 등등)의 이해로 확장을 도모할 수 있을 것인가를 염두에 둔 학문영역이다. 따라서 일본어교육학은 각 영역의 이론→교육→일본사정의 이해로의 확장으로 열린 학문적 자세를 지향하는 학문 분야라고 할 수 있다. 이러한 일본어교육학적 연구 자세를 철저히 취한 연구가 있는데 대표적인 연구로 가바야 히로시(蒲谷宏, 2012) · 호소카와 히데오(細川英雄)의 연구를 들 수 있다. 그들은 먼저 일본어교육에서 말하는 일본어의 의미를 묻는 언어관의 문제, 일본어를 가르치는 것, 배운다는 것의 의미, 나아가 일본어 연구, 일본어교육과 일본어교육의 연구(일본어를 어떻게 가르치느냐를 연구하는 것)를 구분지지 않고 아예 한 덩어리로 동일시해 버린다. 예를 들어 일본어 연구가 있어야 일본어교육이 있다든지, 일본어 연구와 일본어교육은 별개라는 사고방식은 존재하지 않는다. 즉 일본어교육을 실천하는 것 자체가 일본어를 연구하는 것이고, 그 반대도 성립한다. 가바야 히로시(蒲谷宏, 2012) · 호소카와 히데오(細川英雄)는 각 영역의 연구→일본어교육의 실천→일본 사회, 제도, 정치 등의 일본사정의 이해로의 확장을 늘 염두에 두고 있다.

가바야 히로시(蒲谷宏, 2012) · 호소카와 히데오(細川英雄)의 연구 방식은 언어의 본질을 매우 혁신적이면서도 솔직담백하게 바라보고 있다고 생각된다. 왜냐하면 일본어 학습자는 일본어 자체를 학습하는 것에만 목적을 두지 않기 때문이다. 즉 일본어 학습자는 일반적으로 현재 학습하고 있는 일본어를 미래의 삶을 영위해나가기 위한 생존수단으로 삼는다. 또 일본어 학습자가 학습하는 일본어 속에는 늘 일본사정(정치, 경제, 사회, 문화)이라는 정보가 들어 있기 때문에 일본어 학습이 매개체가 되어 다양한 분야의 일본사정의 이해로 시야를 확장해 나갈 가능성이 늘 내재되어 있다. 따라서 일본어교육학이라는 학문 카테고리는 다양한 학문영역을 하나로 묶을 수 있는 훌륭한 수단이 될 수 있다. 그렇다고 해서 이 말이 일본어교육학이 고유의 학문영역을 인정하지 않는다는 것은 아니다. 앞에서 언급한 바와 같이 일본어교육학은 <각 학문영역의 연구→교육→일본사정>과 같이 각 학문 영역의 독립성과 결속을 유지하며 다양한 영역의 이해로 확장해 나갈 수 있도록 하는 플랫폼의 역할을 한다.

이에 본서에서는 이와 같은 일본어교육학적 이념에 근거하여 <일본어(어휘 및 문법)-일본어 학습자-일본사정(정치, 경제, 사회, 문화 등등)>과의 연계를 염두에 둔 연구 성과를 제시하고자 한다. 미흡한 점이 많이 있지만 이러한 본 저자의 연구 성과가 작은 밑거름이 되어 나날이 변모해가는 일본어교육 환경의 개선에 미미하나마 이바지하길 바라 마지않는다.

2. 본서의 구성

본서는 제2부 11장으로 구성되어 있다. 제1부는 일본어 어휘에 관련한 연구이다. 제1부는 일본어 학습자들이 일본어 어휘를 막연히 이해하는 데에서 머무르지 않고, 특정 분야에 관련한 어휘의 제시→일본어교육→일본사정의 이해로 귀결될 수 있도록 하는 데에 그 목적이 있다. 제1장은 일본음식명(스시명, 우동명, 라멘명, 모치명, 와가시(和菓子)명)의 통사적 특징을 고찰한 것이다. 이를 통해 일본음식과 음식명의 메커니즘, 나아가 일본인들의 일본음식에 대한 명명의식을 이해할 수 있을 것으로 기대된다. 제2장은 일본의 엔카(演歌) 가사에 나타난 연어(連語)와 문화어의 특징을 고찰한 것이다. 이를 통해 엔카 가사에 드러난 일본인들의 정신문화를 이해할 수 있을 것으로 기대된다. 제3장은 일본동요에 나타난 어휘의 의미적 특징을 고찰한 것이다. 이를 통해 일본동요에서 나타나는 자연관과 세계관을 이해할 수 있을 것으로 기대된다. 제4장은 일본어 과학어휘 중에서 천문학 용어에 주목하여 천문학 용어의 음절, 천문학 용어의 표기 자종, 복합명사 형식을 취하는 천문학 용어의 통사구조, 천문학 용어의 레토릭적 특징을 고찰한 것이다. 이를 통해 일본사정과 천문학의 우주관을 어느 정도 이해할 수 있을 것으로 기대된다. 제5장은 일본어의 종교어휘 중에서 불교 용어에 주목하여 불교 용어의 음절, 불교 용어의 표기 자종, 복합명사 형식을 취하는 불교 용어의 통사구조, 불교 용어의 레토릭적 특징을 고찰한 것이다. 이를 통해서 불교에서 추구하는 인간의 해탈이 어떻게 일본어학적으로 구현되는지를 이해하는 데에 도움이 될 것으로 기대한다. 제6장은 일본어의 전쟁 관련 어휘 중에서 군함명에 주목하여 군함명의 음절, 군함명의 표기 자종, 군함명의 레토릭적 특징을 고찰한 것이다. 이를 통해 각 군함별로 어떠한 명명의 메커니즘이 작동하였는지를 살펴봄으로써 제2차세계대전 당시의 일본사정(해군)을 다소 이해할 수 있으리라 기대한다. 제7장은 정치 관련 일본어 어휘를 순수 일본어, 한어, 외래어, 혼종어로 분류한 뒤, 한국의 정치 관련 어휘와 비교하는 방식으로 고찰한 것이다. 이를 통해 일본어 학습자들이 일본어 번역과 어휘습득에서 발생하는 문제점과 편견을 인식할 수 있는 작은 이슈가 부각되리라 기대한다. 제7장 다음으로는 제1부의 결론을 제시하였다.

제2부는 일본어 문법습득에 관한 연구이다. 제2부에서 본 저자는 일본어 학습자들이 일본어문법을 막연히 이해하는 데에서 머무르지 않고, 일본어 학습자의 문법습득의 양상, 문법습득의 심리적 좌표, 문법항목의

학습전략, 스토리텔링을 활용한 학습방안 등을 이해하고자 하였다. 제8장은 일본어 학습자들의 수수표현 습득 양상, 즉 수수표현에 연결된 동사 습득 양상, 수수표현의 격 의미습득 양상, 의미 구조적 타입의 양상들을 살펴본 뒤, 다시 이들 양상들을 일본 원어민들의 운용 양상과 비교하는 방식으로 고찰한 것이다. 제9장은 일본어 수동구문의 형태적 특징, 의미적 특징에 의거하여 일본어 학습자들의 수동구문 습득 양상을 고찰한 것이다. 이를 통해 일본어 교수자(교수, 강사, 교사)들이 일본어 학습자들의 학습 진행 상황을 파악할 수 있는 안목을 가질 수 있도록 하였다. 제10장은 제2언어습득 이론에 의거하여 일본어 학습자들의 문법항목 학습에 바람직한 학습전략을 제시하고 그 전략의 효과를 직접 측정하는 방식으로 고찰한 것이다. 이 고찰을 통해서 일본어 교수자들이 학습자들의 문법항목 지도에 유연하게 대처할 수 있을 것으로 기대한다. 제11장은 스토리텔링의 방식을 통한 일본어 문법항목의 교수 방법을 제시한 것이다. 문법항목을 지식 정보의 차원이 아닌 감성의 차원으로 변환하여 지도를 하면 해당 문법항목의 장기기억화가 용이해질 수 있을 것으로 기대한다. 제11장 다음에는 제2부의 결론을 제시하였다.

<서론의 참고문헌>

가바야 히로시(蒲谷宏, 2012)·호소카와 히데오(細川英雄)『日本語教育学序説』朝倉書店, pp.1-142.

구라치 아케미 편집(倉地暁美, 2006)『講座·日本語教育学-第5巻 多文化間の教育と近接領域』スリーエーネットワーク, pp.1-239.

다와타 신이치로 편집(多和田眞一郎, 2006)『講座·日本語教育学-第6巻 言語の体系と構造』スリーエーネットワーク, pp.1-263.

모가바야 히로시(蒲谷宏, 2012)·호소카와 히데오(細川英雄)『日本語教育学序説』朝倉書店, pp.1-142.

모치즈키 미치코(望月通子, 2003)『日本語教育学の新視座-日本語教育·国語教育·英語教育のインターフェイス』関西大学出版部, pp.1-189.

미즈마치 이사오 편집(水町伊佐男編集, 2005)『講座·日本語教育学-第4巻 言語学習の支援』スリーエーネットワーク, pp.1-250.

사코다 구미코 편집(迫田久美子, 2006)『講座·日本語教育学-第3巻 言語学習の心理』スリーエーネットワーク, pp.1-292.

아오키 나오코(青木直子, 2001)·오자키 아키토(尾崎明人)·도키사토시(土岐哲)編『日本語教育学を学ぶ人のために』世界思想社, pp.1-251.

야마우치 스스무 편저(山内進編著, 2003)『言語教育学入門』大修館書店, pp.1-305.

오카자키 요조(岡崎洋三, 2003)·니시구치 코이치(西口光一)·야마다 이즈미(山田泉)『人間主義の日本語教育』凡人社, pp.1-313.

요시다 야스오(吉田弥寿夫, 1991)『日本語教育論集-日本語教育の現場から』学研, pp.1-318.

일본어교사독본 편집부편(日本語教師読本編集部編, 1989)『日本語教育入門用語集』アルク, pp.1-187.

혼다 히로유키 외(本田弘之, 2006)『日本語教育学の歩き方』大阪大学出版会, pp.1-294.

K·ジョンソン·H·ジョンソン編(1998)[岡秀夫監訳(1999)]『外国語教育学大辞典』大修館書店, pp.1-502.

1부

어휘 편

제1장

일본음식 어휘의 통사적 특징

-스시, 우동, 라멘, 소바, 모치, 와가시(和菓子)명을 중심으로-

日本語要旨

本章は寿司、うどん、ラーメン、そば、餅、和菓子などに代表される日本の庶民飲食名の統語構造の共通点と相違点を明らかにしたものである。まず共通点としてはA(前項名詞)がB(後項名詞)の一部と解釈される飲食名、AがBの主体と解釈される飲食名、AがBの対象と解釈される飲食名、AがBの原因及び理由と解釈される飲食名、BがAの性質を表すと解釈される飲食名は存在しないことが挙げられる。相違点としてはAとBが指す範囲がそれぞれ異なると解釈される飲食名の中で和菓子名の割合が最も高いこと、うどん名、ラーメン名、そば名に限ってAがBの道具・手段と解釈されること、AがBの材料(食材)と解釈される飲食名の中で寿司名の割合が最も高いこと、AがBの場所と解釈される飲食名の中でラーメン名の割合が最も高いこと、AがBの時間を表すと解釈される飲食名の中でうどん名の割合が最も高いことが挙げられる。これらの相違点や共通点は究極的に日本人の飲食名に対する命名意識の表れであり、同時に特異性でもある。最後には日本人の飲食名に対する特異性を知るために韓国の飲食名を比較・考察した。

키워드: 일본음식명(日本飲食名), 일본의 서민음식(日本の庶民飲食), 통사구조(統語構造), 명명(命名)

1.1 시작하며

낫토우동(納豆うどん), 니쿠우동(肉うどん), 다누키우동(たぬきうどん), 기쓰네우동(きつねうどん), 쓰키미우동(月見うどん)은 표면적으로 모두 전항명사(A)와 후항명사(B)의 구조를 지니는 복합동사이다. 즉 낫토우동(納豆うどん), 니쿠우동(肉うどん), 다누키우동(たぬきうどん), 기쓰네우동(きつねうどん), 쓰키미우동(月見うどん) 등의 음식명을 A와 B로 나타내면 納豆(A)+うどん(B), 肉(A)+うどん(B), たぬき(A)+うどん(B), きつね(A)+うどん(B), 月見(A)+うどん(B)으로 나타낼 수 있다. 이들 우동명은 동일한 구조를 지니고 있는 것처럼 보이지만 실은 각각 다른 통사구조(문법관계)를 지닌다. 낫토우동과 니쿠우동은 각각 낫토와 니쿠(고기)가 들어간 우동이지만, 다누키우동과 기쓰네우동에는 너구리고기와 여우고기가 들어가 있지 않다. 또 쓰키미우동에 달이 들어가 있지 않은 것을 보면 음식명이 반드시 식재를 기반으로 명명되는 것은 아닌 듯하다. 이는 한국의 음식명에서도 찾아볼 수 있다. 한국의 돼지국밥에는 돼지고기가, 뼈다귀곰탕에는 돼지뼈나 소뼈가 들어가 있다. 그러나 할머니뼈다귀곰탕에는 할머니 뼈다귀가, 어머니곰탕에는 어머니가, 할머니내장탕에는 할머니 내장이 들어가 있지 않는 것을 보면 음식명이 반드시 식재를 기반으로 명명되는 것은 아닌 것 같다.

이것은 모두 음식명이 동일한 복합명사의 구조를 취하지만 심층적으로 A의 위치에 오는 문법적 경로가 다르다는 것을 의미한다.

복합명사는 오랜 세월을 거쳐 거의 100% 그 구조가 해명되었다고 해도 결코 과언이 아니다(cf. 스즈키 시게유키(鈴木重幸, 1987), 가게야마 타로(影山太郎, 1997)·유모토 요코(湯本陽子), 시로타 순(城田俊, 2002)). 그래서 복합명사의 내부구조를 분석한 선행연구의 지견을 통해서 일본음식명도 분석이 가능할 것으로 생각된다. 그러나 본 장의 분석은 선행연구의 연구적 성과를 근거로 일본음식명의 문법적 특징(통사적 특징)을 유형화하였으며 나아가 일본음식명을 통해 일본인들의 명명원리 혹은 명명의 심리를 들여다 볼 수 있다는 점에서 선행연구와는 구별된다. 따라서 본 장의 분석은 오로지 복합명사의 내부구조에만 초점을 둔 선행연구가 지향하는 바와 근본적으로 목적을 달리한다고 할 수 있다.

본 장의 목적은 세 가지이다. 첫째, 일본을 대표하는 대표적인 서민음식명인 스시명, 우동명, 라멘명, 소바명, 모치명, 와가시명의 통사구조를 유형화하는 것이다. 이것에서 선행연구에서는 볼 수 없었던 음식명에 내재된 통사구조의 전모가 드러날 것으로 기대한다. 둘째, 일본음식명의 통사구조를 유형화함으로써 각 음식명의 통사구조가 어떤 점에서 공통점을, 어떤 점에서 차이점을 지니는지를 살펴볼 것이다. 이를 통해서 일본인들의 음식명에 대한 명명의 심리와 일본사정(일본음식)의 이해로 지적 확장성이 실현될 것으로 기대한다. 마지막으로, 일본인과 한국인들의 음식에 대한 명명원리를 비교 고찰하는 것이다.

1.2 분석의 도구

A+B의 구조를 지니는 일본 음식명을 분석하기 위해서는 어느 정도 검증된 객관적 도구가 필요하다. 그래서 본 장에서는 선행연구에서 밝혀진 A+B의 통사관계를 분석의 도구로 삼고자 한다. 이하의 절에서 제시하는 예는 모두 아키모토 미하루(秋元美晴, 2002:86-87)에서 인용한 것이며 설명은 본 저자의 사견을 덧붙이는 방식을 따랐다.

우선 첫째로 A가 B의 일부로 해석되는 복합명사가 있다. 예를 들어 「父親, 雄鶏, かざり物, 象形文字」 등을 들 수 있다. 「父親(부친)」의 「父(부)」는 부모의 일부이다. 「雄鶏(수탉)」는 닭(암탉, 수탉)의 일부이다. 「かざり物(장식물)」는 세상에 존재하는 많은 사물 중의 하나이다. 「象形文字(상형문자)」는 전세계의 언어가 지니는 다양한 문자 중의 하나이다.

둘째, A와 B가 가리키는 범위가 다른 복합명사가 있다. 예를 들면 「うずらまめ, 歌姫, 鬼瓦, 花吹雪, 舌鼓」 등이 그 예이다. 「うずらまめ(넝쿨강낭콩)」의 A(うずら)는 메추리알이고 B(まめ)는 콩인데, 자세히 보면 A와 B 사이의 아무런 유연관계가 없음을 알 수 있다. 「歌姫(가희)」의 경우 A(歌)는 노래를 가리키고, B(姫)는 고귀한 신분의 여성을 가리키므로 지시 범위가 전혀 다르다. 「鬼瓦(도깨비기와), 花吹雪(꽃보라), 舌鼓(입맛을 다심)」의 경우도 A와 B가 서로 다른 범위를 지시하고 있는 것을 알 수 있다.

셋째, A가 B의 주체(주어)로 해석되는 복합명사가 있다. 예를 들어 「学級崩壊, 学歴低下, 企業合併」 등을 들 수 있다. 구체적으로 언급하면 「学級崩壊(학급붕괴)」는 「学級が崩壊する(학급이 붕괴하다)」가 줄어서 형성된 복합명사이다. 「学力低下(학력저하)」는 「学力が低下する(학력이 저하하다)」가, 「企業合併(기업합병)」는 「企業が合併する(기업이 합병하다)」가

줄어서 형성된 복합명사이다. 모두 A가 B의 주체라는 점에서 공통점을 지닌다.

넷째, A가 B의 대상, 즉 목적어인 경우에도 복합명사가 성립한다. 대표적인 예로「大学受験, 教育改革, 環境破壊」 등을 들 수 있다.「大学受験(대학수능)」은「大学を受験する(대학수능을 치다)」,「教育改革(교육개혁)」은「教育を改革する(교육을 개혁하다)」,「環境破壊(환경파괴)」는「環境を破壊する(환경을 파괴하다)」가 각각 줄어서 형성된 복합명사이다. A가 ヲ격을 취하면서 목적어의 역할을 하고 있다는 점에서 공통점을 지닌다.

다섯째, A가 B를 하기 위한 도구 및 수단으로 해석되는 복합명사가 있다. 대표적인 예로는「電話連絡, インターネット販売, 電子取引」 등을 들 수 있다.「電話連絡(전화연락)」는「電話で連絡する(전화로 연락하다)」가,「インターネット販売(인터넷판매)」는「インターネットで販売する(인터넷으로 판매하다)」가,「電子取引(전자거래)」는「電子で取引する(전자로 거래하다)」가 줄어서 형성된 복합명사이다. A가 デ격명사이며, 도구 혹은 수단으로 해석된다는 공통점을 확인할 수 있다.

여섯째, A가 B의 재료로 해석되는 복합명사가 있다. 예를 들어「竹笛, 紙袋, 金づち」 등을 들 수 있다.「竹笛(대나무피리), 紙袋(종이주머니), 金づち(쇠망치)」에서 전항요소「竹(대나무), 紙(종이), 金(쇠)」가 모두 후항요소「피리(笛), 봉투(袋), 망치(つち)」의 재료로 해석이 된다고 하는 공통점을 확인할 수 있다.

일곱 번째, A가 B의 원인 및 이유로 해석되는 복합명사가 있다. 예를 들어「事故死, 麻薬中毒, ガンノイローゼ」 등이 있는데,「事故死(사고사)」는 사고가 원인이 되어 사망하는 것을,「麻薬中毒(마약중독)」는 마약이 원인이 되어 중독이 된 것을 말한다.「ガンノイローゼ(암노이로제)」는

암이 원인이 되어 노이로제를 일으키는 것을 말한다.

여덟 번째, A가 B의 장소로 해석되는 복합명사가 있다. 예를 들어 「山道, 海蛇, 裏長屋」 등을 들 수 있다. 「山道(산길)」는 산에 난 길을, 「海蛇(바다뱀)」는 바다에 사는 뱀을, 「裏長屋(연립주택)」는 뒷골목에 위치한 연립주택을 의미한다.

아홉 번째, A가 B의 시간(시점)을 나타내는 경우에도 복합명사가 성립한다. 예를 들어 「春風, 朝ごはん, 新年会」 등을 들 수 있다. 「春風(봄바람)」는 봄이라는 계절(시점)에 부는 바람을, 「朝ごはん(아침밥)」은 아침이라는 시점에 먹는 밥을, 「新年会(신년회)」는 새해라는 시점에 가지는 모임을 각각 의미한다.

마지막으로 B가 A의 성질을 지니는 것으로 해석되는 복합명사가 있다. 예를 들어 「親心, 猿芝居, 女坂」 등을 들 수 있다. 「親心(부모의 마음)」에서 B(心)는 A(親)에 내재된 성질을 나타낸다. 「猿芝居(얕은꾀)」에서 B(芝居)는 A(猿)가 지닌 성질, 즉 교묘하지 못한 서툰 성질, 금방 간파되는 얕은꾀를 나타낸다. 「女坂」에서 후항요소 B(坂)는 A(女)에 내재된 성질, 부드럽고 유연한 성질을 나타낸다. 따라서 「女坂」는 경사가 완만한 비탈길을 일컫는다.

이상, 살펴본 것처럼 복합명사는 모두 A+B라는 동일구조를 지니는 것처럼 보여도 A와 B 사이에 다양한 문법관계가 존재하는 것을 알 수 있었다. 즉 다양한 통사적 경로를 거쳐 복합명사가 형성되는 것을 알 수 있었다.

1.3 전항명사(A) + 후항명사(B)의 범위

1.2절에서 본 복합명사는 예를 들면「歌姬, 鬼瓦, 舌鼓」와 같이 A와 B가 각각 하나의 문자(단일어)로만 구성된 것은 아니다. 즉 이미 본 것처럼「裏長屋, 電子取引」와 같이 A가 1문자, B가 2문자인 경우도 있다. 또한「インターネット販売, ガンノイローゼ」와 같이 A 혹은 B에 외래어가 오는 경우도 있다. 그럼에도 불구하고 한자 수나 어종에 관계없이 A와 B로 구분할 수 있는 것은 각각 독립된 어기를 복합명사에서 추출할 수 있기 때문이다.

그런데「日本語専門分野テキストコーパス」에서 보듯 A와 B를 지정하기가 용이하지 않은 경우가 있다. 왜냐하면「日本語専門分野テキストコーパス」는「日本語 + 専門 + 分野 + テキスト + コーパス」에 보듯 5개의 명사로 성립된 것을 볼 수 있기 때문에 무엇을 A로, 무엇을 B로 지정해야 할지를 결정하기가 어렵다. 그러나 방법이 전혀 없는 것은 아니다.

우선 A와 B의 지정을 위해 간단한 예부터 살펴보도록 하자.「英語教育学会」는「(英語＋教育) + 学会」로 분해된다.「英語」와「教育」는 각각 단일어이기 때문에「英語(A) + 教育(B)」으로 지정할 수 있다. 그런데 이것이 나중에「英語教育」로 복합명사「英語教育(A)」가 되고 다시「学会(B)」가 결합하여 마침내「英語教育学会」라는 복합어가 완성된다. 이러한 생각을 적용하면 우선「日本語専門分野テキストコーパス」는「日本語 + 専門 + 分野 + テキスト + コーパス」와 같이 우선 5개로 분해할 수 있다. 그다음에는「日本語 + (専門分野) + テキスト + コーパス」로, 그다음에는「(日本語 + (専門分野)) + テキスト + コーパス」, 그다음에는「(日本語専門分野) + (テキスト) + コーパス」, 또 그다음에는「日本語専

門分野テキスト(A) + コーパス(B)」가 되어, 마침내 「日本語專門分野テキストコーパス」라는 복합어가 완성되는 것으로 생각할 수 있기 때문에 아무리 복잡한 복합어라도 A와 B를 지정하는 것이 전혀 불가능하다고는 할 수 없다.

이하의 절에서는 이상에서 제시한 복합명사의 통사구조를 근거로 일본음식명(스시명, 우동명, 라멘명, 소바명, 모치명, 와가시명)의 통사구조를 유형화하고자 한다. 이하에서 제시하는 각 일본음식명은 모두 천호재(2015)에서 인용한 것이다.

1.4 분석에 들어가기 전에

1.2절에서 제시한 복합명사 A와 B의 통사관계를 음식명에 적용하여 어떠한 유형을 확인할 수 있는지를 살펴보기 전에 음식명에 A와 B의 지정에 대해 잠시 생각해 보자. 이미 1.3절에서 살펴본 것처럼 복합명사의 통사관계는 간단한 것이라도 복잡한 것이라도 A + B로 분해되는 것을 알 수 있었다.

그러나 문제가 그리 간단한 것만은 아니다. 왜냐하면 1개의 음식명이 1개 이상의 통사관계를 지니는 것으로 보아야 하는 것도 제법 존재하기 때문이다. 예를 들면 스시명 중에는 「助六寿司」와 같이 A에 해당하는 단일어가 하나만 있는 경우도 있지만 「軍艦蟹マヨ巻き寿司」에서 보듯 A(軍艦蟹マヨ巻き)에 해당하는 전항명사가 복수 존재하는 경우도 있기 때문이다. 즉 「軍艦(A)蟹マヨ巻き寿司」에서 보듯 「軍艦」에 A를 지정하느냐, 「軍艦蟹マヨ(A)巻き寿司」에서 보듯 「蟹マヨ」에 A를 지정하느냐, 「軍艦蟹マヨ巻き(A)寿司」에서 보듯 「巻き」에 A를 지정하느냐에 따라 복합명사의 통사관계가 제각각 달라져 버린다. 즉 「軍艦(A)」에 주목하면 A와 B(寿司)의 지시 범위가 다른 것으로 해석된다. 「蟹マヨ(A)」에 주목하면 A는 B의 재료(식재)로 해석된다. 「巻き(A)」에 주목하면 A는 B의 시간을 나타내는 것으로 해석된다(후술한다.).

본 장에서는 326개의 스시명, 118개의 우동명, 112개의 라멘명, 154개의 소바명, 194개의 모치명, 415개의 와가시명해서 모두 1,391개의 음식명을 고찰의 대상으로 하였는데, A 지정의 불규칙성을 고려한 결과, 고찰의 대상 수가 모두 1443개(스시명(366개), 우동명(119개), 라멘명(121개), 소바명(161개), 모치명(208개), 와가시명(468개))였음을 미리 밝혀둔다.

1.5 스시명의 통사구조

그러면 이 절에서는 스시명의 통사구조를 살펴보겠다. 결론을 먼저 제시하면 스시명의 통사구조를 유형화하면 다음의 〈표1〉과 같다.

<표1> 스시명의 통사구조와 유형

통사관계	①	②	③	④	⑤	⑥	⑦	⑧	⑨	⑩
스시명	0%	11%	0%	0%	0%	75%	0%	1%	13%	0%

〈표1〉을 보면 우선 A가 B의 일부로 해석되는 스시명은 존재하지 않는 것을 알 수 있다. 둘째, A와 B가 가리키는 범위가 다른 스시명이 11%를 차지하는 것으로 나타났다. 예를 들면(각각 밑줄 친 부분이 A, B이다. A와

B가 각각 1개씩 있는 스시명은 밑줄을 치지 않았다.) 「군함게마요네즈말이스시(軍艦蟹マヨ巻キ寿司), 군함게샐러드말이스시(軍艦蟹風サラダ巻キ寿司), 군함날치알말이스시(軍艦トビコ巻キ寿司), 군함낫토말이스시(軍艦納豆巻キ寿司), 군함단새우스시(軍艦甘海老寿司), 군함단새우말이스시(軍艦甘海老巻キ寿司), 군함대구마요네즈말이스시(軍艦タラマヨ巻キ寿司), 군함말이스시(軍艦巻き寿司), 군함파참치스시(軍艦ネギマグロ寿司), 군함미트볼말이스시(軍艦ミートボール巻キ寿司), 군함시샐러드말이스시(軍艦シーサラダ巻キ寿司), 군함옥수수말이스시(軍艦コーン巻キ寿司), 군함생선지느러미뼈살냉이고추말이스시(軍艦エンガワワサビ巻キ寿司), 군함참치단무지스시(軍艦マグタク寿司), 군함참치샐러드말이스시(軍艦ツナサラダ巻キ寿司), 군함참치야마가케말이스시(軍艦マグロ山カケ巻き寿司), 군함참치육회말이스시(軍艦マグロユッケ巻キ寿司), 군함청어알마쓰마에양념말이스시(軍艦数ノ子松前漬ケ巻キ寿司), 군함참깨맛말이스시(軍艦ゴマ味巻キ寿司), 차수건스시(茶巾寿司), 작은배스시(バッテラ寿司), 빈도리꽃스시(卯の花寿司), 철화말이스시(鉄火巻き寿司), 큰잎갑오징어스시(大葉甲いか寿司), 큰잎참오징어스시(大葉真イカ寿司), 참새스시(雀寿司)」 등을 들 수 있다.

「군함게마요네즈말이스시(軍艦蟹マヨ巻キ寿司)」에서 A(군함)와 B(스시)는 각각 다른 범위를 지시하고 있다. 「빈도리꽃스시(卯の花寿司)」의 경우도 A(빈도리꽃)과 B는 각각 다른 범위를 지시하고 있다. 그런데 이들 스시명의 A와 B가 제각기 다른 범위를 지시하고는 있지만 A와 B가 비유관계를 통해 유연관계를 지니고 있는 점에 유의할 필요가 있다. 예를 들어 「군함게마요네즈말이스시(軍艦蟹マヨ巻キ寿司)」는 게와 마요네즈를 만 군함 형상을 한 스시이며, 「빈도리꽃스시(卯の花寿司)」는 빈도리꽃의 형상과 유사한 스시를 말한다. A와 B가 비유관계를 형성하지 않는 스시명도 있다. 대표적인 예로 「마쓰마에스시(松前寿司), 군함청어알마쓰마에양념말이스시(軍艦数ノ子松前漬ケ巻キ寿司), 장어유부스시(うなり寿司), 유부스시(イナリ寿司), 스케로쿠스시(助六寿司), 오바마스시(オバマ寿司), 새끼밴 다시스시(子持チ昆布寿司), 시노다스시(信田寿司), 겐신스시(謙信寿司), 눈물말이스시(涙巻キ寿司), 갓빠말이스시(カッパ巻キ寿司), 계란말이스시(伊達巻キ寿司), 야스케스시(弥助寿司), 이나리스시(いなり寿司), 이나시스시(飯無寿司)」 등을 들 수 있다. 예를 들어 「이나리스시(イナリ寿司)」의 경우, A(イナリ)와 B(寿司)는 지시 범위가 전혀 다르다. 하나는 「이나리신사(稲荷神社)」를, 다른 하나는 스시를 지시하기 때문이다. 그럼에도 불구하고 복합명사가 될 수 있는 것은 개념적으로 A와 B가 결합하였기 때문이다. 「이나리스시(イナリ寿司)」는 유부가 들어간 스시인데, 이 유부는 여우가 좋아하는 음식인 것으로 전해져 내려온다(실제는 유부를 여우가 좋아하는지 여부는 불명임.). 「이나리신사(稲荷神社)」는 곡식의 신을 모신 곳인데, 그 신사 앞을 여우가 지키고 있다. 여우, 이나리신사, 유부가 개념적으로 얽혀서 이나리스시라는 복합명사가 성립한 것은 바로 이러한 문화적 요인이 작용했기 때문인 것으로 알려져 있다.[1]

셋째, A가 B의 주체로 해석되는 스시명은 존재하지 않는다.
넷째, A가 B의 대상으로 해석되는 스시명도 존재하지 않는다.
다섯째, A가 B의 도구 및 수단으로 해석되는 스시명도 존재하지 않는다.
여섯째, A가 B의 재료(식재)인 스시명은 무려 75%를 차지하는 것으로 나타났다.

1 이에 대한 자세한 설명은 천호재(2015)를 참조할 것.

재료는 생선류, 조개류, 갑각류, 연체류, 야채류, 육류, 어란류 등으로 분류할 수 있다.[2] 생선류가 들어간 스시로서는 「가다랑어스시(かつお寿司), 가자미스시(かれい寿司), 갈치스시(たちうお寿司), 고등어스시(さばずし), 날치스시(とびうお寿司), 방어스시(ぶり寿司), 삼치스시(さわら寿司), 연어스시(さけずし), 참돔스시(まだい寿司)」 등을 들 수 있다. 조개류가 들어간 스시로서는 「가리비스시(いしがきがい寿司), 가막조개스시(しじみ寿司), 백합조개스시(まんじゅうがい寿司), 소라스시(さざえ寿司), 피조개스시(あかがい寿司)」 등을 들 수 있다. 갑각류가 들어간 스시로는 「가시배새우스시(いばらもえび寿司), 단새우스시(あまえび寿司), 포도새우스시(ぶどうえび寿司), 갯가재스시(しゃこ寿司), 붉은대게스시(べにずわいがに寿司)」 등의 예가 확인되었다. 연체류가 들어간 스시로는 「갑오징어스시(こういか寿司), 창오징어스시(やりいか寿司), 흰꼴뚜기스시(あおりいか寿司) 등이 있었다. 야채류가 들어간 스시로는 가지스시(なす寿司), 땅두릅스시(うど寿司), 무스시(だいこん寿司), 박고지스시(かんぴょう寿司), 송이버섯스시(まつたけ寿司)」 등이 있었다. 육류가 들어간 스시로는 「고래고기스시(くじら寿司), 소고기스시(ぎゅうにくすし), 돼지고기조림스시(ぶたつのに寿司), 말고기스시(ばにく寿司)」 등이 확인되었으며, 어란류가 들어간 스시로는 「대구알스시(たらこ寿司), 명태알스시(めんたいこ寿司), 성게알스시(うに寿司), 연어알스시(すじこ寿司), 청어알스시(かずのこ寿司)」 등이 있었다.

일곱 번째, A가 B의 원인 및 이유로 해석되는 스시명은 확인되지 않았다.

여덟 번째, A가 B의 장소로 해석되는 스시명의 비율은 1%로 나타났다. 예를 들면 「오사카스시(大阪(A)寿司), 사세보레몬스테이크풍스시(佐

2 자세하게는 천호재(2015:114-116, 130-133)을 참조할 것.

世保(A)レモンステーキ風寿司)」를 들 수 있다.

아홉 번째, A가 B의 시간으로 해석되는 스시명의 비율은 13%로 나타났다. 「가시바른스시(けぬき寿司), 가자미주먹스시(えんがわにぎり寿司), 계란말이스시(だてまき寿司), 낫토말이스시(納豆まき寿司), 새우튀김스시(えびてんにぎり寿司)」 등의 예가 확인되었다. A가 B의 시간을 나타낸다 함은 「가시바른스시(けぬき寿司)」으로 말하면 「가시바른스시(けぬき寿司)」의 완성이 「가시를 바른 시간(毛を抜いた時間)」을 전제로 스시가 완성된다는 말이다.[3]

마지막으로 B가 A의 성질을 나타내는 스시명은 확인되지 않았다.

1.6 우동명의 통사구조

우동명의 통사구조를 유형적으로 분류하면 다음의 <표2>와 같다.

<표2> 우동명의 통사구조 유형

	①	②	③	④	⑤	⑥	⑦	⑧	⑨	⑩
스시명	0%	11%	0%	0%	0%	75%	0%	1%	13%	0%
우동명	0%	18%	0%	0%	5%	6%	0%	46%	24%	0%

<표2>를 보면 우선 첫째, A가 B의 일부로 해석되는 우동명은 존재하지 않는 것을 알 수 있다.

둘째, A와 B(우동)가 각각 지시하는 범위가 다른 우동명이 18%를 차지하는 것을 알 수 있다. 스시명보다 7%가량 높다. 예를 들면 「오카메우동

3 이 해석은 야스이 이즈미(安井泉, 2010:60)의 해석에 힘입은 바가 크다.

(おかめうどん), 미미우동(みみうどん), 쓰키미우동(つきみうどん), 시노우동(しのうどん), 나루토미우동(なるとみうどん), 오야코우동(おやこうどん)」을 들 수 있다. 「오카메우동(おかめうどん)」의 경우, 오카메(가면)과 우동은 각각 지시하는 범위가 다르다. 「오야코우동(おやこうどん)」의 경우도 마찬가지이다.

그러나 A와 B가 제각기 지시 범위가 다름에도 불구하고 복합명사가 될 수 있는 것은 스시의 경우와 마찬가지로 A와 B가 비유관계를 형성하고 있거나 개념적으로 서로 인접하기 때문이다. 예를 들면 「오카메우동(おかめうどん)」은 우동의 표면이 가면 형상을 한 우동이다. 「미미우동(みみうどん)」은 우동의 면이 사람의 귀와 유사한 형상을 한 우동이다. 「나루토미우동(なるとみうどん)」은 사람들이 부유해지기를 염원한 데에서 붙여진 명칭이다. 「오야코우동(おやこうどん)」은 계란과 닭고기가 들어간 우동으로 닭고기가 부모, 계란은 자식으로 개념화된 데에서 붙여진 명칭이다.

셋째, A가 B의 주체, 넷째, A가 B의 대상으로 해석되는 우동명은 확인되지 않았다.

다섯째, 스시명과는 달리 우동명 중에는 A가 B의 재료 및 도구인 경우가 5%를 차지하는 것을 알 수 있다. 「나베우동(なべやきうどん), 다라이우동(だらいうどん), 자루우동(ざるうどん), 가마타마우동(かまたまうどん)」 등을 그 예로 들 수 있다. 「나베우동(なべやきうどん)」은 나베에 들어 있는 우동이다. 「다라이우동(だらいうどん)」은 나무대야에 들어 있는 우동이다. 「자루우동(ざるうどん)」은 대나무채반에 올려진 우동이다. 「가마타마우동(かまたまうどん)」은 솥에 넣어 삶은 면에 계란을 넣어 조리한 우동이다.

여섯째, 우동명은 스시명과는 달리 A가 B의 재료, 즉 식재인 비율이 6%로 매우 낮은 것을 알 수 있다. 대표적인 예로 「쇼유우동(しょうゆうどん, 간장), 낫토히야시우동(納豆ひやしうどん, 낫토), 고부우동(こぶうどん, 다시마), 미소우동(みそにこみうどん, 된장), 메카부우동(めかぶうどん, 미역귀)」 등을 들 수 있다.

일곱째, A가 B의 원인 및 이유로 해석되는 우동명은 확인되지 않았다.

여덟째, A가 B의 장소로 해석되는 우동명이 46%를 차지하는 것으로 나타난다. 스시명보다 무려 45% 이상 높은 것을 볼 수 있다. 이것은 우동이 스시와 달리 지역화에 성공했다는 것을 말해주는 것으로 생각된다. 대표적으로 「가가와우동(香川うどん), 다무라우동(田村うどん), 도쿠시마우동(徳島うどん), 사누키우동(讃岐うどん), 요시다노우동(吉田のうどん)」 등을 들 수 있다.

아홉째, A가 B의 시간을 나타내는 우동명이 24%로 나타났다. 스시명보다 11% 높다. 대표적으로 「아게우동(あげうどん), 다마고토지우동(たまごとじうどん), 아고다시우동(あごだしうどん, 날치육수 우려낸 것), 야키우동(やきうどん, 볶은 우동), 기자미우동(きざみうどん, 유부를 잘게 썬 우동)」 등을 들 수 있다. 「기자미우동(きざみうどん)」으로 말하면 「기자미우동(きざみうどん)」의 완성은 유부를 잘게 썬 동작이 시간적으로 선행되는 것이 전제가 되어야 비로소 완성되는 우동이다.

마지막으로 B가 A의 성질을 나타내는 우동명은 확인되지 않았다.

1.7 라멘명의 통사구조

라멘명의 통사구조를 유형화한 <표3>을 보도록 하자. 라멘명의 통사구조에서 나타나는 특이성을 알아보기 위해 스시명과 우동명의 통사구조를 같이 제시하였다.

<표3> 라멘명의 통사구조 유형

	①	②	③	④	⑤	⑥	⑦	⑧	⑨	⑩
스시명	0%	11%	0%	0%	0%	75%	0%	1%	13%	0%
우동명	0%	18%	0%	0%	5%	6%	0%	46%	24%	0%
라멘명	0%	15%	0%	0%	1%	26%	0%	53%	5%	0%

<표3>을 보면 첫째, 라멘명도 스시명이나 우동명과 마찬가지로 A가 B의 일부를 나타내는 것으로 해석되는 것이 없다는 것을 알 수 있다.

둘째, A와 B의 지시 범위가 다른 것으로 해석되는 라멘명의 비율이 15%를 차지하는 것을 알 수 있다. 라멘명에서 A가 B가 비유관계에 놓인 경우는 거의 없고 대부분 개념적으로 인접해 있는 경우가 많다. 「오코사마라멘(お子様ラーメン)」은 라면 모양이 아기자기하다는 점에서 어린이의 개념이 인접화하여 붙여진 명칭이다. 그 외에 「지고쿠라멘(地獄ラーメン), 베토콩라멘(ベトコンラーメン), 가케이라멘(家系ラーメン), 스타미나라멘(スタミナラーメン)」 등에서 보듯 A와 B가 제각기 개념적으로 인접한 경우가 대부분이다. 「지고쿠라멘(地獄ラーメン)」을 예로 들면 지옥과 라멘은 지시 범위가 제각기 다르지만 매우 매운 맛을 내는 라멘을 지옥이라는 개념에 인접시킨 경우이다.

셋째, A가 B의 주체, 넷째, A가 B의 대상으로 해석되는 라멘명은 확인되지 않았다.

다섯째, 라면명은 그 비율이 1%로 비록 낮기는 하지만 A가 B의 도구 및 수단으로 해석되는 라면명이 확인되었다. 예를 들면 「나베야키라멘(鍋焼きラーメン)」이 있는데 이는 닭고기 육수와 면을 돌 냄비에 넣어 조리한 라멘이다.

여섯째, ＜표3＞을 보면 스시명(75%)만큼은 아니지만 A가 B의 식재료로 해석되는 라멘명이 26%가량 확인되었다. 예를 들면 「삼마라멘(さんまラーメン, 꽁치), 아고다시라멘(あごだしラーメン, 날치), 고마라멘(ごまラーメン, 참깨), 모야시라멘(もやしラーメン, 숙주나물), 네기라멘(ねぎラーメン, 파), 와카메라멘(わかめラーメン, 미역), 돗토리규코쓰라멘(とっとりぎゅうこつラーメン, 소뼈), 시도리라멘(しどりラーメン, 닭), 완탄멘(わんたんめん, 만두), 카레라멘(カレーラーメン, 카레), 쇼유라멘(しょうゆラーメン, 간장), 미소라멘(みそラーメン, 된장), 시오라멘(しおラーメン, 소금)」 등을 들 수 있다.

일곱째, ＜표3＞을 보면 A가 B의 원인 및 이유로 해석되는 라멘명은 존재하지 않는 것을 알 수 있다.

여덟째, A가 B의 장소로 해석되는 라멘명이 무려 53%로 과반수를 차지하는 것으로 나타났다. 라멘 역시 우동과 마찬가지로 지역화에 성공한 전형적인 예로 볼 수 있다. 「가고시마라멘(鹿児島ラーメン), 고베라멘(神戸ラーメン), 구마모토라멘(熊本ラーメン), 나가사키라멘(長崎ラーメン), 다마나라멘(玉名ラーメン), 도쿄라멘(東京ラーメン), 돗토리소뼈라멘(鳥取牛骨ラーメン), 사노라멘(佐野ラーメン), 사이키라면(佐伯ラーメン), 쓰루가라멘(敦賀ラーメン), 시라카와라멘(白川ラーメン), 오키나와라멘(沖縄ラーメン), 쥬몬지라멘(十文字ラーメン), 하카타라면(博多ラーメン), 히미라면(氷見ラーメン)」 등을 들 수 있다.

아홉째, ＜표3＞을 보면 A가 B의 시간을 나타내는 라멘명이 약 5% 확

인되었다. 예를 들면「아고다시라멘(あごだしラーメン, 날치육수 우려냄), 히야시라멘(ひやしラーメン, 차갑게 함), 니보시라멘(にぼしラーメン, 마른멸치육수), 사카나다시시오라멘(さかなだししおラーメン, 생선육수), 아사라멘(朝ラーメン)」 등을 들 수 있다.「아사라멘(朝ラーメン, 아침)」은 아침 시간대에 먹는 라멘이고,「아고다시라멘(あごだしラーメン, 날치육수)」은 날치육수를 우려낸 시간이 선행되어야 완성될 수 있는 라멘이다.

마지막으로 B가 A의 성질을 나타내는 라멘명은 확인되지 않았다.

1.8 소바명의 통사구조

다음의 <표4>는 소바명의 문법적 특징을 유형화한 것이다. 마찬가지로 소바명이 문법적 특징을 강조하기 위해 다른 음식명의 문법적 특징을 함께 제시하였다.

<표4> 소바명의 통사구조 유형

	①	②	③	④	⑤	⑥	⑦	⑧	⑨	⑩
스시명	0%	11%	0%	0%	0%	75%	0%	1%	13%	0%
우동명	0%	18%	0%	0%	5%	6%	0%	46%	24%	0%
라멘명	0%	15%	0%	0%	1%	26%	0%	53%	5%	0%
소바명	0%	17%	0%	0%	7%	14%	0%	48%	16%	0%

<표4>를 보면 첫째, A가 B의 일부로 해석되는 소바명은 존재하지 않는 것을 알 수 있다.

둘째, A와 B가 가리키는 지시 범위가 제각기 다른 소바명이 17%를 차지하는 것을 알 수 있다.「오카메소바(おかめそば, 가면), 쓰키미소바(月見

そば, 달구경), 아라레소바(あられそば, 싸락눈), 사라시나소바(更科そば, 사라시나), 교자소바(行者そば, 행자)」 등의 예를 들 수 있다. 「오카메소바(おかめそば, 가면), 쓰키미소바(月見そば, 달구경), 아라레소바(あられそば, 싸락눈)」는 A와 B가 가리키는 지시 범위가 다르기는 하지만, 비유 관계에 놓여 있다는 점에서 서로 연관을 지닌다. 「사라시나소바(更科そば, 사라시나), 교자소바(行者そば, 행자)」는 A와 B가 개념적으로 유연관계에 놓여 있다.[4]

셋째, A가 B의 주체, 넷째, A가 B의 대상으로 해석되는 소바명은 존재하지 않는다.

다섯째, A가 B의 도구 및 수단으로 해석되는 소바명이 7% 존재하는 것이 확인되었다. 이 비율은 우동명이나 라멘명에 비해서 높은 편이다. 대표적으로 「가와라소바(かわらそば, 기왓장), 세이로소바(せいろそば, 대나무채반), 왕코소바(わんこそば, 왕코 그릇), 이타소바(いたそば, 얇은 나무판자), 와리고소바(わりごそば, 삼단그릇)」 등을 들 수 있다. 예를 들어 「가와라소바(かわらそば)」는 기왓장 위에 놓여진 소바를 말한다. 기와장이 소바를 먹기 위한 용기, 즉 도구 및 수단인 것이다. 나머지 예에 대해서도 동종의 설명이 가능하다.

여섯째, A가 B의 식재료로 해석되는 소바명이 약 14% 확인되었다. 이 비율은 우동명보다는 높은 편이지만, 스시명이나 라멘명에 비해서는 낮은 편이다. 예를 들면 「나메코소바(なめこそば, 나도팽나무버섯), 토로로소바(とろろそば, 참마), 우메오로시소바(うめおろしそば, 매화를 갈아 으깨 만든 것을 넣은 소바), 베니바나소바(べにばなそば, 홍화), 아이가모소바(あいがもそば, 청둥오리고기)」 등을 들 수 있다. 「나메코소바(なめこそば)」는 나도팽

---

4 사라시나소바와 교자소바에 대해서는 천호재(2015:211-212)를 참조할 것.

나무버섯이 들어간 소바이다. 나머지 예에 대해서도 동종의 설명이 가능하다.

일곱째, A가 B의 원인 및 이유로 해석되는 소바명은 존재하지 않는다.

여덟째, A가 B의 장소로 해석되는 소바명이 48% 존재하는 것으로 확인되었다. 라멘, 우동과 함께 현지화에 성공한 것을 뒷받침해주는 강력한 증거라고 할 수 있다. 예를 들면 「가나사고소바(金砂郷そば), 다도시소바(多度志そば), 마쿠베쓰소바(幕別そば), 모토야마소바(本山そば), 하코다테소바(函館そば)」 등을 들 수 있다. 「가나사고소바」로 말하자면 이 소바는 가나사고 지역에서 제조된 소바이다.

아홉째, A가 B의 시간을 나타내는 소바명이 16%를 차지하는 것을 알 수 있다. 이 비율은 우동명 다음으로 높다. 예를 들면 「고우스소바(小薄そば, 가늘게 썬 소바), 우메오로시소바(梅おろしそば, 갈아 으깬 매실이 들어간 소바), 다이콘오로시소바(大根おろしそば, 갈아 으깬 무가 들어간 소바), 히야시쓰키미(冷やし月見そば, 차갑게 한 소바)」 등이 있다. 이들 소바명의 전항요소는 결과(메밀국수의 완성)가 성립하기 위한 원인이 된다. 우메오로시소바로 말하면 우메오로시소바를 완성하기 위해서는 매실을 갈아야 한다는 동작이 시간적으로 선행되어야 하기 때문이다. 나머지 예에 대해서도 동종의 설명을 할 수 있다.

마지막으로 B가 A의 성질을 나타내는 것으로 해석되는 소바명은 확인되지 않았다.

1.9 모치명의 통사구조

이번에는 모치명에 나타난 문법적 특징에 대해서 살펴보자. 모치명에 나타난 문법적 특징을 유형화하면 아래의 <표5>와 같이 나타낼 수 있다.

<표5> 모치명의 문법적 특징 유형

	①	②	③	④	⑤	⑥	⑦	⑧	⑨	⑩
스시명	0%	11%	0%	0%	0%	75%	0%	1%	13%	0%
우동명	0%	18%	0%	0%	5%	6%	0%	46%	24%	0%
라멘명	0%	15%	0%	0%	1%	26%	0%	53%	5%	0%
소바명	0%	17%	0%	0%	7%	14%	0%	48%	16%	0%
모치명	0%	34%	0%	0%	0%	45%	0%	5%	17%	0%

<표5>를 보면 첫째, A가 B의 일부로 해석되는 모치명은 존재하지 않는다는 것이 확인된다.

둘째, A와 B가 지시하는 범위가 다른 것으로 해석되는 모치명이 34% 존재하는 것으로 확인되었다. 이 비율은 스시명, 우동명, 라멘명, 소바명보다 훨씬 높은 수치이다. 그 예로「가가미모치(鏡餅, 거울), 다마코모치(玉こ餅, 계란), 메다마모치(目玉餅, 눈알), 사쿠라모치(桜餅, 벚꽃), 아미가사모치(編笠餅, 삿갓), 쓰루노코모치(鶴の子餅, 학알), 해삼모치(なまこ餅, 해삼), 나가고로모치(長五郎餅), 사리모치(四里餅, 사리), 신겐모치(信玄餅)」등을 들 수 있다.「가가미모치(鏡餅)」는 거울의 형상을 본 뜬 떡이다.「학알떡(鶴の子餅)」은 학의 알 형상을 본 떠서 빚은 떡이다.「나가고로모치(長五郎餅)」는 나가고로라는 사람이 고안해서 만든 떡이다.「신겐모치(信玄餅)」는 신겐이라는 사람이 만든 떡에서 유래된 명칭이다. 이와 같이 모치명에는

직접 만든 사람 이름이 들어가는 경우가 있는데, 이러한 발상은 대상은 다르지만 한국에도 있다. 임연수라는 생선이 바로 그것인데, 이 생선의 명칭은 임연수라는 사람과 관계가 있는 것으로 알려져 있다(cf. Wikipedia 2020.01.08).

셋째, A가 B의 주체로, 넷째, A가 B의 대상으로, 다섯째, A가 B의 도구 및 수단으로 해석되는 모치명은 확인되지 않았다.

여섯째, A가 B의 식재료를 나타내는 모치명이 45% 존재하는 것이 확인되었다. 이 비율은 스시명보다는 낮지만 우동명, 라멘명, 소바명보다는 높은 수치이다. 예를 들면 나스모치(なすもち, 가지), 게시모치(けしもち, 겨자열매), 간코로모치(かんころもち, 고구마말랭이), 와라비노네모치(わらびのねもち, 고사리뿌리), 앙모치(あんもち, 단팥), 기나코모치(きなこもち, 노란콩가루), 도모로코시모치(とうもろこしもち, 옥수수), 가보챠모치(かぼちゃもち, 호박), 겐마이모치(げんまいもち, 현미) 등을 들 수 있다.

일곱째, A가 B의 원인 및 이유로 해석되는 모치명은 확인되지 않았다.

여덟째, <표5>를 보면 A가 B의 장소를 나타내는 것으로 해석되는 모치명이 5%에 불과한 것을 알 수 있다. 그러나 일본에는 銘菓라 하여 과자와 함께 지역명이 들어간 수많은 모치가 있는데 본 저자가 모두 조사하질 못했다. 그래서 이 5%의 비율은 현실을 제대로 반영하지 못한 수치라고 할 수 있다. 지역명이 들어간 모치명으로 「가코노모치(加古の餅), 우토모치(宇士餅), 이나바모치(稲葉餅), 이소베모치(磯部餅)」 등이 있다.

아홉째, <표5>를 보면 A가 B의 시간을 나타내는 모치명이 17%나 되는 것을 알 수 있다. 예를 들면 「닷타라모치(たったら餅), 세오이모치(背負い餅, 등짐), 시월모치(亥の子餅, 음력 10월), 스마시모치(すまし餅, 정월), 이타다키모치(いただき餅, 아기의 행복)」 등이 있다. 「닷타라모치(たったら餅, 첫걸음마)」는 아기가 첫걸음을 시작할 때 이를 축하하기 위해 먹는 떡이다. 「세오이모치(背負い餅)」는 첫돌을 지난 아기의 등에 한 되 정도의 떡을 짊어지게 하는 데에서 붙여진 이름이다. 「이노코모치(亥の子餅)」는 음력 시월에 만들어 먹는 떡이다. 「스마시모치(すまし餅)」는 설날에 먹는 떡이다.

마지막으로 B가 A의 성질을 나타내는 것으로 해석되는 모치명은 존재하지 않았다.

1.10 와가시명의 통사구조

와가시명의 통사구조를 유형화하면 <표6>과 같이 정리할 수 있다.

<표6> 와가시명의 통사구조 유형

	①	②	③	④	⑤	⑥	⑦	⑧	⑨	⑩
스시명	0%	11%	0%	0%	0%	75%	0%	1%	13%	0%
우동명	0%	18%	0%	0%	5%	6%	0%	46%	24%	0%
라멘명	0%	15%	0%	0%	1%	26%	0%	53%	5%	0%
소바명	0%	17%	0%	0%	7%	14%	0%	48%	16%	0%
모치명	0%	34%	0%	0%	0%	45%	0%	5%	17%	0%
와가시명	0%	51%	0%	0%	0%	21%	0%	12%	16%	0%

첫째, A가 B의 일부로 해석되는 와가시명이 존재하지 않는 것을 알 수 있다.

둘째, A와 B가 제각기 다른 지시 범위를 가리키는 것으로 해석되는 와가시명이 무려 51%에 육박한다. 이하에서 B(和菓子)는 생략된 경우가 많다. 예를 들면 「세키사바모나카(関サバ最中, 고등어), 구지라요캉(鯨羊羹, 고래), 기쿠(菊, 국화), 고다카라친코스(子宝ちんこすこう, 남자아이 성기), 타이야키(鯛焼き, 도미), 히요코(ひよこ, 병아리), 카스토즈(ガストース, 카스토즈), 난부센베이(南部せんべい, 남부)」 등이 있다. 「세키사바모나카(関サバ最中)」는 고등어 형상을 본떠서 만든 과자이다. 「구지라요캉(鯨羊羹)」은 요캉(양갱)의 표면이 고래 피부와 유사해서 붙여진 이름이다. 「타이야키(鯛焼き)」는 돔(생선)의 형상을 본 떠 만든 과자이다. 히요코(ひよこ)는 과자 모양이 병아리와 유사해서 붙여진 이름이다. 「가스토즈(ガストース)」는 카스테라의 카스와 달다라는 뜻을 지닌 토즈를 합성하여 명명한 것이다. 「남베이센베이(南部せんべい)」은 남부라는 사람이 자신의 이름을 넣어 명명한 전병과자이다.

셋째, A가 B의 주체로, 넷째, A가 B의 대상으로, 다섯째, A가 B의 도구 및 수단으로 해석되는 와가시명은 확인되지 않았다.

여섯째, <표6>을 보면 A가 B의 식재료인 와가시명이 21%를 차지하는 것을 알 수 있다. 예를 들어 「본탕즈케(ぼんたん漬, 감귤설탕절임), 사밧뿌루(サバップル, 고등어와 파인애플), 구로마메(黒豆, 검은콩), 무기센베이(麦煎餅, 보리), 유베시(ゆべし, 유자)」 등은 A가 모두 식재료이다.

일곱째, <표6>을 보면 A가 B의 원인 및 이유를 나타내는 것으로 해석되는 와가시명은 존재하지 않는 것을 알 수 있다.

여덟째, A가 B의 장소를 나타내는 것으로 해석되는 와가시명이 12% 존재하는 것으로 확인되었다. 「가마쿠라카스타(鎌倉カスター), 가부라전병(かぶら煎餅), 가지키만두(加治木饅頭), 나고양(なごやん), 시오가마과자(塩釜)」 등이 있다.

아홉째, <표6>을 보면 A가 B의 시간을 나타내는 것으로 해석되는 와가시명이 16%로 나타났음을 알 수 있다. 예를 들면 「꽃구경만두(花見饅頭, 꽃구경), 미나즈키(水無月, 음력 6월), 이치다코(市ダコ, 장날), 소시키만쥬

(葬式饅頭, 장례식), 오히타키(お火焚き饅頭, 횃불축제)」 등이 있다. 이들 와가시명의 A는 모두 과자를 먹는 시간(시점)을 지시한다.

마지막으로 B가 A의 성질을 나타내는 것으로 해석되는 와가시명은 존재하지 않았다.

1.11 음식명의 통사구조 비교

지금까지 스시명, 우동명, 라멘명, 소바명, 모치명, 와가시명을 구성하는 A와 B의 통사구조(문법적 특징)을 비교해 왔는데 그 결과를 다시 제시하면 다음의 〈표7〉과 같다.

<표7> 음식명의 문법적 특징 비교

	①	②	③	④	⑤	⑥	⑦	⑧	⑨	⑩
스시명	0%	11%	0%	0%	0%	75%	0%	1%	13%	0%
우동명	0%	18%	0%	0%	5%	6%	0%	46%	24%	0%
라멘명	0%	15%	0%	0%	1%	26%	0%	53%	5%	0%
소바명	0%	17%	0%	0%	7%	14%	0%	48%	16%	0%
모치명	0%	34%	0%	0%	0%	45%	0%	5%	17%	0%
와가시명	0%	51%	0%	0%	0%	21%	0%	12%	16%	0%
평균	0%	24%	0%	0%	2%	31%	0%	28%	15%	0%

첫째, 〈표7〉을 보면 전체 음식명 중에서 A가 B의 식재료로 해석되는 음식명이 31%로 가장 많이 나타나는 것을 알 수 있다. 그다음이 A가 B의 장소로 해석되는 음식명이 28%를 차지하였고, A와 B가 지시하는 범위가 제각기 다른 것으로 해석되는 음식명이 24%, A가 B의 시간을 나타내는 것으로 해석되는 음식명이 15%, 마지막으로 A가 B의 도구 및 수단

으로 해석되는 음식명이 2%로 나타났다.

둘째, A와 B가 제각기 다른 범위를 나타내는 것으로 해석되는 와가시명과 모치명이 51%와 34%로 매우 높은 비율을 차지하는 것으로 나타난 것을 알 수 있다. A가 B의 도구 및 수단인 경우에 소바명과 우동명이 차지하는 비율은 각각 7%와 5%로 나타났다. 소바와 우동에 한해서 맛과 관련 없는 용기(그릇)가 명명에 관여한 것이 매우 이채롭다. A가 B의 식재료인 경우, 스시명과 모치명이 각각 75%, 45%로 매우 높은 비율로 나타난 반면에, 나머지 음식명에는 그다지 높은 비율을 차지하지 못했다는 점이 매우 이채롭다. 한국인의 관점으로 보면 보통 주요 식재료명이 음식명으로 명명되는 것이 일반적인데 일본의 음식명은 이러한 한국인들의 상식을 뒤엎고 있다. 예를 들면 한국에서는 돼지고기가 들어간 국밥은「돼지국밥」, 순두부가 들어간 찌개는「순두부찌개」라고 하듯, 식재가 음식명의 명명에 관여한다고 생각하는 것이 당연하다. 그런데 스시명을 제외한 나머지 음식명을 보면 과반수를 못 넘기고 있다. A가 B의 장소를 나타내는 경우에는 라멘, 우동, 소바가 과반수를 차지하거나 과반수에 육박하고 있다. 마치 한국의「함흥냉면」「평양냉면」「전주비빔밥」「영천돔배기」처럼 말이다. 이 비율들은 라멘, 우동, 소바가 일본에서 지역 브랜드화에 성공하였다는 것을 뒷받침해주는 결과로 해석된다. 마지막으로 A가 B의 시간을 나타내는 음식명, 전반적으로 고른 비율을 차지하는 것을 알 수 있다는 점이다.

마지막으로 〈표7〉을 통해 A와 B가 가리키는 범위가 다른 경우, A가 B의 도구 및 수단인 경우, A가 B의 식재료인 경우, A가 B의 장소를 나타내는 것으로 해석되는 경우, A가 B의 시간을 나타내는 것으로 해석되는 경우에는 음식명이 성립하지만 A가 B의 일부인 경우, A가 B의 주체인 경우, A가 B의 대상인 경우, A가 B의 원인 및 이유인 경우, B가 A의 성질을 지니는 경우에는 음식명이 성립하지 않는다는 점을 알 수 있다.

1.12 논의(discussion)

<표7>에서 제시한 각 음식명의 통사구조 비율이 같거나 혹은 제각기 다른 것은 A위치에 오는 통사상의 경로가 처음부터 차단되었거나, 혹은 정도의 차이는 있지만 통사상의 경로가 개방되어 있는 것을 말해주는 것으로 생각할 수 있다. 그러면 이제부터 아래의 질문에 대답하는 방식으로 논의를 전개해 보도록 하자.

① 왜 A가 B의 일부로 해석되는 음식명은 존재하지 않는가?
② A와 B가 지시하는 범위가 각각 다르다고 해석되는 음식명 중에서 와가시명의 비율이 가장 많은 이유는 무엇인가?
③ 왜 A가 B의 주체로서 해석되는 음식명은 존재하지 않는가?
④ 왜 A가 B의 대상으로서 해석되는 음식명은 존재하지 않는가?
⑤ 우동명, 라멘명, 소바명에만 A가 B의 도구 및 수단으로서의 해석이 가능한 이유는 무엇인가?
⑥ A가 B의 재료(식재)로 해석되는 음식명 중에서 스시명의 비율이 가장 많은 이유는 무엇인가?
⑦ A가 B의 원인 및 이유로 해석되는 음식명이 존재하지 않는 이유는 무엇인가?
⑧ A가 B의 장소로서 해석되는 음식명 중에서 라멘의 비율이 가장 높

은 이유는 무엇인가?

⑨ A가 B의 시간을 나타내는 것으로 해석이 되는 음식명 중에서 우동명의 비율이 가장 높은 이유는 무엇인가?

⑩ 왜 B가 A의 성질을 나타내는 것으로 해석되는 음식명은 존재하지 않는가?

우선 ① 즉 왜 A가 B의 일부로 해석되는 음식명은 존재하지 않는지에 대해서 생각해보자. 「父親, 雄鳥, 象形文字」에서 보듯 A가 B의 일부로 해석되는 복합명사가 존재하는 데에 왜 음식명에는 그것이 보이지 않는 것일까? 결론부터 말하면 그것은 A와 B의 강한 유연관계가 「父親, 雄鳥, 象形文字」에서는 성립되는 반면에 음식명에는 그러한 관계가 성립되지 않기 때문이다. 예를 들면 「父親」에서는 A와 B와의 관계는 의무적이며 필연적이다. 이것에 대해 음식명에 있어 A와 B와의 관계는 의무적이지도 필연적이지도 않다. 음식명이 성립하기 위해서는 비유나 개념의 인접, 도구 및 수단, 장소와 시간 등과 같은 우연적이고 임의적인 요소가 관여해야 한다.

둘째, ② A와 B가 지시하는 범위가 각각 다르다고 해석되는 음식명 중에서 와가시명의 비율이 가장 많은 이유는 무엇인지에 대해서 생각해보기 전에 왜 A와 B가 가리키는 범위가 각각 다르다고 해석되는 음식명이 존재하는지에 대해 생각해보자. 음식명에 맛의 정보를 구체적으로 표시하기가 매우 어렵다. 그래서 「미소라멘(味噌ラーメン)」과 「쇼유라멘(醤油ラーメン)」과 같이 사람들이 맛을 어느 정도 기억하는 음식명을 넣는 것이 보통이다. 그런데 A와 B가 가리키는 범위가 각각 다른 것으로 해석되는 음식명이 존재하는 것은 맛보다 비유나 어느 사건 혹은 인물을 개념

적으로 결부시켜 의도적으로 A와 B의 강한 유연관계를 도모하는 방식으로 발상의 전환이 이루어졌을 것으로 생각한다. 즉 맛보다는 비유나 에피소드를 중시한 명명이 필요했던 것이다. 그러면 A와 B가 지시하는 범위가 각각 다르다고 해석되는 음식명 중에서 왜 와가시명의 비율이 가장 높으냐 하면 그것은 와가시의 변형 가능성 때문이다. 즉 와가시명(모치명도 포함하여)의 경우는 그것을 만드는 데에 있어 인간의 손에 의한 변형 가능성이 다른 음식보다 높다고 할 수 있다. 변형의 가능성은 음식이 일정한 시간 그 원형이 유지되는 것을 전제로 하지 않으면 안 된다. 예를 들면 와가시의 경우, 병아리나 바나나 등과 유사한 형태로 일정한 시간, 유지하기가 쉽다. 그래서 A와 B가 지시하는 범위가 제각기 다른 음식명을 명명하기가 용이하다. 이것에 대해서 스시, 우동, 라멘, 소바는 조리하고 난 뒤, 시간적 제한(빨리 먹지 않으면 면이 붇든지, 부패해 버린다든지)이 가해지므로 A와 B가 가리키는 범위가 다른 것으로 해석되는 음식명으로 명명하기가 어렵다.

셋째, ③ 왜 A가 B의 주체로서 해석되는 음식명은 존재하지 않는지에 대해서 생각해보자. 「学級崩壊, 学歴低下, 企業合併」 등과 같은 A가 B의 주체로 해석되는 복합명사는 음식명에는 보이지 않는다. A가 B의 주체로 해석되기 위해서는 2개의 조건이 필요하다. 하나는 「学級崩壊→学級が崩壊」와 같이 A가 ガ격을 취해야 한다. 예를 들면 「카레이스시(カレイ寿司)」와 같은 음식명에서는 「*カレイが寿司」에 보듯 ガ격의 결합이 허용되지 않는다. 다른 하나는 「学級崩壊→学級が崩壊する」와 같이 B에 「する」를 접속하는 것에 의해 동사화가 가능해야 하는데 그러나 「*カレイが寿司する」와 같이 동사화가 불가능하므로 A가 B의 주체로 해석되는 음식명이 존재하지 않는 것이다.

넷째, ④ 왜 A가 B의 대상으로서 해석되는 음식명은 존재하지 않는지에 대해 생각해보자. 이미 살펴본 것처럼 A가 B의 대상으로 해석되기 위해서는 「大学受験→大学を受験する」와 같이 A가 ヲ격을 취하고 B가 동사화해야 하는데 「カレイ寿司→*カレイを寿司する」와 같이 음식명에서는 A가 ヲ격을 취하지 않을 뿐만 아니라 B가 동사화하는 일도 없다(명사의 성질을 강하게 유지한다.). 그래서 A가 B의 대상으로 해석되는 음식명은 존재하지 않는다고 생각할 수 있다.

다섯째, ⑤ 우동명, 라멘명, 소바명에만 A가 B의 도구 및 수단으로서 해석이 가능한 이유에 대해서 살펴보자. 결론부터 말하면 이들 음식명은 도구 혹은 용기가 유표지(有標識)로 작용이 가능하기 때문이다. 그러면 모든 우동명과 라멘명, 소바명이 도구 및 수단으로 해석되는 음식명을 취하지 않은 이유는 무엇이냐는 의문이 대두된다. 그 이유는 용기의 특이성이 관계하기 때문으로 생각된다. 예를 들면 「왕코소바(わんこそば), 자루소바(ざるそば)」의 「왕코(わんこ)」나 「자루(ざる)」는 그 색채나 형태가 일반의 용기와는 다르다. 일반적인 용기와 다르면 식재명이 A의 위치에 들어가지 않고 용기가 A의 위치에 들어가 버리기 쉽다. 음식의 맛과 관계없는 도구, 즉 그릇을 음식명으로 정하는 발상은 기본적으로 음식을 담는 그릇의 특이함(특별함)에서 오는 것이리라 생각된다. 어떠한 그릇에 담기든 맛의 차이는 크지 않을 것이다. 어떠한 음식이 나무그릇이나 뚝배기, 기왓장 같이 일반적인 그릇이 아닌 특이한(특별한) 그릇에 담기면(우연한 기회에 어느 시점에서 특이한 그릇이 누군가에 의해 사용되었을 것이다.) 내용물인 음식 그 자체보다 그릇의 이미지에 이끌리게 될 가능성이 높다.

여섯째, ⑥ A가 B의 재료(식재)로 해석되는 음식명 중에서 스시명의 비율이 가장 많은 이유는 무엇인지에 대해서 생각해보자. 라멘, 우동, 소

바, 모치, 와가시 등에 들어가는 식재는 그 숫자가 한정되어 있으며 또한 그 식재는 가공되거나 가열되어 원형의 상태가 유지되기 어렵거나 혹은 유지되지 않는 경우가 대부분이다. 또한 라멘, 우동, 소바에 들어가는 식재, 예를 들면 파, 간장, 소금, 계란 등의 식재는 맛을 조절하는 보조적인 역할만 할 뿐, 그 존재 자체가 크게 주목을 받기가 어렵다. 그러나 파, 간장, 계란 등이 양적으로 시각적으로 부각될 충분한 동기가 주어지면 음식명으로 사용될 가능성은 물론 있다. 예를 들면 쇼유라멘(醤油ラーメン), 네기라멘(ネギラーメン) 등을 들 수 있다. 한편 스시명에서 A가 B의 재료(식재)로 해석되는 비중이 높은 것은 요리의 편이성이 관계한다고 생각된다. 스시는 밥 위에 식재를 얹는 것만으로 요리가 종료하기 때문이다(물론, 스시장인은 그렇게 생각하지 않겠지만). 요리의 편리성에 수반하여 천연의 식재가 가공되거나 가열되는 일 없이 그 존재감을 그대로 드러내는 것이다. 그 때문에 그 식재 그 자체가 초점을 받기 쉬워진다. 그 근거로 풍부한 식재(어류, 조개류, 어란류, 갑각류, 야채류, 육류)명이 들어간 스시명을 들 수 있다(cf. 천호재(2015)). 다른 하나는 음식의 주식재명을 표시하는 것에 의해 특정한 음식의 맛을 선호하는 고객으로부터의 주문을 유도하고자 하는 목적도 하나의 이유로 생각된다. 특정한 음식에 들어가는 주요 식재명을 음식명에 넣음으로써 특정 식재가 들어간 음식을 기대하는 고객들을 유인한다. 음식명 속에 답이 있듯 먹지 않아도 특정 식재의 맛을 기억하거나 기대하는 고객들은 자신들이 선호하는 식재가 들어간 음식을 주문할 가능성이 그만큼 높다고 할 수 있다.

일곱째, ⑦ A가 B의 원인 및 이유로 해석되는 음식명이 존재하지 않는 이유는 무엇인지에 대해 생각해보자. 예를 들면 事故死의 경우, A(사고)가 원인으로 B(死)가 된다고 하는 인과관계가 성립되지만 「카레이스

시(カレイ寿司)」로 말하자면 A(カレイ)가 원인으로 B(스시)가 된다고 하는 인과관계는 성립되지 않는다. 후술하지만 「호시모치(干し餅)」의 경우는 A(干す)가 시간적으로 선행하고 나서 B(餅)가 되므로 A가 B의 원인 및 이유로 해석될 여지는 있다고 보여진다. 그러나 본고에서는 「호시모치(干し餅)」와 같이 A가 B의 원인 및 이유로 해석될 음식명으로 간주하지 않고 A가 B의 시간을 나타내는 음식명으로 간주한다.

여덟째, ⑧ A가 B의 장소로서 해석되는 음식명 중에서 라멘의 비율이 가장 높은 이유에 대해 생각해보자. 예를 들면 「山道, 海蛇, 裏長屋」 등이 있는데 이미 확인한 바와 같이 A는 B의 장소로 해석된다. 우동명, 라멘명, 소바명은 높은 비율로 이 해석이 허용된다. 그 중에서 라멘명의 비율이 가장 높다. 이 원인으로는 두 가지가 생각된다. 하나는 우동, 라멘, 소바 등의 음식이 전국에서 생산되는 식품이기 때문이다. 다른 하나는 이들 음식이 전 지역에 걸쳐 일상적으로 널리 선호되기 때문이다. 우동, 라멘, 소바 등의 맛이 그렇게 넓은 스펙트럼을 지니는 것으로 생각되지 않는다. 그럼에도 불구하고 광범위하게 생산되고 또한 선호된다. 따라서 우동, 라멘, 소바는 어떤 맛을 지니는가보다 어디에서 생산되고 섭취되느냐하는 것이 관심사가 된다고밖에 볼 수 없다. A가 B의 장소를 나타내는 음식명은 주요 식재만큼은 직접적이지는 않다고 해도 특정 지역의 향수가 라멘명이나 우동명으로 대체되는 것이다. 혹은 특정 지역의 발전을 도모하기 위해 적극적으로 지역 브랜드 개발의 일환으로 우동명이나 라멘명이 명명되었을 가능성도 있다.

아홉째, ⑨ A가 B의 시간을 나타내는 것으로 해석이 되는 음식명 중에서 우동명의 비율이 가장 높은 이유에 대해서 생각해보자. 예를 들면 「호시우동(干しうどん), 다마고우동(たまごうどん), 구라시키노붓카케우동(倉

敷のぶっかけ(A)うどん)」에 보듯 A는 B에 시간적으로 선행한다. 「호시우동(干しうどん)」으로 말하자면 말린 면으로 만드는 우동(干したうどん)인 것이다. 그런데 우동명에 이 해석이 가장 많은 것은 우동 면의 다양성에 있다. 우동 명에는 「치루도멘(チルドめん), 나마우동(生うどん), 한나마우동(半生うどん), 레이토우동(冷凍うどん), 아부라아게우동(油揚げうどん)」에 보듯 종류가 매우 풍부하다. 이들 종류의 면이 존재하는 것은 각각의 상태를 달리하여 조리되는 음식문화가 존재하기 때문이다.[5] 즉 어떻게 조리되는가라는 정보가 칠드면, 생우동, 반생우동, 냉동우동, 튀김우동이라는 명칭에 숨어 있는 것이다. 따라서 이들 우동명에는 A가 시간적으로 선행하지 않으면 B가 되지 않는다고 하는 것이 늘 전제가 된다.

마지막으로 ⑩ 왜 B가 A의 성질을 나타내는 것으로 해석되는 음식명은 존재하지 않는지에 대해 생각해보자. 왜 음식명에는 親心와 같이 B가 A의 성질을 나타내는 것으로 해석되는 것이 없는 것일까? 결론부터 말하면 그것은 음식명이 모두 B가 중심이 되기 때문이다. 「親心」에서는 A가 중심이 되는데, 「도미쿠라소바(富倉そば), 나메코소바(なめこそば), 덴뿌라소바(天ぷらそば)」 등의 예에서 보듯, 음식명은 B가 중심이 된다. 이 때문에 음식명이 B가 A의 성질을 나타내는 것으로 해석될 여지가 처음부터 배제되는 것이다.

5 천호재(2014:73-74)를 참조할 것. 우동 면 이외에는 예를 들면 라멘 면의 종류는 별로 다양하지 않다.

1.13 마치며 - 일본과 한국음식명의 통사구조 비교

이하에서는 일본음식명과 한국음식명의 문법적 특징을 유형적으로 비교하며 제1장의 논의를 마치고자 한다. 결론적으로 말해 일본음식명과 한국음식명을 비교하면 한국의 음식명에 내재된 통사적 경로가 훨씬 단순하다. 예를 들면 전항명사에 식재가 들어간 음식명이 일본음식명보다 압도적으로 높다. 이것을 부정적으로 평가하면 한국인의 음식명에 대한 명명의식이 일본인보다 단순하며 경직되어 있다고 할 수 있다. 반대로 긍정적으로 평가하면 한국인들의 음식에 대한 명명의식에는 늘 식재정보를 정직하게 제시함으로써 사실적이며 정직하게 맛을 드러내고자 하는 순수함이 들어 있다고 할 수 있다.

그러면 이러한 본 저자의 생각을 지지하는 몇 가지 사실을 보도록 하자. 아래에 제시하는 음식명 526개는 모두 한복진·차진아·차경희·신정규(2009)에서 인용한 것이다. 고찰의 대상으로 한 음식명은 모두 526개였으나 하나의 음식명이 1개 이상의 문법적 특징을 지니는 경우도 카운트한 결과 모두 620개로 나타났다.

<표8>일본음식명과 한국음식명의 문법적 특징 비교

	①	②	③	④	⑤	⑥	⑦	⑧	⑨	⑩
일본음식명	0%	24%	0%	0%	2%	31%	0%	28%	15%	0%
한국음식명	0%	1%	0%	0%	1%	79%	0%	4%	15%	0%

〈표8〉을 보면 한국의 음식명은 문법적 특징이 다양하지 못하다는 것을 알 수 있다. 이것을 지지하는 몇 가지 사실을 제시하면 우선 첫째, A와 B가 가리키는 범위가 다른 일본음식명은 24%를 차지하는 반면에 한국

의 음식명은 1%를 차지한 것을 들 수 있다. 모두 5개의 예가 확인되었는데, 꽃국수, 설렁탕, 육개장, 올챙이묵, 매화강정을 들 수 있다.

둘째, A가 B의 도구 및 수단을 나타내는 일본음식명은 2%를 차지하였다. 이에 해당하는 한국의 음식명은 1%로 일본음식명과 거의 동등한 비율을 차지하는 것을 알 수 있다. 5개의 예가 확인되었는데, 예를 들면 신선로, 칼국수, 오모가리탕, 쟁반국수, 구절판 등을 들 수 있다.

셋째, A가 B의 식재를 나타내는 일본음식명은 31%를 차지하였다. 반면에 한국음식명은 무려 79%(489개)를 차지하였다. 한국음식명이 모두 주요 식재명을 중심으로 명명되는 것을 알 수 있다. 예를 들면 다음과 같다.

가지김치, 개구리구이, 깨국탕, 갈낙전골, 갈비찜, 갈비탕, 감자국수, 감자밥, 강냉이밥, 강량국수, 고구마줄기김치, 고기전골, 구기자차, 국수전골, 내장탕, 냉채, 녹두죽, 녹두지짐, 녹말국수, 녹말응이, 느티떡, 대하찜, 도미찜, 도미면, 된장찌개, 동아만두, 두부선, 두부전골, 밀국수, 마국수, 메밀국수, 밤국수, 수수국수, 백합국수, 연밥국수, 연밥국수, 물냉면, 유부국수, 회냉면, 우거지탕, 콩나물국밥, 잣죽, 깨죽, 콩죽, 장국죽, 행인죽, 타락죽, 생치만두, 준치만두, 떡국, 된장국, 연배추탕, 북어탕, 청국장찌개, 고추장찌개, 곱창전골, 쇠고기전골, 생선매운탕, 생치전골, 송이전골, 채소전골, 아구찜, 미더덕찜, 생복찜, 부레찜, 송이찜, 죽순찜, 떡찜, 우설찜, 육찜, 닭찜, 어선, 족채, 묵채, 우육조리개, 편육조리개, 전복초, 간전, 등골전, 양전, 새우전, 대합전, 해삼전, 파전, 녹두빈대떡, 두릅회, 육회, 미나리강회, 실파강회, 오징어회, 육회, 생선회, 도토리묵, 메밀묵, 수수떡, 좁쌀떡, 쑥편, 녹두편, 거피팥편, 깨편, 콩떡, 콩설기, 쑥설기, 감설기, 밤설기, 잡과병, 꿀편, 석이편, 승검초편, 붉은팥시루편, 녹두시루편, 깨시루편, 상추떡, 물호박떡, 두릅떡, 쑥떡, 수리취떡, 물호박떡, 무떡, 호박고지떡, 쑥인절미, 대추인절미, 석이단자, 밤단자, 대추단자, 쑥구리단자, 유자단자, 송편, 쑥송편, 모시잎송편, 약밥, 술떡, 밤초, 대추초, 깨다식, 콩다식, 승검초다식, 엿강정, 쌀강정, 쌀엿, 좁쌀엿, 수수엿, 호박엿, 생강차, 구기자차, 결명자차, 대추차, 오미자차, 매실차, 유자차, 모과차, 나박김치, 오이소박이, 열무김치, 갓김치, 파김치, 양배추김치, 굴깍두기, 통배추김치, 보쌈김치, 고들빼기김치, 배추김치, 총각김치, 가지김치, 고추김치, 부추김치, 새우젓, 조기젓, 황석어젓, 멸치젓, 조개젓, 어리굴젓, 명란젓, 창난젓, 오징어젓, 참게젓, 떡만두국, 떡볶음, 떡찜, 떡산적, 떡잡채, 갈비찜, 사태찜, 생선찜, 족편, 녹두빈대떡, 겨자채, 승검초산적, 죽순나물, 죽순찜, 달래장, 수리취떡, 앵두화채, 준치국, 붕어찜, 앵두편, 도행병, 준치만두, 밀쌈, 깻국탕, 어채, 복분자화채, 떡수단, 보리수단, 계삼탕, 개장국, 닭죽, 민어탕, 팥죽, 밀전병, 게전, 잉어구이, 잉어회, 오이김치, 토란탕, 송이구이, 무시루떡, 꿩만두, 돼지고기찜, 잣죽, 메밀만두, 팥밥, 팥죽, 조랭이떡국, 버섯장국수제비, 차수수밥, 메밀막국수, 팥국수, 감자수제비, 강냉이수제비, 콩나물밥, 보리죽, 보리밥, 쌀밥, 녹두죽, 김치냉면, 떡볶이, 우설편육, 양지머리편육, 굴회, 숙주나물, 묵은나물볶음, 닭젓국, 뱅어국, 냉이토장국, 민어매운탕, 종갈비찜, 무찜, 두부장조림, 주꾸미조림, 송이산적, 쇠갈비구이, 돼지고기구이, 두부적, 홍해삼전, 조개전, 배추잎장아찌, 쇠머리수육, 오징어젓, 굴젓, 메밀묵무침, 파상추절이지, 달래무침, 순무짠지, 순무김치, 꿩김치, 풋고추부각, 오징어순대, 꾹저구탕, 소가리매운탕, 대게찜, 도치두루치기볶음, 석이볶음, 풋고추볶음, 송이장아찌, 마른오징어젓갈무침, 물오징어불고기, 동태구이, 감자부침개, 강어회, 오징어무침, 가자미식해, 파래무침, 더덕생채, 창난젓깍두기, 들깨송이부각, 메추리튀김, 메밀묵, 굴냉국, 콩김치국, 청포묵국, 시래기국, 콩나물찌개, 호박지찌개, 청국장찌개, 상어찜, 마른조갯살 조림, 말린묵볶음, 명태볶음, 갈비구이, 돼지고기고추장양념구이, 더덕 고추장양념구이, 굴비구이, 호박고지적, 감자부침개, 미꾸라지회, 고추 젓, 콩나물무침, 시금치김치, 새우젓깍두기, 석이단자, 대추단자, 쑥구리 단자, 밤단자, 유자단자, 은행단자, 건시단자, 율무단자, 수수지지미, 메 밀빙떡, 감자시루떡, 감자떡, 감자녹말송편, 감자경단, 옥수수보리개떡, 메밀전병, 팥소흑임자, 햇보리떡, 수수팥떡, 칡개떡, 오미자화채, 진달래 화채, 결명자차, 당귀차, 모과차, 계피차, 천도복숭아화채, 올갱이국, 콩 나물국밥, 깨죽, 대추죽, 대합죽, 무밥, 애호박죽, 밀국수냉면, 닭칼국수, 조개국수, 메밀칼국수, 메밀만두, 전복죽, 표고버섯죽, 미역죽, 생선국수, 천어탕, 추어탕, 죽순찜, 홍어어시육, 붕어조림, 멸치자반, 장어구이, 산 돼지고기구이, 홍어회, 고막회, 콩팥전골, 톳나물, 파래무침, 꼴뚜기무생 채, 황포묵, 재첩국, 고동국, 선짓국, 북어미역국, 들깨참깨미역국, 마른 홍합미역국, 동태고명지짐, 우렁찜, 바닷게찜, 미더덕찜, 장어조림, 메뚜 기볶음, 상어돔배기구이, 갈치구이, 청어구이, 갯장어구이, 상어돔배기 전, 배추전, 김부리개, 해파리회, 피조개회, 광어회, 멍게회, 장어회, 생멸 치회, 잉어회, 약대구포, 붕어포, 마른문어쌈, 시래기된장무침, 해물잡채, 상추겉절이, 꼴두기무생채, 두부생채, 청각무침, 돈나물무침, 풋나물겉절 이, 전복김치, 콩잎김치, 우엉김치, 부추김치, 우엉잎자반, 고추부각, 꼴 뚜기튀김, 메밀묵, 고사릿국, 톳냉국, 돼지고기육개장, 복쟁이지짐회, 상 어지짐이, 돼지고기조림, 옥돔구이, 볼락구이, 상어포구이, 달갿전, 고사 리전, 표고전, 꿩적, 메밀묵지짐이, 꿩지짐이, 후춧잎장아찌, 풋고추오이 장아찌, 전복소라회, 돼지새끼회, 날미역쌈, 날다시마쌈, 콩잎쌈전복김 치, 해물김치, 나박김치, 다시마튀각, 가죽부각, 깻잎부각, 메밀묵, 호박

메시리떡, 복령떡, 송피떡, 호박고지차시루떡, 쑥굴래, 잣구리, 감자송편, 칡떡, 감설기떡, 강냉이역, 우엉정과, 다시마정과, 닭엿, 꿩엿, 돼지고기엿, 보리엿, 참게장, 뱅어젓, 갈치속젓, 갈치호박국, 해물뚝배기, 김치밥, 비지밥, 수수죽, 호박만두, 김치말이, 닭죽, 생치냉면, 어복쟁반, 굴만두, 김치국, 조기국, 호박지찌개, 김치순두부찌개, 애호박찌개, 조기매운탕, 붕어찜, 붕어조림, 대합전, 고사릿국, 오이토장국, 콩비지, 꽃게찜, 풋고추조림, 도라지산적, 돼지고기전, 더덕전, 도라지잡채, 돼지고기편육, 돼지순대, 칡국수, 칡뿌리국수, 콩국수, 호두죽, 호박엿, 호박죽, 흑임자죽

넷째, A가 B의 장소를 나타내는 일본음식명은 28%를 차지하는 것으로 나타났다. 이에 대해서 한국음식명은 4%(27개)를 차지하였다. 예를 들면 강진골뚜기젓, 광주애저, 고흥진석화젓, 낙월도백하젓, 동래파전, 마산미더덕찜, 무안송어젓, 부안고개미젓, 수원쇠갈비구이, 영변김장김치, 장터국수, 전주경단, 전주비빔밥, 진주국수, 진주비빔밥, 통영비빔밥, 안동식혜, 여수전어밤젓, 연평도조기젓, 영암모치젓, 옥구새우알젓, 평양냉면, 평양만둣국, 포항물회, 추자도멸치젓, 함평병어젓, 함흥냉면 등을 들 수 있다.

다섯째, A가 B의 시간을 나타내는 일본음식명은 15%를 차지하는 것으로 나타났다. B가 시간을 나타내는 한국음식명도 15%로 일본음식과 동률을 이루었다. 예를 들면 갈비찜, 갯장어구이, 김치말이, 꼴뚜기튀김, 꽃게찜, 풋고추조림, 녹두지짐, 곰탕, 날다시마쌈, 콩잎쌈전복김치, 닭찜, 복쟁이지짐회, 사태찜, 생선찜, 잉어구이, 송이구이, 장어구이, 비빔냉면, 숙회, 떡볶음, 떡볶이, 돗나물무침, 마른문어쌈, 시래기된장무침, 묵은나물볶음, 종갈비찜, 떡찜, 돼지고기찜, 아구찜, 미더덕찜, 백설기, 북어찜, 붕어조림, 절편, 생복찜, 부레찜, 도미찜, 대하찜, 메밀묵지짐이, 꿩지짐

이, 상어지짐이, 돼지고기조림, 돼지족조림, 개구리구이, 옥돔구이, 볼락구이, 송이찜, 죽순찜, 떡찜, 우설찜, 육찜, 잔치국수, 비빔국수, 비빔면, 비빔밥, 막국수, 무찜, 두부장조림, 주꾸미조림, 배추꼬랑이볶음, 상어포구이, 쇠갈비구이, 산돼지고기구이, 돼지고기구이, 꽁치된장구이, 메밀묵무침, 달래무침, 도치두루치기볶음, 석이볶음, 풋고추볶음, 마른오징어젓갈무침, 동태구이, 오징어무침, 파래무침, 상어찜, 마른조갯살조림, 말린묵볶음, 명태볶음, 갈비구이, 돼지고기고추장양념구이, 더덕고추장양념구이, 굴비구이, 콩나물무침, 수수지지미, 동태고명지짐, 우렁찜, 바닷게찜, 미더덕찜, 장어조림, 메뚜기볶음, 상어돔배기구이, 갈치구이, 청어구이, 납평전골 등을 들 수 있다.

마지막으로 공통점도 있다. 즉 일본의 음식명과 마찬가지로 한국음식명도 A가 B 일부인 경우, A가 B의 주체인 경우, A가 B의 대상인 경우, A가 B의 재료인 경우, A가 B의 원인 및 이유인 경우, A가 B의 성질을 나타내는 경우는 성립하지 않는다.

그러나 <표8>에 제시된 일본 음식명과 한국 음식명의 수치는 우연일지도 모른다. 일반화하기에는 무리가 있을 것으로 생각된다. 따라서 일본에도 한국에도 존재하는 음식을 중심으로 비교 고찰해보는 것도 하나의 방법으로 생각된다. 예를 들면 일본의 라멘, 우동, 소바에 한국의 면 음식을 대응시켜 비교 고찰해보는 것이다. 또 일본의 모치명과 와가시명에 한국의 떡이름과 전통과자명을 비교 고찰하여 <표8>에 제시된 수치의 객관성을 확보하고자 노력할 필요가 있다고 생각한다. 이 모든 것은 모두 금후의 과제로 돌린다.

Abstract

Syntactic structure of Japanese Food Names

This study was conducted to analyze the differences and commonalities of the syntactic structures of Japanese common food names such as Sushi, Udon, Ramen, Soba, Mochi, and Wagashi. First a common feature was that there is no food name where A(preceding noun) is interpreted as part of B(following noun), A is interpreted as the object of B, A is interpreted as the cause and reason of B, and B is interpreted as representing the property of A. On the contrary, as for the differences, among food names where the ranges indicated by A and B are different, the rate for Wagashi was the highest. In the names Udon, Ramen, and Soba, A is allowed to be interpreted as a tool or means of B. Among the food names where A is interpreted as the ingredient(food ingredient) of B, the highest percentage was the Sushi name. Among the ood names where A is interpreted as the time of B, the highest percentage was the Udon name. In this study, I explained that these differences and commonalities appear in various perspectives in pragmatic aspects. These differences and commonalities ultimately describe the naming ustoms of Japanese food, and at the same time it indicates the uniqueness of the naming principles that only the Japanese have. However, in order to understand this, it is necessary to compare it from, and analyze, the food names in Korea, China, and the United States. I hope that the conclusion of this study can contribute to the Korean society by among to revitalize local economy through food development.

Key words: Japanese food names, Japanese common food, Syntactic Structure, naming

<제1장의 참고문헌>

천호재(2014)『일본문화의 이해와 일본어교육』 역락, pp.1-356.

천호재(2015)『일본의 음식문화와 레토릭』 도서출판 책사랑, pp.1-355.

한복진·차진아·차경희·신정규(2009)『한국음식문화와 콘텐츠』 역락, pp.1-445.

아카모토 미하루(秋元美晴, 2002)『よくわかる語彙』アルク, pp.1-199.

가게야마 타로(影山太郎, 1997)·유모토 요코(湯本陽子)『語形成と概念構造』研究社出版, pp.1-208.

시로타 슌(城田俊, 2002)『日本語形態論』ひつじ書房, pp.1-396.

스즈키 시게유키(鈴木重幸, 1987)『日本語文法·形態論』むぎ書房, pp.1-518.

야스이 이즈미(安井泉, 2010)『ことばから文化へ―文化がことばの中で息を潜めている』開拓社, pp.1-227.

제2장

엔카(演歌) 가사에 나타난 연어(連語) 분석

日本語要旨

本章は演歌（1930年代から1980年代まで大ヒットした100曲）の歌詞に現われる感情を「喜怒哀楽」に分け､それらを連語単位で考察したものである。考察の結果、まず一つ目は演歌の曲名は「自然、植物、人間、身体、動物、地名、建造物、交通機関、時間、感情、その他」に大きく分類できることが明らかになった。二つ目はこれらの諸要素の中にはさまざまな下位要素があることがわかった。それぞれの下位要素をもつ曲名の歌詞をみると、そこには哀、つまり悲しみを表す曲が最も多いこと（66%）が明らかになった。三つ目は「喜怒哀楽」にかかわるさまざまな感情は「名詞＋動詞、名詞＋形容詞、形容詞・形容動詞＋名詞、副詞＋動詞（形容詞・形容動詞）」などに構成される連語単位で抽出できることをも明らかにした。連語単位で考察すると、さまざまな下位感情を体系的に類型化できる利点があるために、連語は歌詞の分析に最適の材料になりうることを述べた。最後に、日本のみに存する文化語は真の意味で日本文化や日本事情を理解する鍵になりうるという点でその価値がとても高いことを述べた。

키워드: 엔카(演歌), 감정(感情), 희노애락(喜怒哀楽), 가사(歌詞), 연어(連語)

2.1 시작하며

일본에는 엔카(演歌)라는 음악 장르가 있다. 엔카가 본격적으로 등장하기 시작한 것은 1960년대 중반으로 알려져 있다. 엔카는 일본인 특유의 리듬 감각과 정념을 담고 있으며, 고로 다른 나라에서는 그 장르를 찾아보기 어렵다는 점에서 매우 일본적이라고 할 수 있다. 그래서 엔카는 일본인 특유의 감각과 정념을 이해하는 데에 최적의 재료가 된다고 할 수 있다. 물론 엔카 외에도 민요, 가곡, 소설, 영화, 드라마, 시, 수필 등을 통해서 일본인 특유의 감각과 정념을 이해할 수는 있을 것이다. 그러나 본 저자가 엔카에 주목하는 이유는 일본인(그 중에서도 중년 남녀)의 독특한 세계관, 감각, 희노애락, 정념 등이 다른 자료에 비해 은유적으로, 혹은 직접적으로 잘 녹아 있다고 생각되기 때문이다. 예를 들어 일본의 엔카 가사를 보면 남녀 간의 애절한 사랑, 가족 간의 사랑, 여성의 희생, 기다림, 세상살이의 힘겨움, 인생관, 그리움, 서러움 등등으로 대표되는 실로 복잡 미묘한 감정들이 스며들어 있는 것을 볼 수 있다. 이에 본 장에서는 오로지 엔카 가사에 주목하여 가사에 내재된 희노애락의 감정을 살펴보고자 한다. 당연한 말이지만 희노애락의 감정은 일본어학적인 관점에서 볼 때, 단락, 문장, 연어, 단어의 단위로 드러난다. 이 중에서 본 장에서는 연어 단위로 엔카 가사에 들어 있는 희노애락의 감정을 고찰하고자 한다(그 이유는 2.4절에서 후술한다.).

희노애락의 감정을 담은 특정한 엔카가 특정 시기에 공전의 히트를 기록했다면 그것은 그 시대를 산 일본인들이 그 엔카의 선율과 가사 내용에 공감했다는 의미로 해석될 수 있을 것이다. 따라서 다양한 엔카 가사를 분석함으로써 궁극적으로 당시의 일본인들의 정서를 이해하는 데에 본 연구가 약간이나마 도움이 될 수 있지 않을까 기대해 본다.

2.2 분석의 대상과 선행연구

분석의 대상은 콜롬비아(コロンビア) 음반사에서 제작한 「ベスト100シリーズ昭和の大ヒット演歌」CD음반에 수록된 100곡의 가사이다. 콜롬비아 음반사는 일본을 대표하는 유명 음반사이다. 당연히 이 100곡은 당시의 음반 판매량과 인기도를 반영하여 선정되었을 것으로 생각한다. Google(2016.09-10) 검색을 토대로 다음과 같이 곡명, 가수명, 성별, 발표 연도순으로 제시한다. 곡명의 번역, 가수명, 성별 한글 표기는 본 저자가 한 것이다. 성별 표시가 없는 것은 그룹을 의미한다.

1)흐르는 강물처럼(川の流れのように)/미소라 히바리(美空ひばり), 여성, 1971년

2)헝클어진 머리카락(みだれ髪)/미소라 히바리(美空ひばり), 여성, 1987년

3)동백나무(雪椿)/고바야시 사치코(小林幸子), 여성, 1987년

4)변화무쌍한 인생(人生いろいろ)/시마쿠라 치요코(島倉千代子), 여성,

1987년

5)아마기고개(天城越え)/이시카와 사유리(石川さゆり), 여성, 1986년

6)사랑은 찬란히(愛燦燦)/미소라 히바리(美空ひばり), 여성, 1986년

7)부부고개(夫婦坂)/미야코 하루미(都はるみ), 여성, 1984년

8)인생은 나니와부시(浪花節だよ人生は)/호소카와 다카시(細川たかし), 남성, 1976년

9)어쩌면(もしかして)PART II/고바야시 사치코 · 미키 카쓰히코(小林幸子 · 美樹克彦), 여성 · 남성, 1985년

10)오사카 사랑 가을비(浪花恋しぐれ)/미야코 하루미(都はるみ) · 오카치아키(岡千秋), 여성 · 남성, 1983년

11)야기리 나루터(矢切の渡し)/호소카와 다카시(細川たかし), 남성, 1976년

12)애기동백 여인숙(さざんかの宿)/오카와 에이사쿠(大川榮策), 남성, 1982년

13)북쪽의 술집(北酒場)/호소카와 다카시(細川たかし), 남성, 1982년

14)들에 피는 꽃처럼(野に咲く花のように)/다 · 카포(ダ · カーポ), 1983년

15)오사카의 연인(ふたりの大阪)/미야코 하루미 · 미야자키 다다시(都はるみ · 宮崎雅), 여성 · 남성, 1984년

16)비의 모정(雨の慕情)/야시로 아키(八代亜紀), 여성, 1980년

17)오사카 가을비(大阪しぐれ)/미야코 하루미(都はるみ), 여성, 1980년

18)사랑의 수중화(愛の水中花)/마쓰자카 게이코(松坂慶子), 여성, 1979년

19)여자를 싣고 떠나는 배(女の出船)/마쓰하라노부에(松原のぶえ), 여성, 1979년

20)뱃노래(舟歌)/야시로 아키(八代亜紀), 여성, 1979년

21)추억의 술(おもいで酒)/고바야시 사치코(小林幸子), 여성, 1979년
22)때로는 창부처럼(時には娼婦のように)/구로사와 도시오(黒沢年男), 남성, 1978년
23)빙우(氷雨)/가야마 아키오(佳山明生), 여성, 1977년
24)여행의 끝자락에(旅の終わりに)/간무리 지로(冠二郎), 남성, 1977년
25)무호마쓰의 일생(無法松の一生)/무라타 히데요(村田英雄), 남성, 1958년
26)쓰가루해협겨울경치(津軽海峡雪景色)/이시카와 사유리(石川さゆり), 여성, 1977년
27)시집 안 올래?(嫁に来ないか)/니누마 켄지(新沼謙治), 남성, 1976년
28)북녘의 여인숙에서(北の宿から)/미야코 하루미(都はるみ), 여성, 1975년
29)기억 속의 그 모습(面影)/시마자키 유리(しまざき由理), 여성, 1975년
30)미련(心のこり)/호소카와 다카시(細川たかし), 남성, 1975년
31)사랑(恋)/마쓰야마 치하루(松山千春), 남성, 1980년
32)시크라멘의 향기(シクラメンのかほり)/후세 아키라(布施明), 남성, 1975년
33)만남(ふれあい)/나카무라 마사토시(中村雅俊), 남성, 1974년
34)꽃 거리의 엄마(花街の母)/가네다 다쓰에(金田たつえ), 여성, 1973년
35)눈물의 사랑(なみだ恋)/야시로 아키(八代亜紀), 여성, 1973년
36)갈채(喝采)/치아키 나오미(ちあきなおみ), 여성, 1972년
37)학생가의 찻집(学生街の喫茶店), 가로(ガロ), 1972년
38)태양이 준 계절(太陽がくれた季節)/파란 삼각자(青い三角定規), 1972년
39)잘 가요, 사랑하는 사람이여(さらば恋人)/사카이 마사아키(境正章),

남성, 1971년

40)상처입기 쉬운 사랑(愛は傷つきやすく)/히데와 로잔나(ヒデとロザンナ), 1970년

41)한밤중의 기타(真夜中のギター)/치가 가오루(千賀かほる), 여성, 1969년

42)인형의 집(人形の家)/히로타 미에코(弘田美枝子), 여성, 1969년

43)프랑시누의 경우(フランシーヌの場合)/신타니 노리코(新谷のり子), 여성, 1969년

44)회색빛 연갈색 머리카락의 아가씨(亜麻色の髪の乙女)/뷔렛지 싱거즈(ヴィレッジ·シンガーズ), 1968년

45)블루라이트 요코하마(ブルー·ライト·ヨコハマ)/시다 아유미(しいだあゆみ), 여성, 1968년

46)시안교 블루스(思案橋ブルース)/나카이 아키라·다카하시 마사루와 코로라티(中井昭·高橋勝とコロラティー), 1968년

47)좋아하게 된 사람(好きになった人)/미야코 하루미(都はるみ), 여성, 1968년

48)부부가 함께 마시는 술(夫婦酒)/무라타 히데오(村田英雄), 남성, 1967년

49)여자의 길(女のみち)/미야시로·핀카라토리오(宮史郎·ぴんからトリオ), 1972년

50)붉게 타오르는 태양(真っ赤な太陽)/미소라 히바리(美空ひばり), 여성, 1967년

51)새끼손가락의 추억(小指の想い出)/이토 유카리(伊東ゆかり), 여성, 1967년

52)푸른성(ブルー・シャトウ)/잭키 요시카와와 블루 코메쓰(ジャッキー吉川とブルー・コメッツ), 1967년

53)신쥬쿠 블루스(新宿ブルース)/오기 히로코(扇ひろ子), 여성, 1967년

54)슬픈 술(悲しい酒)/미소라 히바리(美空ひばり), 여성, 1966년

55)눈물의 연락선(涙の連絡船)/미야코 하루미(都はるみ), 여성, 1965년

56)시레토코여정(しれとこ旅情)/모리시게 히사야(森繁久弥), 남성, 1960년

57)유(柔)/미소라 히바리(美空ひばり), 여성, 1964년

58)아가씨동백은 사랑의 꽃(アンコ椿は恋の花)/미야코 하루미(都はるみ), 여성, 1964년

59)사랑과 죽음을 주시하며(愛と死をみつめて)/아오야마 가즈코(青山和子), 여성, 1964년

60)청춘의 성하마을(青春の城下町)/가지 미쓰오(梶光夫), 남성, 1964년

61)아! 우에노역이여(ああ上野駅)/이자와 하치로(井沢八郎), 남성, 1964년

62)학원광장(学園広場)/후나키 가즈오(舟木一夫), 남성, 1963년

63)고교 3학년(高校三年生)/후나기 가즈오(舟木一夫), 남성, 1963년

64)눈물 흘리며 떠나가는 배(なみだ船)/기타지마 사부로(北島三郎), 남성, 1962년

65)사랑은 신다이 시대부터(恋は神代の昔から)/하타케야마 미도리(畠山みどり), 여성, 1962년

66)젊은 연인들(若いふたり)/기타하라 겐지(北原謙二), 남성, 1962년

67)장기(王将)/무라타 히데오(村田英雄), 남성, 1961년

68)소란 철새(ソーラン渡り鳥)/고마도리 자매(こまどり姉妹), 여성, 1961년

69)백조의 회귀(北帰行)/고바야시 아키라(小林旭), 남성, 1961년

70)산의 로자리아(山のロザリア)/스리 그레이세스(スリー·グレイセス), 1961년

71)사랑의 찬가(愛の賛歌)/고시지 후부키(越路吹雪), 여성, 1969년

72)비로 피는 꽃(雨に咲く花)/이노우에 히로시(井上ひろし), 남성, 1969년

73)기타를 가지고 다니는 철새(ギターを持った渡り鳥)/고바야시 아키라(小林旭), 남성, 1959년

74)난 울고 있지(僕は泣いちっち)/모리야 히로시(守屋浩), 남성, 1959년

75)노란 앵두(黄色いさくらんぼ)/스리 캐츠(スリー·キャッツ), 그룹, 1970년

76)긴자 9쵸메 미즈노우에(銀座九丁目水の上)/고베 이치로(神戸一郎), 남성, 1958년

77)도쿄 버스 안내양(東京のバスガール)/초대 콜롬비아 로즈(初代コロムビア·ローズ), 여성, 1957년

78)기쁨도 슬픔도 한 세월(喜びも悲しみも幾歳月)/와카야마 아키라(若山彰), 남성, 1957년

79)이타코 신부(潮来花嫁さん)/하나무라 기쿠에(花村菊江), 여성, 1960년

80)감나무언덕 집(柿の木坂の家)/아오키 고이치(青木光一), 남성, 1957년

81)엄마, 도쿄야(東京だヨおっ母さん)/시마쿠라 치요코(島倉千代子), 여성, 1957년

82)보고 싶었어(逢いたかったぜ)/오카 하루오(岡晴夫), 남성, 1955년

83)이 세상의 꽃(この世の花)/시마쿠라 치요코(島倉千代子), 여성, 1955년

84)그림자를 사모하며(影を慕いて)/후지야마 이치로(藤山一郎), 남성, 1932년

85)언덕을 넘어서(丘を越えて)/후지야마 이치로(藤山一郎), 남성, 1931년

86)고향을 생각하지 않을 사람이 어디에 있을까(誰か故郷を思わざる)/기리시마 노보루(霧島昇), 남성, 1940년

87)중국의 밤 블루스(しなの夜ブルース)/아와야 노리코(淡谷のり子), 여성, 1964년

88)중국의 밤(シナの夜)/와타나베 하마코(渡辺はま子), 여성, 1940년

89)호반의 여인숙(湖畔の宿)/다카미네 미에코(高峰三枝子), 여성, 1940년

90)소주야곡(蘇州夜曲)/야마구치 요시코(山口淑子), 여성, 1940년

91)사과의 노래(リンゴの唄)/나미키 미치코(並木路子)·기리시마 노보루(霧島昇) 여성·남성, 1946년

92)도쿄 부기우기(東京ブギウギ)/가사기 시즈코(笠置シヅ子), 여성, 1947년

93)온천 마을 엘레지(湯の町エレジー)/오우미 도시로(近江俊郎), 남성, 1948년

94)나가사키의 종(長崎の鐘)/후지야마 이치로(藤山一郎), 남성, 1949년

95)곰 축제의 밤(イヨマンテの夜)/이토 히사오(伊藤久男), 남성, 1949년

96)하얀 꽃이 필 무렵(白い花の咲く頃)/오카모토 아쓰오(岡本敦郎), 남성, 1950년

97)사과 오이와케(リンゴ追分)/미소라 히바리(美空ひばり), 여성, 1952년

98)너의 이름은(君の名は)/오리이 시게코(織井茂子), 여성, 1953년

99)고원열차는 간다(高原列車は行く)/오카모토 아쓰오(岡本敦郎), 남성, 1954년

100)푸른 산맥(青い山脈)/후지야마 이치로(藤山一郎)·나라 미쓰에(奈良光枝), 남성·여성, 1949년

위에서 열거한 100곡은 여성이 부른 곡도 있고 남성이 부른 곡도 있다. 혹은 남성 혹은 여성 그룹이 부른 곡도 있다. 여성이 부른 곡은 모두 46곡이고, 남성이 부른 곡은 37곡이다. 여성이 부른 곡이 9곡이 더 많다. 나머지 17곡은 남녀 혼성이거나 남성 그룹 혹은 여성 그룹이 부른 노래이다.

발표 연도를 보면 1980년대에 발표된 곡이 18곡, 1970년대에 발표된 곡이 26곡이었다. 1960년대에 발표된 곡은 33곡, 1950년대에 발표된 곡이 13곡, 1940년대에 발표된 곡은 8곡, 1930년대에 발표된 곡이 2곡 해서 모두 100곡이다. 1960년대 이전에 나온 곡은 엄밀히 말하면 가요에 해당하지만 본 장에서는 논의의 편의를 위해 엔카로 통칭한다.

일본의 엔카를 고찰한 대표적인 선행연구로 최현정(2006)과 심수경(2015)의 연구를 들 수 있다. 먼저 최현정(2006)은 미소라 히바리의 노래 중에서 크게 히트한 80곡의 가사를 어구성별, 어종별, 품사별, 정서별, 내용별로 나누어 분석을 하였다. 어구성별 분석은 가사를 구성하는 단어를 단순어, 복합어, 파생어로 나누어 분석한 것이다. 어종별 분석은 가사를 구성하는 단어를 고유어, 한자어, 기타로 나누어 분석한 것이다. 품사별 분석은 가사에 나오는 단어를 명사, 동사, 형용사, 기타(부사, 접속사, 조사)로 나누어 분석한 것이다. 마지막으로 내용별 분석은 가사의 전체적 의미를 예를 들어 이별, 그리움, 연인과의 사랑, 인생 등의 주제로 엮어 분석한 것이다. 최현정(2006) 연구의 의의는 무엇보다 미소라 히바리가 부른 노래 가사의 내용들을 미시적으로 또는 거시적인 방법으로 미소라 히바리의 음악 세계를 입체적으로 고찰하였다는 점에 그 특징이 있다.

한편, 심수경(2015)은 이미자(103곡)와 미소라 히바리(262곡)가 부른 노래 가사를 시대 상황, 소재, 사랑의 양태와 여성성, 공간의 이미지와 같은 거시적인 관점으로 비교 분석하였다. 그 결과 이미자와 미소라 히바리 노래의 절반이 사랑과 이별을 다루었다는 점에서 공통점을 지니는 반면, 미소라 히바리가 이미자보다 노래의 소재가 압도적으로 많다는 점에서 차이가 난다는 사실이 밝혀졌다. 또한 남녀 관계의 경우, 이미자의 노래 속에는 전통적인 여성상(예를 들어 순종하는 여성상)이 그려진 반면에, 미소라 히바리의 노래 속에는 전통적인 여성상을 보이는 것도 있지만, 기개를 잃지 않고 당당한 삶을 살아가고자 노력하는 여성상을 보여주는 노래도 많다는 점에서 이미자의 노래와는 구별된다고 하였다.

선행연구에서는 공통적으로 가사에 드러난 이별, 그리움, 연인과의 사랑, 인생에 대한 감정 등을 다루고 있는데 이러한 분석법은 한두 명의 가수가 부른 노래 가사를 분석하는 데에는 유용할지는 모르지만, 다양한 가수의 노래를 분석하는 데에는 한계가 있다. 따라서 본 장에서는 다양한 가수가 부른 엔카 가사를 희로애락이라는 4가지 유형으로 엮어 분석을 하고자 한다.

그리고 본 장에서는 연어라는 단위로 가사의 희로애락을 분석하고자 한다. 선행연구에서는 노래 가사를 거시적으로, 혹은 미시적으로 고찰을 하였기 때문에 엔카 가사에 드러나는 일본인들의 감정을 구체적으로 포착할 수 없다는 문제점이 있다. 거시적인 관점에 의존하면 가사에 들어간 내용을 주제별로 분석하기에는 좋지만 구체적인 표현을 디테일하게 분석하기가 어렵다는 문제점도 있다. 예를 들어 가사가 남녀의 이별을 다룬 것이라면, 가사 전체를 모두 제시하지 않는 한, 구체적으로 어떻게 남녀 간의 이별이 노래되었는지를 알 수 없다. 반대로 미시적인 관점에만 의존하면 가사가 전달하고자 하는 큰 그림을 놓칠 우려가 있다. 따라서 가사를 분석하기 위해서는 너무 큰 단위도, 너무 작은 단위도 아닌 적당한 크기의 단위가 필요한데, 그 적절한 단위를 본 저자는 연어로 보고 있다. 2.4절에서 상술하겠다.

2.3 엔카 제목의 특징

곡명의 기능은 가사의 내용을 함축적으로 제시하는 것이라고 하겠다. 만약 제목과 내용이 서로 연계되지 않는다면 제목을 바꾸거나 내용을 바꾸어야 할 것이다. 예를 들어 「아마기고개(天城越え)」라는 엔카 제목(이하 곡목으로 통칭한다.)은 가사의 내용을 함축적으로 제시한 것이라 할 수 있다. 그런데 여기에서 우선 드는 의문은 곡목이 먼저냐, 가사가 먼저냐 하는 것이다. 당연히 가사가 먼저일 것이다. 상식적으로 보건대 희로애락의 감정 중에서 어느 특정한 감정(예를 들어 슬픔)을 불러일으키는 사건이 먼저 발생하고 가사가 작성된 뒤, 아마기고개(天城越え)라는 곡목이 붙여졌을 것이다. 여기에서 유념해야 할 것은 곡목이 반드시 특정한 감정만을 나타내는 것은 아니라는 사실이다. 왜냐하면 가사를 끝까지 듣거나 읽어보는 일이 없이 곡명만으로 해당 노래의 감정을 온전히 파악하기 어렵기 때문이다(물론 내용을 유추할 수 있는 곡목이 있기는 하다.). 따라서 본 저자는 곡목을 우선은 희로애락의 감정을 나타내는 중립적인 도구로 본다. 이러한 관점에 서서 본 저자는 가사의 내용과 상관없이 100곡의 곡명을 분석해 보았는데, 다음과 같은 분류가 가능한 사실을 확인할 수 있었다.

<표1> 엔카 곡목의 특징 분류

자연	식물	사람	신체	동물	지명	건조	교통	시간	감정	기타
9곡	10곡	16곡	2곡	2곡	13곡	9곡	4곡	9곡	11곡	15곡

〈표1〉을 보면, 희로애락과 같은 엔카의 감정들이 자연, 식물, 사람, 신체, 동물, 지명, 건조물, 교통기관, 시간, 감정, 기타 등과 같은 다양한 제목을 통해서 나타날 수 있음을 알 수 있다. 그러면 〈표1〉에 나열된 순서대로 예를 들어 가며 살펴보도록 하자. 우선 첫째로, 자연과 관련하여 모두 9곡의 곡명이 확인되었다. 예를 들어 흐르는 강물처럼(川の流れのように), 아마기고개(天城越え), 부부고개(夫婦坂), 오사카 가을비(大阪しぐれ), 오사카 사랑가을비(浪花恋しぐれ), 빙우(氷雨), 붉게 타오르는 태양(真っ赤な太陽), 언덕을 넘어서(丘を越えて), 푸른 산맥(青い山脈) 등의 곡목이 확인되었다. 즉 일본인들은 강물, 고개, 비, 태양, 언덕, 산맥 등을 통해서 희로애락의 감정을 노출하는 것이다.

둘째, 식물과 관련하여 모두 10곡의 곡명이 확인되었다. 예를 들면 동백나무(雪椿), 들에 피는 꽃처럼(野に咲く花のように), 사랑의 수중화(愛の水中花), 시크라멘의 향기(シクラメンのかほり), 아가씨동백은 사랑의 꽃(アンコ椿は恋の花), 비로 피는 꽃(雨に咲く花), 이 세상의 꽃(この世の花), 노란 앵두(黄色いさくらんぼ) 등의 곡명이 확인되었다. 즉 일본인들은 동백나무, 꽃, 앵두 등으로 대표되는 식물에 희로애락 중, 하나의 감정을 노출한다.

셋째, 사람과 관련하여 모두 16곡의 곡명이 확인되었다. 예를 들면 오사카의 연인(ふたりの大阪), 때로는 창부처럼(時には娼婦のように), 무호마쓰의 일생(無法松の一生), 꽃거리의 엄마(花街の母), 잘 가요, 사랑하는 사람이여(さらば恋人), 젊은 연인들(若いふたり), 회색빛 연갈색 머리카락의 아가씨(亜麻色の髪の乙女), 좋아하게 된 사람(好きになった人), 산의 로자리아(山のロザリア), 도쿄 버스 안내양(東京のバスガール), 이타코 신부(潮来花嫁さん), 고향을 생각하지 않을 사람이 어디에 있을까(誰か故郷を思わざる), 너의 이름은(君の名は) 등의 곡명이 확인되었다. 즉 일본인들은 연인, 창부, 엄마, 아가씨, 사람, 로자리아, 안내양, 신부 등으로 대표되는 사람을 통해 희로애락의 감정 중 하나를 드러낸다.

넷째, 신체 일부와 관련하여 2곡의 곡명이 확인되었다. 헝클어진 머리카락(みだれ髪), 새끼손가락의 추억(小指の想い出) 등의 곡명이 바로 그것이다.

다섯째, 동물과 관련하여 2곡의 곡명이 확인되었다. 소란 철새(ソーラン渡り鳥), 기타를 가지고 다니는 철새(ギターを持った渡り鳥) 등의 곡명이 확인되었다. 기타를 가지고 다니는 철새(ギターを持った渡り鳥)에서 철새는 주인공의 처지를 은유적으로 나타낸 것이다.

여섯째, 지명 및 장소에 관련하여 모두 13곡의 곡명이 확인되었다. 예를 들어 야기리 나루터(矢切の渡し), 아! 우에노역이여(ああ上野駅), 쓰가루 해협겨울경치(津軽海峡雪景色), 블루라이트 요코하마(ブルー·ライト·ヨコハマ), 청춘의 성하마을(青春の城下町), 학원광장(学園広場), 긴자 9쵸메 미즈노우에(銀座九丁目水の上), 엄마! 도쿄야(東京だヨおっ母さん), 온천 마을 엘레지(湯の町エレジー), 도쿄 부기우기(東京ブギウギ) 등의 곡명이 확인되었다. 일본인들은 나루터, 우에노역, 쓰가루 겨울경치, 요코하마, 성하마을, 광장, 긴자, 도쿄 등으로 대표되는 지명이나 장소를 통해 희로애락의 감정을 드러내는 것을 알 수 있다. 한국에서도 「대전부르스」나 「비내리는 고모령」「안동역」에서와 같이 지명이나 장소가 들어간 트로트 곡명을 확인할 수 있다.

일곱 번째, 건조물에 관련하여 모두 9곡의 곡명이 확인되었다. 예를

들어 애기동백의 여인숙(さざんかの宿), 북쪽의 술집(北酒場), 북녘의 여인숙에서(北の宿から), 학생가의 찻집(学生街の喫茶店), 인형의 집(人形の家), 파란 성(城)(ブルー·シャトウ), 감나무언덕 집(柿の木坂の家), 호반의 여인숙(湖畔の宿) 등의 곡명이 확인되었다. 한국의 트로트 곡명에도 「비 내리는 영동교」나 「제3한강교」와 같이 건조물이 곡명으로 선택되는 경우가 있다.

여덟 번째, 교통기관과 관련하여 모두 4곡이 확인되었다. 예를 들어 여자를 싣고 떠나는 배(女の出船), 눈물의 연락선(涙の連絡船), 눈물 흘리며 타고 가는 배(なみだ船), 고원열차는 간다(高原列車は行く) 등의 곡명이 확인되었다. 주로 배와 기차로 대표되는 교통기관을 통해서 희로애락의 감정을 드러내는 것을 알 수 있다.

아홉 번째, 시간과 관련하여 모두 9곡의 곡명이 확인되었다. 예를 들어 여행의 끝자락에(旅の終わりに), 태양이 준 계절(太陽がくれた季節), 고교 3학년(高校三年生), 사랑은 신다이 시대부터(恋は神代の昔から), 기쁨도 슬픔도 한 세월(喜びも悲しみも幾歳月), 중국의 밤(シナの夜), 소주야곡(蘇州夜曲), 곰 축제의 밤(イヨマンテの夜), 하얀 꽃이 필 무렵(白い花の咲く頃) 등의 곡명이 확인되었다.

열 번째, 감정과 관련하여 모두 11곡의 곡명이 확인되었다. 미련(心のこり), 사랑(恋), 눈물의 사랑(なみだ恋), 갈채(喝采), 상처입기 쉬운 사랑(愛は傷つきやすく), 시레토코 여정(しれとこ旅情), 비의 모정(雨の慕情), 난 울고 있지(僕は泣いちっち), 보고 싶었어(逢いたかったぜ), 그림자를 사모하며(影を慕いて), 사랑은 찬란히(愛燦燦) 등의 곡명이 확인되었다. 일본인들은 미련, 사랑, 눈물, 갈채, 여정, 모정, 희망 등을 통해서 희로애락의 감정을 드러내는 것을 알 수 있다.

마지막으로 기타이다. 기타에 해당하는 곡목은 모두 15곡이 있었다. 변화무쌍한 인생(人生いろいろ), 인생은 나니와부시(浪花節だよ人生は), 어쩌면(もしかしてPARTⅡ), 시집 안 올래(嫁に来ないか), 기억 속의 그 모습(面影), 만남(ふれあい), 프랑시누의 경우(フランシーヌの場合), 부부가 함께 마시는 술(夫婦酒), 추억의 술(おもいで酒), 슬픈 술(悲しい酒), 사랑의 찬가(愛の賛歌), 사과의 노래(リンゴの唄), 사과 오이와케(リンゴ追分), 여자의 길(女のみち), 신쥬쿠 블루스(新宿ブルース), 중국의 밤 블루스(しなの夜ブルース), 시안교 블루스(思案橋ブルース), 유(柔), 사랑과 죽음을 주시하며(愛と死をみつめて), 장기(王将), 나가사키의 종(長崎の鐘), 한밤중의 기타(真夜中のギター) 등을 들 수 있다. 이들 가운데 신쥬쿠 블루스(新宿ブルース), 중국의 밤 블루스(しなの夜ブルース)과 나가사키의 종(長崎の鐘)는 지명(국명), 시안교 블루스(思案橋ブルース)는 건조물(교량)로 분류가 가능하지만 우측주요부 규칙(오른쪽 단어를 중심으로 하는 규칙)에 따라 기타로 분류하였다.

이상의 엔카 곡목을 대분류와 소분류를 하는 방식으로 표로 정리하면 다음과 같다.

<표2> 엔카 가사의 대분류, 소분류

대분류	소분류
자연	강물, 고개, 비, 태양, 언덕, 산맥
식물	동백나무, 꽃, 앵두
사람	연인, 창부, 엄마, 아가씨, 사람, 로자리아, 버스 안내양, 신부
신체	머리카락, 새끼손가락
동물	철새, 백조
지명 및 장소	야기리 나루터, 우에노역, 쓰가루, 요코하마, 성하마을, 광장, 긴자, 도쿄
건조물	여인숙, 술집, 집, 커피숍
교통기관	배(선박), 열차
시간	계절, 학년, 시대, 세월, 밤

감정	갈채, 미련, 사랑, 모정, 여정, 바람(욕구)
악기	기타
기타	인생, 술, 결혼, 추억, 만남, 사과, 길, 춤(블루스), 교량, 죽음, 장기

<표2>는 일본인들의 희로애락 감정이 무엇을 통해 드러나는지를 보여준다는 점에서 매우 중요하다고 할 수 있다. 그러나 곡목을 단지 대분류 혹은 소분류를 하는 것만으로는 희로애락의 감정이 구체적으로 어떻게 드러나는지를 알 수 없기 때문에 곡목과 더불어 가사를 구체적으로 들여다 볼 필요성이 대두된다. 2.4절에서는 이에 대해 살펴보도록 하겠다.

2.4 가사의 내용 분석

감정은 시각, 청각, 미각, 후각, 촉각 등의 오감이 아닌 희로애락을 가리키는 것이 일반적이다. 물론 오감이 희로애락의 감정을 자극하는 것은 부정할 수 없지만, 희로애락이 오감 그 자체와는 엄격히 구별되는 독립적 정신작용인 것은 분명해 보인다. 예들 들어 평소에 좋아하는 향수라도 어떤 사람이 뿌렸느냐에 따라 그 향수가 더더욱 좋아질 수도, 반대로 그렇지 않을 수도 있다.

본 저자는 100곡의 엔카 곡목 내용을 분석한 바, 다음의 <표3>과 같은 결과를 얻을 수 있었다.

<표3> 가사의 내용 분류

감정 유형	기쁨(喜)	분노(怒)	슬픔(哀)	즐거움(樂)	전체
곡수	27곡(27%)	1곡(1%)	66곡(66%)	6곡	100곡

〈표3〉을 보면 일본의 엔카에는 슬픈 노래가 압도적으로 많은 사실을 알 수 있다. 즉 엔카에서는 일본인들의 희로애락의 감정 중에서 슬픔의 감정이 가장 많이 드러나는 것으로 생각할 수 있다.

이하의 절에서는 우선 엔카 가사의 분석 단위를 살펴본 뒤, 희로애락의 감정을 구체적으로 어떠한 방식으로 추출해 낼 수 있는지를 살펴보도록 하겠다.

2.4.1 엔카 가사의 분석 단위

곡목만으로는 구체적으로 어떻게 기쁨의 감정이 드러나는지를 알 수 없기 때문에 각 곡목에 들어 있는 가사를 자세히 살펴볼 필요가 있다. 예를 들어 흐르는 강물처럼(川の流れのように)의 2절 가사를 보도록 하자. 한국어 번역은 필자가 한 것이다.

원문	번역문
生きることは　旅すること	산다는 것은 여행한다는 것
終わりのない　この道	끝도 없이 가야하는 길
愛する人　そばに連れて	사랑하는 사람 옆에 데리고
夢　探しながら	꿈을 찾으면서
雨に降られて　ぬかるんだ道でも	비 맞으며 울퉁불퉁한 길이라도
いつかは　また　晴れる日が来るから	언젠가는 또 화창한 날이 올 테니
ああ　川の流れのように　おだやかに	아아, 흐르는 강물처럼 평온하게
この身を　まかせていたい	이 몸을 맡기고 싶어라
ああ　川の流れのように　移り行く	아아, 흐르는 강물처럼 변해가는 계절
季節　雪どけを待ちながら	눈이 녹기를 기다면서

위의 가사는 현재는 역경을 겪으며 고단한 삶을 노래하는 것처럼 보이지만 인내를 가지며 미래의 행복을 꿈꾸며 살아가고자 하는 내용이므로 기쁨을 묘사하는 것으로 생각해 볼 수 있다.

그런데 여기에서 유념해야 할 것은 문장(discourse) 단위로 가사의 희로

애락의 감정을 추출하고자 한다면, 기술의 적정성과 경제성에 입각한 분석이 어려워질 것으로 예상된다는 점이다. 예를 들어 흐르는 강물처럼(川の流れのように)이 기쁨을 노래한다는 것을 주장하기 위해서는 문장 단위(1절과 2절)의 가사 전체를 근거 자료로 제시해야 한다. 또 그보다 작은 단위인 문(sentence, 한국에서는 문장이라 부른다.)의 단위도 마찬가지이다. 100곡의 경우, 100개의 가사를 모두 제시해야 하는 것이다. 이렇게 하면 우리는 원하는 정보 이상의 정보, 즉 정보의 과잉에 직면하게 될 것이며, 그 귀결로 분석의 경제성이나 명료성과는 거리가 멀어질 것으로 예상된다. 따라서 가사 내용을 일본어학적으로 분석하기 위해서는 일정 크기의 단위를 염두에 둘 필요가 있다.

그다음으로 문장이나 문보다 작은 어휘 단위의 크기에 대해 생각해보자. 흐르는 강물처럼(川の流れのように)이 기쁨의 감정을 나타낸다는 해석은 문장이나 문 단위를 통해 획득한 정보이다. 만약에 어휘 단위로 감정들을 추출하고자 한다면 즉 정보의 부족에 직면하게 될 것이다. 예를 들어 흐르는 강물처럼(川の流れのように)의 주제인 기쁨을 입증하기 위해서 生きることは旅すること, 終わりのないこの道(산다는 것은 여행하는 것 끝없이 가야하는 길)를 구성하는 자립어, 즉 生きる, 旅する, 終わり, 道와 같은 어휘(동사, 형용사, 명사)나 は, こと, の, ない, この와 같은 비자립어 하나하나를 추출하는 것만으로는 기쁨의 감정을 발견해내기 어렵기 때문이다.[1]

본 저자는 이러한 문제를 해결하기 위해 연어(連語, collocation) 단위를 고려할 것을 제안한다. 즉 연어를 단위로 하면 정보의 과부족이라는 문

1 그러나 기쁨이나 슬픔의 감정을 이해하기 위해 가사를 구성하는 기본어휘나 기초어휘를 추출하는 방식으로 계량화를 시도할 수는 있다고 생각한다.

제점에 직면하는 일이 없이 어느 특정한 감정을 완성해 내는 경로를 유효적절하게 확보할 수 있다고 보는 것이다. 이것은 우리가 구운 꽁치를 먹는 것으로 비유할 수 있다. 우리는 대개 구운 꽁치를 모두 먹지 않는다. 머리나 뼈, 꼬리는 버리는 반면, 뼈를 발라 남는 살코기나 뼈에 붙어 있는 살코기는 먹는 것이 일반적이다. 이와 같이 연어는 꽁치의 살코기에 비유될 수 있다. 그래서 본 저자는 두 개 이상의 단어가 연결된 연어 단위를 기준으로 하면, 예를 들어 기쁨의 감정을 완성해 가는 다양하고 맛깔스러운 관련 표현들을 군더더기 없이, 마치 꽁치의 살코기처럼 추출해낼 수 있다고 보는 것이다.

연어를 구성하는 품사 분류를 보면「명사 + 동사, 명사 + 형용사, 형용사 · 형용동사 + 명사, 부사 + 동사 · 형용사 · 형용동사」로 분류되며,「명사 + 동사」는 다시「명사 + を + 동사, 명사 + が + 동사, 명사 + に + 동사」로 세분화된다.[2]

<연어를 구성하는 품사의 분류>

1) 명사 + 동사

a. 명사 + を + 동사: 電話をかける(전화를 걸다), 汗をかく(땀을 흘리다)

b. 명사 + が + 동사: 電話がかかる(전화가 걸리다), 影響が出る(영향이 나타나다)

c. 명사 + に + 동사: 電話に出る(전화를 받다), 実行に移す(실행에 옮기다)

2) 명사 + 형용사: 責任が重い(책임이 무겁다), 可能性が高い(가능성이

2 아키모토 미하루(秋元美晴, 2002:123)에서 인용한 것이다. 한국어 번역은 본 저자가 한 것임. 보다 상세하게는 言語学研究会(1995:1-19)를 참조할 것.

높다)

3) 형용사·형용동사+명사: 重い病気(중병), はなない夢(덧없는 꿈)

4) 부사+동사·형용사·형용동사: ぐっすり寝る(푹 잠들다)

위의 연어를 보면 연어를 구성하는 단어들이 서로 개방적으로 결합하는 존재가 아니라 여러 단어들이 배타적으로 결합한, 고립된 존재라는 사실을 알 수 있다(이 점에서 일반적인 구나 문장과는 구별된다.). 그러면 이하의 절에서 엔카 가사의 희로애락에 관여하는 연어를 살펴보겠다.

2.4.2 기쁨(喜)

전체 100곡 중에서 기쁨을 나타내는 곡목은 27곡이었다. 예를 들어 흐르는 강물처럼(川の流れのように), 사랑은 찬란히(愛燦燦), 어쩌면(もしかしてPARTⅡ), 오사카 사랑 가을비(浪花恋しぐれ), 들에 피는 꽃처럼(野に咲く花のように), 시집 안 올래(嫁に来ないか), 시크라멘의 향기(シクラメンのかほり), 태양이 준 계절(太陽がくれた季節), 상처입기 쉬운 사랑(愛は傷つきやすく), 회색빛 연갈색 머리카락의 아가씨(亜麻色の髪の乙女), 블루라이트 요코하마(ブルー·ライト·ヨコハマ), 부부가 함께 마시는 술(夫婦酒), 붉게 타오르는 태양(真っ赤な太陽), 새끼손가락의 추억(小指の想い出), 아! 우에노역이여(ああ上野駅), 학원광장(学園広場), 고등학교 3학년(高校三年生), 젊은 연인(若いふたり), 장기(王将), 사랑의 찬가(愛の賛歌), 긴자 9쵸메 미즈노우에(銀座九丁目水の上), 도쿄 버스 안내양(東京のバスガール), 이타코 신부(潮来花嫁さん), 엄마, 도쿄야(東京だヨおっ母さん), 언덕을 넘어서(丘を越えて), 중국의 밤(シナの夜), 푸른 산맥(青い山脈) 등의 곡목이 확인되었다. 위의 곡목을 보면 강물, 사랑, 가을비, 꽃, 결혼, 시크라멘트, 계절, 아

가씨, 요코하마, 도쿄, 술, 태양, 손가락, 시간, 사람, 언덕, 밤, 산맥 등이 기쁨의 감정을 드러내는 도구로 기능하고 있음을 알 수 있다.

기쁨을 묘사하는 모든 엔카 가사를 연어 단위로 추출해보자. 그런데 원래대로라면 1곡의 가사 중에서만 기쁨의 감정과 관련된 표현 단위(연어)를 추출해야 할 것이다. 가사를 구성하는 표현들이 연어의 단위로 어떻게 조합을 이루며 총체적인 감정을 완성해 가는지 그 경로를 일관되게 관찰할 수 있기 때문이다. 그러나 본 장에서는 지면 관계상 이를 생략하고자 한다. 본 장에서는 기쁨의 감정을 전달하는 26곡의 가사(나머지 74곡 가사도 포함)에 출현하는 연어를 곡목 구별 없이 일괄적으로 제시한다.

우선, 「명사 + 동사」 중에서 「명사 + を + 동사」 형식의 연어는 다음과 같은데 지면 관계상 설명은 생략한다.

이 몸을 맡기다(この身をまかせる), 눈이 녹기를 기다리다(雪どけを待つ), 푸른 시냇물 소리를 듣다(青いせせらぎを聞く), 작은 악운을 미워하다(わずかばかりの運の悪さを恨む), 생각대로 되지 않은 꿈을 잃다(思いどおりにならない夢を失くす), 남몰래 기쁨의 눈물을 흘리다(心秘かな嬉し涙を流す), 심술을 부리다(いじわるをする), 가게를 나오다(店を出る), 야생화의 당당한 마음을 알다(野の花のけなげな心を知る), 기타를 치다(ギターを弾く), 행복이란 놈을 찾다(しあわせという奴を探す), 뺨을 물들이다(頬をそめる), 수목 사이로 새어 나온 햇빛을 받은 너를 안다(木もれ陽あびた君を抱く), 피로를 모르는 아이처럼(疲れを知らない子供のように), 두 사람을 추월하다(二人を追い越す), 무엇을 아까워하나(何を惜しむ), 무엇을 주시하는가(何を見つめる), 무엇을 그리 기다리는가(何を待ちつづける), 무릎을 감싸다(ひざをかかえる), 당신을 사랑하다(あなたを愛する), 목숨을 끊다(命をたつ), 언덕을 내려가다(丘をくだる), 사랑을 하다(恋をする), 고생을 끼치다(苦労をかける), 행복을 맛보다(しあわせを味わう), 몸을 가까이 하다(身を寄せる), 파도가 밀려오는 해변을 달리다(渚をはしる), 영원을 맹세하다(永遠を誓う), 몸을 맡기다(身をまかす), 당신을 그리워하다(あなたのことをしのぶ), 나를 외롭게 하다(私を一人にする), 비밀을 알다(秘密を知る), 교사를 물들이다(校舎をそめる), 포크댄스 상대의 손을 잡다(フォークダンスの手をとる), 두 사람의 꿈을 맞닥뜨리다(二人の夢をよせあう), 노래를 기억하다(歌をおぼえる), 머리카락을 헝클이다(髪をからませる), 기념사진을 찍다(記念の写真をとる), 시골 이야기를 듣다(田舎の話しを聞く), 언덕을 넘다(丘を越える), 여행을 가다(旅行を行く), 나를 껴안다(あたしを抱きしめる), 나를 기다리다(僕を待つ), 꿈을 품다(夢を抱く), 손을 잡아끌다(手を引く), 사람을 상쾌하게 하다(人を爽やかにする), 사람을 평온하게 하다(人を和やかにする), 향기를 싣다(香りをのせる), 밤을 생각하다(夜を思い出す), 플랫폼의 시계를 주시하다(ホームの時計を見つめる), 자전거를 멈추다(自転車をとめる)

위의 연어들을 보면, 일본인들은 자신의 몸을 맡기며, 눈이 녹기를 기다리며, 또는 푸른 시냇물 흘러가는 소리를 들으면서 기쁨의 감정을 느끼는 것을 확인할 수 있다.

그다음으로 「명사＋が＋동사」는 다음과 같다.

고향이 보이다(故郷が見える), 맑게 개인 날이 온다(晴れる日が来る), 좋은 사람이 있다(いい人がいる), 당신이 익숙해지다(あなたがなれる), 불평이 있다(文句がある), 나니와의 봄이 오다(浪花の春がくる), 계절이 나를 모른 척한다(季節が知らん顔をする), 바람이 에워싸다(風がつつむ), 발자국 소리만

이 따라온다(足音だけがついて来る), 눈과 눈으로 이야기를 한다(目と目で話ができる), 새끼손가락이 타오르다(小指がもえる), 젊음이 비상하다(若さがとぶ), 꿈이 있다(夢がある), 길이 있다(道がある), 노래가 있다(歌がある), 등불이 켜지다(灯がつく), 어린 시절이 떠오르다(小さい頃が浮かぶ), 눈물이 번지다(涙がにじむ), 종이 울리다(鐘が鳴る), 손가락이 떨리다(指がふるえる), 불러서 오게 할 수 있다(呼び戻すことができる)

위의 연어들을 살펴보면 고향이 보이고 맑고 화창한 날이 오고 좋은 사람과 눈과 눈으로 대화를 나눌 수 있는 일련의 행위들이 기쁨의 감정으로 연결된다는 사실을 확인할 수 있다.

「명사 + に + 동사」의 예는 다음과 같다.

황혼에 물들다(黄昏に染まる), 이 몸으로 떨어지다(この身に落ちる), 지난 일이 눈앞에 살며시 다시 떠오르다(睫毛に憩う), 이 몸에 산산이 부서지다(この身に荒れる), 술에 취하다(お酒に酔う), 손가락에 끼우다(指にはめる), 슬픔에 젖다(悲しみに濡れる), 눈물에 젖다(涙にぬれる), 파도에 사라지다(渚に消える), 눈에 스며들다(目にしみる), 바다에 흘리다(海にながす), 마음에 담다(心にとめる), 새끼손가락이 좋다(小指が好きだ), 바람에 날리다(風に吹かれる), 비를 맞다(雨にうたれる), 익히다(身につける), 사랑에 흔들리다(愛にゆれる) 등을 들 수 있다.

이들 연어 중에 슬픔에 젖다(悲しみに濡れる), 눈물에 젖다(涙にぬれる)는 기쁨의 감정과는 무관해 보이지만 전체 가사를 보면 결국 기쁨의 감정으로 연결되는 것들이다. 교실활동의 일환으로 특정 엔카 가사를 구성

하는 연어들이 어떻게 특정한 감정으로 연결되는지를 살펴본다면, 이는 독해교육에 매우 유용할 것으로 생각된다.

둘째, 「명사＋が＋형용사(형용동사)」인데, 미소가 좋아요(笑顔が好きだ), 네가 필요해(君がほしい), 거리의 가로등이 예쁘네요(街の灯りがきれい), 새끼손가락이 아파(小指が痛い), 웃는 얼굴이 귀여워(笑顔がいじらしい) 등의 예가 확인되었다.

셋째, 「형용사·형용동사＋명사」인데, 구체적으로 다음과 같은 예가 확인되었다.

가늘고 긴 이 길(細く長いこの道), 지도조차 없는 그것도 또한 인생(地図さえないそれもまた人生), 생각대로 되지 않는 꿈(思い通りにならない夢), 정결한 것(清いもの), 외로운 것(さびしいもの), 끝이 없는 이 길(終わりのないこの道), 푸른 시냇물소리(青いせせらぎ), 사람은 연약한 존재(人はかよわいもの), 사람은 가련한 존재(人は哀しいもの), 인생이란 오묘한 것(人生って不思議なもの), 인생이란 기쁜 것(人生って嬉しいもの), 이제 돌아오지 못하는 두 사람(もう帰れない二人), 눈동자가 예쁜 남자(瞳がきれいな男), 자그마한 옛 상처(小さな昔の傷), 짜증나는 얼굴(しんきくさい顔), 아무것도 할 줄 모르는 이 사람(何もできないこの人), 어두운 인생(暗い人生), 기특한 마음(けなげな心), 괴로운 인생(つらい人生), 피곤을 모르는 아이(疲れを知らない子供), 눈부신 존재(まぶしいもの), 흰 비둘기(白い鳩), 상냥한 말(やさしい言葉), 하얀 꽃다발(白い花束), 상냥한 그 남자(やさしい彼), 밝은 노래 소리(明るい歌声), 행복한 두 사람(幸せな二人), 긴 머리카락(長い髪), 산뜻한 입맞춤(やさしいくちづけ), 좋아하는 담배 향기(好きなタバコの香り), 달콤한 바닷바람(あまい潮風), 격렬한 사랑(はげしい愛), 못된 사람(いけない人),

붉은 석양(赤い夕日), 얼마 남지 않은 날(残り少ない日数), 먼 하늘(遠い空), 살랑바람 달콤한 청춘의 언덕(そよ風甘い春の丘), 젊은 두 사람(若い二人), 인정 어린 칵테일(粋なカクテル), 젊은 희망(若い希望), 예쁜 사람(きれいな人), 굳세어라, 버스안내양(くじけちゃいけないバスガール), 실망해서는 안 되는 인생(くじけちゃならない人生), 싫은 말(いやな言葉), 좋아하는 그 사람(好きなあの人), 즐기는 마음(たのしい心), 기쁜 마음(嬉しい心), 붉은 새(赤い鳥), 애절한 사랑의 노래(やるせない愛の歌), 낡은 상의(古い上衣), 쓸쓸한 꿈(さみしい夢), 푸른 산맥(青い山脈), 이름도 없는 꽃(名もない花), 젊은 우리(若いわれら), 커다란 꿈(でっかい夢), 전달되지 않는 그 편지(とどかないあの手紙)

위에 제시한 정보들이 연어가 아니라 명사로만 제시되었다면 우리는 분명히 정보의 과부족에 직면했을 것이다. 명사만으로는 정보 파악을 위한 단서가 불충분하기 때문이다. 그러나 연어 단위를 고려하면 특정한 정보(감정)을 충분히 이해할 수 있다. 또한 예를 들어 「細く長いこの道」는 전형적인 연체수식절이라고 할 수 있는데 이 연체수식절이 지니는 표현의 힘은 주관성에 있다고 할 수 있다. 수많은 명사(道)의 속성이 특정한 속성(가늘고 긴)으로 한정되었기 때문이다. 감정이 화자(표현자)의 주관성에 비롯된다는 점은 누구도 부정할 수 없을 것이다. 연체수식절의 형식을 취하는 연어를 「この道が細くて長い」와 같은 「が」격 주어를 취하는 문장으로 패러프레이즈(paraphrase)했을 때, 연어에서 본 주관성이 사라지고 길의 상태를 있는 그대로 객관화한 무미건조한 문장이 되어버린다는 점에 유의하자. 물론 모든 「が」격 주어를 취하는 문장이 주어의 객관적 상태를 묘사하는 것은 아니다. 예를 들어 「笑顔が好きだ」「君がほしい」

「街の灯かりがきれい」「小指が痛い」「笑顔がいじらしい」와 같이 감정 형용사가 술어로 올 경우에는 화자(표현자)이 감정, 즉 주관성이 그대로 살아 있음을 볼 수 있다.

마지막으로 부사＋동사·형용사·형용동사로 구성된 감정 표현으로는 다음과 같은 예가 확인되었다.

밝게 달리다(明るく走る), 살며시 떨다(小さくふるえる), 산뜻하게 에워싸다(やさしくつつむ), 완전히 잊다(きれいに忘れる), 깨끗이 정돈하다(きれいに片づける), 공허하게 흔들리다(むなしくゆれる), 매우 예쁘다(とてもきれい), 지긋이 맛보다(しみじみ味わう), 가슴으로 상냥하게 데우다(胸でやさしくあたためる), 새빨갛게 타오르다(まっかに燃える), 애달프게 마음을 주다(せつなくなびく), 금방 보고 싶어지다(すぐに逢いたくなる), 유쾌하게 떠들다(愉快にさわぐ), 달콤하게 냄새나다(甘く匂う), 스스럼없이 유혹을 받다(なにげなく誘われる), 또 화창해지다(また晴れる), 두 번 다시없다(二度とない), 이렇게 상처 입다(こんなに傷つく)

2.4.3 분노(怒)

분노의 감정에 관련된 표현은 관련 엔카가 1곡(동백雪椿)밖에 없었으므로 해당 예의 숫자가 당연히 적을 수밖에 없었음에 유의하길 바란다.

「명사＋동사」 중에서 「명사＋を＋동사」의 예를 들면, 등을 구부리다(背中をかがめる), 수고를 즐기다(苦労を楽しむ)가 확인되었으며, 「명사＋が＋동사」의 예는 확인되지 않았다. 「명사＋に＋동사」로는 그런 남자에 반하다(そんな男に惚れる), 꿈에 보다(夢に見る)가 확인되었다. 둘째, 「명사 + 형용사」의 예로 자는 얼굴을 누구에게도 보이지 않다(寝顔を誰にも見せない)가 확인되었다. 셋째, 「형용사 · 형용동사 + 명사」의 예로는 그런 남자(そんな男)가 있었다. 마지막으로 「부사 + 동사 · 형용사 · 형용동사」의 예는 확인되지 않았다.

2.4.4 슬픔(哀)

총 66개의 곡목이 슬픔을 나타내는 것으로 확인되었다. 예를 들면, 헝클어진 머리카락(みだれ髪), 변화무쌍한 인생(人生いろいろ), 아마기고개(天城越え), 부부고개(夫婦坂), 인생은 나니와부시(浪花節だよ人生は), 야기리 나루터(矢切の渡し), 애기동백의 여인숙(さざんかの宿), 북쪽의 술집(北酒場), 오사카의 연인(ふたりの大阪), 비의 모정(雨の慕情), 오사카 가을비(大阪しぐれ), 사랑의 수중화(愛の水中花), 여자를 싣고 떠나는 배(女の出船), 뱃노래(舟歌), 추억의 술(おもいで酒), 때로는 창부처럼(時には娼婦のように), 빙우(氷雨), 여행의 끝자락에(旅の終わりに), 무호마쓰의 일생(無法松の一生), 쓰가루해협 겨울경치(津軽海峡雪景色), 북녘의 여인숙에서(北の宿から), 기억 속의 그 모습(面影), 미련(心のこり), 사랑(恋), 만남(ふれあい), 꽃거리의 엄마(花街の母), 눈물의 사랑(なみだ恋), 갈채(喝采), 학생가의 찻집(学生街の喫茶店), 한밤중의 기타(真夜中のギター), 인형의 집(人形の家), 프랑시누의 경우(フランシーヌの場合), 시안교 블루스(思案橋ブルース), 좋아하게 된 사람(好きになった人), 여자의 길(女のみち), 파란 城(ブルー·シャトウ), 신쥬쿠 블루스(新宿ブルース), 슬픈 술(悲しい酒), 눈물의 연락선(涙の連絡船), 시레토코 여정(しれとこ旅情), 유(柔), 아가씨동백은 사랑의 꽃(アンコ椿は恋の花), 사랑과 죽음을 주시하며(愛と死をみつめて), 청춘의 성하마을(青春の城下町), 눈물 흘리며 타고 가는 배(なみだ船), 소란 철새(ソーラン

渡り鳥), 백조의 회귀(北帰行), 산의 로자리아(山のロザリア), 비로 피는 꽃(雨に咲く花), 기타를 가지고 다니는 철새(ギターを持った渡り鳥), 난 울고 있지(僕は泣いちっち), 기쁨도 슬픔도 한 세월(喜びも悲しみも幾歳月), 감나무언덕 집(柿の木坂の家), 만나고 싶었어(逢いたかったぜ), 이 세상의 꽃(この世の花), 그림자를 사모하며(影を慕いて), 고향을 생각하지 않을 사람이 어디에 있을까(誰か故郷を思わざる), 중국의 밤 블루스(しなの夜ブルース), 호반의 여인숙(湖畔の宿), 소주야곡(蘇州夜曲), 온천 마을 엘레지(湯の町エレジー), 나가사키의 종(長崎の鐘), 하얀 꽃이 필 무렵(白い花の咲く頃), 사과오이와케(リンゴ追分), 너의 이름은(君の名は) 등의 예가 확인되었다. 이미 언급한 바와 같이 엔카에서는 슬픔이라는 감정이 주를 이룬다. 제목을 보면 실로 많은 소재가 슬픔이라는 감정을 나타내는 도구로 사용되는 것을 볼 수 있다.

그러면 슬픔에 관련된 명사+동사형의 연어부터 보도록 하자. 「먼저 명사+を+동사」의 예를 보면 다음과 같다.

손을 주다(手をやる), 보이지 않는 마음을 비추다(見えぬ心を照らす), 마음을 어지럽히다(心を乱す), 머리를 짧게 하다(髪を短くする), 새끼손가락을 깨물다(小指をかむ), 자기만을 책망하다(自分ばかりを責める), 당신을 죽이다(あなたを殺す), 불을 빠져나가다(火をくぐる), 입을 벌리다(口を開く), 지면을 기다(地を這う), 이 언덕을 넘다(この坂を越える), 그런 말을 믿다(そんな言葉を信じる), 싹을 틔우다(芽を吹く), 어깨를 빌려주다(肩を貸す), 어깨를 안기다(肩を抱かれる), 숨을 죽이다(息を殺す), 몸을 기대다(身を寄せる), 희미해진 유리를 손으로 닦다(くもりガラスを手で拭く), 꿈을 꾸게 하다(夢を見させる), 불을 붙이다(火をつける), 마음을 허락하다(心を許す), 추억을 들여 삼키다(思い出を飲み干す), 눈을 감다(瞼をとじる), 시간을 멈추다(時間を停める), 막을 내리다(幕を引く), 무게를 느끼다(重さを覚える), 뺨을 적시다(ほおを濡らす), 꿈을 꾸다(夢を見る), 물을 주다(水をあたえる), 그 아가씨를 생각하다(あの娘を思う), 소문을 듣다(噂をきく), 양말을 신다(靴下をはく), 다리를 벌리다(脚をひろげる), 한쪽 눈을 감다(片目をつぶる), 나를 유혹하다(私を誘う), 땀을 흘리다(汗をながす), 큰 소리를 내다(大きな声を出す), 자기 가슴을 만지다(自分で乳房をつかむ), 그 사람을 생각하다(あの人を思い出す), 이 가슴을 적시다(この胸を濡らす), 그 사람을 잊다(あの人を忘れる), 나를 버리다(私を捨てる), 눈물을 버리다(涙を捨てる), 그물을 잡아당기다(網を引き出す), 해명만을 듣다(海鳴りだけをきく), 손가락을 가리키다(指をさす), 가슴을 흔들다(胸をゆする), 화장을 두껍게 하다(厚化粧をする), 목숨을 걸다(命をかける), 나뭇가지에서 벗어나다(枝をはなれる), 어깨를 안다(肩を抱く), 그 사람을 유혹하다(あの人を誘う), 행복을 데리고 가다(幸せを連れる), 근심을 숨기다(憂いをかくす), 슬픔을 속이다(涙をごまかす), 나를 두다(私を置く), 어깨를 서로 기대다(肩を寄せ合う), 누구를 원망하랴(誰を恨む), 두 사람을 책망하다(二人を責める), 운명을 점치다(運命を占う), 차를 마시다(お茶を飲む), 새벽의 거리를 혼자 가다(夜明けの町を一人行く), 기타를 치다(ギターを奏く), 무엇인가를 추구하다(何かを求める), 눈물의 꼬리를 끌다(涙の尾を引く), 사랑을 잃다(愛を失くす), 목숨을 맡기다(命をあずける), 진심을 말하다(ほんとのことを言う), 나를 기다리다(僕を待つ), 눈물을 흘리다(涙を流す), 서쪽을 향하다(西を向く), 동쪽을 향하다(東を向く), 외로움을 잊다(淋しさを忘れる), 나를 슬프게 하다(私を悲しくさせる), 그 사람을 체념하다(あの人をあきらめる), 가슴의 번민을 지우다(胸

の悩みを消す), 슬픔의 술을 마시다(悲しくなる酒を飲む), 세상을 한탄하다(世を泣く), 마시며 홍청거리다(僕たちのことを飲んで騒ぐ), 고개를 넘다(峠をこえる), 나를 울리다(私を泣かす), 여울을 넘기도 하다(瀬を越えもする), 사랑의 눈물을 삼키다(恋の涙を噛みしめる), 소식을 싣다(便りをのせる), 시나노골목을 짊어지고 걷다(信農路をせおって歩く), 고향의 향기를 싣다(故郷の香をのせる), 그날 밤을 회상하다(あの夜を思い出す), 자전거를 멈추다(自転車を停める), 홈의 시계를 주시하다(ホームの時計を見つめる), 돛대 줄을 감아올리다(帆綱を巻きあげる), 쓰가루의 바다를 넘다(津軽の海を越える), 생각을 담다(想いをこめる), 나를 떠나다(我を去る), 무슨 말을 할까(何を語る), 피리를 울리다(笛をならす), 산의 노래를 부르다(山の唄をうたう), 헤어진 사람을 생각하다(別れた人を想う), 내 기분을 알다(僕の気持ちを知る), 마구 언짢은 소문을 퍼뜨리다(いやな噂をふりまく), 무사를 기원하다(無事を祈る), 등불을 쳐들다(灯をかざす), 별을 세다(星を数える), 미소를 보이다(笑顔を見せる), 환상의 그림자를 그리워하다(まぼろしの影を慕う), 기타를 잡다(ギターをとる), 어깨를 맞대다(肩を組む), 고향을 생각하다(故郷を想う), 홧술을 마시다(やけ酒を飲む), 몸을 망치다(身体をこわす), 연안의 숲을 가다(岸の林をゆく), 꽃을 띄우다(花をうかべる), 마음의 죄를 털어놓다(こころの罪をうちあける), 괴로운 이별에 흐느끼다(つらい別れを泣く), 하얀 꽃잎을 흩뿌리다(白い花びらを散らす), 어머니를 생각하다(お母ちゃんのことを思い出す), 맛을 보게 하다(味見をさせる), 창문에서 항구가 보이다(窓から港が見える), 무적이 울리다(霧笛が鳴る), 네가 사랑하는 그가 지치다(おまえの愛する彼が疲れる), 작은 목을 구부리다(小首をまげる) 등이 확인되었다.

「명사＋が＋동사 구조」의 연어로는 다음과 같은 예가 확인되었다. 예를 들어 산이 타오르다(山が燃える)는 이것은 진짜로 산이 불타오르는 것을 의미하는 것이 아니라 자신의 남편을 다른 여성에게 빼앗길지도 모른다는 절박한 심정을 산이 타오르다(山が燃える)에 대입한 것이다.

산이 타오르다(やまが燃える), 행복이 기다리다(幸せが待つ), 저녁비가 내리다(夕ぐれの雨が降る), 북풍이 흐느끼며 불다(北風が泣いて吹く), 긴 머리의 여자가 잘 어울리다(長い髪の女が似あう), 남자를 울리는 노래가 있다(男を泣かせる歌がある), 너의 등이 들썩이며 울다(お前の背中がしのび泣く), 네온등 불빛이 스며들다(ネオンがしみる), 갈매기가 울다(カモメが泣く), 추억만이 지나가다(想い出だけが行き過ぎる), 날마다 추위가 더해지다(日ごと寒さがつのる), 가슴이 울다(胸が泣く), 가을바람이 불다(秋風が吹く), 배가 떠나다(船が出る), 새가 떠나다(鳥が飛び立つ), 바보로 여겨져도 꿈이 있다(馬鹿にされても夢がある), 신랑이 나타날 때까지(花聟が見つかるまで), 막이 열리다(幕が開く), 테두리 장식이 있다(ふちどりがある), 나의 노래가 지나가다(私の歌が通りすぎていく), 네가 오다(君が来る), 자그맣게 집이 보이다(小さく家が見える), 사랑이 사라지다(愛が消える), 이별의 눈물맛이 나다(別れ涙の味がする), 마음이 있다(こころがある), 울면서 원망하면서 밤이 깊어가다(泣いて恨んで夜が更ける), 피리카가 웃다(ピリカが笑う), 비백무늬 소매가 나풀거리다(かすりの裾が舞う), 내가 돌아가다(僕が帰る), 축제 북이 울리다(祭りの太鼓が鳴る), 상행 급행열차가 가다(上りの急行が行く), 무적이 부르다(霧笛が呼びかける), 감나무꽃이 피다(柿の花が咲く), 감 열매가 익다(柿の実が熟れる), 눈물의 빛이 떨어지다(涙の陽が落ちる), 나가사키의 종이 울리다(長崎の鐘が鳴る), 흰 꽃이 피다(白い花が咲く), 흰

구름이 뜨다(白い雲が浮く), 하얀 달이 울다(白い月が泣く), 복숭아꽃이 피다(桃の花が咲く), 벚꽃이 피다(桜が咲く), 보름달이 뜨다(満月が出る), 미련이 가슴에 밀려오다(未練が胸に舞い戻る), 밤에 피는 꽃이 지다(夜咲く花が散る), 옛 모습이 떠오르다(面影が浮かぶ), 사과 꽃이 지다(リンゴの花が散る), 눈물이 흘러넘치다(涙がこぼれる), 마음이 흐느껴 울다(心がすすり泣く), 내일이 보이다(明日が見える)

「명사＋に＋동사」의 구조를 취한 연어로는 다음과 같은 예가 확인되었다. 이하 설명은 생략한다.

가슴에 사무치다(胸にからむ), 바람에 날리다(風に舞う), 신에게 기도하다(神に祈る), 당신에게 물들다(あなたに染みつく), 슬픔으로 울다(悲しみに泣く), 영리하게 변하다(利口に化ける), 부모의 마음을 외면하다(親の心に背く), 배에 맡기다(船にまかせる), 사랑에 살다(恋に生きる), 가슴에 붓다(胸にそそぐ), 가슴으로 날아들다(胸に舞い戻る), 술에 취하다(酒に酔う), 봄을 배신하다(春に背く), 세상에 삐치다(世間にすねる), 연락선을 타다(連絡船に乗る), 여행을 떠나다(旅に出る), 슬픔을 만나다(悲しみに出会う), 허무함에 번민하다(空しさに悩む), 꿈에 보다(夢に見る), 비에 지다(雨に散る), 교회 앞에 우두커니 서다(教会の前にたたずむ), 무심코 가슴에 외치다(思わず胸にさけぶ), 여행을 떠나다(旅に立つ), 당신에게 미움 받다(あなたに嫌われる), 파리의 아침에 타오르다(パリの朝に燃える), 눈에 선하다(瞳に浮かぶ), 밤안개의 가운에 에워싸이다(夜霧のガウンにつつまれる), 꿈으로 흐르다(夢に流れる), 유리에 떠오르다(ガラスに浮かぶ), 가슴속에 살다(胸の奥に生きる), 눈꺼풀 뒤에 피다(瞼の裏に咲く), 밤안개에 젖다(夜霧に濡れる), 손가락에 얽히다(指にからむ), 눈에 선하다(目に浮かぶ), 이 세상에 피다(この世に咲く), 추억거리로 남다(かたみに残る), 바람에 지다(風に散る), 가슴에 짜내다(胸にしぼる), 바람에 흔들리다(風に揺れる), 비를 맞다(雨にうたれる) 등의 예가 확인되었다.

둘째, 「명사 + 형용사」구조의 감정표현으로 다음과 같은 예가 확인되었다.

술을 미지근하게 데우는 것이 좋다(ぬるめの燗がいい), 장식이 없다(飾りがない), 우산이 없다(傘がない), 체념이 나쁘다(あきらめが悪い), 따스함이 그립다(ぬくもりがほしい), 이별이 괴롭다(別れがつらい), 가로수가 아름답다(街路樹が美しい), 장미향이 괴롭다(バラの香りが苦しい), 잊을 수 없다(忘れることができない), 혼자가 좋다(一人ぼっちが好きだ), 입으로 말하기보다 손이 빠르다(口で言うより手の方が早い), 사람의 정이 그립다(人の情けが欲しい), 도쿄가 그리도 좋은가(東京がそんなにいい), 당신이 필요해(あなた一人がほしい), 밤의 기적 소리가 슬프다(夜の汽笛が悲しい), 꿈에 지나지 않아(夢に過ぎない), 내가 나쁘다(私が悪い)

셋째, 「형용사 · 형용동사 + 명사」구조의 연어로 다음과 같은 예가 확인되었다.

슬픈 운명(悲しい運命), 먼 그날 밤(遠いあの夜), 기분 나쁜 소문(いやな噂), 쓰라린 이별(つらい別れ), 하얀 꽃잎(白い花びら), 흰 꽃(白い花), 긴 머리의 여자(長い髪の女), 과묵한 사람(無口な人), 좋은 신랑(いい花聟), 하얀 달(白

い月), 차가운 밤비(冷たい夜の雨), 차가운 바람(冷たい風), 덧없는 꿈(はかない夢), 숨길 수 없는 향기(隠しきれない移り香), 당신과 넘고 싶은 아마기고개(あなたと越えたい天城越え), 한심한 만남(馬鹿な出会い), 사랑에 살고 싶은 두 사람(恋に生きたい二人), 피어서 외로운 사잔카의 여인숙(咲いてさびしいさざんかの宿), 슬픈 운명의 겨울 꽃(運命かなしい冬の花), 내일이 필요 없는 사잔카의 여인숙(明日いらないさざんかの宿), 울지 않기로 한 약속(泣かない約束), 누구에게도 지지 않을 사랑(誰にも負けない愛), 긴 세월(長い年月), 최선을 다 못하는 나(つくし足りないわたし), 슬픈 존재(悲しいもの), 바보스런 인생(ばかばかしい人生), 바보스런 한때(ばかばかしいひととき), 품위 없는 여자(下品な女), 미련을 못 버리는 이런 밤(未練ごころ消せぬこんな夜), 왠지 쓸쓸한 가을(なぜかさみしい秋), 북쪽 항구의 자그마한 술집(北の港の小さな酒場), 붉은 불빛(赤い灯), 어차피 이루어지지 못할 사랑(どうせ実らぬ恋), 입어 준 적 없는 스웨터(着てはもらえぬセーター), 당신이 그리운 북쪽 여인숙(あなた恋しい北の宿), 소원이 이루어질 리 없는 공허한 기도(かなうはずない虚しい祈り), 꾸지 못할 꿈(見果てぬ夢), 소중한 순정(大切な純情), 나쁜 사람(悪い人), 차가운 하늘(冷たい空), 혼자서는 살아 갈 수 없는 것(一人では生きてゆけないもの), 무심한 마음의 교류(何気ない心のふれあい), 두꺼운 화장(厚い化粧), 만나면 애절한 이별(逢えば切ない別れ), 슬픈 운명(悲しい運命), 어두운 대합실(暗い待合室), 못 알아차리는 두 사람(気づかない二人), 굳은 약속(固い約束), 괴로운 기분(つらい気持ち), 마셔서 버리고 싶은 옛 모습(飲んで捨てたい面影), 잊지 못하는 나(忘れられない私), 반해서는 안 되는 도회지 사람(惚れちゃならない都の人), 덧없는 목숨(はかない命), 꿈도 닿지 못하는 북녘의 하늘(夢もとどかぬ北国の空), 둥지 없는 외로운 제비(ねぐら持たないみなしごつばめ), 허무한 희망(はかなき希望), 푸른 목장(青い牧場), 잊을 수 없는 그날(忘れられぬあの日), 그리운 그 사람(恋しいあの人), 덧없는 꿈(はかない夢), 붉은 석양(赤い夕陽), 먼 고향(遠い故里), 슬픈 이별(悲しい別れ), 유치한 꿈(幼い夢), 즐거운 추억(楽しい思い出), 꿈은 돌아오지 않는 첫사랑의 꽃(夢は返らぬ初恋の花), 애절한 나의 추억(やるせぬわが想い), 외로운 호수(さびしい湖), 슬픈 마음(悲しい心), 오래된 편지(古い手紙), 고향의 먼 꿈의 날(ふるさとの遠い夢の日), 고향의 높은 그 봉우리(ふるさとの高いあの峰), 슬펐던 그때(悲しかったあの時), 괴로운 이별(つらい別れ), 하얀 나의 눈물(白きわが涙), 가난한 집 기둥(貧しき家の柱), 기품 있고 흰 마리아님(気高く白きマリア様), 소중한 사랑(大事な恋), 낯선 타향(知らぬ土地), 그리운 그 사람(こいしいあの人)

마지막으로 「부사＋동사·형용사·형용동사」구조의 연어로 다음과 같은 예가 확인되었다.

활활 타오르다(くらくら燃える), 사랑스럽게 안다(やさしく抱きよせる), 눈물을 살짝 흘리다(涙をそっと流す), 조용히 가다(静かにゆく), 엉엉 울다(しんしん泣く), 상행 급행열차가 기적을 울리며 가다(上りの急行がシュッシュラシュッと行く), 무심코 외치다(思わずさけぶ), 차분히 마시다(しみじみ飲む), 눈물이 뚝뚝 흐르다(涙がぽろりとこぼれる), 홀짝홀짝 마시다(ほろほろ飲む), 덧없이 살다(はかなく生きる), 순순히 마시다(素直に飲む), 담배연기를 뻐끔뻐끔 내다(たばこぷかりとふかす), 조금씩 마시다(ぽつぽつ飲む), 꼭 잡다(きっとつかむ), 조용히 잠들다(静かに眠る), 꼭 오다(きっと来る), 허무하게 사라지다(むなしく消える), 얼마 동안은 오지 않을 거야(しばらく来ない), 더없이 맑다(こよなく晴れる), 눈물이 또 배어 나오다(涙がまたにじむ)

2.4.5 즐거움(樂)

즐거움을 나타내는 곡목 가사로 모두 6곡이 확인되었다. 사랑은 신다이 시대부터(恋は神代の昔から), 노란 앵두(黄色いさくらんぼ), 사과의 노래(リンゴの唄), 도쿄 부기우기(東京ブギウギ), 곰 축제의 밤(イヨマンテの夜), 고원열차는 간다(高原列車は行く) 등의 예가 확인되었다.

먼저, 「명사＋동사」를 보도록 하자. 「명사＋を＋동사」로는 사랑을 하다(恋をする), 사과의 노래를 부르다(りんごの歌を歌う)가 있었다. 「명사＋が＋동사」로는 윤이 나다(艶が出る), 젊은 아가씨가 세 명 모이다(若い娘が三人揃える)가 있었으며, 「명사＋に＋동사」의 예는 확인되지 않았다.

둘째, 「명사＋형용사」의 예는 확인되지 않았다.

셋째, 「형용사·형용동사＋명사」의 감정표현으로 다음과 같은 예가 확인되었다.

뜨거운 눈물(熱い涙), 노란 앵두(黄色いさくらんぼ), 맛있는 이야기(おいしい話), 젊은 아가씨(若い娘), 빨간 사과(赤いりんご), 파란 하늘(青い空), 기쁜 소문(うれしい噂), 가벼운 재채기(軽いくしゃみ), 그리운 사과(いとしいりんご), 달콤한 사랑(甘い恋), 즐거운 노래(楽しい歌), 명랑한 노래(陽気な歌), 유쾌한 도쿄 부기우기(愉快な東京ブギウギ), 뜨거운 한숨(熱きため息), 밝은 창공(明るい青空), 귀여운 아가씨(可愛い娘), 세련된 이야기(おしゃれな話)가 있었다.

마지막으로 「부사＋동사·형용사·형용동사」의 예로는 지긋이 움켜쥐다(ぐっと握る), 북이 둥둥 울리다(タムタム太鼓がなる)가 있었다.

2.5 엔카 가사에 나타난 문화어

2.4절까지는 엔카 가사의 총체적 의미, 즉 주제를 완성해 나가는 연어를 고찰하였다. 이번에는 연어가 아닌 어휘를 살펴보고자 한다. 앞에서 어휘가 엔카 가사의 주제를 적절하게 그리고 명료하게 분석하는 데에 한계가 있음을 언급하였다. 그러나 이 절에서는 어휘가 가사에 드러나는 감정이 아닌 다른 목적, 즉 일본문화를 이해하기 위한 키워드로 활용할 가능성을 모색하고자 한다.

엔카 가사에 나타나는 어휘 중에는 명사도 있고, 형용사(형용동사)도 있으며, 동사도 있다. 이 절에서는 논의의 편의상 명사에만 주목하고자 한다. 엔카 가사에 나타나는 특정 명사(개념)가 한국어에도 일본어에도 존재하는 것이 있는가 하면, 일본어에만 존재하는 것이 있다. 어떤 말(단어)이 일본어에만 존재한다는 것은 다른 나라에는 존재하지 않는 일본 특유의 문화가 존재한다는 말이다. 이와 같이 일본에만 존재하며, 결국 그것이 일본 특유의 문화를 나타내게 되는 말을 문화어라고 한다(cf. 아베요코(阿部洋子, 2004:7)). 예를 들어 스시(すし)라는 말은 일본어 고유의 말이므로 전형적인 문화어라고 할 수 있다. 일본어에만 존재하는 단어, 즉 문화어에는 일본인들의 독특한 사고방식이나 생활문화 등이 함축되어 있다고 할 수 있기 때문에 엔카 가사를 통해서 문화어를 살펴보는 것도 일본문화를 이해하는 데에 매우 도움이 된다고 할 수 있다. 환언하자면 문화어를 통해서 일본인들이 살아가면서 겪는 애환이나 사연, 독특한 사고방식을 탐구할 단서와 강력한 동기가 주어질 것으로 기대된다는 점이다. 그러나 본 저자는 개인적으로 엔카 가사에 나오는 대부분의 명사가 일본문화를 이해하는 도구가 될 수 있는 것으로 보고 있다. 예를 들어 밤기차

(夜汽車)처럼 물론 한국에도 존재하는 것도 있지만, 그 모양과 느낌은 한국의 그것과 전혀 다를 수도 있기 때문에 가사에 나오는 대부분의 명사들을 문화어로 취급해 보자는 것이다.

문화어들은 명사(구)로 한정되며, 형태론적으로 단순명사, 복합명사, 명사구로 분류할 수 있지만, 본 저자는 어구성별로 문화어를 분류하지 않고, 단순히 문화어가 나타내는 의미범주를 기준으로 분류해서 다음과 같이 예시를 한다.

먼저 지명과 장소를 나타내는 문화어를 들 수 있다.

시오야노미사키(塩屋の岬), 에치고(越後), 아마기고개(天城越え), 구절양장 죠렌 폭포(九十九折り浄蓮の滝), 부부언덕(夫婦坂), 미도스지(御堂筋), 아마기즈이도(天城隧道), 도지마(堂島), 오사카(大阪), 와사비사와(わさび沢), 오구라(小倉), 하코다테(函館), 구시로(釧路), 탓피미사키(龍飛岬), 요코하마(ヨコハマ), 미하라야마(三原山), 시바마타(柴又), 야기리의 나루터(矢切の渡し), 나가사키의 거리(長崎の街), 기온(祇園), 신쥬쿠(新宿), 시레도코노 미사키(知床の岬), 죠카마치(城下町), 소네자키(曽根崎), 현해탄(玄界灘), 긴자규쵸메(銀座九丁目), 쓰텐카쿠(通天閣), 에사시(江差), 도쿄(東京), 나가사키(長崎), 쓰가루바다(津軽の海), 나나사카(七坂), 치시마(千島), 구단자카(九段坂), 교토폰토쵸(京都先斗町), 이와키산(岩木山), 우에노(上野), 후지노다카네(富士の高嶺), 가와라마치(河原町), 요소지자카(四十路坂)

둘째, 건조물에 해당하는 문화어를 확인할 수 있다. 텐슈카쿠(天守閣), 호젠지(法善寺), 아오모리역(青森駅), 요도야바시(淀屋橋), 간텐바시(寒天橋), 산바시(桟橋), 시안바시(思案橋), 니쥬바시(二重橋), 핫퍄쿠야바시

(八百八橋), 부케야시키(武家屋敷) 등의 예를 들 수 있다. 아오모리역(青森駅)과 같이 건조물이 노래 가사로 사용된 예는 사실은 일본에만 국한된 것은 아니다. 예를 들면 한국에도 「이별의 부산정거장」처럼 정거장이라는 건조물이 가사나 곡목으로 사용되기 때문이다. 간텐바시(寒天橋)와 같이 한국에도 「비 내리는 영동교」와 같은 교량명이 가사나 곡목으로 사용된다. 호젠지(法善寺)처럼 한국에도 「불국사의 밤」과 같은 불교사원이 제목이나 가사로 사용되는 예가 있다. 그러나 부케야시키(武家屋敷)처럼 한국 노래에 가옥이 가사로 들어가는 예는 아직 본 적이 없다.

셋째, 사람이다. 히다리즈마(左褄), 무호마쓰(無法松), 이사미코마(勇駒), 새색시 차림새(花嫁姿), 쓰가루 아가씨(津軽娘), 도지마 참새(堂島すずめ), 이타코신부(潮来花嫁), 새색시님(嫁御寮), 하루단지(春団治) 등을 들 수 있다. 쓰가루 아가씨(津軽娘)와 같이 특정 지역의 아가씨가 초점을 받는 것은 한국의 노래 가사에서도 볼 수 있다. 예를 들면 「울산 아가씨」나 「구룡포 처녀」 「처녀 뱃사공」 등을 들 수 있다. 무호마쓰(無法松)는 사람(남자)의 이름을 일컫는데 한국에서도 「굳세어라 금순아」에서 보듯, 특정인의 이름이 곡명이나 가사로 사용되기도 한다.

넷째, 교통수단이다. 우에노발 야행열차(上野発夜行列車), 다마노코시(가마)(玉の輿) 등이 있는데, 한국에서도 「대전블루스」 가사에 나오는 대전발 0시 50분, 「새색시 꽃가마 타고 가네」와 같은 예가 곡명이나 가사로 사용된다.

마지막으로 기타로 회상의 실(想いの糸), 나니와부시(浪花節), 하나시구레(봄비)(花時雨), 중좌의 꽃(中座の花), 덧없는 세상의 뒤안길(浮世の裏), 바람의 무리(風の群れ), 유카타(浴衣), 선창(자)(音頭), 오구라나시로(小倉名代), 쓰가루해협 겨울경치(津軽海峡冬景色), 산샤의 대나무 갓(三車の竹笠),

제등(提灯), 나니와(浪花), 샤미센(三味), 마쓰리의 북(祭りの太鼓), 나가사키의 종(長崎の鐘), 구마마쓰리(熊祭り) 등을 들 수 있다.

한편, 일본의 문화어라고 규정하였으나 다음과 같이 한국에도 존재하는 것들이 있다. 그러나 이미 언급한 바와 같이 한국에도 존재하는 것이라고 해서 그것이 일본에 존재하는 것과 동일한 것(형상, 개념, 감정, 정념)으로 생각해서는 안 된다. 설사 형상이 같다고 해도 그것에 대한 일본인들의 개념이나 감정, 정념 등이 한국인들과는 다를 수 있기 때문이다. 따라서 비교를 통해서 차이점과 공통점을 찾는 노력이 뒤따라야 할 것이다. 그리고 그러한 노력들을 통해서 비로소 일본문화의 이해에 도달할 수 있음을 유념할 필요가 있다고 생각한다.

고향(故郷), 울퉁불퉁한 길(でこぼこ道), 구부러진 길(曲がりくねった道), 황혼(黄昏), 눈녹음(雪どけ), 장기(将棋), 푸른 개울가(青いせせらぎ), 바다의 여울(沖の瀬), 처녀(乙女), 깨진 유리(割れ硝子), 비탈길(坂道), 비내리는 상점가(雨の横丁), 동백(雪椿), 옮은 향기(移り香), 외딴 여인숙(隠れ宿), 이별의 방파제(お別れ波止場), 북(太鼓), 설앵초(雪割草), 바보(ど阿保), 기생(芸者), 장기(将棋), 상복(喪服), 약속(指切り), 사는 보람(生き甲斐), 담배(煙草), 가랑비(小雨), 수중화(水中花), 떠나가는 배(出船), 뱃노래(舟唄), 무적(霧笛), 미련(未練), 떠나가는 배의 기적(出船の汽笛), 새빨간 립스틱(真っ赤な口紅), 겨울비(冬の雨), 관음보살님(観音様), 북항 사나이의 배짱(北の港度胸), 천냥(千両), 여름축제(夏祭り), 넋두리하는 신부(愚痴花嫁), 모습(姿), 난타(乱れ打ち), 낮은 파도 높은 파도(女男波), 화살의 궁깃(矢羽根), 해명(海鳴り), 연락선(連絡船), 눈보라(吹雪), 기차소리(汽車の音), 눈물로 부르는 노래(涙唄), 기억 속의 모습(面影), 항구도시(港の町), 엷은 자색의 시크라멘(うす紫

のシクラメン), 뜬소문(浮名), 밤에 흘리는 눈물의 사랑(夜のなみだ恋), 뒷길(裏通り), 촌스런 동네(ひなびた町), 슬픔에 젖은 눈동자(悲しみに濡れた瞳), 배달되지 않은 그 편지(とどかないあの手紙), 가로등(街の灯り), 작은 배(小舟), 무정한 비(無情の雨), 부질없는 세상의 풍파(浮世波風), 부부가 함께 마시는 술(夫婦酒), 달콤한 바닷바람(甘い潮風), 부서지는 파도(砕ける波), 밤안개(夜霧), 기적(汽笛), 허브항구(ハブ港), 답장 없는 편지(片便り), 동백(アンコ椿), 흐느껴 우는 소리(すすり泣き), 길고 검은 머리카락(長い黒髪), 갈매기(カモメ), 흰 벽이 늘어선 비탈길(白壁坂道), 열차(列車), 밭일(畑仕事), 꿈(夢), 희망(希望), 돛대줄(帆綱), 북녘바다(北海), 눈물의 배(泪船), 살랑바람(そよ風), 봄이 오는 언덕(春の丘), 자존심(意気地), 청어어판장(鰊場), 철새(渡り鳥), 북녘의 하늘(北国の空), 애교보조개(愛嬌えくぼ), 해당화(ハマナスの花), 푸른 목장(青い牧場), 석양(夕陽), 상행 급행열차(上りの急行), 밤기차(夜汽車), 뜨거운 이야기(お熱い話), 멋진 이야기(おしゃれな話), 등대지기(灯台守), 겨울(冬), 해조(海鳥), 북쪽(北), 설국(雪国), 먼 바다(沖), 외딴섬(離れ小島), 밀물(出潮), 바닷가에서 자람(水育ち), 봄(春), 가을(秋), 마을축제(村祭り), 매미 허물(空蝉), 작은 냇가의 언덕(小川の岸), 항구의 불빛(港の灯), 오래된 편지(古い手紙), 호반(湖畔), 혼자서 점치는 트럼프(一人占うトランプ), 빨간 사과(赤いリンゴ), 마음씨 좋은 아가씨(気立てのよい娘), 옅은 색깔의 온천수 향(あわい湯の香), 골목안(路地裏), 복숭화꽃(桃の花), 갯매꽃(浜昼顔), 밤안개 피는 거리(夜霧の街), 문주란(浜木綿), 해녀(海女), 목장 아가씨(牧場の乙女), 고원열차(高原列車), 초록의 골짜기(みどりの谷間), 온천장(温泉の宿), 고갯길(峠), 오색의 호수(五色のみずうみ), 어지러이 나는 작은새(飛び交う小鳥), 여행하는 아가씨(旅の乙女)

2.6 마치며

본 장에서는 엔카(1930년대부터 1980년대까지 크게 히트한 100곡의 엔카)의 가사에 나타나는 일본인들의 희노애락의 감정표현을 연어 단위로 고찰하였다. 우선 일본의 엔카 곡명은 자연, 식물, 사람, 신체, 동물, 지명, 건조물, 교통기관, 시간, 감정, 기타로 대표되는 11개의 의미 카테고리로 나눌 수 있음을 알 수 있었다. 이들 의미 카테고리를 통해 일본인들의 희노애락이 드러난다. 그리고 11개의 의미 카테고리에는 다양한 하위 요소들이 있음을 보았다.

엔카 가사 중에 슬픔의 감정을 나타내는 엔카 가사가 66%로 가장 많았으며, 희노애락에 관련된 다양한 감정 표현들은 「명사 + 동사, 명사 + 형용사, 형용사 · 형용동사 + 명사, 부사 + 동사 · 형용사 · 형용동사」구조의 연어 단위로 추출할 수 있었다. 마지막으로 일본에만 존재하는 문화어(명사)들은 우리가 진정으로 일본문화를 이해하는 훌륭한 단서가, 도구가, 동기가 될 수 있을 것으로 기대된다고 강조하였다.

Abstract

On the collocations appeared in the lyrics of Enka

This paper examines the spiritual culture of Japanese people that appeared in the lyrics of Enka(100 hits of Enka from the 1930s to 1980s). In other words, the emotions of the Japanese people appearing in the lyrics of Enka are examined in a collocation unit. First, it can be seen that the name of lyrics of Enka in Japan can be divided into 12 categories as nature, plant, person, body, animal, place name, building, transportation agency, time, emotion, musical instrument, etc. It can be seen that there were various small elements in each of these 12 elements. The twelve elements function as tools for revealing the feelings of joy, anger, sorrow, and pleasure of Japanese people. The various sub-emotions related to joy, anger, sorrow, and pleasure can be extracted as collocation units composed of noun + verb, noun+adjective, adjective · adjective verb +noun,adverb+verb, adjective(adjective verb). Considering the sub-emotions that are composed of the feelings of joy, anger, sorrow, and pleasure as collocation units, we argued that there was a benefit that we can systematically examine the types of various sub-emotions without adding or subtracting. Finally, we emphasized that the culture words(nouns) that exist only in Japan are very important in that they can become a starting point for truly understanding Japanese culture.

Key words: Enka(Japanese Ballad), Emotions, the words of a song lyrics, Collocation

<제2장의 참고문헌>

심수경(2015)「대중가요 속에 나타난 사랑의 양태: 이미자와 미소라 히바리의 노래를 중심으로」,『日本文化研究』56, pp.231-258, 동아시아일본학회.

최현정(2006)「미소라 히바리 노래가사 특성을 활용한 일본어 학습 지도방안 연구」계명대학교 교육대학원 석사학위논문, pp.1-93.

아키모토 미하루(秋元美晴, 2002)『よくわかる語彙アルク』어문학사, p.123.

아베 요코(阿部洋子, 2004)『文化·社会·地域』東京法令出版, p.7.

언어학연구회 편(言語学研究会 編, 1995)『日本語文法·連語編』むぎ書房, pp.1-19.

제3장

일본동요에 나타난 어휘 분석

日本語要旨

本章は日本童謡(100曲)の歌詞を構成する自立語((代)名詞、形容詞(形容動詞)、動詞)、連語、五感関連表現を概略的に考察したものである。まず最初に特定の意味的カテゴリに属する童謡歌詞のなかで、どんな自立語((代)名詞、形容詞(形容動詞)、動詞)、連語、五感関連表現が存するかを明らかにした。第2に、日本と韓国の代表的な童謡歌詞を比較考察することによって歌詞を構成する自立語や連語、五感表現などにより裏づけられる意味的メカニズムを明らかにできるということを提案した。第3に、特定の意味的カテゴリに属する日本と韓国との童謡歌詞を自立語、連語、五感表現を基準に比較すると、それぞれの相違点と共通点を明らかにできることを提案した。第4に、本章での考察を通して日本童謡を活用した日本語教育の実践可能性を模索した。最後に、本章での考察から触発されたさまざまな議論を、さまざまなチャンネルを通して韓国の児童教育や初等教育目標の実践にある示唆点を提示できることを提案した。

키워드: 동요(童謠), 가사(歌詞), 자립어(自立語), 연어(連語), 오감(五感)

3.1 시작하며

본 장에서는 제2장의 엔카에 이어 100곡의 일본동요 가사에 나타난 어휘적 특징을 고찰함으로써, 일본동요 가사의 특징들을 파악하고자 한다. 본 장에서는 ① 일본을 대표하는 동요 제목으로 어떠한 것이 있는가?(3.2절) ② 특징별로 동요 곡목은 어떻게 나눌 수 있는가?(3.3절) ③ 특징별로 분류된 동요 가사들을 구성하는 자립어((대)명사, 동사, 형용사(형용동사))와 연어로는 어떠한 것들이 있는가?(3.4절) ④ 인간의 인식 시스템, 즉 오감을 통해 지각된 동요 가사로는 어떠한 것들이 있는지를 살펴볼 것이다(3.5절).

3.2 고찰의 대상

우선 고찰의 대상인 일본 동요 100선을 제시하면 다음과 같다.[1] 이하 번역은 본 저자가 직접한 것이다.

1 http://www.billboard-japan.com/goods/detail/138750(2019.10.04.)「ベスト100 うたいつがれる童謡100」에서 인용하였다.

1. 봄이 왔다(春が来た), 2. 붉은 새 작은 새(赤い鳥小鳥), 3. 송사리 학교(メダカの学校), 4. 나비(ちょうちょう), 5. 튤립(チューリップ), 6. 배가 웃었다(おはながわらった), 7. 귀여운 숨바꼭질(かわいいかくれんぼ), 8. 아기 새의 노래(ことりのうた), 9. 비둘기(鳩), 10. 작은 사슴 밤비(小鹿のバンビ), 11. 염소가 보낸 편지(やぎさんゆうびん), 12. 개 순경(いぬのおまわりさん), 13. 귀여운 생선가게 주인(かわいい魚屋さん), 14. 산에 사는 어린 삼나무(お山の杉の子), 15. 고이노보리(こいのぼり), 16. 키재기(背くらべ), 17. 두 개(ふたあつ), 18. 엄마(おかあさん), 19. 코끼리님(ぞうさん), 20. 말(おうま), 21. 말하는 손가락(おはなしゆびさん), 22. 어깨 안마(肩たたき), 23. 비밀이야기(ナイショ話), 24. 꽃을 피운 할아버지(はなさかじいい), 25. 모모타로(桃太郎), 26. 비 오는 날 곰돌이(あめふりくまのこ), 27. 달팽이(かたつむり), 28. 비 오는 날(雨ふり), 29. 비 오는 날의 달님(雨ふりお月さん), 30. 데루테루보즈(てるてる坊主), 31. 칠월칠석님(たなばたさま), 32. 밀감 꽃 피는 언덕(みかんの花咲く丘), 33. 갈매기 해군아저씨(かもめの水兵さん), 34. 바다(うみ), 35. 파란 눈을 한 인형(青い目の人形), 36. 빨간 구두(赤い靴), 37. 우라시마타로(浦島太郎), 38. 우시와카마루(牛若丸), 39. 이 마을 저 마을(あの町この町), 40. 칙칙포포 기차(汽車ぽっぽ), 41. 아이스크림 노래(アイスクリームの歌), 42. 삿쨩(サッちゃん), 43. 날아간 바나나(とんでったバナナ), 44. 아이아이(アイアイ), 45. 날치(ツッピンとびうお), 46. 심부름꾼 개미님(おつかいありさん), 47. 잠자리 안경(とんぼのめがね), 48. 비눗방울(シャボン玉), 49. 금붕어의 낮잠(金魚のひるね), 50. 에도 자장가(江戸子守唄), 51. 장난감 행진곡(おもちゃのマーチ), 52. 여름의 추억(夏の思い出), 53. 버스의 노래(バスの歌), 54. 고향의 가을(里の秋), 55. 일곱 아이(七つの子), 56. 고추잠자리(赤とんぼ), 57. 보름밤의 달님(十五夜お月さん), 58. 토끼의 춤(兎のダンス),

59. 달(月), 60. 달이 뜬 사막(月の砂漠), 61. 쇼죠지의 너구리노래(証誠寺の狸囃子), 62. 북치는 연습(たいこのおけいこ), 63. 즈이즈이 즛고로바시(ずいずいずっころばし), 64. 도랸세(通りゃんせ), 65. 큰 밤나무 아래에서(大きな栗の木の下で), 66. 도토리 뎅굴뎅굴(どんぐりころころ), 67. 솔방울(まつぼっくり), 68. 작은 가을 찾았다(小さい秋みつけた), 69. 새빨간 가을(まっかな秋), 70. 장작불(たきび), 71. 아침에 가장 먼저 일어나는 것은(朝一番早いのは), 72. 구두가 울린다(靴が鳴る), 73. 잘 가(グットバイ), 74. 저녁노을(夕日), 75. 저녁노을 작은노을(夕やけ小やけ), 76. 고깔모자(とんがり帽子), 77. 마을의 노래(町の歌), 78. 저 아이는 누구야?(あの子はたあれ), 79. 기다려(まっててね), 80. 사이좋은 오솔길(仲よし小道), 81. 보고 있소(見てござる), 82. 악대행진곡(マーチング·マーチ), 83. 손바닥을 태양에(手のひらを太陽に), 84. 배가 고파지는 노래(おなかのへるうた), 85. 드롭스의 노래(ドロップスうた), 86. 이상한 호주머니(ふしぎなポケット), 87. 그네(ぶらんこ), 88. 주먹을 쥐었다가 펴고(むすんでひらいて), 89. 장난감 차차차(おもちゃのチャチャチャ), 90. 설날(お正月), 91. 공과 영주님(毬と殿さま), 92. 눈(雪), 93. 카나리아(かなりや), 94. 요람의 노래(ゆりかごの歌), 95. 즐거운 히나마쓰리(うれしいひな祭り), 96. 봄아 빨리 와(春よ、こい), 97. 어딘가에서 봄이(どこかで春が), 98. 1학년이 되면(一年生になったら), 99. 추억의 앨범(思い出のアルバム), 100. 오래된 큰 시계(大きな古時計)

이상, 본 장에서는 동요의 곡목을 단순히 제시하였지만 이렇게 제시된 곡목들이 연구적 의의를 지니기 위해서는 최소한 다음과 같은 노력이 뒤따라야 할 것으로 생각된다. 첫째, 동요 작사가들이 아동들의 동심을 함양하기 위한 도구(대상)로 무엇(사람, 동물, 무생물)에 초점을 두었는가를 파악하는 것이다(3.3절). 둘째는 일본과 한국의 동요 가사를 비교함으로써 그 차이점과 공통점을 도출하는 것이다. 이것은 금후의 과제로 돌린다.

3.3 동요 제목의 특징 - 대분류와 소분류를 중심으로 -

제2장에서 이미 살펴본 바와 같이 엔카(演歌) 곡목을 자연, 식물, 사람, 신체, 동물, 지명, 건조물, 교통기관, 시간, 감정, 기타 등의 의미범주로 나눌 수 있었다. 이 범주를 가지고 일본동요 곡목을 분류하면 다음과 같다.

자연- 달(雨ふりお月さん), 비 내리는 날(雨ふり), 바다(うみ), 달(月), 횃불(たきび), 눈(雪)

식물- 튤립(チューリップ), 꽃(おはながわらった), 바나나(とんでったバナナ), 삼나무(お山の杉の子), 大きな栗の木の下で(밤나무), 도토리(どんぐりころころ), 솔방울(まつぼっくり)

사람- 생선장수(かわいい魚屋さん), 어머니(おかあさん), 형제(背くらべ), 할아버지(はなさかじいい), 모모타로(桃太郎), 우라시마타로(浦島太郎), 우시와카마루(牛若丸), 삿짱(サッちゃん), 아기(江戸子守唄), 사람(朝一番早いのは), 아이(あの子はたあれ), 사람(まっててね), 사람(仲よし小道)

신체- 손가락(おはなしゆびさん), 신체(ふたあつ), 어깨(肩たたき), 배(おなかのへるうた), 손(むすんでひらいて)

동물- 새(赤い鳥小鳥), 송사리(メダカの学校), 나비(ちょうちょう), 병아리, 참새, 강아지(かわいいかくれんぼ), 새(ことりのうた), 비둘기(鳩), 사

슴(小鹿のバンビ), 염소(やぎさんゆうびん), 개(いぬのおまわりさん), 코끼리(ぞうさん), 말(おうま), 곰(あめふりくまのこ), 달팽이(かたつむり), 개미(おつかいありさん), 잠자리(とんぼのめがね), 금붕어(金魚のひるね), 까마귀(七つの子), 고추잠자리(赤とんぼ), 토끼(兎のダンス), 너구리(証誠寺の狸囃子), 카나리아(かなりや), 갈매기(かもめの水兵さん), 날치(ツッピンとびうお), 원숭이(アイアイ)

지명(장소)- 언덕(みかんの花咲く丘), 마을(あの町この町), 사막(月の砂漠), 마을(町の歌)

건조물- 없음

교통기관- 기차(汽車ぽっぽ), 버스(バスの歌)

시간- 봄(春が来た), 칠월칠석(たなばたさま), 여름(夏の思い出), 달(十五夜お月さん), 가을(小さい秋みつけた), 가을(まっかな秋), 노을(夕やけ小やけ), 석양(夕日), 설날(お正月), 봄(春よこい), 봄(どこかで春が), 1학년(一年生になったら), 졸업(思い出のアルバム), 가을(里の秋)

기타- 고이노보리(こいのぼり), 비밀이야기(ナイショ話), 테루테루보즈(てるてる坊主), 인형(青い目の人形), 구두(赤い靴), 아이스크림(アイスクリームの歌), 비눗방울(シャボン玉), 장난감(おもちゃのマーチ), 북(たいこのおけいこ), 박자(ずいずいずっころばし), 명령(通りゃんせ), 구두(靴が鳴る), 작별인사(グッドバイ), 고깔모자(とんがり帽子), 행동(見てござる), 악대행진(マーチング·マーチ), 생명(手のひらを太陽に), 사탕(ドロップスうた), 호주머니(ふしぎなポケット), 장난감(おもちゃのチャチャチャ), 공(毬と殿さま), 시계(大きな古時計), 그네(ぶらんこ), 요람(ゆりかごの歌), 행사(うれしいひな祭り)

위의 분류를 보면 사람, 동물, 시간, 기타에 해당하는 동요가 가장 많은 것을 알 수 있다.

이상, 본 장에서는 동요의 곡목을 자연, 식물, 사람, 신체, 동물, 지명, 건조물, 교통기관, 시간, 감정, 기타로 나누어 제시하였다. 이러한 분류가 보다 의미를 지니기 위해서는 우선 일본의 대표적인 동요들이 어떠한 카테고리에 집중하고 있는지, 혹은 집중하고 있지 않은지, 또한 동물 카테고리에 집중했을 때, 어떠한 동물들에 주목하는지를 탐구할 필요가 있다고 생각한다. 3.4절에서 후술한다.

그러나 본 장의 연구가 더욱더 의미를 지니기 위해서는 본 장에서 제시한 큰 카테고리별로 나눈 일본동요와 한국동요 곡목과 비교하여 양국의 동요 곡목이 어느 카테고리에 집중하는지, 혹은 집중하지 않은지 그 차이점과 공통점을 밝힐 필요가 있다고 생각된다. 또, 예를 들어 동물의 카테고리를 중심으로 일본과 한국의 동요가 어느 동물에 집중하는지, 혹은 집중하지 않은지 공통점과 차이점을 밝히면 보다 더 유의미한 연구가 될 수 있을 것으로 기대된다. 이들 연구는 금후의 과제로 돌린다.

다음 절에서는 각 카테고리별로 분류된 각각의 동요 가사들을 구성하는 단어를 (대)명사, 형용사(형용동사), 동사, 연어별로 살펴보기로 한다.

3.4 각 동요 가사에 출현하는 어휘 살펴보기

이 절에서는 자연, 식물, 사람, 신체, 동물, 지명, 교통기관, 시간, 감정, 기타에 속하는 동요 가사에 출현하는 어휘를 (대)명사, 형용사(형용동사),

동사, 연어의 순서로 나열하고자 한다. 동요 가사에 출현하는 어휘를 (대)명사, 형용사(형용동사), 동사, 연어로 국한하는 이유는 이들 단위들이 문장(sentence)을 구성하는 필수 요소(자립어)이기 때문이다. 이하 중복되는 어휘는 1개만 제시한다.

3.4.1 자연

먼저 자연에 속하는 동요 가사 중에서 비 내리는 날(雨ふり)을 보면 (대)명사로 비(雨), 뱀눈(蛇の目), 어머니(母さん), 너(君), 우산(傘), 가방(かばん), 나(ぼく) 등이 확인되었다. 형용사(형용동사)로는 嬉しい, 大きな가 확인되었으며, 동사로는 내리다(降る)와 가다(行く), 그리고 걸다(かける)가 확인되었다. 연어로는 종이 울리다(鐘が鳴る), 우산을 쓰다(傘をさす)가 확인되었다. 동요 바다(うみ)에서는 명사로 바다(海), 큰 파도(大波), 다른 나라(よその国)가, 형용사(형용동사)로는 넓다(広い)가, 동사로는 흔들리다(ゆれる)와 이어지다(続く)가 확인되었다. 연어로는 달이 뜨다(月がのぼる), 해가 지다(日が沈む), 푸른 파도(青い波), 배를 띄우다(お船を浮かばす) 등이 확인되었다. 동요 눈(雪)에서는 (대)명사로 눈(雪), 싸락눈(あられ), 산(山), 들판(野原), 면모자(綿帽子), 개(犬), 마른 나무(枯れ木), 마당(庭), 고양이(猫), 고타쓰(こたつ) 등이 확인되었다. 형용사(형용동사)로는 둥글다(丸い), 동사로는 내리다(降る), 쌓이다(積もる), 기쁘다(喜ぶ), 뛰어 돌아다니다(かけまわる) 등이 확인되었다. 연어로는 꽃이 피다(花が咲く)가 확인되었다.

3.4.2 식물

이번에는 식물과 관련된 단어와 연어를 보도록 하자. 먼저 튤립(チューリップ) 가사 중에서 (대)명사로 튤립(チューリップ), 꽃(花), 빨강(赤), 하양(白), 노랑(黄色), 나비(ちょうちょう) 등이 확인되었다. 형용사(형용동사)로는 귀엽다(かわいい)와 예쁘다(きれいだ)가, 동사로는 피다(咲く), 나열되다(ならぶ), 날다(とぶ), 놀다(遊ぶ)가 확인되었다. 연어는 꽃을 보다(花を見る), 바람에 흔들리다(風に揺れる), 방긋 웃다(ニコニコ笑う), 나비가 날다(ちょうちょうが飛ぶ)가 확인되었다. 어린 삼나무(お山の杉の子) 가사 중에서 대명사(명사)로는 옛날(昔々), 모밀잣밤나무(椎の木), 숲(林), 메밀국수(そば), 산(お山), 스님(坊主), 민둥산(禿山), 어린 삼나무(杉の子), 햇님(お日さま), 8일(八日), 9일(九日), 산 위(山の上), 오늘(今日), 폭소(大笑い), 꼬마(チビ助), 모두(皆), 라디오체조(ラジオ体操), 아이(子供), 삼나무산(杉山), 큰 삼나무(大杉), 배의 돛기둥(お船の帆柱), 사다리단(梯子段), 목수(大工さん), 게타(下駄), 책꽂이(本箱), 책상(机), 다리(足), 논(田), 도시락(お弁当), 젓가락(箸), 연필(鉛筆), 필통(筆入れ), 스포츠(スポーツ) 등이 확인되었다. 형용사(형용동사)로는 작은(小さな), 크다(大きい), 건강하다(元気だ), 훌륭하다(立派だ), 세다(強い), 용감하다(たくましい), 맛있다(おいしい), 훌륭하다(立派だ), 밝다(明るい), 즐겁다(楽しい) 등이 확인되었다. 동사로는 있다(ある), 일어나다(起きる), 바라보다(眺める), 지다(負ける), 뻗어나가다(伸びる), 감탄하다(感心する), 내려다보다(見下ろす), 잊다(忘れる), 노력하다(頑張る), 만들다(作る)가 확인되었다. 연어로는 방긋 웃으며 말을 걸다(にこにこ声かける), 싹이 쑥 올라오다(にょっきり目が出る), 어린 삼나무(小さな杉の子), 얼굴을 내밀다(顔を出す), 매우 놀람(ビックリ仰天), 목을 움츠리다(お首をひっこめる), 두고 봐(今に見ろ), 도움이 되다(お役にたつ), 집을 짓다(家をたてる), 바른 생활(正しい生活) 등이 확인되었다. 동요 도토리(どんぐりころころ) 가사 중에서 (대)명사로는 도토리(どんぐり), 연못(お池), 미꾸라지(どじょう), 봇쨩(ぼっちゃん), 산(お山)이 확인되었다. 형용사(형용동사)

로는 큰일이다(たいへんだ), 그리워하다(恋しい) 등이 확인되었다. 동사로는 빠지다(はまる), 나오다(でる), 울다(泣く), 곤란하다(困る)가, 연어로는 함께 놀다(一緒に遊ぶ)가 확인되었다. 동요 솔방울(まつぼっくり) 가사 중에서 (대)명사로 솔방울(まつぼっくり), 산(お山), 원숭이(お猿)가 확인되었다. 형용사(형용동사)로는 높다(高い), 동사로는 있다(ある), 줍다(拾う), 먹다(食べる)가 확인되었다. 연어는 확인되지 않았다.

3.4.3 사람

먼저 생선장수(かわいい魚屋さん) 가사 중에서 (대)명사로 생선장수(魚屋さん), 생선(お魚), 방(お部屋), 아이 엄마(子供のお母さん), 오늘(今日), 날씨(お天気), 집(お家), 문어(たこ), 고등어(さば), 계산(お勘定), 한 마리(一丁), 두 마리(二丁), 품절(売り切れ), 매번(毎度), 내일(あした)이 확인되었다. 형용사(형용동사)로는 귀엽다(かわいい), 능숙하다(上手だ), 건강하다(元気だ), 좋다(よい)가, 동사로는 필요하다(要る)가, 연어로는 저울을 짊어지다(天秤かつぐ)가 확인되었다. 동요 어머니(おかあさん)의 가사 중에서 (대)명사로 어머니(おかあさん), 비누거품(シャボンの泡), 계란프라이(たまご焼き) 등이 확인되었다. 형용사(형용동사)는 확인되지 않았으며, 동사로는 빨래하다(洗濯する)와 요리하다(お料理する)가, 연어로는 좋은 냄새(いい匂い)가 확인되었다. 민담의 주인공인 모모타로(桃太郎) 가사 중에서 (대)명사로 모모타로(桃太郎), 수수경단(きびだんご), 하나(ひとつ), 나(私), 도깨비 정벌(鬼の征伐), 당신(あなた), 부하(家来) 등의 예가 확인되었다. 형용사(형용동사)는 확인되지 않았다. 동사로는 주시다(くださる), 주다(やる), 따라가다(ついていく), 가다(行く)가, 연어로는 허리에 차다(お腰につける)가 확인되었다. 민담의 주인공(浦島太郎) 가사 중에서 (대)명사로 옛날(むかし), 우라시마타로(浦島太郎), 거북이(亀), 용궁성(竜宮城), 용녀님(乙姫様), 진수성찬(ごちそう), 돔(鯛), 넙치(ひらめ), 춤(舞踊り), 꿈속(夢のうち), 즐거움(楽しみ), 다마테바코(玉手箱), 집(家), 마을(村), 하얀연기(白煙), 할아버지(おじいさん)가 확인되었다. 형용사(형용동사)로는 드물다(珍しい), 재미있다(おもしろい)가, 동사로는 구조하다(助ける), 데려가다(連れる), 오다(来る), 없다(ない)가 확인되었다. 연어로는 그림으로도 그릴 수 없는 아름다움(絵にもかけない美しさ), 시간이 지나다(月日が経つ), 놀이에 지치다(遊びに飽きる), 정신을 차리다(気がつく), 돌아가는 도중에(帰る途中), 선물로 받다(土産にもらう), 길에 오가는 사람들(道に行きあう人々), 얼굴을 모르는 사람(顔を知らないもの), 불안함에 두껑을 열다(心細さに蓋をとる), 열어 후회한 다마테바코(あけて悔しき玉手箱) 등이 확인되었다. 우시와카마루(牛若丸)의 가사 중에서 (대)명사로 교토(京), 죠노하시(条の橋), 덩치가 큰 남자(大の男), 난간 위(欄干の上), 앞(前), 뒤(後), 좌우(左右), 도깨비 벤케이(鬼の弁慶) 등이 확인되었다. 형용사(형용동사)로는 길다(長い)가, 동사로는 잘라 내다(切りかかる), 잽싸게 물러서다(飛び退く), 오다(来る), 오르다(上がる), 생각하다(思う), 사과하다/잘못을 빌다(謝る)가 확인되었다. 연어로는 긴 창을 번쩍 쳐들다(薙刀をふりあげる), 부채를 내던지다(扇を投げつける), 손을 때리다(手を叩く), 제비처럼 빠른 기술(燕のような早業) 등이 확인되었다.

3.4.4 신체

신체와 관련된 단어와 연어를 살펴보도록 하자. 동요 손가락(おはなしゆびさん) 가사 중에서 (대)명사로 손가락(ゆび), 아빠(パパ), 엄마(ママ), 오빠(형, にいさん), 누나(언니, ねえさん), 아기(あかちゃん) 등의 예가 확인되었다. 형용사(형용동사)로는 やさしい(상냥하다), おしゃれだ(멋지다), 大き

い(크다)가, 동사로는 お話しする(이야기하다)가 확인된 반면에 연어의 예는 확인되지 않았다. 어깨(肩たたき) 가사 중에서 (대)명사로 어머니(母さん), 흰머리(白髪), 툇마루(お縁側), 양귀비(罌粟)가 확인되었다. 형용사(형용동사)로는 새빨갛다(真っ赤だ)가, 동사로는 웃다(笑う)가, 연어로는 어깨를 두드리다(お肩を叩く), 햇살이 듬뿍(日が一杯), 좋은 기분(いい気持ち) 등이 확인되었다. 손바닥을 쥐었다가 폈다가(むすんでひらいて) 가사 중에서 (대)명사로 손(手)과 위(上)가 확인되었다. 형용사(형용동사)는 확인되지 않았으며, 동사로는 쥐다(むすぶ), 펼치다(ひらく)가, 연어로는 손뼉을 치다(手を打つ)가 확인되었다.

3.4.5 동물

동물과 관련된 동요 가사를 보면 다음과 같다. 먼저 송사리 학교(メダカの学校)의 가사 중에서 (대)명사로 송사리(めだか), 학교(学校), 누구(だれ), 학생(生徒), 선생님(先生)이, 형용사(형용동사)로는 건강하다(元気だ), 기쁘다(嬉しい)가 확인되었다. 동사로는 놀다(遊ぶ), 모이다(そろう)가, 연어로는 물에 흐르다(水に流れる)가 확인되었다.

나비(ちょうちょう)의 가사 중에서 (대)명사로는 나비(ちょうちょう)와 벚꽃(桜の花)이 확인되었으며 형용사(형용동사)와 동사는 확인되지 않았다. 연어로는 유채꽃잎에 앉다(菜の葉にとまる), 유채꽃잎을 싫증내다(菜の葉に飽く), 벚꽃에 앉다(桜にとまる) 등이 확인되었다. 달팽이(かたつむり) 가사 중에서 (대)명사로는 엉덩이벌레(でんでんむし), 달팽이(かたつむり), 너(お前), 머리(頭), 눈알(目玉)이 확인되었다. 형용사(형용동사)와 동사는 확인되지 않았다. 연어로는 뿔을 내밀다(角を出す), 창을 내밀다(槍を出す), 머리를 내밀다(頭を出す), 눈알을 내밀다(目玉を出す)가 확인되었다. 잠자리 안경(とんぼのめがね) 가사에서는 (대)명사로 잠자리(とんぼ), 안경(めがね), 물색(みずいろ), 햇님(おてんとさま), 붉은색(赤色), 노을구름(夕焼雲) 등이 확인되었다. 형용사(형용동사)는 확인되지 않았으며 동사로는 날다(飛ぶ)와 보다(見る)가, 연어로는 푸른 하늘(青いお空)이 확인되었다. 고추잠자리(赤とんぼ) 가사 중에서 (대)명사로 저녁노을(夕やけ小焼け), 고추잠자리(赤とんぼ), 눈(日), 산밭(山の畑), 뽕나무열매(桑の実), 지명(코고메, 小籠), 환상(まぼろし), 열다섯(十五), 누나(ねえや), 고향에서 온 편지(お里の便り), 장대끝(竿の先) 등의 예가 확인되었다. 형용사(형용동사)로는 따다(摘む)가, 동사로는 짊어지다(負う), 죽다(絶えはてる), 멈추다(とまる)가, 연어로는 시집가다(嫁に行く)가 확인되었다. 날치(ツッピンとびうお) 가사 중에서 (대)명사로 날치(飛び魚), 은빛날개(銀のつばさ), 구름(雲)이 확인되었다. 형용사(형용동사)는 확인되지 않았으며 동사로는 닿다(とどく), 찾다(さがす), 가다(いく), 발견하다(みつける), 헤엄치다(およぐ)가 확인되었다. 연어로는 푸른 바다(青い海), 가슴에 아침햇살이 비치다(胸に朝日を映す), 가는 몸(細い体), 흰 파도(白い波), 저녁노을(落ちた夕日), 넓은 바다(広い海), 파도를 차다(波を蹴る) 등이 확인되었다.

3.4.6 지명(장소)

지명(장소)과 관련 있는 동요 가사를 보도록 하자. 먼저 밀감 꽃 피는 언덕(みかんの花咲く丘) 가사 중에서 (대)명사로 추억의 길(思い出の道), 언덕길(丘の道), 배(船), 파도(波), 어머니(お母さん), 오늘(今日)이 확인되었다. 형용사(형용동사)는 확인되지 않았다. 동사로는 오다(来る), 가다(行く), 보다(見る), 생각하다(思う), 바라보다(眺める)가 확인되었다. 연어로는 밀감 꽃이 피다(みかんの花が咲く), 아득히 보이다(はるかに見える), 검은 연기를 내뿜다(黒い煙をはく), 파도에 흔들리다(波に揺られる), 기적이 울리다(汽笛が鳴る) 등의 예가 확인되었다. 달이 뜬 사막(月の砂漠)의 가사 중에서 (대)명사로는 달이 뜬 사막(月の砂漠), 여행(旅), 낙타(駱駝), 금(金), 은(銀), 금 안장(金の鞍), 끈(紐), 왕자님(王子さま), 공주님(お姫様), 달밤(月の夜) 등의 예가 확인되었다.

3.4.7 교통기관

교통기관과 관련 있는 동요 가사이다. 기차(汽車ぽっぽ) 가사 중에서 (대)명사로는 기차(汽車), 속도(スピード), 밭(畑), 집(家), 철교(鉄橋), 들판(野原), 숲(林), 산(山), 창밖(窓の外), 터널(トンネル) 등의 예가 확인되었다. 형용사(형용동사)로는 유쾌하다(愉快だ), 기쁘다(嬉しい), 즐겁다(楽しい) 등의 예가, 동사로는 날다(飛ぶ), 달리다(走る), 가다(行く), 분발하다(頑張る) 등의 예가 확인되었다. 마지막으로 연어로는 우리들을 태우다(僕らを乗せる), 기적을 울리다(汽笛を鳴らす), 좋은 경치(いい眺め), 연기를 내뿜다(煙をはく), 밝은 희망(明るい希望), 희망이 기다리다(希望が待つ) 등의 예가 확인되었다.

3.4.8 시간

시간(절기, 계절)에 관련된 동요 가사에 대해 살펴보자. 먼저 봄이 왔다(春が来た) 동요 가사를 보면, (대)명사로는 봄(春), 어디(どこ), 산(山), 고향(里), 꽃(花), 들판(野) 등의 예를 들 수 있다. 형용사(형용동사)의 예는 확인되지 않았다. 동사로는 오다(来る), 피다(咲く), 울다(鳴く) 등의 예를 들 수 있다. 연어로는 꽃이 피다(花が咲く), 새가 울다(鳥が鳴く) 등의 예가 확인되었다. 칠월칠석(たなばたさま)의 동요 가사를 보면 (대)명사로는 조릿잎

(ささの葉), 별님(お星さま), 금은가루공예(金銀砂子), 오색(五色), 직사각형 종이(たんざく), 나(私), 하늘(空) 등의 예가 확인되었다. 형용사(형용동사)의 예는 확인되지 않았으며 동사로는 쓰다(書く)와 보다(見る)가 확인되었다. 연어로는 처마 끝에 흔들리다(のきばにゆれる)가 확인되었다. 여름의 추억(夏の思い出) 가사 중에서 (대)명사로는 안개(霧), 들판(野), 골목(小径), 물가(水のほとり), 들판 여행(野の旅), 우키시마(浮島) 등의 예가 확인되었다. 형용사(형용동사)로는 그립다(なつかしい)가, 동사로는 생각나다(思い出す)와 떠오르다(うかびくる)가 확인되었다. 연어로는 여름이 오다(夏が来る), 아득한 오제(はるかな尾瀬, 지방이름), 먼 하늘(遠い空), 고마운 그늘(やさしい影), 물파초 꽃이 피다(水芭蕉の花が咲く), 꿈을 꾸다(夢見る), 석남화색으로 물들다(石楠花色にたそがれる), 살랑살랑 흔들리다(そよそよとゆれゆれる), 물파초꽃 향기가 나다(水芭蕉の花が匂う), 눈을 감다(眼つぶる) 등의 예가 확인되었다.

3.4.9 감정

감정에 관련된 동요 가사를 보도록 하자. 즐거운 히나축제(うれしいひな祭り)의 가사 중에서 (대)명사로는 5인 마차(5人馬車), 피리와 북(笛太鼓), 오늘(今日), 오다이리님(お内裏様), 오히나님(おひな様), 두 사람(二人), 무표정한 얼굴(すまし顔), 누님(姉さま), 관녀(官女), 봄(春), 바람(風), 정종(白酒), 우대신(右大臣), 나(私), 나들이차림(はれ姿), 음력 3월(やよい) 등의 예가 확인되었다. 형용사(형용동사)의 예는 연어를 제외하고는 확인되지 않았다. 동사로는 닮다(似る), 늘어서다(並ぶ), 드시다(召す) 등의 예가 확인되었으며, 연어로는 등불을 켜다(あかりをつける), 꽃을 드리다(お花をあげる), 즐거운 히나마쓰리(楽しいひな祭り), 시집 가시다(お嫁にいらす), 하얀 얼굴

(白い顔), 금병풍에 비치는 불빛(金の屛風にうつる灯), 살짝 흔들다(かすかにゆする), 붉은 얼굴(赤いお顔), 기모노를 갈아입다(着物を着かえる), 오비를 매다(帯しめる), 좋은 날(よき日), 기쁜 히나마쓰리(うれしいひな祭り) 등의 예가 확인되었다.

3.4.10 기타

기타로는 고이노보리(こいのぼり), 비밀 이야기(ナイショ話), 테루테루보즈(てるてる坊主), 비눗방울(シャボン玉), 꼬깔모자(とんがり帽子), 손바닥을 태양에(手のひらを太陽に), 기묘한 호주머니(ふしぎなポケット), 장난감 차차차(おもちゃのチャチャチャ), 낡은 시계(大きな古時計), 그네(ぶらんこ), 요람(ゆりかごの歌) 등의 동요를 들 수 있다. 이 중에서 지면 관계상 고이노보리(こいのぼり), 비눗방울(シャボン玉)의 가사만을 살펴보도록 하겠다. 먼저 고이노보리(こいのぼり) 가사 중에 (대)명사로 고이노보리(鯉のぼり), 배(船)가 확인되었다. 형용사(형용동사)로는 넓다(広い)가, 동사로는 수영하다(泳ぐ), 열다(開ける), 삼키다(呑む), 보이다(見える) 등이 확인되었다. 연어로는 감귤향이 나는 아침 바람(橘かおる朝風)이 확인되었다. 비눗방울(シャボン玉)의 가사 중에 (대)명사로는 비눗방울(シャボン玉), 지붕(屋根) 등의 예가 확인되었다. 형용사(형용동사)는 확인되지 않았으며 동사로는 비눗방울이) 터지다((壊れる), 비눗방울이) 만들어지다(生まれる) 등의 예가 확인되었으며, 연어로는 비눗방울이 사라지다(シャボン玉消える), 바람이 불다(風が吹く)가 확인되었다.

이상, 본 장에서는 동요 가사를 구성하는 (대)명사, 형용사(형용동사), 동사, 연어를 단순히 제시해 보았다. 그런데 동요 가사를 구성하는 각 품사와 연어를 살펴보는 것은 적어도 다음과 같은 연구적 의의를 지닐 수 있다고 생각한다. 첫째는 특정 카테고리, 예를 들어 감정에 속하는 동요 가사 중에 어떠한 자립어((대)명사, 형용사(형용동사), 동사)와 연어가 있는지를 살펴봄으로써 특정한 감정 전달에 이용되는 단어군을 발견할 수 있다는 것이다.

둘째, 특정 감정, 예를 들어 기쁨이나 놀라움을 전달하는 한국과 일본의 동요 가사를 비교하여 한국어와 일본어에서 어떠한 자립어와 연어를 사용하는지 그 공통점과 차이점을 들여다보는 것이다.

셋째, 동요 가사에 나오는 자립어와 연어를 일본어교육에 활용하는 것이다. 예를 들어 일본어 학습자들이 특정 동요 가사에 출현하는 자립어와 연어를 찾으면서 관련 품사나 연어의 습득을 유도하는 것이다.

마지막으로 일본의 동요 가사 분석을 통해서 한국의 아동교육이나 초등학교의 교육목표에 유의미한 시사점을 제시하는 것이다.

3.5 오감에 관련된 가사의 분석

최근 오감(시각, 청각, 후각, 미각, 촉각)을 활용한 교육의 중요성이 대두되고 있다. 골자는 아이들이 오감을 자극하는 여러 가지 놀이(학습)를 통해 경험들이 축적되면 표현력, 미적 감각이 증대되고 그 결과 창의력이 신장된다는 것이다. 이는 RISS를 검색해 보았을 때, 2019년도를 기준으로 오감을 활용한 교육적 효과를 입증하는 국내 논문이 1500건 이상 발표된 점에서도 충분히 뒷받침된다.

오감 교육의 중요성을 강조한 논문 저자들이 대부분 유아기나 아동기에 집중하였다는 점에 착안하여 이하의 절에서는 일본동요 가사에 보이는 오감 관련 표현을 간략히 살펴보고자 한다.

3.5.1 자연

먼저 비 내리는 날(雨ふり) 가사에 나오는 5감 관련 표현을 보도록 하겠다. 우선 시각에 관련된 표현으로 비야, 비야 내려라, 엄마가 뱀 눈으로 맞이하니 기쁘구나(雨、雨、ふれふれ、母さんが蛇の目でお迎え嬉しいな), 어머나! 저 아이는 흠뻑 젖어 버드나무 뿌리 언저리에서 울고 있구나(あらあら、あの子はずぶ濡れで柳の根方で泣いている) 등의 예를 들 수 있다. 청각에 관련해서는 찰싹찰싹 철퍽철퍽(ピチピチチャプチャプランランラン)과 같이 직접 의성어가 들어간 표현을 확인할 수 있다. 후각, 촉각, 미각에 관련한 표현은 보이지 않았다. 바다(うみ) 가사에서 우선 시각에 관련된 표현으로 바다는 넓구나, 크구나, 달이 뜨고 해가 지네(海は広いな大きいな。月が昇るし日が沈む)가 확인된 반면에 청각, 미각, 후각, 촉각에 관련된 표현은 전혀 확인되지 않았다. 달(月) 가사에서도 달이 주는 시각적 이미지가 워낙 큰 탓인지 달이 떴다, 떴다. 둥글고 둥근 동그란 쟁반 같은 달이 떴다(出た出た月がまるいまるいまんまるい盆のような月が)와 같은 시각 표현 외의 다른 감각에 관련된 표현은 전혀 보이지 않았다. 눈(雪) 가사에서도 시각 표현 외에 다른 감각에 관련된 표현은 확인되지 않았다.

3.5.2 식물

먼저 튤립(チューリップ) 가사에 나오는 시각 관련 표현으로는 피었네, 피었네. 튤립꽃이(咲いた、咲いた。チューリップの花が), 흔들린다, 흔들린다. 튤립꽃이 바람에 흔드리며 방긋 웃네(ゆれる、ゆれる。チューリップの花が。風

にゆれてニコニコ笑う)가 확인되었다. 반면에 청각, 미각, 후각, 촉각, 공감각에 관련된 표현을 하나도 확인되지 않았다. 꽃이 웃었다(おはながわらった)와 날아간 바나나(とんでったバナナ), 어린 삼나무(お山の杉の子), 도토리가 뎅굴뎅굴(どんぐりころころ), 솔방울(まつぼっくり) 등의 가사에서도 시각에 관련된 표현만 확인되었다.

3.5.3 사람

귀여운 생선장수(かわいい魚屋さん)의 가사에서는 귀엽고 귀여운 생선장수(かわいい、かわいい。魚屋さん)에서 보듯 시각 관련 표현을 위시하여 저울을 매고 어영차(天秤かついでどっこいしょ)와 같은 청각 관련 표현이 확인되었다. 어머니(おかあさん) 가사에서는 엄마에겐 좋은 냄새가 나(おかあさんていいにおい), 빨래를 하던 냄새이죠(洗濯してたにおいでしょ)와 같이 후각 관련 표현이 확인되었다. 이상에서 보듯 사람을 주제로 한 동요 가사 중에는 간혹 청각이나 후각 관련 표현이 확인되기는 하였지만 여전히 시각에 관련된 표현이 주를 이루었다.

3.5.4 신체

손가락(おはなしゆびさん) 가사 중에서 예쁜 누나, 어머나, 어머나 우후후(おしゃれなねえさん。あらあらあらあら。ウフフフ)에서 보듯 청각 관련 표현이 확인되었다. 등 두드리기(肩たたき) 가사 중에서 등 두드리는 소리 즉「タントン, タントン, タントントン」에서 보듯 촉각과 청각이 어우러진 공감각 관련 표현이 확인되었다. 그러나 신체에 관련된 동요 가사에서도 시각 관련 표현이 압도적으로 많았다는 점을 강조하고 싶다.

3.5.5 동물

이번에는 동물에 관련된 동요 가사를 보도록 하자. 빨간 새, 작은 새(赤い鳥小鳥), 송사리 학교(メダカの学校), 나비(ちょうちょう), 귀여운 숨바꼭질(かわいいかくれんぼ), 염소님 편지(やぎさんゆうびん), 코끼리(ぞうさん), 달팽이(かたつむり), 심부름꾼 개미님(おつかいありさん), 잠자리의 안경(とんぼのめがね), 금붕어의 낮잠(金魚のひるね)의 가사에서는 시각 관련 표현만 확인되었으며, 아기 새의 노래(ことりのうた), 고추잠자리(赤とんぼ) 가사에서는 시각 관련 표현과 더불어 「ピピピピピ, チチチチ, ピチクリピイ」에서 보듯 청각 관련 표현이 확인되기도 하였다. 비둘기(鳩) 가사에서는 구구구 비둘기(ポッポッポはとポッポ)에서도 시각뿐만 아니라 청각 관련 표현이 확인되었다. 아기사슴 밤비(小鹿のバンビ)의 가사 중에서는 꽃향기가 감도는 봄날 아침(お花が匂う春の朝)에서 보듯 후각 관련 표현이 확인되었다. 개 순경(いぬのおまわりさん)의 가사에는 고양이의 울음소리(ニャンニャン)와 개가 짖는 소리(ワンワン)를 나타내는 표현이 들어가 있다. 토끼의 댄스(兎のダンス)에는 드물게도 청각 관련 표현이 다수 들어가 있다. 예를 들어 「ソソラ, ソラ, ソラ, ラッタラ」와 같이 춤을 출 때 내는 소리를 의성어가 확인되었다.

이상 본 바와 같이 동물을 주제로 한 동요 가사에서 확인한 것처럼 청각 관련 표현이 있기는 하지만, 본 저자가 가사를 면밀히 고찰해 본 결과, 대부분 시각 관련 표현이 압도적인 우위를 차지하는 것을 확인할 수 있었다.

3.5.6 지명(장소), 교통기관, 시간, 감정, 기타

밀감 꽃 피는 언덕(みかんの花咲く丘), 이 동네 저 동네(あの町この町), 달이 뜬 사막(月の砂漠), 마을의 노래(町の歌)과 같은 지명(장소) 관련 동요 가사에서도 압도적으로 시각 관련 표현이 가장 많았다. 칙칙포포 기차(汽車ぽっぽ), 버스의 노래(バスの歌)와 같이 교통기관에 관련된 동요 가사 중에는 칙칙폭폭(シュッポ、シュッポ、シュッポッポ)과 같은 청각 관련 표현도 간혹 확인되었지만, 대부분 시각 관련 표현이 주류를 이루었다. 어딘가에서 봄이(どこかで春が), 봄이 왔다(春が来た), 견우직녀님(たなばたさま), 여름의 추억(夏の思い出), 보름달 달님(十五夜お月さん), 작은 가을을 찾았어(小さい秋みつけた), 새빨간 가을(まっかな秋), 저녁노을(夕やけ小やけ), 석양(夕日), 설날(お正月), 봄아 어서 오렴(春よ, こい), 가사에서는 시각 표현이 압도적으로 많았다. 어딘가에서 봄이(どこかで春が) 가사 중에는 어딘가에서 물이 흘러넘친다(どこかで水があふれ出す), 1학년이 되면(一年生になったら) 가사에서 전세계를 호령하며 와하하(世界中をふるわせてワッハハ)에서 보듯 간혹 청각 관련 표현도 확인되기는 하였다. 즐거운 히나축제(れしいひな祭り)와 같이 감정 관련 동요 가사에서도 시각 표현만이 확인되었다. 마지막으로 기타에 속하는 동요 가사에서도 역시 시각 표현이 주류를 이루었다. 고이노보리(こいのぼり)로 말하면 즐비한 기와지붕과 구름파도가 겹치는 하늘을(甍の波と雲の波重なる波の中空を)은 시각 표현에 해당하는 전형적인 예라고 할 수 있다. 간혹 감귤 향나는 아침바람에(橘かおる朝風に)와 같이 후각에 관련된 표현이 보이기는 하였으나 주류를 이루지는 못했다. 비밀이야기(ナイショ話), 테루테루보즈(てるてる坊主), 파란 눈의 인형(青い目の人形), 빨간 구두(赤い靴)의 가사에서도 역시 시각 관련 표현만 확인되었다. 아이스크림 노래(アイスクリームの歌) 가사에서는 곡목에 걸맞게 혀에 얹으니 사르르 음악대가 목을 통과합니다(舌にのせるとトロントロのどを音楽隊が通ります)와 같이 촉각과 미각 관련 표현이 확인되기도 하였다. 장난감행진(おもちゃのマーチ)과 북치기 연습(たいこのおけいこ), 大きな古時計(시계), 악대행진(マーチング·マーチ) 등의 동요 가사에서는 청각 관련 표현이 확인되었지만 시각 관련 표현이 주류를 이루었다.

이상, 본서에서는 오감(시각, 청각, 후각, 미각, 촉각)에 관련된 동요 가사를 살펴보았다. 이상의 고찰을 토대로 본 장에서는 다음과 같은 연구적 의의를 제안하고자 한다. 첫째, 일본 동요 가사로는 시각에 관련한 것이 가장 많았다는 점에서 일본의 동요가 시각적 측면에 중점을 두고 작사가 이루어진 것을 알 수 있었다는 점에서 의의가 있다.

둘째, 본 연구가 보다 의의를 지니기 위해서는 한국의 대표적인 동요 가사를 일본동요 가사와 비교해야 할 필요가 있다. 그리하여 양국의 동요 가사가 오감을 기준으로 어떠한 차이점과 공통점이 보이는지를 살펴볼 필요가 있다.

셋째, 특정 감각에 관련한 단어나 표현들을 일본어교육에 활용하는 것이다. 예를 들어 학습자들에게 일본동요 가사를 제시하고 동요를 들은 뒤, 특정 감각에 관련된 특정 단어나 표현을 말하거나 쓰도록 하는 것이다.

마지막으로 본 연구 결과를 논문, 저서, 신문, 잡지, 인스타그램, 트위터, SNS, 블로그, 유튜브 등에 공표하여 우리나라의 유아교육이나 초등교육의 교육목표 실천에 유의미한 시사점을 제안할 수 있도록 하는 것이다.

3.6 마치며

본 장에서는 동요 가사를 구성하는 (대)명사, 형용사(형용동사), 동사, 연어, 오감 관련 표현을 고찰하였다. 본 장의 연구를 바탕으로 한국동요와의 객관적 비교가 가능해진 것으로 기대된다. 예를 들어 우선, 일본과 한국의 대표적인 동요 가사를 비교 고찰하여 가사를 구성하는 자립어((대)명사, 형용사(형용동사), 동사), 연어, 오감 표현 등으로 대표되는 품사와 의미구조를 비교할 수 있을 것으로 기대된다. 둘째, 일본동요 가사에 나오는 자립어, 연어, 오감 표현을 학습자들이 발견해 내는 방식으로 교실활동을 함으로써 독해능력을 배양할 수 있을 것으로 기대된다. 마지막으로, 본 장의 고찰에 의해 활성화된 다양한 담론을 다양한 채널을 통해서 우리나라의 아동교육이나 초등교육에 유의미한 시사점을 제안할 수 있을 것으로 기대된다.

Abstract

On the lyrics the children' s song in Japan

This chapter roughly researched the expressions related to (pronoun) nouns, adjectives (adjective verb) and verbs, collocation, and five senses that constitute the lyrics of a children's song in Japan. If this study is carried out in earnest, it is expected to be meaningful in several respects, first, we can identify which expressions exist related to self-sufficient word ((pronoun) nouns, adjectives (adjective verb) and verbs), collocation, and five senses among lyrics of a children's song that belongs to the certain meaningful category, and what is the semantic mechanisms that make up the lyrics. Second, we can figure out the self-sufficient word((pronoun) nouns, adjectives (adjective verb) and verbs), collocation, and five senses expression, further the central mechanism of lyric that result in them by comparing and examining the lyric of representative children's song in Korea and Japan. Third, if the self-sufficient word, collocation and five senses expression of Japanese and Korean children's songs belonging to a specific semantic category are reviewed, they will show the differences and commonalities. Fourth, we can certainly find a way to use the self-sufficient word, collocation and five senses expression in the lyrics of the song in Japanese language education. Finally, we can suggest significant implications for the implementation of the goals of children's education or primary education in our country by actively utilizing various discourse triggered by the consideration of this chapter through various channels.

Key words: a children's song, lyrics, self sufficient word, collocation, the five senses

제4장

일본어 과학 어휘의 분석

-천문학 용어를 중심으로-

日本語要旨

本章で明らかにした天文学用語の第1点目の特徴は「音節」である。4音節の天文学用語が19%、3音節と5音節が16%を占める。6音節は15%、2音節は11%を占める。第2点目の特徴は天文学用語の表記「字種」である。「漢字かな型」で表記される天文学用語が70%、「カタカナ型」は25%を占める。第3点目の特徴は複合語形式の天文学用語である。「A」が「B」の一部を表す天文学用語が44%、「A」が「B」の性質を示す天文学用語が27%を占める。最後の特徴は「レトリック」である。換喩のレトリックが適用される天文学用語が94%を占める。その中で概念の隣接による換喩が67%、空間の隣接による換喩が24%を占める。比喩と提喩はそれぞれ4%と2%を占める。

키워드: 천문학(天文学), 음절(音節), 표기 자종(表記字種), 복합명사(複合名詞), 레토릭(レトリック)

4.1 시작하며

본 장은 일본어학적 연구 방법으로 천문학 용어를 분석한 것이다. 일본어학은 지금까지 눈부신 발전을 거듭해 왔으며 앞으로도 다양한 방법론에 의거하여 일본어 구조와 기능이 해명되어 갈 것으로 본다.

그러나 일본어학(언어학 포함)은 다른 분야와는 달리 외적 확장성을 지향하려는 자세가 매우 소극적이라 생각된다. 예를 들면 심리학의 경우, 심리학 그 자체의 연구뿐만 아니라 임상심리학, 발달심리학, 교육심리학, 인지심리학, 게슈탈트심리학, 사회심리학, 언어심리학, 범죄심리학, 아동심리학, 산업심리학, 조직심리학, 소비자심리학 등에서 보듯 심리학에서 획득한 방법론적 지견이 다양한 분야로 확장되는 것을 볼 수 있다. 이에 본 장에서는 하나의 작은 시론이기는 하지만 일본어학적 연구에서 얻은 지견을 통해 비록 미미한 수준이기는 하지만 일본어학과 천문학과의 접점을 고찰함으로써 일본어학의 확장성을 모색해 보고자 한다.

본 저자가 천문학을 고찰의 대상으로 한 것은 완전히 우연이며 실은 어떤 분야라도 일본어학과의 접점 가능성은 있다고 할 수 있다. 본 장에서는 일본어학과 천문학과의 접점을 모색하는 데에 주력을 하겠지만, 천문학 학습자(일본인 천문학 학습자, 유학생, 외국인을 가르치는 일본어 교사 등등)에 대해서도 다소 공헌하는 바가 있을 것으로 기대하고 있다.

본 장의 목적은 다음과 같다. 우선, 음절을 기준으로 천문학 용어를 조사하여 몇 음절로 이루어진 천문학 용어가 가장 많은지를 살펴보고자 한다. 둘째, 천문학 용어를 표기하는 자종(한자가나형·가타카나형·알파벳형·숫자형·특수기호형)에 대해 살펴보고자 한다. 셋째, 복합명사의 천문학 용어의 형태론적, 통사적 특징을 살펴보고자 한다. 넷째, 천문학 용어의 인지의미론적 특징을 살펴보고자 한다. 마지막으로 일본어학의 방법론을 활용한 천문학 용어 습득 방법을 간단히 살펴보고자 한다.

4.2 천문학 용어의 분석 도구

본 장에서는 음성학, 문자론, 통사론, 인지의미론 등의 분석 방법을 가지고 천문학 용어를 분석하고자 한다. 이 절에서는 천문학 용어를 분석하기 위한 예비단계로 음성학, 문자론, 형태론, 인지의미론의 연구 방법을 간단히 설명하고자 한다.

4.2.1 음성학적 분석 -음절

우선 음성학의 기본개념인 음절부터 보도록 하자. 음절이란 청각적인 경계가 존재하는 단위이다. 「大学」로 말하자면 「大学」는 「だいがく」라고 읽거나 쓰는데, 이것을 음절이라는 기본단위로 표시하면 「だ·い·が·く」가 된다. 즉 4음절이다. 그러나 요음(拗音), 발음(撥音), 촉음(促音), 장모음(長母音)은 하나의 음절 단위로 인정되지 않는다. 예를 들면 「キャベツ」의 「キャ」와 같이 요음이 들어간 경우, 별도의 음절로 인정되는 것이 아니라 그 전체가 1음절이 된다. 따라서 「キャベツ」는 「キャ·ベ·ツ」로 3음절이 된다. 「韓国語(かんこくご)」와 같이 발음이 들어간 경우도 「かん·こ·く·ご」가 되어 별도의 음절로 인정되는 일이 없이 4음절이 된다. 「切手(きって)」와 같이 촉음이 들어간 경우도 「きっ·て」로 3음절이 아닌 2음절이 된다. 장음이 들어간 「おじいさん」도 「お·じい·さん」으로 3음절이 된다. 사람들의 키가 모두 다르듯, 단어의 음절 길이도 각각 다르다. 따라서 음절이라는 기본단위를 의식하면서 수차례 반복해서 읽는 것만으로도 천문학 용어를 습득(장기기억화)하는 데에 크게 도움이 될 것으로 생각된다.[1] 4.4.1절에서는 음절에 의거하여 천문학 용어의 음절 패턴을 살펴보도록 하겠다.

4.2.2 문자론적 분석 -표기 자종

어느 나라라도 언어 환경이라는 것이 있다. 여기에서 말하는 언어 환경이라는 것은 예를 들면 건물(백화점, 공공건물)이나 지하철, 철도, 상품 등의 특정 공간에 표기된 문자를 가리킨다.[2] 일본인에게는 당연하게 생각되어질지도 모르지만 일본어는 전세계의 언어에서 유례를 찾아보기 힘든 만큼 표기 자종이 많기 때문에 어떠한 자종으로 표기되는가를 보는 것은 언어학적(일본어학적)으로도 사회학적으로도 매우 중요하다고 할 수 있다. 천문학 용어도 일본의 언어 환경(천문학 교재)에 속하기 때문에 천문학 용어가 어떠한 자종으로 표기되는지 그 경향을 살펴보는 것만으로도 천문학을 이해하는 데에 도움이 될 것으로 생각된다. 4.4.2절에서는 진노우치 마사타카(陣内正敬: 2007, p.67)가 제기한 자종(한자가나형·가타카나

1 음절에 대한 구체적인 설명은 민광준(2002)을 참조하길 바란다.

2 언어 경관에 관련된 최신 연구로 李舜炯編(2019)의 연구를 들 수 있다.

형·알파벳형)에 본 저자가 제안한 「숫자형」과 「특수기호형」을 추가하여 천문학 용어의 표기 자종을 살펴보고자 한다. 이하 간략하게나마 본 장의 이해를 돕기 위해 각 자종의 정의와 실제 예를 제시한다. ①②③의 예는 진노우치 마사타카(陣内正敬:2007, p.67)에서, ④와 ⑤의 예는 한다 도시히로(半田利弘:2014)에서 인용한 것이다.

① 한자가나형-표기 수단으로서 한자나 히라가나가 표기되었지만 가타카나나 알파벳은 표기되지 않는 것. 예를 들면 「新日本紀行」「おかあさんと一緒」 등이 있다.

② 가타카나형-가타카나만 표기된 경우, 또는 가타카나가 한 글자라도 표기된 경우이다. 예를 들면 「ウルトラアイ」「魔法使いサリー」 등이 있다.

③ 알파벳형-알파벳만 표기된 경우, 또는 알파벳이 한 글자라도 표기된 경우이다. 예를 들면 「NHK特派員報告」「AH! SO」 등이 있다.

④ 숫자형(아라비아 숫자, 로마자 숫자)-숫자만 표기된 경우, 또는 숫자가 한 글자라도 표기된 경우이다. 예를 들면 「ケプラーの第1法則」「ケプラーの第2法則」 등이 있다.

⑤ 특수기호형-특수기호만 표기된 경우, 또는 특수기호가 한 개라도 사용된 경우이다. 예를 들면 「Hα輝線」의 「α」가 있다.

4.2.3 형태론적 · 통사론적 분석 -복합명사

천문학 용어는 거의 대부분이 명사이다. 그 중에는 「光」와 같이 단순어도 있지만 「電子」와 같이 복합명사가 압도적으로 많다. 가끔 「エディントンの限界」와 같이 격조사가 들어간 용어도 눈에 띈다. 이에 본 장에서는 용어의 대다수를 차지하는 복합명사에만 주목하여 고찰을 진행하고자 한다. 이하의 천문학 용어는 모두 한다 도시히로(半田利弘:2014)에서 인용한 것이다.

복합명사는 예를 들면 「電子」의 「電(전항명사)+子(후항명사)」의 구조를 취한다. (이하에서는 「전항명사」를 「A」로, 「후항명사」를 「B」로 약기한다.). 그런데 여기에서 유의해야 할 점은 「A+B」의 구조를 지니는 복합명사가 모두 동일한 통사적 성분을 가지는 것은 아니라는 사실이다. 일반적으로 「A+B」의 구조를 지니는 복합명사는 다음과 같이 제각기 다른 통사적 성분을 지니는 것으로 알려져 있다(cf. 아래의 예와 설명은 모두 아키모토 미하루(秋元美晴, 2002:86-87)에서 인용한 것이다. 설명은 본 저자의 사견을 덧붙이는 방식을 따랐다.). 본 장에서는 이들 통사적 성분에 ⑪과 ⑫를 덧붙여 천문학 용어를 분석할 것이다(⑪과 ⑫는 본 저자가 제시한 것이다.).

<복합명사의 통사적 특징>

① A가 B의 일부- ex)父親, 雄鶏, かざり物, 象形文字

② A와 B의 범위가 다르다- うずら豆, 歌姫, 鬼瓦, 花吹雪, 舌鼓

③ A가 B의 주체(A가 B하다) - ex)学級崩壊, 学歴低下, 企業合併

④ A가 B의 대상(A를 B하다) - ex)大学受験, 教育改革, 環境破壊

⑤ A가 B하기 위한 도구 및 수단(A로 B하다) - ex)インターネット販売

⑥ A가 B의 재료- ex)竹笛, 紙袋, 金づち

⑦ A가 B의 원인·이유(A가 원인으로 B하다) - ex)ガンノイローゼ, 事故死

⑧ A가 B의 장소를 나타낸다(A에 있는 B) - ex)山道, 海蛇, 裏長屋

⑨ A가 B의 시간을 나타낸다(A시기에 있는 B) - ex)春風, 朝ご飯, 新年会

⑩ B가 A의 성질을 나타낸다(A의 성질을 지니는 B) - ex)親心, 猿芝居, 女坂

⑪ A가 B의 성질을 나타내는 경우(B의 성질을 지니는 A) - ex)長軸

⑫ 기타(병렬, 해석 불명)-ex)等級, 法則

그런데 ①~⑪의 예를 보면 대부분 「A」와 「B」가 각각 하나의 한자로 복합명사의 형태를 취하는데, 「大学受験」과 같이 그렇지 않은 것도 있다. 또한 「ガンノイローゼ」와 같이 한자가 아닌 것도 있다. 이에 본 장에서는 분석을 용이하게 하기 위해 다양한 자수를 지닌 천문학 용어에 다음과 같이 「A」와 「B」를 지정하였다.

우선 첫째로 「天体」와 같이 2개의 한자로 구성된 복합명사는 「天(A) + 体(B)」로 지정하였다. 다른 예로는 「重力→重(A) + 力(B)」「電波→電(A) + 波(B)」 등을 들 수 있다. 2개의 한자로 구성된 복합명사는 비교적 용이하게 「A」와 「B」를 지정할 수 있다.

둘째, 3개의 한자로 구성된 용어이다. 예를 들면 「慣性力」는 「慣性」와 「力」로 나뉘므로 「慣性力」는 「慣性(A) + 力(B)」가 된다. 다른 예로 「海王星→海王(A) + 星(B)」「電離層→電離(A) + 層(B)」「潮汐力→潮汐(A) + 力(B)」「位相差→位相(A) + 差(B)」「電磁波→電磁(A) + 波(B)」 등을 들 수 있다. 반면에 「泡構造」와 같은 경우는 「泡」와 「構造」로 나뉘어지므로 「泡構造」는 「泡(A) + 構造(B)」로 지정할 수 있다. 다른 예로는 「準惑星→準(A) + 惑星(B)」「食連星→食(A) + 連星(B)」「微惑星→微(A) + 惑星(B)」 등을 들 수 있다.

셋째, 4개의 한자로 구성된 용어이다. 예를 들면「公転周期」는 각각「公転」과「周期」로 나뉘어지므로, 각각「公転(A) + 周期(B)」로 지정할 수 있다. 다른 예로는「黒色矮星→黒色(A) + 矮星(B)」「輝線星雲→輝線(A) + 星雲(B)」「歳差運動→歳差(A) + 運動(B)」「等価原理→等価(A) + 原理(B)」「光電効果→光電(A) + 効果(B)」 등을 들 수 있다.

넷째, 5개의 한자(문자)로 구성된 천문학 용어이다. 예를 들면「X線天文学」는 각각「X線」과「天文学」로 나뉜다. 그래서「X線(A) + 天文学(B)」로 지정할 수 있다. 다른 예로는「核融合反応→核融合(A) + 反応(B)」「視線速度法→視線(A) + 速度法(B)」「短周期彗星→短周期(A) + 彗星(B)」「超新星爆発→超新星(A) + 爆発(B)」「赤外線観測→赤外線(A) + 観測(B)」 등을 들 수 있다.

다섯째, 6개의 한자(문자)로 구성된 천문학 용어이다. 예를 들면「外縁部小惑星」는「外縁部」와「小惑星」로 나뉜다. 그래서「外縁部小惑星」는 각각「外縁部(A) + 小惑星(B)」로 지정할 수 있다. 그 밖에「赤外線天文学→赤外線(A) + 天文学(B)」「半分離型連星→半分離型(A) + 連星(B)」「太陽風限界面→太陽風(A) + 限界面(B)」「大離心率惑星→大離心率(A) + 惑星(B)」 등을 들 수 있다.

여섯째, 7개의 한자로 구성된 천문학 용어이다. 예를 들면「一般相対性理論」은「一般相対性」와「理論」으로 나눌 수 있다. 그래서「一般相対性(A) + 理論(B)」으로 지정할 수 있다.[3] 그 밖의 예로는「海王星以遠天

3 「一般相対性理論」에서「一般相対性」는 각각「一般(A) + 相対性(B)」로 나뉘므로「一般相対性理論」은「一般(A) + 相対性(B) + 理論(B)」으로 나뉘어져야 한다고 생각될지도 모른다. 그러나 원래「一般(A) + 相対性(B)」로 나뉘는 용어가「一般相対性」로 어휘목록(lexicon)에 들어가고 다시「理論」이라는 용어가 부가되어「一般(A) + 相対性(B)→一般相対性(A) + 理論(B)」이 된 것으로 보는 것이 타당할 것이다. 8개의 문자로 표기된「音響光学型分光器」, 9개의 문자로 표기된「中性水素原子ガス欠乏銀河」에 대해서도 동종의 설명이 가능하다.

体→海王星以遠(A) + 天体(B)」「局所標準静止系→局所標準(A) + 静止系(B)」「特殊相対性理論→特殊相対性(A) + 理論(B)」「直線炭素鎖分子→直線炭素鎖(A) + 分子(B)」 등을 들 수 있다.

일곱 째, 8개의 한자(문자)로 구성된 천문학 용어이다. 예를 들면「音響光学型分光器」는「音響光学型(A) + 分光器(B)」로 지정할 수 있다. 다른 예로「爆発的星形成銀河→爆発的星形成(A) + 銀河(B)」「連星型超新星爆発→連星型超新星(A) + 爆発(B)」「星形成電波モデル→星形成電波(A) + モデル(B)」「位置天文学的測定→位置天文学的(A) + 測定(B)」 등을 들 수 있다.

마지막으로 9개의 한자(문자)로 구성된 천문학 용어이다. 예를 들면「原始太陽系ガス円盤」은「原始太陽系ガス(A) + 円盤(B)」으로 지정할 수 있다. 그 밖에「低温暗黒物質モデル→低温暗黒物質(A) + モデル(B)」「連鎖的星形成モデル→連鎖的星形成(A) + モデル(B)」「重力崩壊型超新星爆発→重力崩壊型超新星(A) + 爆発(B)」「中性水素原子ガス欠乏銀河→中性水素原子ガス欠乏(A) + 銀河(B)」「大気チェレンコフ光ガンマ線(A) + 望遠鏡(B)」 등을 들 수 있다.

4.2.4절에서는 이상 기술한 내용을 근거로 천문학 용어(복합명사)의 통사적 특징을 고찰할 것이다.

4.2.4 인지의미론적 분석 - 레토릭

이 절에서는 천문학 용어를 인지의미론적 관점(레토릭적 관점)으로 분석하기 위해 일반적으로 통용되는 레토릭의 개념을 소개하고자 한다. 이하에 제시하는 레토릭의 개념과 예는 모두 야스이 이즈미(安井泉, 2010:12-78)에서 인용한 것이다.

타인에게 무엇인가를 전달하려고 할 때, 사람들은 그 무엇인가를 거의 100% 전달할 수는 없다. 무엇을 말하느냐(쓰느냐), 말하지 않느냐(쓰지 않느냐), 어떻게 말하느냐(쓰느냐), 어떻게 말하지 않느냐(쓰지 않느냐)를 일일이 생각하면서 말한다(쓴다). 이때 필연적으로 비유, 환유, 제유라는 레토릭의 개념이 대두된다.

우선 「비유(metophor)」부터 보도록 하자. 비유라는 것은 어느 것(생물·무생물)과 부분적으로 혹은 개략적으로 유사하다고 생각될 때 사용되는 레토릭이다. 비유에는 사물의 형상을 비유하는 것과 특성을 비유하는 것이 있다. 예를 들면 「멜론빵(メロンパン)」은 「빵(パン)」의 표면이 「멜론(メロン)」의 표면과 유사하기 때문에 붙여진 이름이다. 형상의 유사에 의한 비유가 적용된 전형적인 예라고 할 수 있다. 「鯛焼き」는 형상이 돔(鯛)이라는 생선과 유사하기 때문에, 「どら焼き」는 징(どら)이라는 악기와 유사하기 때문에 붙여진 이름이다. 「鰯雲」는 구름이 정어리(鰯)와, 「茸雲」는 구름이 버섯(茸)과 유사하기 때문에 붙여진 이름이다. 한편 사물의 특성이 다른 것에 내재된 특성과 유사하기 때문에 이름이 붙여진 경우도 있다. 예를 들면 「砂利」의 위를 밟으면 바스락거리는 소리가 나는데, 그 소리의 특성이 아이들이 재잘거리는 특성과 유사하므로 「砂利」는 아이를 의미한다. 「こだま(메아리)」와 「ひかり(빛)」라는 신칸센명이 있는데 이것들도 모두 각각 메아리와 빛에 내재된 특성(속도)과 신칸센의 특성(속도)이 유사하므로 붙여진 이름들이다. 특성의 유사에 의한 비유가 적용된 전형적인 예라고 할 수 있다.

둘째, 「환유(metonymy)」이다. 이것은 화자가 의도하는 대상 그 자체가 아니라 그것과 공간적으로 시간적으로 개념적으로 인접한 것을 언급하는 표현법이다. 우선 공간적으로 인접한 것부터 보도록 하자. 예를 들

면「タコ焼き(문어구이)」는「タコ(문어)」가 공간적으로 인접해 있기 때문에 붙여진 이름이다.「ざるそば(소쿠리메밀국수)」는「ざる(소쿠리)」가,「せいろそば(찜통메밀국수)」는「せいろ(찜통)」가 공간적으로 인접해 있다. 그 밖에「鍋に火をつける」「鉄板に火をつける」「骨休め」「顔を出す」「手が早い」「京都協定書」「夕顔(源氏物語에 등장하는 여성명)」 등의 예에 대해서도 동종의 설명이 가능하다. 그다음으로 시간적으로 인접한 환유이다. 이것은 어느 사물의 완성(결과)과 과정이 시간적으로 인접한 경우를 말한다. 주로 동사의 연용형으로 표기된다. 예를 들면「西京漬け」는「西京(교토의 서부지역)」에서 만들어진 음식(漬物)인데, 여기에서 유의해야 할 부분은「漬け」이다.「魚(생선)」에「味噌(된장)」을 바른 과정과 그 과정을 거쳐 완성된 결과가 시간적으로 인접해 있다.「酒蒸し」는 소금을 친 어개류를 술에 적신 뒤, 다시 그것을 쪄서 만든 음식이다. 만드는 과정과 완성이 시간적으로 서로 인접해 있는 것이다.「鹿威し」에 대해서도 동종의 설명이 가능하다. 마지막으로 개념적으로 인접한 환유이다. 예를 들면「狐そば」의 건더기인「油揚げ」는「狐(여우)」가 아주 좋아하는 것으로 전해진다. 즉「油揚げ」와「狐(여우)」가 개념적으로 인접한 결과,「狐そば」라는 이름이 붙여진 것이다. 그 밖에「部長(부장)」과「課長(과장)」을 들 수 있다.

마지막으로「제유(synecdoche)」이다. 이것은 상위개념(類)을 하위개념(種)으로, 혹은 그 반대로 나타내는 표현법이다. 예를 들면「指輪(반지)」의 종류는 많지만 일반적으로「指輪」는「結婚指輪(결혼반지)」만을 가리킨다. 그 밖에「花見(→桜)」「ケータイ(→携帯電話)」「焼き鳥(→鶏)」「草餅(→よもぎ餅)」「三行半(→離縁状)」「帝王切開(ジュリアス·シーザー大王→일반 아기)」「ワンピース」「その日」「好きにして」 등의 예를 들 수 있다.

4.4.4절에서는 이상 제시한 레토릭의 개념으로 천문학 용어를 분석할 것이다.

4.3 선행연구의 검토 및 문제의 제기

이 절에서는 특정한 분야에 관련된 용어를 음성학, 문자론, 형태론(통사론), 인지의미론의 관점에서 고찰한 몇 몇 선행연구를 검토하고자 한다.

4.3.1 음성학적 연구 -음절

천호재(2014ac)는 500개의 오야지 개그를 구성하는 단어(A단어, ex)象(A)だぞう(B))가 지니는 음성학적 측면을 음절 단위로 분석을 하였다. 그 결과를 정리하면 다음과 같다.

<표1> 오야지 개그(A단어)의 음절수

음절수	1음절	2음절	3음절	4음절	5음절	6음절	7음절	8음절
비율	0.4%	39%	38%	20%	2%	0.8%	0%	0%

1음절의 예로는「象だぞう」, 2음절의 예로는「地蔵の事情」, 3음절의 예로는「さいとうのサイト」, 4음절의 예로는「ドイツ人はどいつだ」, 5음절의 예로는「コーディネイトはこ~でねえと」, 6음절의 예로는「カリフォルニアで借りとる庭」등을 들 수 있다. 천호재(2014ac)에서는 <표1>을 바탕으로 2음절과 3음절을 지니는 A단어가 오야지 개그의 소

재로 사용되기 쉽다고 주장하였다.[4] 이와 같이 천문학 용어도 음절을 기준으로 분석을 하면 천문학 용어의 음절 유형을 알 수 있지 않을까 생각된다.

또한 천호재(2014bd)에서는 여성 패션에 관련된 용어(외래어)를 음성·음운론적으로 분석한 결과, 개음절화현상(원어에는 모음이 없지만 외래어에는 모음이 생기는 현상, ex)cowhide→カウハイド)와 촉음삽입현상(원어에는 촉음에 해당하는 음이 없지만 외래어에는 촉음이 삽입되는 현상, ex)ethnic→エスニック), 원어 모음의 일본어화현상(원어의 [æ]음이 [a]음으로 변화하는 현상, ex)Kelly bag→ケリーバッグ), 자음통합현상(원어의 [l]음이 [r]음으로 통합되는 현상, ex)paisley→ペイズリー)이 확인되었다. 또한 일본어의 패션 용어에는 4음절(26%)이 가장 많고, 그 뒤를 각각 3음절(23%), 5음절(18%), 6음절(15%)이 잇고 있음이 밝혀졌다.[5]

이와 같이 개음절화현상, 촉음삽입현상, 원어 모음의 일본어화현상, 자음통합현상에 의거하여 패션 용어를 분석하는 것은 매우 바람직하기는 하지만 천문학 용어의 특징을 규명하기 위해 이들 현상을 고려하기에는 그다지 적절하지 않다고 생각된다. 천문학 용어는 가타카나어뿐만 아니라 한자어, 히라가나어도 있기 때문에 모든 용어에 보편적으로 적용되는 음절수를 고려하는 것이 타당하다고 생각된다. 음절의 길이는 용어의 길이이기도 하고 길이에 의해 용어 습득의 용이함이 결정될 가능성도 있기 때문이다. 즉 긴 음절수를 지니는 용어보다는 짧은 음절수를 지니는 용어를 암기하기가 쉽다고 할 수 있다. 그러나 실상은 그렇지 않다고 해도 학습자가 천문학 용어의 음절수 유형을 파악해두는 것만으로도 심

---

4 상세하게는 천호재(2014c:268-271)를 참조할 것.

5 천호재(2014c:305-320)에서 인용하였다.

리적 안정감을 줄 수 있으며 그 귀결로 학습자로 하여금 학습의욕을 부여할 수가 있다면, 그것만으로도 천문학 용어를 분석하는 충분한 이유는 된다고 생각한다.

4.3.2 표기 관련 선행연구

일본어 표기 자종을 고찰한 대표적 연구로서는 진노우치 마사타카(陣内正敬, 2007)의 연구를 들 수 있다. 진노우치 마사타카(陣内正敬, 2007:60-74)는 일본어 표기 자종을 「한자가나형」「가타카나형」「알파벳형」으로 분류하고 장르별로 텔레비전 프로그램명을 분석하였다. 그 결과, 보조 프로그램명 표기에는 가타카나형이, 교육교양과 실용, 스토리 프로그램명의 표기에는 한자가나형이, 음악과 오락, 스포츠 프로그램명 표기에는 가타카나형이 우세하다는 사실이 밝혀졌다. 2000년대에 들어가서는 알파벳형 표기를 채용하는 방송국이 증가하고 있으며 또한 한자가나형으로 표기되어야만 하는 것이 「笑ってコラえて!」에서 보듯, 가타카나형으로 표기되기도 하고 「生活ほっと(hot)」에서 보듯 그 반대도 존재한다고 하였다.

천호재(2014d, 2016)에서는 기존의 한자가나형, 가타카나형, 알파벳형에 숫자형을 추가하여 백화점(伊勢丹, 西武 등)에 입점한 점포를 「전체」「식료품」「부인복」「부인잡화」「남성복잡화」「인테리 및 생활잡화」「스포츠패션」「레스토랑(카페, 커피숍, 식당)」으로 나누어 각 분야의 점포명 표기 자종을 분석하였다. 또한 천호재(2016)는 J-pop가수명과 곡명, 영화제목명(가족영화, 공포영화, 스릴러영화, 코미디영화, 로맨스영화, 어드벤처영화, SF영화, 다큐멘터리영화, 미스테리영화, 범죄영화, 시대극영화, 판타지영화, 애니메이션영화 등의 제목명)의 표기에 한자가나형, 가타카나형, 알파벳형, 숫자형이 사용되는 양상을 고찰하였다.

지면의 제약으로 상세하게 언급은 할 수 없지만, 일본 텔레비전 프로그램명, 영화제목명, 백화점 입점 점포명 등, 분야에 따라서 특정한 자종의 사용 양상이 제각기 다르게 나타난다는 사실은 일본인들의 언어생활이나 언어환경을 이해하는 데에 매우 중요하다는 것을 말해주는 것이다. 왜냐하면 자종과 일상은 결코 유리될 수 없기 때문이다. 이와 같이 생각하면 천문학 용어가 어떠한 자종으로 표기되느냐를 분석하는 것도 일본인의 언어생활과 언어환경을 이해하는 데에 도움이 될 것으로 생각된다. 또 이것은 천문학 용어를 이해하는 데에 당위성을 제공해줄 것으로도 생각되는데, 그것은 어느 용어가 특정한 자종으로 표기되는 것을 통해서 용어 속에 들어 있는 본질을 어느 정도 나타내어 보일 것으로 유추가 가능하기 때문이다. 예를 들어 「短周期彗星」라는 용어가 한자가나형으로 표기되는 것은 용어에 내재된 천체의 본질을 명확하게 드러내고자 하는 욕구의 발로로 생각된다. 왜냐하면 이 용어를 처음 접해도 한자를 아는 사람은 이 용어가 공전 주기가 짧은 혜성을 가리킨다는 것을 미루어 짐작할 수 있기 때문이다.

4.3.3 형태론적 관점에 의거한 선행연구

본 장과 같이 이과 분야의 용어를 형태론적 관점으로 분석한 연구로 이윤정(2017)의 연구를 들 수 있다. 이윤정(2017)은 IT업계로 진출을 희망하는 한국인 연수생을 위해 IT관계의 어휘를 어종별(순수일본어 · 외래어 · 혼종어), 어구성별(단순어 · 합성어(복합어 · 첩어 · 파생어))로 나눈 뒤, 이 분류를 통해 IT관계 어휘의 특징을 분석할 필요성을 제안하였다. 이윤정(2018a)은 IT뉴스에 나오는 어휘를 어종별(순수일본어 · 외래어 · 혼종어), 어

구성별(단순어 · 합성어(복합어 · 첩어 · 파생어))로 나누어 분석을 해야 한다고 하였으며, 나아가 단순히 IT뉴스에 출현하는 어휘를 일반명사, サ변명사, 히라가나명사, 1자 한자명사, 형용동사, 형용사 등으로 분류를 시도하였다. 그런데 문제는 일본어를 아는(혹은 모르는) 연수생들에게 IT뉴스에 출현하는 어휘를 일반명사, サ변명사, 히라가나명사로 나누어 습득을 시켰다고 해도 이렇게 습득된 해당 지식들이 구체적으로 IT용어의 이해로 환원되지는 않을 것으로 생각된다. 문법적인 용어 이상의 의미를 전달해주지 않기 때문이다. 또 이윤정(2018b)은 자동차 설계분야에 출현하는 어휘 857어를 어종별(순수일본어 · 외래어 · 혼종어), 어구성별(단순어 · 합성어(복합어 · 첩어 · 파생어))로 나누어 고찰하였다. 이윤정도 언급하듯이 이것은 자동차업계와 관련을 지니는 기술자들(엔지니어)이 자동차 설계 분야에 관련된 어휘를 용이하게 학습하는 데에 도움이 될 것이라는 점은 본 저자도 인정한다. 그러나 문제는 과연 단순히 어종이나 어구성을 아는 것만으로 그것이 바로 용어의 이해로 이어지느냐 하는 것이다. 천문학을 처음 접하는 학습자에게는 어종, 어구성의 층위를 초월한 보다 보편적인 층위를 고려함으로써 장기기억화를 도모하는 것이 더 중요하다.

천호재(2014d:295-296)는 패션 용어(외래어)를 생략의 개념으로 분석을 하였다. 예를 들면 복수 접미사 {-s}의 생략(acoustics→ アコースチック), 아포스트로피 {-'s}의 생략(lamb's wool→ ラムウール), 과거 접미사 {-ed}의 생략(condensed milk→ コンデンスミルク), 진행형 {-ing}의 생략(die casting→ ダイカスト), 정관사 {the}의 생략, (off the record→ オフレコ), 단어 일부의 생략(후반 생략(amateur→ アマ), 전반 생략(bottle neck→ ネック)), 복합어 생략(American foot ball→ アメフト)) 등이다. 그러나 생략이나 단어 일부의 생략은 가타카나어에 폭넓게 적용되는 것이고 가타카나 어종

외의 천문학 용어의 특징을 규명하는 데에는 별로 의미가 없다고 생각되어 천문학 용어의 분석에 생략의 개념은 배제하기로 하였다.

4.3.4 인지의미론에 관련된 선행연구

야스이 이즈미(安井泉, 2010:81-88)는 「비유」「환유」「제유」 등의 레토릭으로 명명된 예로 별자리명, 식물명, 컴퓨터용어, 요리명, 지하철 노선명을 들고 있다. 예를 들면 「ふたご座(쌍둥이자리)」「おうし座(황소자리)」「おとめ座(처녀자리)」「さそり座(전갈자리)」와 같은 별자리명에는 모두 형상의 유사에 의한 비유가 적용되었다. 「ユリノキ(튤립나무)」「ハナイカダ(꽃잎뗏목)」와 같은 식물명이나 「불가사리(ひとで)」와 같은 해양동물명에도 형상의 유사에 의한 비유가 적용되었다. 컴퓨터 용어에는 제유의 레토릭이 적용되는 경향이 높다. 예를 들면 「hard」는 원래 전체를 가리키지만 실제로는 컴퓨터기록용 자기디스크라는 특정 부분만을 가리킨다. 별명이나 통칭에는 공간의 인접에 의한 환유가 적용되는 경향이 있다. 예를 들면 「赤ずきんちゃん」이라는 별명은 주인공이 「빨간 두건」을 늘 쓰고 있었기 때문에 붙여진 것이다. 「メガネ(안경쟁이)」「ノッポ(키다리)」「デブ(뚱보)」「チビ(꼬마)」에 대해서도 동종의 설명이 가능하다. 요리명이나 육류명에는 형상의 유사에 의한 비유나 환유가 적용되는 경우가 많다. 예를 들면 「蒲焼き」는 형상(蒲)의 유사에 의한 비유가 적용되어 붙여진 명칭이며, 「柳川鍋」는 「柳川」라는 가게에서 개발된 전골요리(鍋料理)라고 해서 붙여진 명칭이다. 즉 공간의 인접에 의한 환유가 적용된 예이다. 지하철명에는 공간의 인접에 의한 환유가 적용되어 있다. 예를 들면 「日比谷線」은 히비야(日比谷)를, 「千代田線」은 치요다(千代田)를 전철이 통과하기 때문에 붙여진 명칭이다. 이와 같이 레토릭이라는 개념을 고려

하면 다양한 분야의 용어에 내재된 어원을 쉽게 이해할 수 있다.

한편 레토릭의 개념으로 음식명을 연구한 천호재(2015)를 들 수 있다. 예를 들면 천호재(2015:57-94)는 상당수의 스시명이 생선, 조개, 갑각류, 연체류, 야채류, 육류, 어란류, 지명 등의 공간적인 인접에 의해 명명된다고 하는 대단히 흥미 깊은 결론을 도출하였다. 이 밖에 우동명, 라멘명, 소바명, 모치명, 와가시명 등에도 비유, 환유, 제유라는 레토릭이 다이나믹하게 적용되는 것이 확인됨에 따라 천문학 용어에도 분명히 레토릭에 의한 명명의 메커니즘이 작동하고 있을 것으로 보고 있다.

4.4 천문학 용어의 일본어학적 분석

이 절에서는 음절, 표기 자종, 복합어(파생어)의 형태적, 통사적 특징, 인지의미론적 특징에 의거하여 천문학 용어를 고찰한다. 용례는 모두 한다 도시히로(半田利弘, 2014)에서 인용한 것이며, 용례의 해석 근거도 한다 도시히로(半田利弘, 2014)를 참조한 것임을 미리 밝혀둔다.

4.4.1 천문학 용어의 음절수

천문학 용어를 음절수로 분석을 하면 다음의 〈표2〉와 같이 정리할 수 있다. 소수점 이하 첫째자리에서 반올림하였다.

<표2> 天文学用語の音節数

음절수	1	2	3	4	5	6	7	8	9	10	11	12	13	14	15	합계
개수	2	56	80	98	83	74	43	30	17	10	5	2	4	1	1	**506개**
%	0.4	11	16	19	16	15	9	6	3	2	1	0.4	1	0.2	0.2	**100%**

〈표2〉를 보면 506개의 천문학 용어 중에서 4음절로 구성된 용어가 19%, 3음절과 5음절이 각각 16%, 6음절이 15%, 7음절이 9%를 차지하는 것을 알 수 있다. 1음절로 구성된 천문학 용어로 「群(ぐん), 相(そう)」을 들 수 있다.

2음절로 구성된 예를 제시하면 다음과 같다.

色(いろ), 月(つき), 銀河(ぎんが), 銀経(ぎんけい), 近似(きんじ), 磁場(じば), 星雲(せいうん), 電場(でんば), 電波(でんぱ), 電離(でんり), 伴星(はんせい), 分点(ぶんてん), 連星(れんせい), 自転(じてん), 公転(こうてん), 干潮(かんちょう), 満潮(まんちょう), 軌道(きどう), 金星(きんせい), 地球(ちきゅう), 火星(かせい), 土星(どせい), 楕円(だえん), 慣性(かんせい), 感度(かんど), 輝線(きせん), 銀緯(ぎんい), 蛍光(けいこう), 口径(こうけい), 光子(こうし), 恒星(こうせい), 高度(こうど), 光年(こうねん), 主鏡(しゅきょう), 主星(しゅせい), 焦点(しょうてん), 真空(しんくう), 新星(しんせい), 星座(せいざ), 星団(せいだん), 族(ぞく), 中心(ちゅうしん), 電荷(でんか), 電離(でんり), 等級(とうきゅう), 導体(どうたい), ハロー, バンド, 偏光(へんこう), 偏波(へんぱ), 方位(ほうい), 法則(ほうそく), クェーサ, クォーク, 天頂(てんちょう)

3음절로 구성된 예를 제시하면 다음과 같다.

パルサー, 3連星(さんれんせい), 4連星(よんれんせい), AU(エイユー), CCD(シシディ), EKBO(エクボ), GRAPE(グラペ), WIMP(ウィムプ), 円盤部(えんばんぶ), 極方向(きょくほうこう), 銀河群(ぎんがぐん), 銀河団(ぎんがだん), 銀河面(ぎんがめん), 春分点(しゅんぶんてん), 食連星(しょくれんせい), 星間塵(せいかんじん), 閃光星(せんこうせい), 相転移(そうてんい), 太陽風(たいようふう), 電磁波(でんじは), 電離層(でんりそう), 分子雲(ぶんしうん), 重力(じゅうりょく), 合力(ごうりょく), 引力(いんりょく), 天体(てんたい), 水星(すいせい), 木星(もくせい), 天王星(てんのうせい), 惑星(わくせい), 隕石(いんせき), 冥王星(めいおうせい), 彗星(すいせい), 長軸(ちょうじく), 短軸(たんじく), 軌道面(きどうめん), 密集度(みっしゅうど), アテン群(ぐん), 位相差(いそうさ), 宇宙項(うちゅうこう), エリス, 開口(かいこう), 干渉計(かんしょうけい), 基線長(きせんちょう), 吸収線(きゅうしゅうせん), ケレス, 光速(こうそく), 混合器(こんごうき), 軸比(じくひ), 質量(しつりょう), 磁変星(じへんせい), 重元素(じゅうげんそ), 周波数(しゅうはすう), 重力(じゅうりょく), 振動数(しんどうすう), 積分(せきぶん), 摂動(せつどう), 素粒子(そりゅうし), 縦波(たては), 単純化(たんじゅんか), チューレ群(ぐん), 長半径(ちょうはんけい), ディスク, バルジ, パーセク(pc), 副鏡(ふくきょう), 分光器(ぶんこうき), 変光星(へんこうせい), 扁平度(へんぺいど), 扁率(へんりつ), ボイド, 望遠鏡(ぼうえんきょう), 横波(よこは), 量子論(りょうしろん), 原始星(げんしせい), ビッグバン, 揺(ゆ)らぎ, 黄道面(こうどうめん), 金属(きんぞく), 天底(てんてい)

4음절로 구성된 예를 제시하면 다음과 같다.

球状星団, 電波窓, 楕円銀河, 楕円体, 太陽系, 近日点, 遠日点, 2色図, 暗黒ハロー, 銀経銀緯, 黒体, 重力場, 磁力線, 星間吸収, 星間空間, 星間赤化, 星間減光, 赤道面, 太陽圏, 中性子星, 超銀河団, 超銀河面, 鉄の芯, 電波アーク, 電波銀河, 反射星雲, 分光連星, 分光ガス, 自転周期, 共通重心, 慣性力, 海王星, 小惑星, 準惑星, 離心率, 天文単位, 圧力, アポロ群, アモール群, 泡構造, 色指数, インフレーション, 宇宙原理, 宇宙ジェット, 解析, 核反応, 加速度, 輝線星雲, 激変星, 光電効果, 光電効果, 自重変形, 指数関数, 実視連星, 重元素比, 重水素, 主系列, 種族2, 種族3, スカラー量, スケール長, 正規分布, 赤経赤緯, 粗密波, 単独星, 地平座標, 地平視座, 中性ガス, 通常銀河, 天球座標, 電波ローブ, 天文衛星, 天文単位, 電離ガス, 等価原理, 統計視差, トロヤ群, ニュートリノ, 年周視差, 能動光学, ハードウェア, ヒルだ群, フローラ群, 分解能, 分光観測, 冪関数, 冪指数, ヘリウム, 変光観測, 補償光学, ボロメータ, 離心率, ロッシュローブ, 黄道座標, 黄経黄緯, 金属量, 検出装置

5음절로 구성된 천문학 용어는 다음과 같다.

潮汐の尾, 棒状バルジ, 円形バルジ, レンズ状銀河, 暗黒星雲, ガス惑星, 銀河南極, 銀河北極, 近接連星, 恒星間空間, 氷惑星, 主系列星, 食変光星, 青色巨星, 波の振動面, ブラックホール,

潮汐力, 自己重力, アクチュエータ, 位置観測, 位置天文法, 宇宙の膨張, オールト定数, ガウス分布, 加速膨張, 活動銀河, カロリメータ, 観測装置, 基底状態, 京都モデル, 銀河の座標, 形態分類, 硬X線, 高速度星, 降着円盤, 再結合, 歳差運動, 撮像観測, 差動回転, 散開星団, 三角視差, 自己重力, 視線速度, 質量関数, 質量放出, 重力理論, 縮退圧, 種族1, スペクトル, セイファート銀河, 赤道座標, 絶対温度, 絶対等級, 絶対零度, ソフトウェア, 測光観測, チェレンコフ光, データ整約, 電子捕獲, 電子気学, 天の赤道, ドップラー効果, 波の干渉, 軟X線, ハッブル定数, ヒッパルコソ衛星, 標準モデル, フェルミ粒子, 物質輪廻, 浮遊惑星, 平坦な宇宙, ベクトル量, 変光パターン, 星計数法, ミッシングマス, メインベルト, ラグランジュ点, 理想気体, 励起状態, ローレンツ力, 惑星運動, 原始惑星

6음절로 구성된 천문학 용어는 다음과 같다.

渦巻き腕, 渦巻き銀河, 惑星状星雲, 可視光の窓, ケンタウルス群, 惑星状星雲, 3体衝突, HR図, 1a型超新星, 暗黒物質, 遠赤外線, オールトの雲, 褐色矮星, 岩石惑星, 局所銀河群, 局所超銀河団, 銀河団内ガス, 系外惑星, 黒体放射, 星間分子ガス, 赤色巨星, 双極分子流, ガンマ線望遠鏡, 超新星残骸, マゼランガス流, 雪境界線, 潮汐摩擦, ボーデの法則, 色の測定, エネルギー順位, エンケの隙間, 回転曲線, 角分解能, 軌道傾斜角, 原子核反応, 剛体回転, 再結合線, 時間分解能, 視線速度法, 重力レ

ンズ法, 食検出法, 水平分岐星, スターカウント法, スペクトル型, 赤方偏移量, タリーフィッシャー関係, 超高速運動, 鉄の光分解, 電波天文学, 波の振動面, 波の振幅, ニュートン力学, 柱密度, 波長分解能, ハッブルの法則, バンドでの等級, 不規則銀河, 分子種の同定, 分離型連星, ボーデの法則, ボルツマン定数, 見かけの重星, 密度波理論, 揺らぎの成長, 理論的研究, 理論的予言, レットクランプ星, 宇宙の揺らぎ, 正面向き銀河, 短周期彗星, 長周期彗星, 陽子連鎖反応, 横向き銀河, レーザーガイド星

7음절로 구성된 천문학 용어는 다음과 같다.

棒渦巻き銀河, 天の川銀河, ケンタウルス族, CDMモデル, H II 領域, MACHO, 暗黒エネルギー, 外縁部小惑星, 局所標準静止系, 銀河中心領域, 黒色矮星, 水素分子ガス, 星間分子ガス雲, 赤色矮星, 太陽風限界面, 超新星爆発, 白色矮星, 宇宙背景放射, エディントンの限界, 超新星爆発, 核分裂反応, カッシーニの隙間, ガンマ線天文学, 逆コンプトン散乱, 巨大楕円銀河, 銀河の活動性, 銀河分布の空洞, 計算機シミュレーション, 光学天文学, 周波数分解能, 重力レンズ, 状態方程式, 相関型分光器, 速度分解能, 半分離型連星, 光の速度, 標準太陽運動, 平山の族, フィルターバンク型, フェーバージャクソン関係, ホモロジー変形鏡, 原始星ガス円盤, 原始星ガスジェット, ローレンツ変換式

8음절로 구성된 천문학 용어는 다음과 같다.

おうし座T型星, 外縁部小惑星, Hα 輝線, X 線天文学, グリニッジ天文台, グレートアトラクター, 赤外線観測, 双極分子ガス流, 大気チェレンコフ光, 太陽系小天体, 中性水素原子ガス, 直線炭素鎖分子, 電離水素領域, 位置位置速度図, 一般相対性理論, 宇宙の物質循環, 運動学的距離, カークウッドの隙間, 距離尺度の様子, 国際標準単位, 紫外線天文学, 指数関数的減少, スペクトル観測, 特殊相対性理論, バーゴセントリックフロー, 輻射輸送の式, 平坦回転曲線, ライマンα輝線, 脈動型変光星, 宇宙の晴れ上がり

9음절로 구성된 천문학 용어를 제시하면 다음과 같다.

CNO循環反応, 海王星以遠天体, 灼熱ガス惑星, 赤外線天文学, 大離心率惑星, 宇宙の暗黒時代, 宇宙の大規模構造, 宇宙のネットワーク構造, 銀河衝撃波モデル, 重力多体問題, 相対論的ビーミング, 電子の縮退圧, ニュートンの運動方程式, 星形成伝播モデル, マゼラニックストリーム, マックスウェル方程式, 重ね合わせの原理

10음절로 구성된 천문학 용어를 제시하면 다음과 같다.

腕の巻き込み問題, 主要部の小惑星帯, 外縁部小惑星帯, 恒星物質

ブラックホール, ケプラーの第2法則, ケプラーの第 3 法則, 音響光学型分光器, ハッブルの形態分類, ボイル·シャルルの法則, 原始太陽系ガス円盤

11음절로 구성된 천문학 용어로는 連星型超新星爆発, ケプラーの第 1 法則, スニャーエフゼルドビッチ効果, 低温暗黒物質モデル, 連鎖的星形成モデル 등이 있으며 12음절로 구성된 천문학 용어로는 位置天文学的測定, チャンドラセカールの質量限界 등이 있다. 13음절로 구성된 천문학 용어로는 エッジワースカイパーベルト天体, 爆発的星形成銀河, フレミングの左手の法則, ヘルツシュプルリング·ラッセルズ図 등이 있다. 14음절로 구성된 용어로는 中性水素原子ガス欠乏銀河가 확인되었다. 마지막으로 15음절로 구성된 용어로는 重力崩壊型超新星爆発가 있었다.

4.4.2 천문학 용어 표기 자종

506개의 천문학 용어가 어떠한 자종으로 표기되는가를 살펴보았더니 다음의 〈표3〉과 같은 결과가 나왔다.

<표3> 천문학 용어 표기 자종

한자가나형	가타카나형	알파벳형	숫자형	특수기호형	합계
355개	127개	11개	11개	2개	**506개**
70%	25%	2%	2%	0.4%	**100%**

〈표3〉을 보면 506개의 천문학 용어 중에서 한자가나형이 70%(355개)를, 가타카나형이 25%(127개)를 차지하는 것을 알 수 있다. 즉 천문학

용어의 대부분은 한자가나형과 가타카나형으로 표기된다.

우선 한자가나형의 자종을 채용한 천문학 용어를 제시하면 다음과 같다.

太陽系,月,自転,公転,自転周期,公転の周期,干潮,満潮,共通重心,重力,慣性力,合力,潮汐力,潮汐摩擦,自己重力,引力,軌道,天体,水星,金星,地球,火星,木星,土星,天王星,海王星,惑星,隕石,準惑星,主要部小惑星帯,外縁部小惑星,外縁部小惑星帯,冥王星,彗星,近日点,遠日点,楕円,長軸,短軸,遠心率,軌道面,天文単位,圧力,天の川銀河,泡構造,暗黒星雲,暗黒物質,位相差,位置観測,位置一速度図,位置天文学的測定,位置天文法,一般相対性理論,色,色指数,色の測定,渦巻腕,渦巻銀河,宇宙原理,宇宙項,宇宙の暗黒時代,宇宙の大規模構造,宇宙の晴れ上がり,宇宙の物質循環,宇宙の膨張,宇宙の揺らぎ,宇宙背景放射,腕の巻き込み問題,運動学的距離,遠赤外線,円盤部,おとめ座超銀河団,音響光学型分光器,外縁部小惑星,海王星以遠天体,開口,解析,回転曲線,核反応,超新星爆発,角分解能,核分裂反応,核融合反応,重ね合わせの原理,可視光の窓,加速度,加速膨張,褐色矮星,活動銀河,干渉計,慣性,岩石惑星,観測装置,感度,輝線,基線,輝線星雲,基線長,基底状態,軌道傾斜角,吸収線,球状星団,局所銀河群,局所標準静止系,局所超銀河団,極方向,巨大楕円銀河,距離尺度の様子,銀緯,銀河,銀河群,銀河座標,銀河団,銀河中心領域,銀河南極,銀河の活動性,銀河分布の空洞,銀河北極,銀河面,銀経,銀経銀緯,近似,近接連星,金属,金属量,群,系外惑星,蛍光,形態分類,激変星,原子核反応,原始星,原始惑星,検出装置,光学天文学,口径,光子,恒星,恒星間空間,光速,高速度星,降着円盤,光電効果,剛体回転,光電効果,氷惑星,高度,光年,黄道座標,黄道面,黄経黄緯,国際標準単位,黒色矮星,黒体,黒体放射,混合器,再結合,再結合線,歳差運動,撮像観測,差動回転,三角視差,赤外線天文学,時間分解能,自己重力,自重変形,指数関数,指数関数的減少,視線速度,視線速度法,軸比,実視連星,質量,質量関数,質量放出,磁変量,磁場,重元素,重元素比,重水素,周波数,周波数分解能,重力,重力場,重力崩壊型超新星爆発,重力理論,主鏡,縮退圧,主系列,主系列星,主星,春分点,状態方程式,焦点,正面向き銀河,食検出法,食変光星,食連星,磁力線,真空,新星,振動数,水平分岐星,星雲,星間空間,星間塵,星間赤化,星間減光,正規分布,星座,青色巨星,星团,赤外線観測,赤外線天文学,赤色矮星,赤色巨星,赤経赤緯,赤道面,積分,赤方偏移,赤方偏移量,絶対温度,絶対等級,絶対零度,摂動,閃光星,相,相関型分光器,双極分子流,相転移,族,速度分解能,粗密波,測光観測,素粒子,太陽系小天体,太陽系,太陽風,太陽風限界面,大離心率惑星,楕円銀河,楕円体,縦波,短周期彗星,単純化,単独星,地平座標,地平視座,中心,中性子星,超銀河団,超銀河面,超高速運動,長周期彗星,超新星残骸,超新星爆発,潮汐の尾,長半径,直線炭素鎖分子,通常銀河,鉄の芯,鉄の高分解,電荷,天球,天球座標,電子の縮退圧,電子捕獲,電子気学,電磁波,電磁場,天頂,天底,天の赤道,電場,電波,電波銀河,電波天文学,電波の窓,天文衛星,天文単位,電離,電離水素領域,電離層,等級,等価原理,統計視差,導体,特殊相対性理論,波の干渉,波の振動面,波の振幅,年周視差,能動光学,白色矮星,爆発的星形成銀河,柱密度,波長分解能,反射星雲,伴星,半分離型連星,光の速度,標準太陽運動,平山の族,微惑星,不規則銀河,副鏡,軸射輸送の指揮,物質輪廻,浮遊惑星,分解能,分光観測,分光器,分光連星,分子雲,分子種の同定,分離型連星,分点,平坦回転曲線,平坦な宇宙,幕指数,偏光,変光観測,変光星,偏波,扁平度,扁率,棒渦巻銀河,方位,望遠鏡,法則,星計数法,密度波理論,脈動型変光量,雪境界線,揺らぎ,揺らぎの成長,陽子連鎖反応,横波,横向き銀河,離心率,理想気体,量子論,理論的研究,理論的予言,励起状態,励起状態,連星,連星型超新星爆発,矮小銀河,惑星運動,惑星状星雲,惑星運動,密集度

둘째, 가타카나형 자종으로 표기된 천문학 용어를 제시하면 다음과 같다.

ボーデの法則,アクチュエータ,アテン群,アポロ群,アモール群,暗黒エネルギー,暗黒ハロー,インフレージョン,宇宙ジェット,宇宙のネットワーク構造,エクボ天体,エッジワースカイパーベルト天体,エディントンの限界,エネルギー準位,エリス,円形バルジ,エンケの隙間,オールト定数,オールトの雲,カークウッドの隙間,ガウス分布,ガス惑星,ガッシーニの隙間,カロリメータ,ガンマ線天文学,逆コンプトン散乱,京都モデル,銀河衝撃波モデル,銀河団内ガス,クェーサ,クォーク,グリニッジ天文台,グレートアトラクター,計算機シミュレーション,ケレス,原始星ガス円盤,原始星ガスジェッド,原始太陽系ガス円盤,ケンタウルス群,ケンタウルス族,恒星物質ブラックホール,灼熱ガス惑星,重力レンズ効果,重力レンズ法,水素分子ガス,スカラー量,スケール長,スターカウント法,スニャーエフゼルドビッチ効果, スペクトル, スペクトル型, スペクトル観測,星間分子ガス,星間分子ガス雲,セイファート銀河,双極分子ガス流,相対論的ビーミ

ング,ソフトウェアー,大気チェレンコフ光ガンマ線望遠鏡,タリーフィッシャー関係,チェレンコフ光,チャンドラセカールの質量限界,中心ガス,中性水素原子ガス,中性水素原子ガス欠乏銀河,チェーレ群,ディスク,データ整約,低温暗黒物質モデル,電波アーク,電波のローブ, 電離ガス, ドップラー効果, トロヤ群, ニュートリノ, ニュートンの運動方程式,ニュートンの動定数,ニュートン力学,バーゴセントリックフロー,ハードウェアー,ハッブルの法則,ハッブル定数,ハッブルの形態分類,パルサー,バルジ,ハロー,ハンガリア群,バンド,バンドでの等級,ビッグバン, ヒッパルコソ衛生,標準モデル,ヒルダ群,フィルターバンク型,フェルミ粒子,フェーバージャクソン関係,ブラックホール,フレミングの左手の法則,フローラ群,分光ガス,ベクトル量,ヘリウム,ヘルツシュプリリング·ラッセル図,変光パターン,ボイド,ボイル·シャルルの法則,棒状バルジ,ボーデの法則,星形成電波モデル,オモロジー変形鏡,ボルツマン定数,ボロメータ,マゼラニックストリーム,マゼランガス流,マクスウェル方程式,見かけの重星,ミッシングマス,メインベルト,ライマンアルフア,ラグランジュ点,レーザーガイド星,レットクランプ星,レンズ状銀河,連鎖的星形成モデル,ロッシュ·ローブ,ローレンツ力,ローレンツ変換,パーセク

셋째, 알파벳형의 천문학 용어를 제시하면 다음과 같다.

AU, CCD, CDMモデル, CND循環反応, EKBO, GRAPE, la型超新星, WIMP, X線天文学, おうし座T型星, 軟X線, 硬X線

넷째, 숫자형의 천문학 용어를 제시하면 다음과 같다.

ケプラーの第1法則, ケプラーの第2法則, ケプラーの第3法則, 2色図, 3連星, 4連星, 3衝突, HⅡ領域, 種族1, 種族2, 種族3

마지막으로 특수기호형의 천문학 용어로는 Hα輝線, Λ(ラムダ) 등이 확인되었다.

4.4.3 천문학 용어(복합어, 파생어)의 형태 · 통사적 특징

506개의 천문학 용어 중에서 「A+B」의 구조를 지니는 복합명사(파생명사)는 모두 403개였다. 403개의 복합명사가 지니는 통사적 특징을 분석하였더니 다음의 <표4>와 같은 결과가 나왔다.

<표4> 천문학 용어(복합명사, 파생명사)의 통사적 특징

①	②	③	④	⑤	⑥	⑦	⑧	⑨	⑩	⑪	⑫	합계
176	21	11	15	11	10	14	26	5	0	107	7	**403**
44%	5%	3%	4%	3%	2%	3%	6%	1%	0%	27%	2%	**100%**

<표4>를 보면 ①A가 B의 일부인 통사구조를 지니는 천문학 용어가 44%를, 그다음으로 ⑪A가 B의 성질을 나타내는 통사구조를 지닌 천문학 용어가 27%를 차지하는 것을 알 수 있다. 그러면 각각의 통사적 특징을 지니는 천문학 용어를 구체적으로 제시하기로 하자.

우선 첫째로, ①A가 B의 일부인 천문학 용어를 제시하면 다음과 같다.

太陽系(太陽＋系), 自転周期(自転＋周期), 公転周期(公転＋周期), 共通重心

(共通+重心),重力(重+力),慣性力(慣性+力),合力(合+力),潮汐力(潮汐+力),潮汐摩擦(潮汐+摩擦),自己重力(自己+重力),引力(引+力),圧力(圧+力),軌道(軌+道),天体(天+体),地球(地+球),近日点(近日+点),遠日点(遠日+点),楕円(楕+円),離心率(離心+率),天文単位(天文+単位),密集度(密集+度),CDMモデル(CDM+モデル),HII領域(HII+領域),HR図(HR+図),X線天文学(X線+天文学),アテン群(アテン+群),アポロ群(アポロ+群),アモール群(アモール+群),暗黒エネルギー(暗黒+エネルギー),暗黒星雲(暗黒+星雲),暗黒ハロー(暗黒+ハロー),暗黒物質(暗黒+物質),位相差(位相+差),位置位置速度図(位置位置速度+図),位置天文法(位置+天文法),一般相対性理論(一般相対性+理論),色指数(色+指数),宇宙原理(宇宙+原理),宇宙項(宇宙+項),エネルギー準位(エネルギー+準位),円盤部(円盤+部),オールト定数(オールト+定数),干渉計(干渉+計),感度(感+度),基線帳(基線+帳),銀河群(銀河+群),銀河団(銀河+団),銀河中心領域(銀河中心+領域),ケンタウルス群(ケンタウルス+群),ケンタウルス族(ケンタウルス+族),口径(口+径),光子(光+子),光速(光+速),国際標準単位(国際標準+単位),三角視差(三角+視差),軸比(軸+比),質量(質+量),質量関数(質量+関数),磁場(磁+場),周波数(周波+数),重力場(重力+場),重力理論(重力+理論),重力レンズ法(重力レンズ+法),縮退圧(縮退+圧),春分点(春分+点),状態方程式(状態+方程式),食検出法(食+検出法),磁力線(磁力+線),振動数(振動+数),スカラー量(スカラー+量),スケール帳(スケール+帳),星団(星+団),赤方偏移(赤方+偏移),赤方偏移量(赤方偏移+量),双極分子ガス流(双極分子ガス+流),大気チェレン光ガンマ線望遠鏡(大気チェレン光ガンマ線+望遠鏡),太陽圏(太陽+圏),太陽風(太陽+風),太陽風限界面(太陽風限界+面),楕円体(楕円+体),単独星(単独+星),地平座標(地平+座標),地平視座(地平+視座),中性水素原子ガス(中性水素原子+ガス),チェーレ群(チェーレ+群),超銀河団(超銀河+団),超銀河面(超銀河+面),超新星残骸(超新星+残骸),直線炭素鎖分子(直線炭素鎖+分子),低温暗黒物質モデル(低温暗黒物質+モデル),電荷(電+荷),天球(天+球),電子気学(電子+気学),電磁波(電磁+波),電磁場(電磁+場),電場(電+場),電波(電+波),電波アーク(電波+アーク),電波ローブ(電波+ローブ),天文単位(天文+単位),電離水素領域(電離水素+領域),電離層(電離+層),等価原理(等価+原理),統計視差(統計+視差),特殊相対性理論(特殊相対性+理論),トロヤ群(トロヤ+群),能動光学(能動+光学),バーゴセントリックフロー(バーゴセントリック+フロー),柱密度(柱+密度),ハンガリア群(ハンガリア+群),標準太陽運動(標準太陽+運動),標準モデル(標準+モデル),ヒルダ群(ヒルダ+群),フィルターバンク型(フィルターバンク+型),フェルミ粒子(フェルミ+粒子),フローラ群(フローラ+群),分子雲(分子+雲),冪関数(冪+関数),ベクトル量(ベクトル+量),変光パターン(変光+パターン),扁平度(扁平+度),扁率(扁+率),方位(方+位),星計数法(星計数+法),星形成伝播モデル(星形成伝播+モデル),補償光学(補償+光学),ホモロジー変形鏡(ホモロジー+変形鏡),マゼラニックストリーム(マゼラニックス+トリーム),マゼランガス流(マゼランガス+流),密度波理論(密度波+理論),雪境界線(雪+境界線),陽子連鎖反応(陽子連鎖+反応),離心率(離心+率),量子論(量子+論),励起状態(励起+状態),連鎖的星形成モデル(連鎖的星形成+モデル),惑星運動(惑星+運動),宇宙ジェット(宇宙+ジェット),腕の巻き込み問題(腕の巻き込み+問題),ガンマ線天文学(ガンマ線+天文学),核反応(核+反応),軌道面(軌道+面),黄道面(黄道+面),銀河面(銀河+面),銀緯(銀+緯),銀経(銀+経),銀経銀緯(銀経+銀緯),黄経黄緯(黄経+黄緯),スターカウント法(スターカウント＋法),赤経赤緯(赤経＋赤緯),赤道座標(赤道＋座標),金属量(金属＋量),泡構造(泡＋構造),核分裂反応(核分裂＋反応),核融合反応(核融合＋反応),基底状態(基底＋状態),軌道傾斜角(軌道＋傾斜角),原子核反応(原子核＋反応),原始星ガス円盤(原始星ガス＋円盤),原始星ガスジェット(原始星ガス＋ジェット),光電効果(光電＋効果),光年(光＋年),黄道座標(黄道＋座標),天球座標(天球＋座標),歳差運動(歳差＋運動),指数関数(指数＋関数),重力多体問題(重力多体＋問題),重力レンズ効果(重力レンズ＋効果),スペクトル型(スペクトル＋型),2色図(2色＋図),3連星(3連＋星),Hα輝線(Hα＋輝線),銀河座標(銀河＋座標),銀河衝撃波モデル(銀河衝撃波＋モデル),原始太陽系ガス円盤(原始太陽系ガス＋円盤),撮像観測(撮像＋観測),自己重力(自己＋重力),視線速度法(視線速度＋法)

예를 들면 「太陽系(太陽＋系)」의 「太陽(A)」는 「系(B)」의 일부이다. 즉 전항명사인 「太陽(A)」는 「系(B)」에 의미적으로 포섭된다. 「社交系,ファッション系,スポーツ系,日常系,銀河系,実験系,力学系,生態系」 등의 예에 보듯, 「系」는 다양한 전항명사에 연결된다. 다른 예에 대해서도 동종의 설명이 가능하다.

둘째, ②A와 B가 가리키는 범위가 각각 다른 천문학 용어를 제시하면 다음과 같다.

水星(水＋星),金星(金＋星),火星(火＋星),木星(木＋星),土星(土＋星),天王星(天王＋星),冥王星(冥王＋星),彗星(彗＋星),渦巻き腕(渦巻き＋腕),渦巻き銀河(渦巻き＋銀河),エクボ天体(エクボ＋天体),球状星团(球状＋星团),銀河(銀＋河),星雲(星＋雲),楕円銀河(楕円＋銀河),棒渦巻銀河(棒渦巻＋銀河),棒状バルジ(棒状＋バルジ), レンズ状銀河(レンズ状＋銀河), 惑星状星雲(惑星状＋星雲), 天の川銀河(天の川＋銀河), 蛍光(蛍＋光)

「渦巻き銀河」로 말하면 「渦巻き」와 「銀河」는 각각 다른 범위를 가리키지만 은하의 모습이 소용돌이(渦巻き)와 유사하다는 점에서 비로소 유연관계를 지닌다. 그 밖의 예에 대해서도 동종의 설명이 가능하다.

셋째, ③A가 B의 주체인 천문학 용어를 제시하면 다음과 같다.

3体衝突(3体＋衝突), CNO循環反応(CNO＋循環反応), 超新星爆発(超新星＋爆発), 剛体回転(剛体＋回転), 黒体放射(黒体＋放射), 質量放出(質量＋放出), 重力崩壊型超新星爆発(重力崩壊型超新星＋爆発), 相転移(相＋転移), 電離(電＋離), 物質輪廻(物質＋輪廻), 連星型超新星爆発(連星型超新星＋爆発)

「3体衝突(3体＋衝突)」로 말하면 3개의 별(태양)이 충돌하는 것이며, 「CNO循環反応(CNO＋循環反応)」는 CNO(해왕성 안쪽 천체)가 순환적으로 반응하는 것을 나타낸다. 「超新星爆発(超新星＋爆発)」는 초신성이 폭발하는 현상을 나타낸다. 그 밖의 예에 대해서도 동종의 설명이 가능하다.

넷째, ④ A가 B의 대상인 천문학 용어를 제시하면 다음과 같다.

位置観測(位置＋観測), 形態分類(形態＋分類), 自重変形(自重＋変形), スペクトル観測(スペクトル＋観測), 速度分解能(速度分解＋能), 測光観測(測光＋観測), データ整約(データ＋整約), 電子捕獲(電子＋捕獲), 電波銀河(電波＋銀河), 波長分解能(波長分解＋能), 分光観測(分光＋観測), 変光観測(変

光＋観測),周波数分解能(周波数分解＋能),角分解能(角分解＋能),時間分解能(時間分解＋能)

예를 들어「位置観測(位置＋観測)」는 별의 위치를 관측하는 것이다.「形態分類(形態＋分類)」는 은하의 형태를 분류하는 것이다.「自重変形(自重＋変形)」는 별의 자중을 변형하는 것이다. 다른 예에 대해서도 동종의 설명이 가능하다.

다섯째, ⑤ A가 B를 하기 위한 도구 및 수단을 나타내는 예를 제시하면 다음과 같다.

赤外線観測(赤外線＋観測),赤外線天文学(赤外線＋天文学),計算機シミュレーション(計算機＋シミュレーション),実視連星(実視＋連星),レザーガイドー星(レザーガイドー＋星),視線速度(視線＋速度),電波天文学(電波＋天文学),光学天文学(光学＋天文学),紫外線天文学(紫外線＋天文学)

「赤外線観測(赤外線＋観測)」로 말하면 적외선(赤外線)은 천체를 관측하기 위한 도구·수단이다.「計算機シミュレーション(計算機＋シミュレーション)」에서 계산기(計算機)는 시뮬레이션하기 위한 도구·수단이다.

여섯 째, ⑥ A가 B의 재료인 천문학 용어를 제시하면 다음과 같다.

ガス惑星(ガス＋惑星),岩石惑星(岩石＋惑星),輝線星雲(輝線＋星雲),恒星質量ブラックホール(恒星質量＋ブラックホール),氷惑星(氷＋惑星),水素分子ガス(水素分子＋ガス),星間分子ガス雲(星間分子ガス＋雲),中性子星(中性子＋星),灼熱ガス惑星(灼熱ガス惑星),原始太陽系ガス円盤(原始太陽

系ガス+円盤)

「ガス惑星(ガス+惑星)」는 대부분 가스로 이루어진 행성이며, 「岩石惑星(岩石+惑星)」은 거의 암석으로 이루어진 행성이다. 「輝線星雲(輝線+星雲)」은 휘선으로 이루어진 성운이며, 「恒星質量ブラックホール(恒星質量+ブラックホール)」는 항성 질량으로 이루어진 블랙홀을 말한다. 그 밖의 예에 대해서도 동종의 설명이 가능하다.

일곱 째, ⑦ A가 B의 원인 및 이유인 천문학 용어를 제시하면 다음과 같다.

ガウス分布(ガウス+分布), チェレンコフ光(チェレンコフ+光), ニュートン力学(ニュートン+力学), ハッブル定数(ハッブル+定数), フェーバージャクソン関係(フェーバージャクソン+関係), ボルツマン定数(ボルツマン+定数), マクスウェル方程式(マクスウェル+方程式), ライマンα輝線(ライマン+α輝線), ラグランジュ点(ラグランジュ+点), ロッシュローブ(ロッシュ+ローブ), ローレンツ力(ーレンツ+力), ローレンツ変換式(ローレンツ+変換式), スニャーエフゼルドニッチ効果(スニャーエフゼルドニッチ+効果), セイファート銀河(セイファート+銀河), ドップラー効果(ドップラー+効果), ヘルツシュプルリング・ラッセル図(ヘルツシュプルリング・ラッセル+図)

위의 예에서 「ガウス分布(ガウス+分布)」를 예로 들어 말하자면, 「ガウス分布(ガウス+分布)」는 가우스라는 천문학자, 「チェレンコフ光(チェレンコフ+光)」는 체렌코프라는 천문학자, 「ニュートン力学(ニュートン+カ

学)」는 뉴튼이라는 천문학자의 연구가 원인이 되어 하나의 현상(이론)이 된 것을 나타낸다. 그 밖의 예에 대해서도 동종의 설명이 가능하다.

여덟 째, ⑧ A가 B의 장소를 나타내는 천문학 용어를 제시하면 다음과 같다.

主要部小惑星帯(主要部小惑星 + 帯), 外縁部小惑星(外縁部 + 小惑星), 外縁部小惑星帯(外縁部小惑星 + 帯), おうし座T型星(おうし座 + T型星), おとめ座超銀河団(おとめ座 + 超銀河団), 海王星以遠天体(海王星以遠 + 天体), 京都モデル(京都 + モデル), 局所銀河群(局所銀河群), 局所標準静止系(局所標準 + 静止系), 局所超銀河団(局所 + 超銀河団), 極方向(極 + 方向), 銀河団内ガス(銀河団内 + ガス), 銀河南極(銀河 + 南極), 銀河北極(銀河 + 北極), グリニッジ天文台(グリニッジ + 天文台), 系外惑星(系外 + 惑星), 星間吸収(星間 + 吸収), 星間空間(星間 + 空間), 星間塵(星間 + 塵), 星間赤化(星間 + 赤化), 星間分子ガス(星間分子 + ガス), 星間減光(星間 + 減光), 星座(星 + 座), 太陽系小天体(太陽系 + 小天体), 中心(中 + 心), 宇宙背景放射(宇宙背景 + 放射)

「外縁部小惑星(外縁部 + 小惑星)」는 태양계의 외연부(해왕성 궤도의 바깥쪽)에 위치한 소행성이며, 「おうし座T型星(おうし座 + T型星)」는 「おうし座」라는 성좌에 위치한 T자형의 별이다. 「おとめ座超銀河団(おとめ座 + 超銀河団)」은 처녀자리(おとめ座) 별자리에 위치한 초은하단을 가리킨다. 그 밖의 예에 대해서도 동종의 설명이 가능하다.

아홉째, ⑨ A가 B의 시간을 나타내는 천문학 용어는 다음과 같다.

原始星(原始 + 星), 原始惑星(原始 + 惑星), 年周視差(年周 + 視差)

예를 들어 「原始星(原始＋星)」와 「原始惑星(原始＋惑星)」는 빅뱅의 직후에 탄생한 별이나 행성을 말한다.

열 번째, ⑩B가 A의 성질을 나타내는 예는 하나도 발견되지 않았다.

마지막으로 ⑪A가 B의 성질을 나타내는 천문학 용어를 제시하면 다음과 같다.

加速膨張(加速＋膨張), 正規分布(正規＋分布), 干潮(干＋潮), 満潮(満＋潮), 惑星(惑＋星), 小惑星(小＋惑星), 準惑星(準＋惑星), 隕石(隕＋石), 長軸(長＋軸), 短軸(短＋軸), la型超新星(la型＋超新星), 位置天文学的測定(位置天文学的＋測定), 運動学的距離(運動学的＋距離), 円形バルジ(円形＋バルジ), 遠赤外線(遠＋赤外線), 音響光学型分光器(音響光学型＋分光器), 回転曲線(回転＋曲線), 加速度(加＋速度), 褐色矮星(褐色＋矮星), 活動銀河(活動＋銀河), 観測装置(観測＋装置), 輝線(輝＋線), 基線(基＋線), 逆コンプトン散乱(逆＋コンプトン散乱), 吸収線(吸収＋線), 巨大楕円銀河(巨大楕円＋銀河), 近接連星(近接＋連星), 激変星(激変＋星), 検出装置(検出＋装置), 硬X線(硬＋X線), 恒星(恒＋星), 高速度星(高速度＋星), 降着円盤(降着＋円盤), 高度(高＋度), 黒色矮星(黒色＋矮星), 黒体(黒＋体), 混合器(混合＋器), 再結合線(再結合＋線), 差動回転(差動＋回転), 散開星団(散開＋星団), 指数関数的減少(指数関数的＋減少), 磁変星(磁変＋星), 重元素(重＋元素), 主鏡(主＋鏡), 主系列(主＋系列), 主系列星(主系列＋星), 主星(主＋星), 焦点(焦＋点), 正面向き銀河(正面向き＋銀河), 食変光星(食＋変光星), 食連星(食＋連星), 真空(真＋空), 新星(新＋星), 水平分岐星(水平分岐＋星), 青色巨星(青色＋巨星), 赤色矮星(赤色＋矮星), 赤色巨星(赤色＋巨星), 絶対温度(絶対＋温度), 絶対等級(絶対＋等級), 絶対零度(絶対＋零度), 摂動(摂＋動), 閃光星(閃光＋星), 相関型分光器

(相関型+分光器), 相対論的ビーミング(相対論的+ビーミング), 粗密波(粗密+波), 素粒子(素+粒子), 大離心率惑星(大離心率+惑星), 縦波(縦+波), 中性ガス(中性+ガス), 中性水素原子ガス欠乏銀河(中性水素原子ガス欠乏+銀河), 超高速運動(超高速+運動), 長半径(長+半径), 通常銀河(通常+銀河), 電離ガス(電離+ガス), 導体(導+体), 軟X線(軟+X線), 白色矮星(白色+矮星), 反射星雲(反射+星雲), 伴星(伴+星), 半分離型連星(半分離型+連星), ビッグバン(ビッグ+バン), ヒッパルコソ衛星(ヒッパルコソ+衛星), 微惑星(微+惑星), 不規則銀河(不規則+銀河), 副鏡(副+鏡), 浮遊惑星(浮遊+惑星), ブラックホール(ブラック+ホール), 分解能(分解+能), 分光器(分光+器), 分光連星(分光+連星), 分光ガス(分光+ガス), 分離型連星(分離型+連星), 分点(分+点), 偏光(偏+光), 変光星(変光+星), 偏波(偏+波), 望遠鏡(望遠+鏡), 脈動型変光星(脈動型+変光星), メインベルト(メイン+ベルト), 横波(横+波), 横向き銀河(横向き+銀河), 理想気体(理想+気体), 理論的研究(理論的+研究), 理論的予言(理論的+予言), レッドクランプ星(レッドクランプ+星), 連星(連+星), 矮小銀河(矮小+銀河), 短周期彗星(短周期+彗星), 長周期彗星(長周期+彗星)

「短周期彗星(短周期+彗星)」는 짧은 주기의 성질을 지니는 혜성을 일컫는다. 「加速膨張(加速+膨張)」는 가속하는 성질을 지닌 팽창이다. 「正規分布(正規+分布)」는 정규의 성질을 지니는 형태로 분포하는 것이다. 「小惑星(小+惑星)」는 작은 행성을 일컫는다.[6] 그 밖의 예에 대해서도 동종의 설명이 가능하다.

---

6 「等級(等+級), 法則(法+則), 自転(自+転), 公転(公+転), 天頂(天+頂), 天底(天+底), ボロメータ(ボロ+メータ)」 등의 예는 기타(병렬, 해석 불능)로 분류하였다.

4.4.4 천문학 용어의 인지의미론적 특징-레토릭

천문학 용어에 적용된 레토릭을 유형별로 조사하였더니 다음의 〈표5〉와 같은 결과가 나왔다.

<표5> 천문학 용어와 레토릭

비유		환유			제유	합계
형상	특성	공간	시간	개념		
19개	2개	121개	17개	337개	10개	**506개**
4%	0.4%	24%	3%	67%	2%	**100%**

〈표5〉를 보면 비유의 레토릭이 적용된 천문학 용어가 4.4%를, 환유의 레토릭이 적용된 천문학 용어가 94%를, 제유의 레토릭이 적용된 천문학 용어가 2%를 차지하는 것을 알 수 있다. 환유를 더 상세하게 살펴보면 공간의 인접에 의한 환유가 24%, 개념의 인접에 의한 환유가 67%를 차지하는 것을 알 수 있다.

우선 첫째로 비유의 레토릭이 적용되었다고 생각되는 천문학 용어를 제시하면 다음과 같다.

月,渦巻き腕,渦巻き銀河,おうし座T型星,球状星団,潮汐の尾,棒渦巻き銀河,棒状バルジ,惑星状星雲,天の川銀河,円形バルジ,銀河,ケンタウルス群(무리라는 특성의 유사에 의한 비유),ケンタウルス族(종족이라는 특성의 유사에 의한 비유),楕円銀河,楕円体,レンズ状銀河,惑星状星雲,可視光の窓(창문이라는 특성의 유사에 의한 비유),電波窓(창문이라는 특성의 유사에 의한 비유)

예를 들어 「渦巻き銀河」는 소용돌이 형태와 유사한 은하를 말하며,

「レンズ状銀河」는 렌즈모양을 한 은하를 말한다. 특성의 유사에 의한 비유는 괄호 속의 설명을 참조하길 바란다.

둘째, 환유의 레토릭이 적용되었다고 생각되는 천문학 용어를 제시하면 다음과 같다. 우선 공간의 인접에 의한 환유가 적용된 예로 「太陽系,主要部の小惑星帯,外縁部小惑星,外縁部小惑星帯,近日点,遠日点,2色図,3連星,3体衝突,4連星,AU,CCD,CDMモデル,CNO循環反応,EKBO,GRAPE,HⅡ領域,Hα輝線,HR図,MACHO,Ia型超新星,WIMP,X線天文学,暗黒エネルギー,暗黒星雲,暗黒ハロー,暗黒物質,エッジワースカイパーベルト天体,遠赤外線,円盤部,オールトの雲,外縁部小惑星,海王星以遠天体,ガス惑星,褐色矮星,岩石惑星,局所銀河群,局所標準静止系,局所超銀河団,極方向,銀河群,銀河団,銀河団内ガス,銀河中心領域,銀河南極,銀河北極,銀河面,銀経,銀経銀緯,近似,近接連星,グリニッジ天文台,グレートアトラクター,群,系外惑星,恒星間空間,恒星物質ブラックホール,氷惑星,黒色矮星,黒体,黒体放射,磁場,灼熱ガス惑星,重力場,主系列星,春分点,食変光星,食連星,磁力線,水素分子ガス,星雲,星間吸収,星間空間,星間塵,星間赤化,星間分子ガス,星間分子ガス雲,星間減光,青色巨星,赤外線観測,赤外線天文学,赤色矮星,赤色巨星,赤道面,閃光星,双極分子ガス流,双極分子流,大気チェレンコフ光ガンマ線望遠鏡,太陽系小天体,太陽圏,太陽風,太陽風限界面,大離心率惑星,中性子星,中性水素原子ガス,超銀河団,超銀河面,超新星残骸,超新星爆発,直線炭素鎖分子,鉄の芯,電磁波,電場,電波,電波アーク,電波銀河,電離水素領域,電離層,波の振動面,白色矮星,反射星雲,伴星,ブラックホール,分光連星,分光ガス,分子雲,分点,マゼランガス流,雪境界線,連星,連星型超新星爆発」 등을 들 수 있다. 예를 들어 「太陽系」는 태

양과 공간적으로 인접한 (태양의 영향권에 속하는) 행성, 소행성, 혜성의 집합체를 일컫는다. 「主要部の小惑星帯」는 주요부에 속하는(인접하는) 소행성 벨트를 일컬으며, 「外縁部小惑星」는 해왕성 외부에 속하는 소행성을 일컫는다. 「近日点」은 지구로 말하면 태양의 중력 중심에 가장 근접한(인접한) 위치를 일컫는다. 「3連星」는 3개의 항성이 중심(重心)에 인접하여 궤도운동을 하는 천체를 일컫는다. 「おうし座T型星」는 황소자리(おうし座)에 있는 T자형의 별을 일컫는다. 다른 예에 대해서도 동종의 설명이 가능하다.

개념의 인접에 의한 환유가 적용된 예를 제시하면 다음과 같다.

自転,公転,自転周期,干潮,満潮,共通重心,重力,慣性力,合力,潮汐力,潮汐力,潮汐摩擦,自己重力,引力,軌道,天体,水星,金星,地球,火星,木星,土星,天王星,海王星,惑星,小惑星,隕石,準惑星,冥王星,彗星,ケプラーの第1法則(人名),ケプラーの第2法則(人名),ケプラーの第3法則(人名),楕円,長軸,短軸,離心率,軌道面,天文単位,ボーデの法則(人名),密集度,Λ(ラムダ),アクチュエータ,圧力,アテン群,アポロ群,アモール群,泡構造,位相差,位置観測,位置一速度図,位置天文学的測定,位置天文法,一般相対性理論,色指数,色の測定,インフレーション,宇宙原理,宇宙項,宇宙ジェット,宇宙の暗黒時代,宇宙の大規模構造,宇宙のネットワーク構造,宇宙の物質循環,宇宙の膨張,宇宙背景放射,運動学的距離,エディントンの限界(人名),エネルギー順位,エリス,エンケの隙間(人名),オールト定数,音響光学型分光器,カークウッドの隙間(人名),開口,解析,回転曲線,ガウス分布(人名),核反応,超新星爆発,角分解能,核分裂反応,加速度,加速膨張,カッシーニの隙間(人名),活動銀河,カロリメータ,干渉計,慣性,観測装置,感度,ガンマ線天文学,輝線,輝線星雲,基線長,基底状態,軌道傾斜角,逆コンプトン散乱(人名),吸収線,京都モデル,巨大楕円銀河,距離尺度の様子,銀緯,銀河の座標,銀河衝撃波モデル,銀河の活動性,銀河分布の空洞,蛍光,計算機シミュレーション,形態分類,激変星,ケレス(女神名),原子核反応,硬X線,光学天文学,口径,光子,恒星,光速,高速度星,降着円盤,光電効果,剛体回転,光電効果,高度,光年,国際標準単位,混合器,再結合,再結合線,歳差運動,撮像観測,差動回転,散開星団,三角視差,紫外線天文学,時間分解能,自己重力,自重変形,指数関数,指数関数的減少,視線速度,視線速度法,軸比,実視連星,質量,質量関数,質量放出,磁変星,重元素,重元素比,重水素,周波数,周波数分解能,重力,重力多体問題,重力崩壊型超新星爆発,重力理論,重力レンズ効果,重力レンズ法,主鏡,縮退圧,主系列,主星,種族1,種族2,種族3,状態方程式,焦点,食検出法,真空,新星,振動数,水平分岐星,スカラー量(人名),スケール長,スターカウント法,スニャーエフゼルドビッチ効果(人名),スペクトル,スペクトル型,スペクトル観測,正規分布,星座,星団,セイファート銀河(人名),赤経赤緯,赤道座標,積分,赤方偏移量,絶対温度,絶対等級,絶対零度,摂動,相,相関型分光器,相対論的ビーミング,相転移,族,速度分解能,ソフトウェア,粗密波,測光観測,素粒子,縦波,タリーフィッシャー関係(人名),単純化,単独星,チェレンコフ光(人名),地平座標,地平視座,チャンドラセカールの質量限界(人名),中心,中性ガス,中性水素原子ガス欠乏銀河,チューレ群(人名),超高速運動,長半径,通常銀河,ディスク,データ整約,低温暗黒物質モデル,鉄の光分解,電荷,天球座標,電子の縮退圧,電子捕獲,電子気学,天の赤道,電波天文学,電波ローブ,天文衛星,天文単位,電離,電

離ガス,等級,等価原理,統計視差,導体,特殊相対性理論,ドップラー効果(人名),トロヤ群(트로이 전쟁에 등장하는 병사의 이름),波の干渉,波の振動面,波の振幅,軟X線,ニュートリノ,ニュートンの運動方程式(人名),ニュートン力学(人名),年周視差,能動光学,バーゴセントリックフロー,ハードウェア,爆発的星形成銀河,柱密度,波長分解能,ハッブルの法則(人名),ハッブル定数(人名),ハッブルの形態分類(人名),バルジ,ハロー,バンド,バンドでの等級,半分離型連星,パーセク(pc),光の速度,ヒッパルコソ衛星(人名),標準太陽運動,標準モデル,平山の族(人名),ヒルだ群,微惑星,フィルターバンク型,フェルミ粒子(人名),フェーバージャクソン関係,不規則銀河,副鏡,軸射輸送の式,物質輪廻,浮遊惑星,フレミングの左手の法則(人名),フローラ群,分解能,分光観測,分光器,分子種の同定,分離型連星,平坦回転曲線,平坦な宇宙,幕関数,幕指数,ベクトル量,ヘリウム,ヘルツシュプルリング·ラッセルズ図,偏光,変光観測,変光星,変光パターン,偏波,扁平度,扁率,ボイド,ボイル·シャルルの法則,方位,望遠鏡,法則,ボーデの法則,星計数法,星形成伝播モデル,補償光学,ホモロジー変形鏡,ボルツマン定数,ボロメータ,マゼラニックストリーム,マックスウェル方程式,見かけの重星,ミッシングマス,密度波理論,脈動型変光星,メインベルト,揺らぎの成長,横波,ライマンα輝線,ラグランジュ点,離心率,理想気体,量子論,理論的研究,理論的予言,励起状態,レットクランプ星,連鎖的星形成モデル,ロッシュローブ,ローレンツ力,ローレンツ変換式,矮小銀河,惑星運動

「自転」과「公転」은 어느 천체에 내재된 속성이 개념화하여 붙여진 이름이다.「自転周期,干潮,満潮,共通重心,重力,慣性力,合力,潮汐力,潮汐

力,潮汐摩擦,自己重力,引力,軌道,天体,水星,金星,地球,火星,木星,土星,天王星,海王星,惑星,小惑星,隕石,準惑星,冥王星,彗星」 등의 예에 대해서도 동종의 설명이 가능하다.「ケプラーの第1法則(人名),ケプラーの第2法則(人名),ケプラーの第3法則(人名),ボーデの法則(人名),エディントンの限界(人名),エンケの隙間(人名),カークウッドの隙間(人名),ガウス分布(人名),カッシーニの隙間(人名),逆コンプトン散乱(人名),ケレス(女神名),スカラー量(人名),スニャーエフゼルドビッチ効果(人名),セイファート銀河(人名),タリーフィッシャー関係(人名),チャンドラセカールの質量限界(人名),チューレ群(人名),ドップラー効果(人名),トロヤ群(트로이 전쟁에 등장하는 병사의 이름),ニュートンの運動方程式(人名),ニュートン力学(人名),ハッブルの法則(人名),ハッブル定数(人名),ハッブルの形態分類(人名),ヒッパルコソ衛星(人名),平山の族(人名),フェルミ粒子(人名),フレミングの左手の法則(人名)」 등의 용어는 천문학자의 이름, 여신, 트로이 전쟁 등에서 따온 이름이 들어간 용어들이다.[7] 모두 개념의 인접에 의한 환유가 적용된 것으로 볼 수 있다.

시간의 인접에 의한 환유가 적용된 천문학 용어로「宇宙の晴れ上がり,宇宙の揺らぎ,重ね合わせの原理,原始星,原始星ガス円盤,原始星ガスジェット,原始太陽系ガス円盤,原始惑星,検出装置,正面向き銀河,短周期彗星,長周期彗星,ビッグバン,揺らぎ,陽子連鎖反応,横向き銀河,レーザーガイド星」 등을 들 수 있다.「宇宙の晴れ上がり」는 빅뱅이론에 의하면 우주가 시작되어 최초의 광자가 장거리를 진행하게 된 시기를 일컫는다. 그 밖의 예에 대해서도 동종의 설명이 가능하다.

7 Wikipedia(2018/6/22)에서 인용하였다.

마지막으로 제유의 예로「黄道座標,黄道面,黄経黄緯,金属,金属量,クェーサ,クォーク,天頂,天底」 등을 들 수 있다.「黄道座標」의「黄道」는 태양의 궤도만을 일컫는다. 그 밖의 예에 대해서도 동종의 설명이 가능하다.

4.5 마치며 -학습행동의 제안

본 장에서 밝힌 천문학 용어의 첫 번째 특징은「음절」이다. 4음절의 천문학 용어가 19%, 3음절과 5음절이 16%를 차지한다. 6음절은 15%, 2음절은 11%를 각각 차지하는 것을 알았다. 두 번째의 특징은 용어의 표기에 사용된「자종」이다, 한자가나형 자종의 천문학 용어가 70%, 가타카나형 자종은 25%를 차지하는 것을 알았다. 세 번째 특징은 복합어의 형식을 취하는 천문학 용어의 통사적 특징이다. A가 B의 일부를 나타내는 용어가 44%, A가 B의 성질을 나타내는 용어가 27%를 차지하는 것을 알았다. 마지막 특징은「레토릭」이다. 환유의 레토릭이 적용되는 용어가 94%를 차지한다. 그 중에서 개념의 인접에 의한 환유가 67%, 공간의 인접에 의한 환유가 24%를 차지한다. 비유와 제유의 레토릭은 각각 4%와 2%를 차지한다.

이상 살펴본 바와 같이 천문학 용어의 일본어학적 특징이 규명되기는 하였지만 문제는 본 장의 결론이 어떻게 천문학 학습에 공헌할 수 있느냐는 것이다. 학습은 1회의 노력으로 성취될 수는 없다. 즉 반복 학습에 의한 노력이 절대적으로 필요하다. 그러나 반복 학습에 의한 노력만으로 천문학 용어가 저절로 단기기억에서 장기기억으로 전환되지는 않는다.

유대인은 탈무드에 나오는 율법을 몇 번이나 반복적으로 암송하고, 그 암송을 통해서 해당 율법의 내용을 학습하는 것으로 알고 있다. 즉 「메타 인지」라는 개념으로 자신이 무엇을 알며, 무엇을 모르는지를 우선 직시하고, 모르는 것은 몇 번이나 되풀이 하는 것에 의해 결국 율법의 내용 이해에 도달하는 것이다. 그러나 이것은 끈기를 요하는 것이며 그다지 효율이 좋은 학습행동이라고 말하기는 어렵다.

어차피 반복적으로 암송하고 암송을 해서 결국 해당 내용의 이해에 도달하는 과정을 거치는 것이라면 ①음절을 의식하면서 천문학의 용어를 읽는다(쓴다)→②자종을 의식하면서 천문학 용어를 읽는다(쓴다)→③천문학 용어를 구성하는 A와 B의 통사관계를 의식하면서 읽는다(쓴다)→④천문학 용어에 적용된 레토릭을 의식하면서 읽는다(쓴다)는 4단계의 과정을 거치면서 암송을 하는 것은 어떨까? 각 단계에서 반복적으로 읽고 쓰기를 함으로써 천문학 용어에 익숙해지고 그다음에 본격적으로 천문학 학습에 들어가는 것이다. 물론 이 4개의 단계를 거치지 않고 곧바로 천문학 학습으로 들어갈 수도 있지만, 그것보다 「점차적으로 보육원 환경에 익숙해진 다음 보육으로 들어가는, 즉 「慣らし保育」이라는 개념으로 1주일 정도 4개의 단계를 거친 뒤, 천문학의 학습으로 들어가면 어떨까?

이에 「음절→자종→통사관계→레토릭」이라고 하는 4단계의 실효성을 검증하기 위한 실험을 제안하고 싶다. 4개의 단계를 밟고 천문학 용어를 암송한 학습자 그룹과 랜덤으로 천문학 용어를 암송한 학습자 그룹으로 나누어 에빙하우스의 망각 실험을 거친 뒤, 양쪽의 망각 곡선을 비교하는 실험이다. 그러나 지금 단계에서는 이러한 모든 것은 금후의 과제로 돌린다.[8]

8 상세하게는 미야 다카야스(宮耕:2009, pp.13-14)를 참조하길 바란다.

Abstract

Characteristics and Teaching Method for Scientific Terms in Japanese
－With the astronomical terms as the center－

The first characteristic of the astronomical term which is shown in this chapter is the「syllable」. The astronomical terms with four syllables takes 19% and with three syllables and five syllables takes 16%. Also, it is shown that six syllables takes 15% and two syllables takes 11%. The second characteristic is the「kind of the character」 which used to write the term. The astronomical terms written with Chinese character kana type takes 70% and the astronomical terms written with Katakana type takes 25%. The third characteristic is the syntactic characteristic of the astronomical terms takes the form of compound(derivative). The terms which A shows some part of B takes 44% and the terms A shows the property of B takes 27%. The last characteristic is「rhetoric」. The terms applied the metonymic rhetoric takes 94%. The metonymy by the adjacent concept takes 67% and the metonymy by the adjacent space takes 24% among them. Each rhetoric by the metaphor and the synecdoche takes each 4% and 2%.

keywords: Astronomy, syllable, kind of the character, compound noun, rhetoric

<제4장의 참고문헌>

미야 다가야스(宮耕, 2009)『やさしい日本語指導12 心理学』国際日本語研修協会, pp.5-111.

민광준(2002)『일본어 음성학 입문』건국대학교 출판부, pp.5-272.

스즈키 쥰코(鈴木順子)·이시다 도시코(石田敏子, 1988)『表記法』荒竹出版, pp.1-208.

아키모토 미하루(秋元美晴, 2002)『よくわかる語彙』1-200. アルク.

야스이 이즈미(安井泉, 2010)『ことばから文化へ』開拓社, pp.12-78.

오기노 쓰나오(荻野綱男, 2007)『現代日本語学入門』10-289. 明治書院.

이순형편(李舜炯編, 2019)『都市空間を編む言語景観』中文出版社, pp.1-271.

이윤정(2017)「해외(일본) 취업역량 강화를 위한 IT관련 어휘 분석」『2017년도 일본어문학회 추계국제학술대회』발표요지문, pp.11-20.

이윤정(2018a)「일본 IT뉴스 어휘 분석 연구」『일본어문학』80, pp.155-180, 일본어문학회

이윤정(2018b)「자동차설계(CATIA) 어휘분석연구」『한국 일본연구 총연합회 7회 국제학술대회 및 심포지움』발표요지문, pp.143-146.

진노우치 마사타카(陣内正敬, 2007)『外来語の社会言語学』世界思想社, pp.3-182.

천호재(2014a)『오야지 개그(おやじギャグ)의 언어적 고찰』日語日文学 61, pp.123-139, 대한일어일문학회.

천호재(2014b)『일본어 외래어의 사회언어학적 고찰』日本文化研究 50, pp.347-367, 동아시아일본학회.

천호재(2014c)「14 오야지 개그 문화의 일본어학적 이해」『일본문화의 이해와 일본어교육』역락, pp.261-290.

천호재(2014d)「15 외래어의 사회언어학적 이해」『일본문화의 이해와 일본어교육』역락, pp.291-334.

천호재(2015)『일본의 음식문화와 레토릭[日本の飲食文化とレトリック]』17-355. 책사랑.

천호재(2016)『언어문화로 본 일본사정의 이해[言語文化からみた日本事情の理解]』13-207. 역락[亦樂]出版社.

한다 도시히로(半田利弘, 2014)『基礎からわかる天文学-宇宙のしくみがよくわかる』誠文堂新光社, pp.4-351.

인터넷 자료 출처는 각주에 표시함.

제5장

일본어의 종교 어휘 분석

-불교 용어를 중심으로-

日本語要旨

本章は音声学（音声）、文字論（表記）、統語論（複合名詞の文法的特徴）、認知意味論（レトリック）などに代表される日本語学的研究方法をもって仏教用語の特徴を考察したものである。導き出された結論としてはまず仏教用語は2音節の用語が最も多いこと、第2に、仏教用語の表記としては漢字かな型と数字型が最も多いことがわかった。第3に、複合名詞のかたちをとる仏教用語の中で前項名詞(A)が後項名詞(B)の一部である統語関係をもつ複合名詞が最も多いことがわかった。最後に、仏教用語は換喩によるものが最も多く、換喩のなかにはさらに概念に隣接による換喩が最も多いことがわかった。

키워드: 불교 용어(仏教用語), 음절(音節), 표기(表記), 환유(換喩), 제유(提喩)

5.1 시작하며

본 장은 제4장에 이어 음성학(음절), 문자론(자종), 통사론(복합명사의 문법적 특징), 인지의미론(레토릭)을 기준으로 일본어학과 불교와의 접점을 모색하고자 한다. 불교는 잘 알려진 바와 같이 인도에서 석가모니(싯다르타)가 창시한 종교이며, 그 교의는 생사고락의 윤회에서 해탈을 실천하는 데에 있다. 인과응보를 기본적 가르침으로 하며 삼라만상에서 일어나는 모든 현상이 연기, 즉 인과응보에서 비롯되는 것으로 본다.

불교에서 추구하는 세계관(진리관)이 원래 우주에 존재하는 것인지, 우주에 존재하는 것을 인간(수행자)의 인지 능력을 통해 발견해낸 것인지, 아니면 단순한 인간의 상상물에 불과한지 여부에 대해서는 본 저자가 알 길이 없다. 그러나 본 저자는 우주에 존재하는 근본적인 진리를 인간이 발견해 낸 것이라는 전제하에 불교 용어의 일본어학적 특성을 고찰하고자 한다.

본 장의 목적을 구체적으로 언급하면 순수한 일본어학적 관점에 의거하여 일본의 불교가 생사고락의 윤회에서 인간을 해탈시키기 위해 어떠한 특징을 지닌 용어를 정립하였는가를 살펴보는 데에 있다.[1] 구체적으로 우선 불교가 교의를 실천하기 위해 몇 음절의 용어가 마련되었는가, 둘째, 불교 용어를 일본어에서는 어떠한 자종으로 표기하고 있는가? 셋째, 복합명사 형식의 불교 용어는 어떠한 통사적 구조를 지니는가? 마지막으로 불교 용어에는 어떠한 레토릭이 적용되었는가를 살펴보고자 한다.

5.2 분석 자료 및 분석 방법

분석 자료는 불교 용어 일람(仏教用語一覧)[2]과 불교 웹입문 강좌(仏教ウェブ入門講座)[3] 사이트에 들어 있는 584개의 용어이다.

분석 방법은 먼저 제4장에서 제시한 음절을 기준으로 분류하는 것이다.

둘째, 자종을 기준으로 불교 용어를 한자가나형, 가타카나형, 알파벳형, 숫자형, 특수기호형으로 분류하는 것이다.

셋째, 복합명사의 통사적 특징을 기준으로 불교 용어를 분류하는 것이다. 복합명사는 전항명사(A)와 전항명사(B)를 지정할 수 있는데, 제4장에서 이미 확인한 바와 같이 복합명사를 구성하는 A와 B가 각각 1자씩으로만 구성된 것은 아니다. 다음과 같이 복합명사는 2자로 시작하여 8자까지 구성되는데 어기를 기준으로 하면 A와 B를 용이하게 지정할 수 있

---

1 엄밀히 말하자면 일본의 불교 용어는 인도에서 비롯된 것이라고 할 수 있다. 따라서 이 목적을 수행하기 위해서는 산스크리트어가 대상이 되어야 할 것이다. 그러나 불교가 동양으로 전파되면서 각 언어의 사정에 맞게 용어가 구축된 것이라면 일본어의 관점으로 불교의 용어를 살펴보는 것도 크게 이치에 벗어나지 않는다고 보아야 할 것이다.

2 〈仏教用語一覧〉 https://ja.wikipedia.org/wiki/%E4%BB%8F%E6%95%99%E7%94%A8%E8%AA% 9E%E4%B8%80%E8%A6%A7(2018.04.01.-08.19)

3 〈仏教ウェブ入門講座〉 http://true-buddhism.com/contents/terms/(2018.04.01.-08.19)

다. 어기 분류는 위의 두 사이트에서 제시하는 용어 설명을 근거로 하였다. 먼저 2자 복합명사를 A와 B로 나눈 예로는 因果(いんが)→因(A) + 果(B), 因縁(いんねん)→因(A) + 縁(B)), 因明(いんみょう)→因(A) + 明(B) 등을 들 수 있다. 3자 복합명사를 A와 B로 나눈 예로는 戒定慧(かいじょうえ)→戒定(A) + 慧(B), 餓鬼界(がきかい)→餓鬼(A) + 界(B) 등을 들 수 있다. 4자 복합명사를 A와 B로 나눈 예로는 盂蘭盆会(うらぼんえ)→盂蘭盆(A) + 会(B), 往相回向(おうそうえこう)→往相(A) + 回向(B) 등을 들 수 있다. 5자 복합명사를 A와 B로 나눈 예로는 具足諸相顔(ぐそくしょそうがん)→具足(A) + 諸相顔(B) 등을 들 수 있다. 6자 복합명사를 A와 B로 나눈 예로는 三千大千世界(さんぜんだいせんせかい)→三千大千(A) + 世界(B) 등을 들 수 있다. 7자 복합명사를 A와 B로 나눈 예로는 選択本願念仏集(せんちゃくほんがんねんぶつしゅう)→選択本願(A) + 念仏集(B)를 들 수 있으며, 마지막으로 8자 복합명사를 A와 B로 나눈 예로는 密厳院発露懺悔文(みつごんいんほつろざんげのもん)→密厳院発露(A) + 懺悔文(B)를 들 수 있다.

마지막으로 레토릭을 기준으로 불교 용어를 분류할 것이다. 제4장에서 이미 언급한 바와 같이 비유(metophor)란 어떤 대상(생물, 무생물)과 유사함을 나타내는 표현법이다. 비유에는 형상의 유사와 특성의 유사가 있다. 환유(metonymy)란 화자가 의도하는 대상 그 자체가 아니라, 그 대상과 공간적으로, 시간적으로, 개념적으로 인접한 관계에 놓인 대상을 언급하는 것으로 원래 의도하는 대상을 나타내는 표현법이다. 환유에는 공간의 인접에 의거한 환유, 개념의 인접에 의한 환유, 시간의 인접에 의한 환유가 있다. 마지막으로 제유(synecdoche)는 부분을 전체로, 전체를 부분으로 표현하는 수사법이다. 자세한 것은 제4장을 참조해주길 바란다.

이하의 절에서는 음절, 표기, 복합명사의 통사적 특징, 레토릭을 기준으로 불교 용어의 특징을 천문학 용어와 각각 비교하는 방식으로 논의를 전개하고자 한다. 그 이유는 불교 용어의 특이성을 파악하기 위해서이다.

5.3 불교 용어의 일본어학적 분석

그러면 이하의 절에서는 음절, 표기 자종, 복합명사의 통사적 특징, 레토릭을 중심으로 불교 용어를 분석하기로 한다.

5.3.1 음절과 불교 용어

총 584개의 불교 용어의 음절수를 조사한 결과를 정리하면 다음과 같다.

<표1> 불교 용어의 음절수

	1	2	3	4	5	6	7	8	9	10	11	12	13	14	15	합
천문	0.4	11	16	19	16	15	9	6	3	2	1	0.4	1	0.2	0.2	**100% (506개)**
불교	3.3	34.2	27.1	16.4	12.3	3.8	1.0	0.7	0.7	0.3	0.2	0	0	0	0	**100% (584개)**

〈표1〉을 보면 2음절로 구성된 용어가 34.2%로 가장 많고 3음절, 4음절, 5음절이 27.1%, 4음절이 16.4%, 5음절이 12.3%로 각각 그 뒤를 잇고 있다. 이에 반해 천문 용어의 경우, 2음절에서 6음절까지 10%대를 골고루 차지하는 것을 알 수 있다. 음절은 간단히 말하면 단어의 길이이다. 음절수가 많다는 것은 단어가 길다는 것이고 반대로 음절수가 적다

는 것은 단어가 짧다는 것이다. 이것은 음절수가 많으면 용어가 길어지게 되므로 장기기억에 불리하며, 반대로 음절수가 적다면 용어가 짧아지므로 장기기억에 유리하다는 말이 된다. 이렇게 생각하면 불교 용어는 장기기억에 유리하도록 음절수가 적은 용어를 조어하는 방식으로 정립된 것으로 생각해 볼 수 있다.

1음절의 불교 용어로는 有, 縁, 我, 行, 苦, 空, 偈, 業, 禅, 僧, 纏(→煩悩), 法 등의 예가 확인되었다. 2음절의 불교 용어로는 伽藍, 勧請, 鑑真, 帰依, 綺語, 鬼神, 偽善, 機根, 経典, 久遠 등의 예가 확인되었다. 3음절의 불교 용어로는 浄土教, 浄土宗, 成仏, 自力, 真言宗, 真如苑, 垂迹, 水雲, 水天 등의 예가 확인되었다. 4음절의 불교 용어로는 教行信証, 倶会一処, 鳩摩羅什, 原始仏教, 還相回向, 五位百法 등의 예가, 5음절의 불교 용어로는 牛頭山, 金縛, 邯鄲の夢, 観音菩薩, 観無量寿経, 久遠実成, 具足戒 등의 예가 확인되었다. 6음절의 불교 용어로는 堂宮大工, 南無妙法蓮華経, 八大竜王, 毘盧遮那, 仏滅紀元, 本地 등의 예가 확인되었다. 7음절의 불교 용어로는 大乗非仏説, 大日如来, 大般涅槃経, チベット大蔵経, 南無阿弥陀仏 등의 예가 확인되었다. 8음절의 불교 용어로는 三千大千世界, 七仏通誡偈, 大正新脩大蔵経, 秩父三十四箇所 등의 예가, 9음절의 불교 용어로는 選択本願念仏集, 摩訶般若波羅蜜経, 盲亀浮木のたとえ 등의 예가 확인되었다. 10음절의 불교 용어로는 天上天下唯我独尊, 瑜伽行唯識学派가, 마지막으로 11음절의 불교 용어로는 密厳院発露懺悔文의 예가 확인되었다.

5.3.2 표기 자종과 불교 용어

이번에는 불교 용어와 표기 자종과의 관계를 보도록 하자. 아래의 <표2>는 불교 용어가 특정 자종으로 표기된 결과이다.

<표2> 불교 용어의 표기 자종

	한자가나형	카타카나형	알파벳형	숫자형	특수기호형	합계
천문학 용어	70%	25%	2%	2%	0.4%	**100%(506개)**
불교 용어	84.7%	1.8%	0%	13.5%	0%	**100%(584개)**

<표2>를 보면 한자가나형의 불교 용어가 84.7%에 이르는 것을 알 수 있다. 가타카나형의 불교 용어는 1.8%에 불과하며 알파벳형과 특수기호형의 불교 용어는 확인되지 않았다. 특이한 것은 숫자형의 불교 용어가 13.5%의 비율을 차지했다는 점이다. 천문학 용어와 비교하면 불교 용어의 특이성이 한층 부각되는 것을 볼 수 있다. 예를 들면 숫자형의 불교 용어가 13.5%라는 높은 비율을 차지하는 것을 볼 수 있는데 이는 불교의 교의에서 숫자의 상징성을 강조하는 대목이 많기 때문으로 생각된다.

한자가나형의 불교 용어로는 安居, 応身, 応報, 安心, 怒り, 意識, 医王殿, 一闡提, 一向宗, 一切皆苦, 倶会一処, 教行信証, 往相回向, 祇園精舎, 牛頭観音, 厭離穢土, 具足三昧, 孝道教団, 金剛峰寺, 諸行無常, 諸法無我, 観無量寿経 등의 예가 확인되었다.

가타카나형의 불교 용어로는 カルマ, サンスクリット, テーラワーダ仏教, ニルヴァーナ, チベット大蔵経, チベット仏教, チベット密教, マントラ, スッタニパータ, タナトフォビア 등의 예가 확인되었으며 알파벳형의 불교 용어는 확인되지 않았다.

마지막으로 숫자형의 불교 용어로는 二乗, 三学, 三苦, 三界, 三帰依,

三身, 三蔵, 三毒, 三宝, 三宝院, 三宝尊, 三論宗, 三途の川, 三種の浄肉, 三十七道品, 三千大千世界, 釈迦三尊, 三十三天, 四生, 四苦八苦, 四諦, 四天王, 四種法身, 四向四果, 四十八願, 四十九日, 五蘊, 五戒, 五大明王, 五智如来, 五百羅漢, 五味, 五位百法, 六神通, 六道輪廻, 六度万行, 六曜, 六境, 六波羅蜜, 六根, 六根清浄, 六道, 六神通, 六波羅蜜, 六根, 六根清浄, 七仏通誡偈, 八大龍王, 八部鬼衆, 八正道, 八識, 九品, 仏十力, 十界, 十号, 十大弟子, 十二因縁, 十二神将, 十二部経, 十八不共法, 千僧供養 등의 예가 확인되었다.

5.3.3 불교 용어(복합명사)의 통사적 특징

한자로 표기된 불교 용어는 복합명사의 형식을 취하는 것과 그렇지 않은 것이 있다. 본 저자가 한자형의 불교 용어를 어종별로 살펴본 결과, 음역어, 한역어, 혼역어 중에서 바로 한역어와 혼역어가 복합명사가 된다는 사실을 알 수 있었다.

①음역어-원어인 산스크리트어 불교 용어를 한자음으로 표기한 것이다. 한자의 의미가 아닌 음가를 차용하여 산스크리트어음을 표기한 것이다.[4]

예) 南無阿弥陀仏《なむあみだぶつ》(नमस्अमिताभ;namas-amitābha), 涅槃《ねはん》(निर्वाण;nirvāṇa), 波羅蜜《はらみつ》(पारमिता;Pāramitā), 菩薩《ぼさつ》(बोधिसत्त्व;bodhisattva), 菩提《ぼだい》(बोधि;bodhi)…

4 산스크리트어와 로마자 표기는 Google(2019.01)에서 검색한 것임. 본 저자가 생각하기에 음역어는 현대 일본어의 가타카나어에, 한역어는 한어에, 혼역어는 혼종어에 해당하는 것으로 보인다. 어종이 다양화하는 방식으로 일본어화가 진행된 것으로 보인다.

②한역어-원어인 산스크리트어 불교 용어를 한자어로 번역한 것이다.

예) 九品, 紅蓮, 供養, 薫習, 偈, 華厳, 華厳宗, 解脱, 結集, 化身…

③혼역어-음역어와 한역어(한자어)가 혼합된 용어를 말한다. 예를 들어 盂蘭盆会는 음역어인 盂蘭盆에 한역어(한자어) 会가 결합한 용어이다. 観音菩薩는 한역어인 観音에 음역어인 菩薩가 결합한 것이다. 灌仏会는 한자어 灌에 음역어 仏와 한자어 会가 결합한 것으로 보았다. 이 설명은 모두 〈仏教用語一覧〉에 제시된 설명에 근거를 둔 것이다.

본 저자가 조사한 바에 의하면 다음의 〈표3〉에 보는 것처럼 전체 584개의 불교 용어 중에서 한역어와 혼역어가 각각 83.9%, 9.4%를 차지하는 것으로 나타났다.

<표3> 불교 용어의 어종

	음역어	한역어	혼역어	합계
불교 용어 어종	6.7%	83.9%	9.4%	**100%(584개)**

한역어와 혼역어가 복합명사가 된다는 점을 인식하고 카운트를 해 본 결과, 모두 446개의 용어가 복합명사가 되는 것을 알 수 있었다. 446개의 복합명사의 통사적 특징을 유형별로 조사하였는데, 다음의 〈표4〉와 같은 결과를 얻을 수 있었다.

<표4> 불교 용어(복합명사)의 통사적 특징 유형

	①	②	③	④	⑤	⑥	⑦	⑧	⑨	⑩	⑪	⑫	합계
천문	44	5	3	4	3	2	3	6	1	0	27	2	100% (403개)
불교	67.5	1.3	2.0	5.4	0.7	0	0.2	0.7	0.9	0.2	6.1	15.0	100% (446개)

<표4>를 보면 A가 B의 일부인 경우가 67.5%로 가장 많다. 그다음으로 기타가 15%로 그 뒤를 이었다. 천문 용어의 통사적 특징을 비교하면 불교 용어의 통사적 특징이 잘 드러나는 것을 볼 수 있다. 불교 용어의 특정한 통사적 특징을 지니는 실제 예를 유형별로 제시하면 다음과 같다.

첫째, A가 B의 일부인 경우에 해당하는 불교 용어로 戒定慧(かいじょうえ), 戒名(かいみょう), 戒律(かいりつ), 我執(がしゅう), 餓鬼界(がきかい), 観音菩薩(かんのんぼさつ) 등의 예를 들 수 있다. 둘째, A와 B가 가리키는 범위가 다른 불교 용어로는 因果(いんが), 因果応報(いんがおうほう), 雪山童子(せっさんどうじ), 四向四果(しこうしか) 등의 예를 들 수 있다. 셋째, A가 B의 주체인 것으로 해석되는 불교 용어로는 縁起(えんぎ), 生死一如(しょうじいちにょ), 一切皆苦(いっさいかいく), 根本分裂(こんぽんぶんれつ), 諸行無常(しょぎょうむじょう) 등의 예를 들 수 있다. 넷째, A(B)가 B(A)의 대상인 것으로 해석되는 불교 용어로는 厭離(おんり)穢土(えど), 財施(ざいせ), 持戒(じかい), 禅定(ぜんじょう), 法施(ほうせ), 自業自得(じごうじとく), 忍辱(にんにく) 등의 예를 들 수 있다. 다섯째, A가 B를 하기 위한 도구 및 수단인 것으로 해석되는 불교 용어로는 他力本願(たりきほんがん), 和讃(わさん), 和讃念仏(わさんねんぶつ) 등의 예를 들 수 있다. 여섯째, A가 B의 재료인 것으로 해석되는 불교 용어는 확인되지 않았다. 일곱째, A가 B의 원인 및 이유인 것으로 해석되는 불교 용어로는 華厳(けごん)이 있었다. 여덟째, A(B)가 B(A)의 장소를 나타내는 것으로 해석되는 불교 용어로는 陰口(かげぐち), 法界縁起(ほっかいえんぎ), 在家(ざいけ) 등의 예가 확인되었다. 아홉째, A가 B의 시간을 나타내는 것으로 해석되는 불교 용어로 終活(しゅうかつ), 久遠実成(くおんじつじょう), 具足(ぐそく), 宿善(しゅくぜん) 등의 예가 확인되었다. 열 번째, B가 A의 성질을 지니는 것으로 해석되는 불교

용어로 金剛(こんごう)가, 열한 번째, A가 B의 성질을 지니는 것으로 해석되는 불교 용어로는 安居(あんご), 安心(あんしん), 応身(おうしん), 悪口(あっこう), 浮気(うわき) 등의 예가 확인되었다. 마지막으로 기타(병렬, 그 밖, 의미 해석 불가능)로 해석되는 불교 용어로는 因縁(いんねん), 因妙(いんみょう), 打敷(うちしき) 등의 예가 확인되었다.

5.3.4 불교 용어의 인지의미론적 특징 -레토릭

레토릭을 기준으로 불교 용어를 조사하였더니 다음의 〈표5〉와 같은 결과가 나왔다.

<표5> 불교 용어와 레토릭

	비유		환유			제유	합계
	형상	특성	공간	시간	개념		
천문학	4%	0.4%	24%	3%	67%	2%	**100%(506개)**
불교	0.2%	0.4%	2.0%	0.7%	85%	11.7%	**100%(548개)**

〈표5〉를 보면 비유에 의해 불교 용어가 성립한 것이 전체 548개 가운데 0.6%를 차지하는 것을 알 수 있다. 형상의 비유에 의해 성립된 불교 용어는 0.2%, 특성이 0.4%로 나타났다. 환유는 87.7%로 나타났다. 세분화해서 보면 공간이 2.0%, 시간이 0.7%, 개념이 85%로 가장 높은 비율을 차지하는 것을 알 수 있다. 제유는 11.7%로 나타났다. 천문학 용어와 불교 용어를 보면 불교 용어의 특징이 일목요연하게 드러나는 것을 알 수 있다. 이하 구체적 예를 들면서 설명을 하도록 하겠다. 아래의 설명은 모두 〈仏教用語一覧〉에 제시된 설명에 근거를 둔 것이다.

먼저 비유에 의한 불교 용어로는 紅蓮(ぐれん), 毒矢(どくや)のたとえ, 盲亀浮木(もうきふぼく)のたとえ 등을 들 수 있다. 紅蓮은 붉은 색의 연꽃을 말한다. 색깔이 붉기 때문에 염화가 끊임없이 타오르는 지옥으로 비유된다. 毒矢(どくや)のたとえ는 부처님이 독화살을 예로 들어 고통의 가르침을 설파한 내용을 담은 용어이다. 盲亀浮木のたとえ는 인연의 중요성을 강조하기 위해서 부처님이 눈먼 거북이와 바다 위에 떠도는 부목을 예로 든 용어이다.

둘째, 환유이다. 먼저 공간의 인접성에 관련된 불교 용어로 上座部, 薬壺, 仏舎利, 仁王門, 仏旗, 雪山童子, 倶会一処, 祇園精舎, 牛頭観音 등을 들 수 있다. 上座部는 교단 내의 리더격에 해당하는 장로를 가리키는 것을 유추해 볼 수 있는데 그것은 上座가 공간의 상층부를 지시하기 때문이다. 薬壺는 약사여래님이 왼손에 잡고 있는 약이 들어간 항아리를 말한다. 즉 약과 항아리가 공간적으로 인접해 있기 때문에 이 용어가 성립된 것이다. 仏舎利는 부처님의 유골(사리)을 말한다. 부처님과 유골이 공간적으로 인접한 것이다. 仁王門은 사원을 수호하는 금강역사(인왕)를 안치한 곳의 문을 말한다. 仏旗, 雪山童子, 倶会一処, 祇園精舎, 牛頭観音에 대해서도 동종의 설명이 가능하다. 개념의 인접성에 관련된 불교 용어로는 成実宗, 小乗仏教, 教行信証, 普化宗 등을 들 수 있다. 成実宗는 成実論을 연구하는 종파이다. 成実과 종파가 개념적으로 인접해서 성립한 용어임을 쉽게 유추할 수 있다. 小乗仏教란 개인의 해탈을 교리의 중심으로 삼는 불교를 말한다. 개인의 해탈(소승)과 불교가 개념적으로 인접해 성립된 용어인 것이다. 教行信証, 普化宗 등의 예에 대해서도 동종의 설명이 가능하다. 시간의 인접성에 관련된 불교 용어로는 因果, 原始仏教, 初期仏教, 仏滅紀元 등의 예를 들 수 있다. 因果는 원인과 결과를 말하는데, 원인은 결과에 시간적으로 선행하며, 결과는 시간적으로 원인에 후행하여 일어난다는 점에서 시간이 인접한 것으로 보았다. 그 밖의 예에 대해서도 동종의 설명이 가능하다.

마지막으로 제유에 관련된 불교 용어로 仏事, 仁王, 金剛, 法界, 有難

う, 両舌(りょうぜつ), 不倫(ふりん), 門前町(もんぜんまち), 金剛力士(こんごうりきし) 등의 예를 들 수 있다. 예를 들어 法界(ほっかい)는 많은 법계 중에서 불교계만을 가리킨다. 有難う(ありがとう)는 감사의 뜻만을 지닌다. 両舌(りょうぜつ)는 이간질의 의미만을 지닌다. 不倫(ふりん)은 많은 비윤리적인 행동 중에서 배우자가 아닌 사람과의 남녀 관계에서 벌어진 음행만을 의미한다.

5.4 마치며

본 장에서는 음성학(음절), 문자론(표기), 통사론(복합명사), 인지의미론(레토릭)이라는 일본어학적 방법을 기준으로 불교 용어를 살펴보았다.

먼저 <표1>을 보면 불교 용어는 2음절의 용어가 가장 많으며, 3음절, 4음절, 5음절의 용어가 각각 그 뒤를 잇는 것을 알 수 있었다. 이러한 점에서 불교계에서는 교의를 중생들에게 설파하기 위해 비교적 짧은 음절의 용어를 조어하는 방식을 채택한 것으로 보인다.

<표1> 불교 용어의 음절수

	1	2	3	4	5	6	7	8	9	10	11	12	13	14	15	합
천문	0.4	11	16	19	16	15	9	6	3	2	1	0.4	1	0.2	0.2	**100% (506)**
불교	3.3	34.2	27.1	16.4	12.3	3.8	1.0	0.7	0.7	0.3	0.2	0	0	0	0	**100% (584)**

둘째, <표2>를 보면 불교 용어는 한자가나형과 숫자형이 다수를 차지하는 것을 알 수 있다. 천문학 용어와 비교해 불교 용어 쪽에 숫자형이 압도적으로 많은 것을 보면 불교 교의에서 얼마나 숫자를 중시하는가를

유추해 볼 수 있다.

<표2> 불교 용어의 표기 자종

	한자가나형	가타카나형	알파벳형	숫자형	특수기호형	합계
천문학	70%	25%	2%	2%	0.4%	**100%(506개)**
불교	84.7%	1.8%	0%	13.5%	0%	**100%(584개)**

셋째, <표4>를 보면 복합명사의 형태를 지닌 불교 용어 중에서 A가 B의 일부라는 통사적 관계를 지닌 복합명사가 가장 많은 비율을 차지하는 것을 알 수 있다.

<표4> 불교 용어(복합명사)의 형태적, 통사적 특징 유형

	①	②	③	④	⑤	⑥	⑦	⑧	⑨	⑩	⑪	⑫	**합계**
천문	44	5	3	4	3	2	3	6	1	0	27	2	**100% (403개)**
불교	67.5	1.3	2.0	5.4	0.7	0	0.2	0.7	0.9	0.2	6.1	15.0	**100% (446개)**

A가 B의 일부라는 통사적 관계를 지닌 복합명사가 가장 많다는 사실은 불교의 교의가 치열한 사유를 통해 독자적인 개념(진리 그 자체)을 수립한 노력의 결과라고 생각된다. 천문학 용어의 44%보다 무려 23.5%나 많다. 예를 들어 인간의 내면(심리상태)에 있어 반복되는 윤회의 세계를 여섯 세계(六道-地獄界, 餓鬼界, 畜生界, 修羅界, 人界, 天界)로 나누어 이론적으로 굳건한 체계화를 수립한 점이며, 그 존재 여부가 비록 과학적으로 검증하기 어렵다고 하더라도 우리가 사는 세상을 포함하여 세상을 33천(善法堂天, 山峯天, 山頂天, 善見城天, 鉢私地天, 倶吒天, 雑殿天, 歓喜園天, 光明天, 波利耶多天, 離険岸天, 谷崖岸天, 摩尼蔵天, 旋行天, 金殿天, 鬘影天, 柔軟天, 雑荘厳天, 如意天, 微細行天, 歌音喜楽天, 威徳輪天, 月行天, 閻摩那娑羅天, 速行天, 影

照天, 智慧行天, 衆分天, 曼陀羅天, 上行天, 威徳顔天, 威徳燄輪光天, 清浄天)[5]이란 층위(차원으로 생각됨)로 나눈 것을 그 근거로 들 수 있다. 사고의 원대함과 치밀함, 끝없는 상상력(창의력)에 그저 압도될 뿐이다. 천문학 연구와는 비교가 되지 않을 정도로 치열하게 사유를 했다는 사실을 <표4>를 통해서 확인할 수 있다(물론 천문학 쪽이 훨씬 과학적이긴 하지만).

마지막으로 <표5>를 보면 불교 용어가 환유(개념의 인접에 의한 환유)와 제유의 레토릭을 압도적으로 적용받은 것을 알 수 있다.

<표5> 불교 용어와 레토릭

	비유		환유			제유	합계
	형상	특성	공간	시간	개념		
천문학	4%	0.4%	24%	3%	67%	2%	**100%(506개)**
불교	0.2%	0.4%	2.0%	0.7%	85%	11.7%	**100%(548개)**

이상, 불교 용어를 일본어학적 방법론을 통해 다양한 특징들을 살펴보았는데, 본 장의 분석이 보다 더 다양하고 원대한 학문적 담론을 활성화하는 기폭제가 되기를 바라 마지않는다.

5 <ウィキペディア/とう利天> https://ja.wikipedia.org/wiki/%E3%81%A8%E3%81%86%E5%88%A9 %E5%A4%A9(2019.11.14.)에서 인용하였다.

Abstract

Analysis on the Religious Vocabulary in Japanese
– With Buddhist terminology –

The Buddhist terminology have been examined based on Japanese linguistic method such as phonetics (Syllable), orthography (Notation), syntax (Compound noun) and cognitive semantic (Retoric) in this chapter. Based on it, it was found that there are two-syllable terms are most popular in Buddhist terminology and three-syllable, four-syllable and five-syllable terms are following it respectively. Secondly, the it was found that Chinese gana type and number type get an absolute majority in the Buddhist terminology. Thirdly, the compound noun having syntactic relationship that A is a part of B are the most terms among the Buddhist terminology having compound noun type. It was found that the Buddhist terminology mostly established by the application of the retoric of metonymy (Metonymy by the adjoin of the concept) and synecdoche.

키워드:Buddhist terminology, syllable, notation, metonymy, synecdoche

<제5장의 참고문헌>

천호재(2018)「日本語学と天文学」『言語学論集』27, 31-57, 東北大学言語学研究会.
인터넷 자료 출처는 각주에 표시함

제6장

일본어의 전쟁 관련 어휘 분석

-19세기 중엽부터 1945년 종전까지의 군함명을 중심으로-

日本語要旨

本章は「音節」「字種」「レトリック」を通して日本の軍艦名（黎明期と黎明期以降から終戦までの軍艦名）の命名においてどんな日本語学的メカニズムが働くか、どのような命名意識が働くかを考察したものである。まず、軍艦名には2音節（18%）、3音節（28%）、4音節（27%）が重点的に適用されることがわかった。第2に、軍艦名の表記字種は「漢字がな型」が65%、「数字型」が34%、「カタカナ型」が1%、アルファベット型が0%を占めていることがわかった。軍艦名に適用される「レトリック」は「比喩」が2%、換喩（概念の隣接性）が97%を占めることがわかった。概念の隣接性による換喩が適用された軍艦名をさらに詳しく考察した結果、地形名が25%、地名が22%、自然現象名が21%、植物名が13%、動物名が5%、時間名が4%、その他が10%を占めることがわかった。このような結論は今まで照明を受けることがなかった軍艦名のメカニズムや命名意識を理解するのに役に立つと考えられる。

키워드: 여명기(黎明期), 군함명(軍艦名), 음절(音節), 표기(表記), 환유(換喩), 개념의 인접(概念の隣接)

6.1 시작하며

본 장은 제4장과 제5장에 이어 일본어학과는 일견 아무런 관련이 없어 보이는 다양한 학문 영역과의 접점(나아가 융합 가능성)을 모색하기 위한 일환으로 일본어학(음절, 자종, 레토릭)과 일본 군함명의 접점을 고찰한 것이다. 제4장과 제5장에서는 음절, 자종, 복합명사의 통사구조, 레토릭을 사용하여 천문학과 불교를 분석하였지만, 본 장에서는 복합명사의 통사구조는 분석에서 배제하고자 한다. 그 이유는 군함명이 조어가 된 것이 아니라 기존의 일본어에 존재하는 어휘(단어)를 차용하는 방식으로 명명되었기 때문이다. 예를 들어 일본의 항공모함명 중에는 若宮(わかみや), 飛龍(ひりゅう), 葛城(かつらぎ)가 있는데, 이들 단어들은 항공모함명으로 특별히 조어된 것이 아니라 기존에 있던 일본의 지명, 전설상의 동물명(용), 옛 지명을 빌려 쓴 것에 불과하다. 따라서 특정한 군함명이 무엇에서 차용되었는지, 그 메커니즘이 무엇인지 매우 궁금하다.

본 장에서는 1850년대 중엽부터 1945년까지의 일본 군함명에 주목하여 당시의 일본 해군이 각종 군함을 명명함에 있어 어떠한 명명의 메커니즘이 작용했는지를 살펴보고자 한다. 군함명을 1850년대 중엽부터 1945년 전쟁 패망까지의 시기까지로 한정한 것은 일본 제국주의의 열기가 가장 높았던 시기이며 그와 동시에 군비확산에 가장 많은 힘을 쏟은 시기로 군함명의 명명심리를 파악할 수 있기 때문이다.

이에 본 장에서는 음절, 자종, 레토릭을 통해 일본 군함명의 명명에 어떠한 일본어학적 메카니즘이 작동하는지, 나아가 어떠한 명명의식이 작용하였는지를 살펴보고자 한다. 이러한 본 연구는 일본의 해군 전쟁사를 충분히 이해하기는 어렵다고 해도 본 연구가 지금까지 조명되지 않았던 당시의 일본 시대상을 일본어학의 관점으로 살펴보았다는 점에서 연구적 의의가 있다고 생각된다.

6.2 고찰의 대상과 분석 방법

고찰은 위키피디아 大日本帝国海軍艦艇一覧[1]에 소개된 19세기 말에서 1945년까지 건조되어 해전에 참가한 군함명을 대상으로 하였다. 군함은 전함, 순양함, 항공모함, 잠수함, 통보함, 포함, 구축함 등 다양한 카테고리로 다시 분류되는데, 본 장에서는 군함으로 통칭하며, 군함을 특별히 한정할 필요가 있을 때에는 구체적으로 언급한다. 우선 이하에서는 大日本帝国海軍艦艇一覧에 소개된 군함의 종류를 살펴보도록 하자.

먼저 여명기, 즉 19세기 말에 건조된 군함은 군함, 운송선, 연습함, 어소함(御召艦)으로 분류된다. 둘째, 여명기 이후의 군함에는 전함(1등전함, 2등전함), 순양전함(巡洋戦艦), 항공모함(개조 항공모함, 상선 개조 항공모함),

---

1 <大日本帝国海軍艦艇一覧>https://ja.wikipedia.org/wiki/%E5%A4%A7%E6%97%A5%E6%9C%AC%E5%B8%9D%E5%9B%BD%E6%B5%B7%E8%BB%8D%E8%89%A6%E8%89%87%E4%B8%80%E8%A6%A7(2018년 8월)

순양함(巡洋艦, 1등순양함, 2등순양함, 3등순양함), 수상기모함, 수뢰모함, 잠수모함, 수뢰포함, 통보함, 부설함(敷設艦), 급설망함(急設網艦), 연습전함, 연습순양함, 구축함(1등구축함, 2등구축함), 잠수함(1등잠수함, 해대형잠수함, 순잠형잠수함, 2등잠수함, 3등잠수함, 제1차세계대전전리잠수함, 특수잠항정·특공병기, 실험함·계획함), 포함(砲艦,하용포함(河用砲艦)), 해방함(海防艦, 구정의함, 1등해방함, 2등해방함, 3등해방함, 신정의함), 유송선(1등유송선, 2등유송선), 수뢰정(1등수뢰정, 2등수뢰정, 3등수뢰정, 일청전쟁전리함, 쇼와기의 수뢰정), 소해정(掃海艇), 구축정, 부설정, 2등부설정, 3등부설정, 초계정이 있다. 셋째, 특수임무함(特務艦, 공작선, 운송정(급유함, 급탄함, 급탄유함, 급병함(給兵艦), 급량함(給糧艦), 쇄빙함, 측량함, 표적함, 연습특무함, 특수임무정(소해특무정(掃海特務艇), 구축특무정, 부설특무정, 소계특무정, 해방정(海防艇), 전람부설정(電纜敷設艇), 잠수함모정(潜水艦母艇), 어뢰정(시작어뢰정(試作魚雷艇), 수입어뢰정, T-1형, 갑형어뢰정, 을형어뢰정, 준정(隼艇), 태평양전쟁 전리 어뢰정(太平洋戦争戦利魚雷艇))이 있다. 넷째, 특설군함(특설항공모함, 특설수상기모함, 특설항공기운반함, 특설순양함, 특설부설함, 특설급설망함(特設急設網艦), 특설잠수모함, 특설수뢰모함, 특설소해모, 특설포함(포함겸쇄빙함, 포함대, 포함소, 포함겸부설함), 특설특무함(특설포획망함, 특설방잠망함, 특설부설정, 특설구축정, 특설소해정, 특설감시정, 특설공작함, 특설항무함(特設港務艦), 특설관측함, 특설전람부설함, 특설병원함, 특설구난함(特設救難船), 특설운송함(급병선, 급수선, 급량선, 급탄선, 급탄유선, 급유선, 잡용선)이 있다. 마지막으로 잡역선, 공작선, 해양관측선, 교통선, 구난선 겸 예인선 등이 있다.

이상, 日本帝国海軍艦艇一覧에 소개된 군함의 종류를 살펴보았는데, 본 장에서는 여명기와 직접 해상 전투에 참가하는 여명기 이후의 군함만을 고찰의 대상으로 삼고자 한다. 본 장에서는 여명기의 군함, 여명기 이후의 군함명(군함명, 구축함명, 잠수함명, 포함명, 해방함명)을 음절, 표기 자종, 레토릭을 기준으로 분석하고자 한다.

6.3 군함명의 음절수

이하 대분류(여명기, 군함, 구축함, 잠수함, 포함, 해방함)와 소분류(여명기, 군함, 구축함, 포함, 해방함의 하위 카테고리)에 속하는 음절수를 보도록 하겠다.

6.3.1 대분류에 속하는 군함명의 음절수

아래의 <표1>은 대분류에 속하는 군함명의 음절수를 나타낸 것이다. 여명기를 제외한 나머지는 전함명은 이미 언급한 것처럼 여명기 이후, 제2차세계대전 종료까지 건조되고 해상 전투에 참가한 전함명이다.

<표1> 대분류에 속하는 전함명의 음절수

대분류＼음절수	1	2	3	4	5	6	7	8	9	10	합계
여명기	0	12	6	19	11	2	0	1	1	0	**52척**
군함	0	72	114	35	7	1	2	0	0	0	**231척**
구축함	2	45	75	144	5	0	0	0	0	0	**271척**
잠수함	0	17	34	67	62	31	22	14	5	0	**252척**
포함	0	19	19	1	0	0	0	0	0	0	**39척**
해방함	0	21	50	21	16	31	35	22	8	3	**207척**
합계	**2**	**186**	**298**	**287**	**101**	**65**	**59**	**37**	**14**	**3**	**1052척**
%	**0.2%**	**18%**	**28%**	**27%**	**10%**	**6%**	**6%**	**4%**	**1%**	**0.2%**	**100%**

위의 <표1>을 보면 모두 조사 대상 군함 1,052척 중에서 3음절이

28%로 가장 많고 4음절이 27%, 2음절이 18%로 각각 그 뒤를 잇고 있는 것을 알 수 있다. 여명기에는 4음절이 가장 많았으며 군함은 3음절이 가장 많았다. 구축함도 4음절이 가장 많았다. 잠수함도 4음절이 가장 많았으며, 포함은 2음절과 3음절이 가장 많았다. 해방함은 3음절이 가장 많았으나 특징적인 것은 10음절까지 골고루 분포하고 있다는 점이다. 이러한 음절수에서 보건대, 2음절에서 4음절로 군함명의 존재감을 드러내고자 했던 명명의식을 확인할 수 있다.

그러면 다음 절에서는 <표2>에 제시한 대분류 순으로 군함명을 예로 들어가며 음절수를 살펴보도록 하겠다.

6.3.2 여명기(1900년 6월 22일 이전) 군함명의 음절수

본 장에서 조사한 여명기의 전함으로는 군함(21척), 운수선(23척), 연습함(6척), 어소함(2척)이다. 아래의 표는 여명기의 군함, 운수선, 연습함, 어소함명을 음절수로 분류한 것이다.

<표2> 여명기 전함명의 음절수

	1	2	3	4	5	6	7	8	9	10	합계
군함	0척	6척	5척	4척	5척	1척	0척	0척	0척	0척	**21척**
운수함	0척	0척	1척	13척	6척	1척	0척	1척	1척	0척	**23척**
연습함	0척	4척	0척	2척	0척	0척	0척	0척	0척	0척	**6척**
어소함	0척	2척	0척	0척	0척	0척	0척	0척	0척	0척	**2척**
%	**0%**	**23%**	**12%**	**37%**	**21%**	**4%**	**0%**	**2%**	**2%**	**0%**	**100%**

위의 표를 보면 여명기에는 4음절의 전함명이 37%로 가장 많고 5음절(21%)과 2음절(23%)이 각각 그 뒤를 잇는 것을 알 수 있다. 이하 군함, 운수함, 연습함, 어소함명 각 음절별로 예를 들어보도록 하자.

먼저 군함명 중에서 2음절로 구성된 것으로 摂津(せっつ), 雲揚(うんよう), 清輝(せいき) 등의 예가 확인되었다. 3음절로는 武蔵(むさし), 東(あづま), 筑波(つくば), 浅間(あさま) 등의 예가, 4음절로는 陽春丸(ようしゅんまる), 延年丸(えんねんまる), 5음절로는 千代田形(ちよだかた), 春日丸(かすがまる), 河内丸(かわちまる) 등의 예가 확인되었다. 운수함명 중에서 4음절로 구성된 것으로는 朝陽丸(ちょうようまる), 観光丸(かんこうまる), 飛龍丸(ひりゅうまる), 鳳凰丸(ほうおうまる), 立象丸(りっしょうまる) 등의 예가 확인되었다. 5음절로는 快風丸(かいふうまる), 開運丸(かいうんまる), 大坂丸(おおさかまる), 行速丸(こうそくまる) 등의 예가 확인되었다. 셋째, 연습함 중에서 2음절로 구성된 것으로는 干珠(かんじゅ)가, 4음절로는 館山(たてやま), 石川(いしかわ) 등의 예가 확인되었다. 어소함명은 2음절로 구성된 것밖에 보이지 않는다. 구체적인 예로 迅鯨(じんげい), 蒼竜(そうりゅう) 등의 예를 들 수 있다.

6.3.3 군함명(1900년 6월 22일 이후)과 음절수

여명기 이후의 군함으로 전함, 순양전함, 항공모함, 순양함, 수상기모함, 잠수모함, 통보함, 부설함, 연습전함, 연습순양함 등으로 하위분류되는데, 하위분류된 각 군함명의 음절수를 조사한 결과, 다음의 〈표3〉과 같은 수치를 확보할 수 있었다.

<표3> 여명기 이후 군함명의 음절수

	1	2	3	4	5	6	7	8	9	10	합계
전함	0척	22척	19척	4척	0척	1척	1척	0척	0척	0척	**47척**
순양전함	0척	2척	5척	1척	0척	0척	0척	0척	0척	0척	**8척**
항공모함	0척	14척	10척	2척	0척	0척	0척	0척	0척	0척	**26척**

순양함	0척	27척	63척	16척	4척	0척	1척	0척	0척	0척	**111척**
수상기모함	0척	1척	5척	1척	1척	0척	0척	0척	0척	0척	**8척**
잠수모함	0척	2척	1척	3척	0척	0척	0척	0척	0척	0척	**6척**
통보함	0척	2척	6척	2척	0척	0척	0척	0척	0척	0척	**10척**
부설함	0척	0척	3척	6척	2척	0척	0척	0척	0척	0척	**11척**
연습전함	0척	1척	0척	0척	0척	0척	0척	0척	0척	0척	**1척**
연습순양함	0척	1척	2척	0척	0척	0척	0척	0척	0척	0척	**3척**
합계	**0척**	**72척**	**114척**	**35척**	**7척**	**1척**	**2척**	**0척**	**0척**	**0척**	**231척**
%	**0%**	**31%**	**49%**	**15%**	**3%**	**0.4%**	**0.8%**	**0%**	**0%**	**0%**	**100%**

위의 표를 보면 여명기 이후의 전체 군함명으로 3음절이 49%로 가장 많고, 2음절(31%)과 4음절(15%)이 각각 그 뒤를 잇는 것을 알 수 있다. 먼저 전함명을 보면 전체 47척 중에서 2음절과 3음절이 각각 22척과 19척으로 가장 많은 것을 알 수 있다. 순양전함명, 항공모함명, 순양함명, 수상기모함명, 잠수모함명, 통보함명, 부설함명, 연습전함명, 연습순양함명에서도 대부분 2음절과 3음절이 집중하고 있는 것을 알 수 있다.

그러면 이하에서는 〈표3〉에 제시한 순서대로 각 군함명의 각 음절수에 해당하는 실제 예를 보도록 하겠다. 〈표2〉에서 이미 살펴본 것처럼 하위분류된 군함명들의 음절수가 2음절, 3음절, 4음절에 집중해 있기 때문에 이하에서는 2음절-4음절(경우에 따라 5음절도 고찰의 대상으로 함)에 해당하는 군함명들을 예시하도록 하겠다. 먼저 전함명이다. 2음절로 된 전함명으로 富士(ふじ), 扶桑(ふそう), 丹後(たんご) 등이 있다. 3음절로는 朝日(あさひ), 八島(やしま), 香取(かとり), 薩摩(さつま) 등의 예가 확인되었다. 4음절로는 敷島(しきしま), 山城(やましろ) 등의 예가 확인되었다. 둘째, 순양전함명이다. 2음절의 순양전함명으로 金剛(こんごう), 比叡(ひえい) 등의 예가 확인되었으며 3음절로는 伊吹(いぶき), 生駒(いこま), 筑波(つくば), 鞍馬(くらま) 등의 예가 확인되었다. 4음절로는 霧島(きりしま)

가 확인되었다. 셋째, 항공모함명이다. 2음절의 항공모함명으로 2음절로는 鳳翔(ほうしょう)와 龍驤(りゅうじょう)가 확인되었으며 3음절로는 天城(あまぎ)와 大鳳(たいほう)가, 4음절로는 若宮(わかみや), 葛城(かつらぎ), 瑞鶴(ずいかく) 등의 예가 확인되었다. 넷째, 순양함이다. 2음절의 순양함명으로는 日進(にっしん), 天竜(てんりゅう), 吾妻(あづま) 등의 예를 들 수 있다. 3음절로는 和泉(いずみ), 浪花(なにわ), 千代田(ちよだ)를, 4음절로는 古鷹(ふるたか), 加古(かこ), 摩耶(まや) 등의 예를 들 수 있다. 다섯째, 수상기모함이다. 2음절로 된 수상기모함명으로는 日進(にっしん)을 들 수 있다. 3음절로는 千歳(ちとせ), 瑞穂(みずほ) 등의 예를 들 수 있다. 4음절로는 若宮(わかみや)를 들 수 있다. 여섯째, 잠수모함이다. 2음절로 迅鯨(じんげい), 長鯨(ちょうげい) 등의 예가 확인되었다. 3음절로는 大鯨(たいげい)가, 4음절로는 韓崎(からさき), 駒橋(こまはし), 豊橋(とよはし) 등의 예가 확인되었다. 일곱째, 통보함이다. 2음절의 통보함명으로 満州(まんしゅう)가 확인되었다. 3음절로는 千島(ちしま), 龍田(たつた), 千早(ちはや), 宮古(みやこ), 鈴谷(すずや) 등의 예가 확인되었다. 4음절로는 八重山(やえやま), 姉川(あねがわ) 등의 예가 확인되었다. 여덟째, 부설함명이다. 3음절로는 津軽(つがる), 箕面(みのお) 등의 예가 확인되었다. 4음절로는 勝力(かつりき), 八重山(やえやま)가, 5음절로는 厳島(いつくしま), 沖ノ島(おきのしま)의 예가 확인되었다. 아홉째, 연습전함이다. 2음절의 연습전함명으로 比叡(ひえい)가 있다. 마지막으로 연습순양함이다. 2음절로 구성된 연습순양함명으로는 香取(かとり), 鹿島(かしま)가 있다.

6.3.4 구축함명과 음절수

구축함이란 어뢰 등으로 적의 군함(전함, 잠수함 등)을 물리치는 군함을 말한다. 구축함은 등급 제정 이전, 1등구축함, 2등구축함으로 하위분류된다. 하위분류된 각 군함명을 음절을 기준으로 조사한 결과, 다음의 〈표4〉와 같은 수치가 나왔다.

<표4> 구축함명의 음절수

	1	2	3	4	5	6	7	8	9	합계
등급 제정 이전	0척	1척	19척	41척	0척	0척	0척	0척	0척	**61척**
1등구축함	1척	18척	40척	95척	5척	0척	0척	0척	0척	**159척**
2등구축함	1척	26척	16척	8척	0척	0척	0척	0척	0척	**51척**
합계	**2척**	**45척**	**75척**	**144척**	**5척**	**0척**	**0척**	**0척**	**0척**	**271척**
%	**1%**	**17%**	**28%**	**53%**	**2%**	**0%**	**0%**	**0%**	**0%**	**100%**

위의 〈표4〉를 보면 구축함명의 음절수로 4음절(53%)이 가장 많고 그 뒤를 각각 3음절(28%)과 2음절(17%)이 잇고 있음을 알 수 있다. 등급 제정 이전에는 4음절의 구축함명이 가장 많았으며 2등구축함명도 4음절이 가장 많았다. 1등구축함은 2음절이 가장 많았다.

등급 제정 이전의 구축함명 중에서 2음절의 구축함명으로 霓(にじ)가 있다. 3음절로는 夕立(ゆうだち), 響(ひびき), 疾風(はやて), 若葉(わかば) 등의 예가 확인되었다. 4음절로는 山彦(やまびこ), 文月(ふみつき), 初雪(はつゆき), 朝風(あさかぜ) 등의 예가 확인되었다. 1등구축함 중에서 1음절의 구축함명으로 椎(しい)가 있었다. 2음절로는 楡(にれ), 樺(かば), 柿(かき), 萩(はぎ) 등의 예가, 3음절로는 欅(けやき), 桜(さくら), 柳(やなぎ), 椿(つばき) 등의 예가 확인되었다. 4음절로는 巻雲(まきぐも), 海風(うみかぜ), 長月(ながつき), 三日月(みかづき), 磯波(いそなみ), 漣(さざなみ) 등의

예가 확인되었다. 2등구축함 중에서 2음절의 구축함명으로 梅(うめ), 桐(きり), 杉(すぎ), 栗(くり), 梨(なし) 등의 예가 확인되었다. 3음절로는 菫(すみれ), 蓬(よもぎ), 蕨(わらび), 早苗(さなえ), 榊(さかき), 楓(かえで)가, 4음절로는 刈萱(かるかや), 朝顔(あさがお), 呉竹(くれたけ), 夕顔(ゆうがお) 등의 예가 확인되었다.

6.3.5 잠수함명과 음절수

잠수함은 1등잠수함, 2등잠수함, 3등잠수함, 1차세계대전 전리잠수함, 특수잠항정, 특수잠항정 및 특공병기, 실험함 및 계획함으로 하위분류된다. 하위분류된 각 잠수함명을 음절을 기준으로 조사한 결과, 다음의 〈표5〉와 같은 수치가 나왔다.

<표5> 잠수함명의 음절수

	1	2	3	4	5	6	7	8	9	합계
1등잠수함	0척	6척	12척	25척	24척	16척	17척	14척	5척	**119척**
2등잠수함	0척	4척	11척	37척	37척	11척	1척	0척	0척	**101척**
3등잠수함	0척	6척	8척	3척	0척	0척	0척	0척	0척	**17척**
제1차세계대전 전리잠수함	0척	0척	0척	0척	0척	4척	3척	0척	0척	**7척**
특수잠항정 및 특공병기	0척	1척	2척	1척	0척	0척	1척	0척	0척	**5척**
실험함·계획함	0척	0척	1척	1척	1척	0척	0척	0척	0척	**3척**
합계	**0척**	**17척**	**34척**	**67척**	**62척**	**31척**	**22척**	**14척**	**5척**	**252척**
%	**0%**	**7%**	**13%**	**27%**	**25%**	**12%**	**9%**	**6%**	**2%**	**100%**

〈표5〉를 보면 잠수함명의 음절수로 4음절(27%)이 가장 많고 5음절(25%), 3음절(13%), 6음절(12%)이 각각 그 뒤를 잇고 있다. 드물게도 7음절-9음절의 잠수함명의 존재가 확인되었다. 1등잠수함명은 2음절에서 9음절까지 골고루 분포해 있는 것을 볼 수 있다. 이것은 당시 일본 해군

에서 1등잠수함을 많이 보유하였기 때문으로 생각된다. 2등잠수함명은 2음절에서 6음절까지 분포해 있다. 3등잠수함명은 2음절에서 4음절까지 분포해 있으며 나머지 잠수함명은 표에서 보는 바와 같다.

1등잠수함명 중에서 2음절의 잠수함명으로 伊3, 伊4, 伊5 등의 예를 들 수 있다. 3음절로는 伊6, 伊7, 伊8 등의 예가 확인된다. 4음절로는 伊17, 伊32, 伊35 등의 예를 들 수 있다. 5음절로는 伊51, 伊21, 伊28 등의 예를 들 수 있다. 6음절로는 伊61, 伊180, 伊506 등의 예를, 7음절로는 伊351, 伊370, 伊373 등의 예를 들 수 있다. 8음절로는 伊365, 伊372, 伊373 등의 예를 들 수 있다. 9음절로는 伊366, 伊367, 伊368 등의 예를 들 수 있다. 2등잠수함명 중에서 3음절의 잠수함명으로 呂1, 呂12, 呂15 등의 예가, 4음절로는 呂11, 呂16, 呂18 등의 예가, 5음절로는 呂21, 呂27, 呂28 등의 예가 확인되었다. 3등잠수함명 중에서 2음절의 잠수함명으로 波2, 波3, 波4 등의 예가, 3음절로는 第2, 第4, 第5 등의 예가, 4음절로는 第1, 第6, 第7 등의 예가 확인되었다. 제1차세계대전 전리잠수함명 중에서 6음절로는 02潜水艦, 03潜水艦, 05潜水艦 등의 예가, 7음절로는 01潜水艦, 06潜水艦, 07潜水艦 등의 예가 확인되었다. 특수잠항정 및 특공병기명에서 3음절로는 海龍(かいりゅう), 回天(かいてん) 등의 예가 확인되었다. 마지막으로 실험함 및 계획함 중에서 3음절로는 震海(しんかい), 4음절로는 邀撃艇(ようげきてい)가, 5음절로는 71号艦이 확인되었다.

6.3.6 포함명과 음절수

포함(砲艦)은 연안이나 하천에 소재한 표적을 타격하기 위한 포를 장착한 군함을 말한다. 총 39척 중에서 2음절과 3음절의 포함명으로 각각 19척(49%)이 있었으며 4음절로는 1척(2%)이 있었다.

2음절의 포함명으로 鳳翔(ほうしょう), 摩耶(まや), 嵯峨(さが), 鳥羽(とば) 등의 예가 확인되었다. 3음절로는 鳥海(ちょうかい), 愛宕(あたご), 赤城(あかぎ), 興津(おきつ) 등의 예가 확인되었다.

6.3.7 해방함명과 음절수

해방함(海防艦)이란 연안 경비, 거점 방위, 국내 선박 보호를 주임무로 하는 군함이다. 해방함은 1등해방함, 2등해방함, 3등해방함, 등급폐지 후, 신정의함(新定義艦) 등으로 하위분류된다. 하위분류된 각 해방함명을 음절을 기준으로 살펴본 결과, 다음의 〈표6〉과 같은 수치를 얻을 수 있었다.

<표6> 해방함명의 음절수

	1	2	3	4	5	6	7	8	9	10	합계
1등해방함	0척	8척	10척	1척	0척	0척	0척	0척	0척	0척	**19척**
2등해방함	0척	3척	10척	6척	3척	0척	0척	0척	0척	0척	**22척**
3등해방함	0척	3척	8척	0척	0척	0척	0척	0척	0척	0척	**11척**
등급폐지 후	0척	1척	8척	0척	0척	0척	0척	0척	0척	0척	**9척**
신정의함	0척	6척	14척	14척	13척	31척	35척	22척	8척	3척	**146척**
합계	**0척**	**21척**	**50척**	**21척**	**16척**	**31척**	**35척**	**22척**	**8척**	**3척**	**207척**
%	**0%**	**10%**	**24%**	**10%**	**8%**	**15%**	**17%**	**11%**	**4%**	**1%**	**100%**

위의 〈표6〉을 보면 해방함명 중에서 3음절(24%)이 가장 많으며 그 뒤를 7음절(17%), 6음절(15%), 8음절(11%)이 잇고 있음을 알 수 있다. 1등

해방함, 2등해방함, 3등해방함, 등급폐지 후의 해방함명은 3음절이 가장 많은 것을 확인할 수 있다. 신정의함은 6,7,8음절이 가장 많은 것을 알 수 있다.

1등해방함명 중에서 2음절로 壱岐(いき), 丹後(たんご), 富士(ふじ) 등의 예가 확인되었다. 3음절로는 石見(いわみ), 相模(さがみ), 出雲(いずも) 등의 예가 있다. 2등해방함명 중에서 2음절로 満州(まんしゅう), 扶桑(ふそう), 須磨(すま) 등의 예가 확인되었다. 3음절로는 武蔵(むさし), 千代田(ちよだ), 千歳(ちとせ) 등의 예가, 4음절로는 若宮(わかみや), 韓崎(からさき), 高千穂(たかちほ) 등의 예가 확인되었다. 3등해방함명 중에서 2음절로는 金剛(こんごう), 比叡(ひえい), 天竜(てんりゅう) 등의 예가, 3음절로는 済遠(さいえん), 海門(かいもん), 松江(まつえ) 등의 예가 확인되었다. 등급폐지 후의 해방함명 중에서 3음절로 対馬(つしま), 岩手(いわて), 八雲(やくも) 등의 예를 들 수 있다. 마지막으로 신정의함명 중에서 5음절로 第5号, 第7号, 第13号 등을, 6음절로 第17号, 第23号, 第25号 등을 들 수 있다. 신정의함명에서 높은 음절수의 명칭이 많이 보이는 것은 신정의함명이 일반명사를 차용하지 않고 第17号, 第23号에서 보듯 숫자를 차용하였기 때문으로 생각된다. 이러한 경향은 이미 잠수함명에서 확인한 바 있다.

6.3.8 정리

이상 군함명과 음절수를 정리하면 다음과 같이 나타낼 수 있다.

<표7> 군함명과 음절수

대분류	소분류 \ 음절수	1	2	3	4	5	6	7	8	9	10	합계
여명기	군함	0척	6척	5척	4척	5척	1척	0척	0척	0척	0척	**21척**
	운수선	0척	0척	1척	13척	6척	1척	0척	1척	1척	0척	**23척**
	연습함	0척	4척	0척	2척	0척	0척	0척	0척	0척	0척	**6척**
	어소함	0척	2척	0척	0척	0척	0척	0척	0척	0척	0척	**2척**
	합계(%)	**0%**	**23%**	**12%**	**37%**	**21%**	**4%**	**0%**	**2%**	**2%**	**0%**	**52척 (100%)**
군함	전함	0척	22척	19척	4척	0척	1척	1척	0척	0척	0척	**47척**
	순양전함	0척	2척	5척	1척	0척	0척	0척	0척	0척	0척	**8척**
	항공모함	0척	14척	10척	2척	0척	0척	0척	0척	0척	0척	**26척**
	순양함	0척	27척	63척	16	4척	0척	1척	0척	0척	0척	**111척**
	수상기모함	0척	1척	5척	1척	1척	0척	0척	0척	0척	0척	**8척**
	잠수모함	0척	2척	1척	3척	0척	0척	0척	0척	0척	0척	**6척**
	통보함	0척	2척	6척	2척	0척	0척	0척	0척	0척	0척	**10척**
	부설함	0척	0척	3척	6척	2척	0척	0척	0척	0척	0척	**11척**
	연습전함	0척	1척	0척	0척	0척	0척	0척	0척	0척	0척	**1척**
	연습순양함	0척	1척	2척	0척	0척	0척	0척	0척	0척	0척	**3척**
	합계(%)	**0%**	**31%**	**49%**	**15%**	**3%**	**1%**	**1%**	**0%**	**0%**	**0%**	**231척 (100%)**
구축함	등급 제정 이전	0척	1척	19척	41척	0척	0척	0척	0척	0척	0척	**61척**
	1등구축함	1척	18척	40척	95척	5척	0척	0척	0척	0척	0척	**159척**
	2등구축함	1척	26척	16척	8척	0척	0척	0척	0척	0척	0척	**51척**
	합계(%)	**1%**	**17%**	**28%**	**53%**	**2%**	**0%**	**0%**	**0%**	**0%**	**0%**	**271척 (100%)**
잠수함	1등잠수함	0척	6척	12척	25척	24척	16척	17척	14척	5척	0척	**119척**
	2등잠수함	0척	4척	11척	37척	37척	11척	1척	0척	0척	0척	**101척**
	3등잠수함	0척	6척	8척	3척	0척	0척	0척	0척	0척	0척	**17척**
	제1차세계대전 전리잠수함	0척	0척	0척	0척	0척	4척	3척	0척	0척	0척	**7척**
	특수잠항정 · 특공병기	0척	1척	2척	1척	0척	0척	1척	0척	0척	0척	**5척**
	실험함 · 계획함	0척	0척	1척	1척	1척	0척	0척	0척	0척	0척	**3척**
	합계(%)	**0%**	**7%**	**13%**	**27%**	**25%**	**12%**	**9%**	**6%**	**2%**	**0%**	**252척 (100%)**

포함	하용포함	0척	19척	19척	1척	0척	0척	0척	0척	0척	0척	**39척**
	합계(%)	**0%**	**49%**	**49%**	**2%**	**0%**	**0%**	**0%**	**0%**	**0%**	**0%**	**39척 (100%)**
해방함	1등해방함	0척	8척	10척	1척	0척	0척	0척	0척	0척	0척	**19척**
	2등해방함	0척	3척	10척	6척	3척	0척	0척	0척	0척	0척	**22척**
	3등해방함	0척	3척	8척	0척	0척	0척	0척	0척	0척	0척	**11척**
	등급폐지 후	0척	1척	8척	0척	0척	0척	0척	0척	0척	0척	**9척**
	신정의함	0척	6척	14척	14척	13척	31척	35척	22척	8척	3척	**146척**
합계(%)		**0%**	**10%**	**24%**	**10%**	**8%**	**15%**	**17%**	**11%**	**4%**	**1%**	**207척 (100%)**
총합계(%)		**0.2%**	**18%**	**28%**	**27%**	**10%**	**6%**	**6%**	**4%**	**1%**	**0.2%**	**1,052척 (100%)**

6.4 군함명과 표기 자종

이 절에서는 군함명을 표기 자종이라는 기준에서 살펴보고자 한다. 다음의 〈표8〉은 군함명의 표기 자종을 수치화한 것이다.

<표8> 군함명의 표기 자종

대분류	표기 자종 / 소분류	한자가나형	가타카나형	알파벳형	숫자형	**합계(척수)**
여명기	군함	100%	0%	0%	0%	**100%(21척)**
	운수선	100%	0%	0%	0%	**100%(23척)**
	연습함	100%	0%	0%	0%	**100%(6척)**
	어소함	100%	0%	0%	0%	**100%(2척)**
	합계	**100%**	**0%**	**0%**	**0%**	**100%(52척)**

군함	전함	94%	6%	0%	0%	100%(47척)
	순양전함	100%	0%	0%	0%	100%(8척)
	항공모함	100%	0%	0%	0%	100%(26척)
	순양함	99%	1%	0%	0%	100%(111척)
	수상기모함	100%	0%	0%	0%	100%(8척)
	잠수모함	100%	0%	0%	0%	100%(6척)
	통보함	100%	0%	0%	0%	100%(10척)
	부설함	100%	0%	0%	0%	100%(11척)
	연습전함	100%	0%	0%	0%	100%(1척)
	연습순양함	100%	0%	0%	0%	100%(3척)
	합계	98%	2%	0%	0%	100%(231척)
구축함	등급 제정 이전	100%	0%	0%	0%	100%(61척)
	1등구축함	100%	0%	0%	0%	100%(159척)
	2등구축함	100%	0%	0%	0%	100%(51척)
	합계	100%	0%	0%	0%	100%(271척)
잠수함	1등잠수함	0%	0%	0%	100%	100%(119척)
	2등잠수함	0%	0%	0%	100%	100%(101척)
	3등잠수함	0%	0%	0%	100%	100%(17척)
	제1차 세계대전 전리잠수함	0%	0%	0%	100%	100%(7척)
	특수잠항정 · 특공병기	100%	0%	0%	0%	100%(5척)
	실험함 · 계화함	67%	0%	0%	23%	100%(3척)
	합계	3%	0%	0%	97%	100%(252척)
포함	포함	100%	0%	0%	0%	100%(39척)
해방함	1등해방함	100%	0%	0%	0%	100%(19척)
	2등해방함	100%	0%	0%	0%	100%(22척)
	3등해방함	100%	0%	0%	0%	100%(11척)
	등급폐지 후	100%	0%	0%	0%	100%(9척)
	신정의함	19%	0%	0%	81%	100%(146척)
합계(%)		43%	0%	0%	57%	100%(207척)
총합계(%)		65%	1%	0%	34%	100%(1,052척)

위의 〈표8〉을 보면 전체 군함명의 표기 자종으로 한자가나형이 65%로 가장 많으며, 가타카나형이 1%, 숫자형이 34%를 차지한 반면, 알파벳형은 전혀 확인되지 않는 것을 알 수 있다. 잠수함명과 신정의함명에는 숫자형이 압도적으로 많은데 이것은 이미 6.3절에서 언급한 것처럼 신정의함명과 잠수함명이 일반명사를 차용하지 않고 등급과 순서를 표시하는 데에 중점을 두었기 때문으로 생각된다.

한자가나형의 군함명을 예로 들면 富士山(ふじさん), 摂津(せっつ), 和泉丸(いずみまる), 武蔵(むさし), 東(あずま), 春日(かすが), 龍驤(りゅうじょう), 第一丁卯(だいいちていぼう), 朝陽丸(ちょうようまる), 開運丸(かいうんまる), 樺太丸(からふとまる), 石川(いしかわ), 館山(たてやま), 敏捷(びんしょう), 八島(やじま), 朝日(あさひ), 丹後(たんご), 三笠(みかさ), 肥前(ひぜん), 石見(いわみ), 壱岐(いき), 敷島(しきしま), 香取(かとり), 薩摩(さつま), 榛名(はるな), 山城(やましろ), 伊勢(いせ), 生駒(いこま), 鞍馬(くらま), 伊吹(いぶき), 若宮(わかみや), 飛龍(ひりゅう), 天城(あまぎ), 葛城(かつらぎ), 赤城(あかぎ), 瑞鳳(ずいほう), 千歳(ちとせ), 信濃(しなの), 筑紫(つくし), 天竜(てんりゅう), 高雄(たかお), 大和(やまと), 常盤(ときわ), 八雲(やくも), 高千穂(たかちほ), 畝傍(うねび), 松島(まつしま), 阿蘇(あそ), 古鷹(ふるたか), 加古(かこ), 足柄(あしがら), 三隈(みくま) 등을 들 수 있다.

가타카나형의 군함명으로 トゥルグート·レイス, ナッサウ, オルデンブルク, アウクスブルク 등을 들 수 있는데 외국(러시아, 독일, 이탈리아 등)에서 도입한 군함이거나 전리품이다. 청나라 군함이 전리품일 경우에는 敏捷, 鎮遠과 같이 한자가나형 자종을 그대로 고수하기도 하며, 러시아에서 도입한 군함이라도 石見나 肥前과 같이 가타카나형 자종이 아닌 한자가나형 자종으로 바꿔 표기하기도 한다.

알파벳형의 군함명은 보이지 않으며 숫자형의 군함명(잠수함명)을 예로 들면 다음과 같다. 伊3, 伊4, 伊5, 伊6, 伊7, 伊8, 伊17, 伊32, 伊35, 伊51, 伊21, 伊28, 伊61, 伊180, 伊506, 伊351, 伊370, 伊373, 伊365, 伊372, 伊373, 伊366, 伊367, 伊368, 呂1, 呂11, 呂12, 呂15, 呂16, 呂18, 呂21, 呂27, 呂28, 波1, 波2, 波3, 波4, 第5, 第6, 第7 등을 들 수 있다. 위에 표시된 伊, 呂, 波는 등급을 나타낸다. 伊는 1등급, 呂는 2등급, 波는 3등급이다. 第는 숫자와 함께 순서를 나타낸다.

6.5 군함명과 레토릭

이제 마지막으로 군함명에 적용된 레토릭을 살펴보도록 하자. 다음의 〈표9〉는 대분류에 속하는 각 군함명들에 적용된 레토릭의 비율을 나타낸 것이다.

<표9> 대분류에 속하는 군함명과 레토릭

대분류	비유		환유			제유	불명	합계
	형상	특성	공간	시간	개념			
여명기	0%	12%	0%	0%	88%	0%	0%	**100%(52척)**
군함	0%	0%	0%	0%	98%	0%	2%	**100%(231척)**
구축함	0%	3%	0%	0%	97%	0%	0%	**100%(271척)**
잠수함	0%	0%	0%	0%	88%	0%	12%	**100%(8척)**
포함	0%	0%	0%	0%	100%	0%	0%	**100%(39척)**
해방함	0%	0%	0%	0%	100%	0%	0%	**100%(207척)**
합계	**0%**	**2%**	**0%**	**0%**	**97%**	**0%**	**1%**	**100%(808척)**

〈표9〉를 보면 군함의 총합계가 808척이다. 원래 군함명의 고찰 대상

이 1,052척이었는데, 808척이 된 것은 전체 252척의 잠수함명에서 244척의 숫자형의 잠수함명을 제외하였기 때문이다.

<표9>를 보면 비유의 레토릭에서 특성이 적용된 군함명의 비율이 2%를 차지하며, 환유의 레토릭(개념)이 적용된 군함명의 비율이 97%를 차지하는 것을 알 수 있다. 구체적으로 살펴보면 여명기에는 특성의 레토릭이 적용된 군함명의 비율이 12%를 차지하였으나 여명기 이후로는 개념의 레토릭이 적용된 군함명의 비율이 압도적인 우위를 차지해가는 것을 알 수 있다.

이하에서는 위의 <표9>에 대분류를 순서에 맞춰 구체적으로 살펴보도록 하겠다.

6.5.1 여명기의 군함명과 레토릭

다음의 <표10>은 여명기의 군함명에 채택된 레토릭을 조사한 결과이다.

<표10> 여명기의 전함명에 적용된 레토릭 비율

여명기	비유		환유			제유	불명	합계
	형상	특성	공간	시간	개념			
군함	0%	14%	0%	0%	86%	0%	0%	**100%(21척)**
운수선	0%	9%	0%	0%	91%	0%	0%	**100%(23척)**
연습함	0%	17%	0%	0%	83%	0%	0%	**100%(6척)**
어소함	0%	0%	0%	0%	100%	0%	0%	**100%(2척)**
합계	**0%**	**12%**	**0%**	**0%**	**88%**	**0%**	**0%**	**100%(52척)**

위의 <표10>을 보면 전체 군함명에서 비유(특성)가 12%, 환유가 88%, 제유가 0%를 차지하는 것을 알 수 있다. 개별적으로 보면 군함명은 비유가 14%, 환유(개념)가 86%를 차지하는 것을 알 수 있다. 운수선명

은 비유(특성)이 9%, 환유(개념)이 91%를 차지하는 것이 확인된다. 연습함명은 비유(특성)이 17%, 환유(개념)가 83%를 차지하며, 어소함은 환유(개념)이 100%를 차지하는 것을 알 수 있다.

비유가 가장 많이 적용된 군함명은 연습함명(17%)이며, 군함(14%)과 운수선명(9%)이 그 뒤를 잇고 있음을 볼 수 있다. 환유(개념)는 어소함이 100%로 가장 높게 적용되었으며, 운수선명(91%), 군함명(86%), 연습함명(83%)의 순서로 점점 낮은 비율을 차지하는 것을 알 수 있다.

군함명 중에 특성의 레토릭이 적용된 것으로 보이는 예로 電流丸(でんりゅうまる, 벼락), 雷電(らいでん,벼락) 등을 들 수 있다. 군함의 전투 능력이 전류나 번개처럼 신속하게 발휘되는 것을 염원한 데에서 비롯된 이름이라 생각된다. 개념의 레토릭이 적용된 예로는 摂津(せっつ, 지명), 筑波(つくば, 산), 龍驤(りゅうじょう, 용과 표범) 등을 들 수 있다. 6.6절에서 설명하겠다. 운수선 명 중에 특성의 레토릭이 적용된 것으로 보이는 예로는 行速(속도)이 있다. 빠른 속도를 염원한 데에서 비롯된 이름이라 생각된다. 개념의 레토릭이 적용된 예로는 朝暘丸(ちょうようまる, 아침 해), 翔鶴丸(しょうかく, 학), 観光丸(かんこうまる, 빛) 등의 예가 있다. 6.6절에서 설명하겠다. 연습함명 중에 특성의 레토릭이 적용된 것으로 보이는 구체적 예로 敏捷(びんしょう, 민첩)가 있다. 자의(字義) 그대로 기동력이 민첩하게 발휘되기를 염원한 데에서 비롯된 이름이라 생각된다. 어소함명 중에 개념의 레토릭이 적용된 예로는 迅鯨(じんげい, 고래)와 蒼竜(そうりゅう, 용)이 있다. 6.6절에서 설명하겠다.

6.5.2 여명기 이후의 군함명과 레토릭

다음의 <표11>은 여명기 이후의 군함명에 채택된 레토릭을 조사한 결과이다.

<표11> 여명기 이후의 군함명에 적용된 레토릭 비율

군함	비유		환유			제유	불명	합계
	형상	특성	공간	시간	개념			
전함	0%	0%	0%	0%	94%	0%	6%	**100%(47척)**
순양전함	0%	0%	0%	0%	100%	0%	0%	**100%(8척)**
항공모함	0%	0%	0%	0%	100%	0%	0%	**100%(26척)**
순양함	0%	0%	0%	0%	99%	0%	1%	**100%(111척)**
수상기모함	0%	0%	0%	0%	100%	0%	0%	**100%(8척)**
잠수모함	0%	0%	0%	0%	100%	0%	0%	**100%(6척)**
통보함	0%	0%	0%	0%	100%	0%	0%	**100%(10척)**
부설함	0%	0%	0%	0%	100%	0%	0%	**100%(11척)**
연습전함	0%	0%	0%	0%	100%	0%	0%	**100%(1척)**
연습순양함	0%	0%	0%	0%	100%	0%	0%	**100%(3척)**
합계	**0%**	**0%**	**0%**	**0%**	**98%**	**0%**	**2%**	**100%(231척)**

위의 <표11>을 보면 여명기 이후의 군함명에 적용된 레토릭 중에 개념의 인접성에 의한 환유가 98%로 절대적인 우위를 차지하는 것을 볼 수 있다. 이는 하위분류된 각종 군함명이 유사한 경향을 띠는 것에서도 확인된다. 전함명이나 순양함명을 제외한 나머지 군함명에 채택된 개념의 인접성이 100%를 차지하는 사실을 통해 군함명의 명명에 있어 얼마나 개념의 인접성을 중시했는가를 알 수 있다. 구체적인 설명은 6.6절에서 하겠다.

여기에서 한 가지 부연하고 싶은 것은 공간의 인접성과 개념의 인접성에 의한 환유의 차이이다. 예를 들어 金剛(こんごう)나 比叡(ひえい)는 산 이름이며, 土佐(とさ)나 武蔵(むさし)는 지명이므로 이들 이름을 채택한 군함명에는 개념의 인접성에 의한 환유가 아니라 공간의 인접성에 의한 환유가 적용되었다고 보아야 할 것이다. 그러나 본서에서는 이들 군함명에 모두 개념의 인접성에 의한 환유가 적용된 것으로 보는데, 그것은 이들 군함들이 예를 들어 土佐(どさ)나 武蔵(むさし) 등의 지방이나 金剛(こんごう)산이나 比叡(ひえい)산에서 건조되지 않았기 때문이다. 즉 특정 장소(군수공장)에서 건조된 군함에 土佐(どさ), 武蔵(むさし), 金剛(こんごう), 比叡(ひえい) 등의 지방명이나 산 이름을 개념적으로 인접시켜 명명한 것에 불과하다.

6.5.3 여명기 이후의 구축함명과 레토릭

다음의 <표12>는 여명기 이후의 구축함명에 채택된 레토릭을 조사한 결과이다.

<표12> 여명기 이후의 구축함명에 적용된 레토릭 비율

구축함	비유		환유			제유	불명	합계
	형상	특성	공간	시간	개념			
등급 제정 이전	0%	7%	0%	0%	93%	0%	0%	**100%(61척)**
1등구축함	0%	3%	0%	0%	97%	0%	0%	**100%(159척)**
2등구축함	0%	0%	0%	0%	100%	0%	0%	**100%(51척)**
합계	**0%**	**3%**	**0%**	**0%**	**97%**	**0%**	**0%**	**100%(271척)**

위의 <표12>를 보면 등급 제정 이전의 구축함명과 1등구축함명에 비유(특성)의 레토릭이 적용된 비율이 각각 7%와 3%이다. 개념의 인접성에 의한 환유는 2등구축함명에 100%로 가장 많이 적용되었으며, 1등구축함(97%), 등급 제정 이전(93%)의 순서로 점차 낮아지는 것을 확인할 수 있다.

등급 제정 이전의 구축함명에 적용된 특성의 예로 雷(いかづち, 번개),

電(いなづま, 번개), 疾風(はやて, 질풍) 등의 예가 확인된다. 번개나 전기, 질풍처럼 신속하고 역동적인 성능을 발휘해주길 바라는 염원에서 이러한 명칭들이 차용된 것으로 보인다. 개념의 인접성에 의한 환유가 적용된 예로는 朝潮(あさしお, 아침바다), 春雨(はるさめ, 봄비), 初霜(はつしも, 첫서리) 등의 예가 확인된다. 개념의 인접성에 의한 구체적인 설명은 6.6절에서 하도록 하겠다(이하 동일). 1등구축함명에 적용된 특성의 예로 疾風(はやて, 질풍)와 矢風(やかぜ, 화살바람: 화살이 날아갈 때 일어나는 바람) 등을 들 수 있다. 역시 신속한 기동력을 염원하는 데에서 비롯된 이름들로 생각된다. 개념의 인접성에 의한 환유가 적용된 예로는 睦月(むつき, 음력 1월), 吹雪(ふぶき, 눈보라), 磯波(いそなみ, 해안 근처 바다의 파도) 등을 들 수 있다. 2등구축함명에 적용된 환유(개념)의 예로 桜(さくら, 벚나무), 橘(たちばな, 귤나무), 杉(すぎ, 삼나무) 등의 예를 들 수 있다.

6.5.4 잠수함명과 레토릭

아래의 <표13>은 여명기 이후의 잠수함명에 채택된 레토릭을 조사한 결과이다.

<표13> 여명기 이후의 잠수함명에 채택된 레토릭 비율

구축함	비유		환유			제유	불명	합계
	형상	특성	공간	시간	개념			
1등잠수함	-	-	-	-	-	-	-	-
2등구축함	-	-	-	-	-	-	-	-
3등구축함	-	-	-	-	-	-	-	-
제1차세계대전 전리품 잠수함	-	-	-	-	-	-	-	-
특수잠항정 및 특효병기	0%	0%	0%	0%	100%	0%	0%	**100%(5척)**

실험함 및 계획함	0%	0%	0%	0%	67%	0%	33%	**100%(3척)**
합계	**0%**	**0%**	**0%**	**0%**	**88%**	**0%**	**12%**	**100%(8척)**

〈표13〉을 보면 1등잠수함, 2등잠수함, 3등잠수함, 제1차세계대전 전리품 잠수함을 제외한 총 8척의 잠수함명 중에 특수잠항명 및 특효 병기명에는 오로지 환유의 레토릭만이 적용된 것을 알 수 있다. 실험함 및 계획함명에는 환유가 67% 적용되었으며, 33%는 불명이다. 이때 말하는 불명의 의미는 본 저자가 해석을 하지 못했다는 것이다.

특수잠항명 및 특효 병기명에 적용된 환유의 예로 回天(かいてん, 회천), 海龍(かいりゅう, 해룡), 蛟龍(こうりゅう, 교룡), 甲標的(こうひょうてき, 갑표적) 등을 들 수 있다. 실험함 및 계획함명에 적용된 환유의 예로는 震海(しんかい, 진해), 邀撃艇(ようげきてい, 요격정) 등을 들 수 있다.

6.5.5 포함명과 레토릭

39척의 포함명에 100%가 개념의 인접성에 의한 환유가 적용된 것으로 나타났다. 포함명에 개념의 인접성에 의한 환유가 적용된 예로 摩耶(まや, 산), 鳥海(ちょうかい, 산), 愛宕(あたご, 산), 大島(おおしま, 섬) 등을 들 수 있다.

6.5.6 해방함명과 레토릭

다음의 〈표14〉는 여명기 이후의 해방함명에 적용된 레토릭을 조사한 결과이다.

<표14> 여명기 이후의 해방함명에 적용된 레토릭

구축함	비유		환유			제유	불명	합계
	형상	특성	공간	시간	개념			
1등해방함	0%	7%	0%	0%	100%	0%	0%	**100%(19척)**
2등해방함	0%	3%	0%	0%	100%	0%	0%	**100%(22척)**
3등해방함	0%	0%	0%	0%	100%	0%	0%	**100%(11척)**
등급폐지 후	0%	0%	0%	0%	100%	0%	0%	**0%(9척)**
신정의함	0%	0%	0%	0%	100%	0%	0%	**0%(146척)**
합계	**0%**	**3%**	**0%**	**0%**	**97%**	**0%**	**0%**	**100%(207척)**

위의 〈표14〉를 보면 해방함에 속하는 군함명이 모두 개념의 인접성에 의한 환유를 압도적으로 채택한 것을 알 수 있다. 1등해방함명에 적용된 환유(개념) 예로는 壱岐(いき, 지명), 丹後(たんご, 옛지명), 石見(いわみ, 옛지명), 吾妻(あづま, 지명) 등을 들 수 있다. 2등해방함명에 적용된 환유(개념)의 예로는 高千穂(たかちほ, 지명), 鈴谷(すずや, 강), 豊橋(とよはし, 지명) 등이 있었다. 3등해방함명의 예로는 天竜(てんりゅう, 용), 葛城(かつらぎ, 지명), 大和(やまと, 옛 지명) 등의 예가 확인되었다. 등급폐지 후의 해방함명으로는 出雲(いずも, 지명), 磐手(いわて, 지명), 松江(まつえ, 지명) 등의 예를 들 수 있다. 신정의함의 예로는 国後(くなしり, 섬), 八丈(はちじょう, 섬), 択捉(えとろふ, 섬) 등을 들 수 있다.

6.5.7 정리

지금까지 살펴본 군함명과 레토릭을 정리하면 다음과 같다.

<표15> 군함명과 레토릭

대분류	레토릭 / 소분류	비유		환유			제유	불명	합계
		형상	특성	공간	시간	개념			
여명기	군함	0%	14%	0%	0%	86%	0%	0%	**100%(21척)**
	운수선	0%	9%	0%	0%	91%	0%	0%	**100%(23척)**
	연습함	0%	17%	0%	0%	83%	0%	0%	**100%(6척)**
	어소함	0%	0%	0%	0%	100%	0%	0%	**100%(2척)**
	합계	**0%**	**12%**	**0%**	**0%**	**88%**	**0%**	**0%**	**100%(52척)**
군함	전함	0%	0%	0%	0%	94%	0%	6%	**100%(47척)**
	순양전함	0%	0%	0%	0%	100%	0%	0%	**100%(8척)**
	항공모함	0%	0%	0%	0%	100%	0%	0%	**100%(26척)**
	순양함	0%	0%	0%	0%	99%	0%	1%	**100%(111척)**
	수상 기모함	0%	0%	0%	0%	100%	0%	0%	**100%(8척)**
	잠수모함	0%	0%	0%	0%	100%	0%	0%	**100%(6척)**
	통보함	0%	0%	0%	0%	100%	0%	0%	**100%(10척)**
	부설함	0%	0%	0%	0%	100%	0%	0%	**100%(11척)**
	연습전함	0%	0%	0%	0%	100%	0%	0%	**100%(1척)**
	연습 순양함	0%	0%	0%	0%	100%	0%	0%	**100%(3척)**
	합계	**0%**	**0%**	**0%**	**0%**	**98%**	**0%**	**2%**	**100%(231척)**
구축함	등급 제정 이전	0%	7%	0%	0%	93%	0%	0%	**100%(61척)**
	1등구축함	0%	3%	0%	0%	97%	0%	0%	**100%(159척)**
	2등구축함	0%	0%	0%	0%	100%	0%	0%	**100%(51척)**
	합계	**0%**	**3%**	**0%**	**0%**	**97%**	**0%**	**0%**	**100%(271척)**
잠수함	1등잠수함	-	-	-	-	-	-	-	**(0척)**
	2등잠수함	-	-	-	-	-	-	-	**(0척)**
	3등잠수함	-	-	-	-	-	-	-	**(0척)**
	제1차세계대전 전리잠수함	-	-	-	-	-	-	-	**(0척)**
	특수잠항정 · 특효병기	0%	0%	0%	0%	100%	0%	0%	**100%(5척)**
	실험함 · 계획함	0%	0%	0%	0%	67%	0%	33%	**100%(3척)**
	합계	**0%**	**0%**	**0%**	**0%**	**88%**	**0%**	**12%**	**100%(8척)**
포함	**포함**	**0%**	**0%**	**0%**	**0%**	**100%**	**0%**	**0%**	**100%(39척)**

해방함	1등해방함	0%	0%	0%	0%	100%	0%	0%	**100%(19척)**
	2등해방함	0%	0%	0%	0%	100%	0%	0%	**100%(22척)**
	3등해방함	0%	0%	0%	0%	100%	0%	0%	**100%(11척)**
	등급폐지 후	0%	0%	0%	0%	100%	0%	0%	**100%(9척)**
	신정의함	0%	0%	0%	0%	100%	0%	0%	**100%(146척)**
합계		**0%**	**0%**	**0%**	**0%**	**100%**	**0%**	**0%**	**100%(207척)**
총합계		**0%**	**2%**	**0%**	**0%**	**97%**	**0%**	**1%**	**100%(808척)**

6.6 군함명과 환유의 레토릭

다음의 〈표16〉은 여명기와 여명기 이후의 군함명에 채택된 환유의 레토릭을 조사한 결과이다. 이하에서는 환유의 레토릭이 적용된 총 672척을 조사 대상으로 하였음을 밝혀둔다.[2]

<표16> 여명기와 여명기 이후의 군함명에 적용된 개념의 환유 비율

대분류	지명	지형	자연현상	시간	동물	식물	기타	합계
여명기	28%	17%	4%	9%	20%	0%	22%	**100%(46척)**
군함	26%	50%	2%	0%	10%	0%	12%	**100%(227척)**
구축함	0%	1%	55%	10%	1%	32%	1%	**100%(262척)**
잠수함	0%	0%	0%	0%	30%	0%	70%	**100%(7척)**
포함	41%	36%	0%	0%	0%	0%	23%	**100%(39척)**
해방함	56%	28%	1%	0%	1%	0%	14%	**100%(91척)**
합계	**22%**	**25%**	**21%**	**4%**	**5%**	**13%**	**10%**	**100%(672척)**

2 고찰의 대상인 해방함은 원래 207척이다. 합계에 제시된 91척은 순서와 숫자가 들어간 해방함명(116척)을 제외한 수치이다. 6.5절에서는 순서와 숫자가 들어간 해방함명은 순서와 숫자라는 개념에 의한 환유의 레토릭이 적용된 것으로 간주하였으나 6.6절에서는 지명, 지형, 자연현상, 시간, 동물, 식물, 기타의 범주에 들어가지 않는 순서 및 숫자는 고찰의 대상에서 제외하였음을 미리 밝혀둔다.

본 저자가 군함명을 살펴본 결과 개념의 환유에 속하는 것으로 생각되는 하위개념으로 지명, 지형, 자연현상, 시간, 동물, 식물, 기타 등의 카테고리를 설정하였다. 지명의 예로는 東京丸(とうきょうまる), 武蔵(むさし), 相模(さがみ), 肥(ひぜん), 香椎(かしい)를 들 수 있다. 지형으로는 富士(ふじ), 生駒(いこま), 鞍馬(くらま)와 같은 산 이름을 비롯하여 厳島(いつくしま), 松島(まつしま) 등의 섬 이름, 多摩(たま), 大井(おおい) 등의 강 이름 등의 예를 들 수 있다. 자연현상을 나타내는 군함명의 예로는 浦波(うらなみ, 물가로 밀려오는 파도), 初雪(はつゆき, 첫눈), 山風(やまかぜ, 산바람), 漣(さざなみ, 잔물결) 등을 들 수 있다. 시간을 나타내는 군함명의 예로는 初春(はつはる, 초봄), 夕暮(ゆうぐれ, 해질녘), 曙(あけぼの, 새벽), 卯月(うづき, 음력 4월) 등을 들 수 있다. 동물을 나타내는 군함명의 예로는 白鷹(しらたか, 백응: 매(독수리)), 若鷹(わかたか, 한 살짜리 매(독수리)), 天竜(てんりゅう, 용), 迅鯨(じんげい, 고래) 등을 들 수 있다. 식물을 나타내는 예로는 柳(やなぎ, 버드나무), 椿(つばき, 동백나무), 樅(もみ, 전나무) 등의 예를 들 수 있다. 기타로는 神風(かみかぜ, 신풍)에서 보듯 위에 제시한 어느 하위범주에도 속하지 않은 예를 들 수 있다.

위의 <표16>을 보면 지형을 나타내는 군함명이 25%로 가장 많았으며, 지명이 22%, 자연현상이 21%, 식물(13%), 기타(10%), 동물(5%), 시간(4%)이 각각 그 뒤를 잇고 있다. 여명기의 군함명과 여명기 이후의 군함명, 포함명, 해방함명에는 지명과 지형이 가장 많이 적용되었다. 여명기 이후의 구축함명에는 자연현상명과 식물명이 가장 많이 적용되었다. 이하에서는 위의 표에 제시된 대분류 순서대로 하위범주에 초점을 가하여 좀 더 구체적으로 살펴보도록 하겠다.

6.6.1 여명기의 군함명과 환유의 레토릭

다음의 <표17>은 여명기의 군함명에 적용된 환유의 레토릭을 조사한 결과이다.

<표17> 여명기의 군함명에 적용된 개념의 인접성에 의한 환유 비율

여명기	지명	지형	자연현상	시간	동물	식물	기타	합계
군함	33%	17%	0%	22%	6%	0%	22%	**100%(18척)**
운수선	28%	10%	10%	0%	28%	0%	24%	**100%(21척)**
연습함	20%	60%	0%	0%	0%	0%	20%	**100%(5척)**
어소함	0%	0%	0%	0%	100%	0%	0%	**100%(2척)**
합계	**28%**	**17%**	**4%**	**9%**	**20%**	**0%**	**22%**	**100%(46척)**

위의 <표17>을 보면 여명기의 군함명에는 지명과 기타, 동물을 나타내는 환유가 각각 28%, 22%, 20%로 가장 많이 적용되었으며 지형과 시간, 자연현상이 각각 그 뒤를 잇는 것을 알 수 있다. 군함명은 지명(33%)과 시간(22%), 기타(22%)의 양상을 보였다. 운수선명은 지명(28%)과 동물(28%), 기타(24%), 지형(10%), 자연현상(10%)의 양상을, 연습함명은 지형(60%)과 기타(20%), 지명(20%)의 양상을 보였다. 어소함명에는 오로지 동물만이 적용되었다.

군함명 중에서 첫째, 지명을 나타낸 예로는 摂津(せっつ), 和泉丸(いずみまる), 春日(かすが) 등을 들 수 있다. 지형을 나타낸 예로 富士山(ふじさん), 筑波(つくば), 浅間(あさま) 등의 산 이름을 들 수 있다. 시간을 나타낸 예로는 第一丁卯(だいいちていぼう), 第二丁卯(だいにていぼう)의 丁卯(토끼띠 해), 孟春(もうしゅん, 초봄), 陽春丸(ようしゅんまる,봄의 절정) 등을 들 수 있다. 동물을 나타낸 예로는 龍驤(りゅうじょう, 용과 표범)을 들 수 있다. 기타의 예로는 千代田形(ちよだがた, 江戸城의 별칭), 乾行(けんこう, 바

른 길을 걷는 것), 清輝(せいき, 맑은 빛), 延年丸(えんねんまる, 장수하는 것) 등을 들 수 있다. 둘째, 운수선명 중에서 지명을 나타내는 예로 東京丸(とうきょうまる), 大坂丸(おおさかまる), 高雄丸(たかおまる), 樺太丸(からふとまる) 등을 들 수 있다. 지형을 나타내는 예로는 石川(いしかわ), 第一利根川船(だいいちとねがわぶね), 第二利根川船(だいにとねがわぶね)에서 보듯 산이나 강 이름, 섬 이름 등을 들 수 있다. 자연현상을 나타내는 예로는 朝陽丸(ちょうようまる, 아침 해), 快風丸(かいふうまる, 유쾌한 바람) 등을 들 수 있다. 동물을 나타내는 예로는 飛龍(ひりゅう, 나는 용), 鳳凰(ほうおう, 봉황), 長鯨丸(ちょうげい, 긴 고래), 立象丸(りっしょうまる, 서 있는 코끼리), 沖鷹丸(ちゅうようまる, 높이 나는 매), 翔鶴丸(しょうかくまる, 비상하는 학), 飛隼丸(ひじゅんまる, 하늘을 나는 송골매) 등을 들 수 있다. 기타로는 観光丸(かんこうまる, 빛), 虹橋船(こうきょうせん, 무지개다리), 咸臨丸(かんりんまる, 군신이 서로 친히 지내는 것) 등을 들 수 있다. 셋째, 연습함명 중에 지명을 나타내는 예로 館山(たてやま)를 들 수 있다. 지형의 예로는 干珠(かんじゅ), 石川(いしかわ), 満珠(まんじゅ) 등의 섬 이름들을 들 수 있다. 기타로는 肇敏(ちょうびん, 일 처리를 민첩하게 하는 것)를 들 수 있다. 마지막으로 어소함명 중에 동물을 나타내는 예로는 迅鯨(じんげい, 고래), 蒼竜(そうりゅう, 푸른 용) 등을 들 수 있다.

6.6.2 여명기 이후의 군함명과 환유의 레토릭

다음의 〈표18〉은 여명기 이후의 군함명에 적용된 환유(개념의 인접성)의 비율을 나타낸 것이다.

<표18> 여명기 이후의 군함명에 적용된 개념의 인접성에 의한 환유 비율

군함	지명	지형	자연	시간	동물	식물	기타	합계
전함	59%	14%	7%	0%	0%	0%	20%	**100%(44척)**
순양전함	0%	100%	0%	0%	0%	0%	0%	**100%(8척)**
항공모함	12%	12%	0%	0%	72%	0%	4%	**100%(26척)**
순양함	24%	68%	0%	0%	0%	0%	8%	**100%(110척)**
수상기모함	13%	37%	0%	0%	0%	0%	50%	**100%(8척)**
잠수모함	17%	33%	0%	0%	50%	0%	0%	**100%(6척)**
통보함	10%	80%	0%	0%	0%	0%	10%	**100%(110척)**
부설함	18%	73%	0%	0%	0%	0%	9%	**100%(11척)**
연습전함	0%	100%	0%	0%	0%	0%	0%	**100%(1척)**
연습순양함	0%	0%	0%	0%	0%	0%	100%	**100%(3척)**
합계	**26%**	**50%**	**2%**	**0%**	**10%**	**0%**	**12%**	**100%(227척)**

위의 〈표18〉을 보면 여명기 이후의 군함명에 지형이 50%로 가장 많고 지명(26%), 기타(12%), 동물(10%)이 각각 그 뒤를 잇고 있음을 알 수 있다. 전함명의 경우는 지명(59%)이 압도적으로 많은 반면에, 나머지 순양전함명, 순양함명, 수상기모함명, 통보함명, 부설함명, 연습전함명, 연습순양함명에는 지형명이 적용된 비율이 압도적으로 높다. 항공모함명과 잠수모함명에는 동물명이 압도적으로 높다.

전함명에 지명이 적용된 예로는 三笠(みかさ), 丹後(たんご), 相模(さがみ), 周防(すおう), 肥前(ひぜん), 石見(いわみ), 薩摩(さつま), 安芸(あき), 摂津(せっつ), 日向(ひゅうが), 長門(ながと), 陸奥(むつ), 加賀(かが), 土佐(とさ), 初瀬(はつせ) 등을 들 수 있다. 지형의 예로는 金剛(こんごう), 榛名(はるな), 霧島(きりしま), 比叡(ひえい), 伊吹(いぶき), 生駒(いこま), 鞍馬(くらま) 등의 산 이름이 있다. 자연현상의 예로는 朝日(あさひ, 해)를 들 수 있다. 기타의 예로는 八島(やしま, 일본의 아칭), 敷島(しきしま, 일본의 아칭), 扶桑(ふそう, 일본의 아칭), 鎮遠(ちんえん, 청나라 전함 전리품) 등을 들 수 있다.

순양전함명에 지형이 적용된 예로는 金剛(こんごう), 榛名(はるな), 霧島(きりしま), 比叡(ひえい) 등의 산 이름이 있다.

항공모함명에 지명이 적용된 예로는 葛城(かつらぎ)와 信濃(しなの)가 있으며 지형으로는 若宮(わかみや, 섬 이름), 天城(あまぎ, 산 이름), 赤城(あかぎ, 산 이름)이 있다. 동물로는 鳳翔(ほうしょう, 봉황), 翔鶴(しょうかく, 높이 나는 학), 龍驤(りゅうじょう, 용과 표범), 蒼竜(そうりゅう, 푸른 용), 飛龍(ひりゅう, 나는 용), 瑞鶴(ずいかく, 경사스런 학), 大凰(たいほう, 봉황), 雲竜(うんりゅう, 구름을 타고 하늘을 오르는 용), 龍鳳(りゅうほう, 용과 봉황), 飛鷹(ひよう, 나는 매), 隼鷹(じゅんよう, 독수리), 大鷹(たいよう, 큰독수리), 雲鷹(うんよう, 구름 위를 나는 독수리), 冲鷹(ちゅうよう, 하늘 높이 나는 독수리), 神鷹(しんよう, 매), 海鷹(うみたか, 바다를 나는 독수리) 등이 있다. 기타로는 千代田(ちよだ, 성 이름)가 있다.

순양함명에 지명이 적용된 예로는 日進(にっしん), 武蔵(むさし), 浪速(なにわ), 橋立(はしだて), 須磨(すま), 磐手(いわて), 春日(かすが), 高雄(たかお), 松島(まつしま), 須磨(すま), 対馬(つしま), 音羽(おとは), 津軽(つがる), 平戸(ひらと), 和泉(いずみ) 등을 들 수 있다. 지형이 적용된 예로는 古鷹(ふるたか, 산), 加古(かこ, 강), 青葉(あおば, 산), 衣笠(きぬがさ, 산), 妙高(みょうこう, 산), 那智(なち, 산), 足柄(あしがら, 산), 羽黒(はぐろ, 산), 愛宕(あたご, 산), 鳥海(ちょうかい, 산), 摩耶(まや, 산), 最上(もがみ, 강), 利根(とね, 강), 三隈(みくま, 강), 鈴谷(すずや, 강), 筑摩(ちくま, 강), 高千穂(たかちほ, 봉우리), 厳島(いつくしま, 섬), 吉野(よしの, 산), 高砂(たかさご, 포구), 明石(あかいし, 포구), 笠置(かさぎ, 산 이름), 新高(にいたか, 산), 宗谷(そうや, 해협), 天竜(てんりゅう, 강), 龍田(たつた, 강), 球磨(くま, 강), 多摩(たま, 강), 北上(きたがみ, 강), 大井(おおい, 강), 木曾(きそ, 강), 五十鈴(いすず, 강), 長良(な

がら, 강), 名取(なとり, 강), 由良(ゆら, 강), 鬼怒(きぬ, 강), 阿武隈(あぶくま, 강), 那珂(なか, 강), 矢作(やはぎ, 강) 등을 들 수 있다. 기타로는 千歲(ちとせ, 영원), 常磐(ときわ, 영구불변) 등을 들 수 있다.

수상기모함명에 지명이 적용된 예로는 日進(にっしん)이 있다. 지형으로는 若宮(わかみや, 섬), 能登呂(のとろ, 곶), 神威(かもい, 곶) 등의 예가 있다. 기타가 적용된 예로는 千歲(ちとせ, 영원), 瑞穂(みずほ, 일본의 아칭), 秋津洲(あきつしま, 일본의 아칭) 등을 들 수 있다.

잠수모함명에 지명이 적용된 예로는 韓崎(からさき), 豊橋(とよはし), 駒橋(こまはし) 등을 들 수 있다. 지형의 예로는 高崎(たかさき, 곶), 剣崎(けんざき, 곶)을 들 수 있다. 동물의 예로는 迅鯨(じんげい, 고래), 長鯨(ちょうげい, 고래), 大鯨(たいげい, 고래) 등을 들 수 있다.

통보함명에 지명이 적용된 예로는 満州(まんしゅう)가 있다. 지형으로는 八重山(やえやま, 산), 千島(ちしま, 섬), 龍田(たつた, 강), 宮古(みやこ, 섬), 淀(よど, 강), 最上(もがみ, 강), 姉川(あねがわ, 강), 鈴谷(すずや, 강) 등이 있다. 기타의 예로는 千早(ちはや, 성)가 있다.

부설함명에 지명이 적용된 예로는 常磐(ときわ), 津軽(つがる)가 있다. 지형의 예로는 厳島(いつくしま, 섬), 八重山(やえやま, 산), 沖島(おきしま, 섬), 箕面(みのお, 강) 등이 있다. 기타로는 勝力(かつりき, 승리하는 힘)를 들 수 있다.

연습전함명에 지형이 적용된 예로는 比叡(ひえい, 산)가 있었다. 연습순양함명에 기타가 적용된 예로는 香取(かとり, 신궁), 鹿島(かしま, 신궁), 香椎宮(かしいみや, 신궁) 등을 들 수 있다.

6.6.3 여명기 이후의 구축함명과 환유의 레토릭

다음의 <표19>는 여명기 이후의 구축함명에 적용된 환유의 레토릭을 조사한 결과이다.

<표19> 여명기 이후의 구축함명에 적용된 환유(개념의 인접성)의 비율

여명기	지명	지형	자연현상	시간	동물	식물	기타	합계
등급 제정 이전	0%	5%	64%	23%	2%	2%	4%	**100%(57척)**
1등구축함	0%	0%	69%	9%	0%	21%	1%	**100%(154척)**
2등구축함	0%	0%	0%	0%	0%	100%	0%	**100%(51척)**
합계	**0%**	**1%**	**55%**	**10%**	**1%**	**32%**	**1%**	**100%(262척)**

<표19>에 제시한 여명기 이후의 전체 구축함명에 적용된 환유의 비율을 보면 자연현상이 55%로 가장 높은 수치를 차지하는 것을 알 수 있다. 식물이 32%, 시간이 10%로 각각 그 뒤를 잇고 있다. 등급 제정 이전에는 자연현상이 64%, 시간이 23%였다. 1등구축함명에는 자연현상이 69%, 시간이 9%, 2등구축함명에는 모두 식물명이 적용되었다. 이하 구축함명에 적용된 자연현상, 시간, 식물의 예를 제시하도록 하겠다.

먼저 등급 제정 이전의 구축함명에 적용된 자연현상으로 雷(いかづち, 번개), 電(いなづま, 번개), 漣(さざなみ, 잔물결), 霓(にじ, 무지개), 東雲(しののめ, 동쪽 구름), 叢雲(むらくも, 구름), 夕霧(ゆうぎり, 이슬), 不知火(しらぬい, 신기루), 陽炎(かげろう, 아지랑이), 薄雲(うすぐも, 구름), 霞(かすみ, 안개), 白雲(しらくも, 구름), 朝潮(あさしお, 아침조석), 春雨(はるさめ, 봄비), 村雨(むらさめ, 소나기), 朝霧(あさぎり, 아침안개), 吹雪(ふぶき, 눈보라), 霰(あられ, 싸락눈), 初霜(はつしも, 첫서리), 白雪(しらゆき, 흰눈), 松風(まつかぜ, 솔바람), 朝風(あさかぜ, 아침바람), 春風(はるかぜ, 봄바람), 時雨(しぐれ, 늦가을비), 朝露(あさつゆ, 아침이슬), 追風(おいて, 순풍), 夕凪(ゆうなぎ, 저녁 무렵에 멈추는 바

람), 夕立(ゆうだち, 소나기), 野分(のわき, 태풍), 響(ひびき, 울림), 白妙(しろたえ, 하얀빛), 初雪(はつゆき, 첫눈), 浦波(うらなみ, 바닷가로 밀려오는 파도), 磯波(いそなみ, 얕은 해안가의 파도), 綾波(あやなみ, 겹쳐 밀려오는 파도) 등의 예를 들 수 있다. 시간의 예로는 暁(あかつき, 새벽), 弥生(やよい, 음력 3월), 如月(きさらぎ, 음력 2월), 白露(しらつゆ, 백로), 曙(あけぼの, 새벽), 三日月(みかづき, 음력 3일), 子日(ねのひ, 음력 1월 첫 子가 붙는 날), 水無月(みなづき, 음력 6월), 長月(ながつき, 음력 9월), 菊月(きくつき, 음력 9월), 文月(ふみつき, 음력 7월), 五月(さつき, 음력 5월) 등을 들 수 있다.

1등구축함명에 적용된 자연현상의 예로는 海風(うみかぜ, 바닷바람), 山風(やまかぜ, 산바람), 浦風(うらかぜ, 갯바람), 江風(かわかぜ, 강바람), 磯風(いそかぜ, 바람), 天津風(あまつかぜ, 하늘을 부는 바람), 浜風(はまかぜ, 갯바람), 時津風(ときつかぜ, 밀물 때 부는 바람), 谷風(たにかぜ, 골짜기바람), 峯風(みねかぜ, 봉우리바람), 澤風(さわかぜ, 연못에 부는 바람), 沖風(おきかぜ, 먼 바다에 부는 바람), 島風(しまかぜ, 섬에 부는 바람), 灘風(なだかぜ, 여울에 부는 바람), 矢風(やかぜ, 화살을 쏠 때 일어나는 바람), 羽風(はかぜ, 날갯바람), 汐風(しおかぜ, 소금기를 머금은 바람), 秋風(あきかぜ, 가을바람), 夕風(ゆうかぜ, 저녁바람), 太刀風(たちかぜ, 칼바람: 칼을 휘두를 때 일어나는 바람), 帆風(ほかぜ, 순풍), 野風(のかぜ, 들바람), 波風(なみかぜ, 파도바람), 沼風(ぬまかぜ, 늪에 부는 바람), 朝風(あさかぜ, 아침바람), 春風(はるかぜ, 봄바람), 松風(まつかぜ, 솔바람), 旗風(はたかぜ, 깃발이 펄럭일 때 나는 바람), 追風(おいかぜ, 뒤에서 부는 바람), 疾風(はやて, 질풍), 朝凪(あさなぎ, 아침뜸), 三日月(みかづき, 초승달), 望月(もちづき, 보름달), 吹雪(ふぶき, 눈보라), 白雪(しらゆき, 흰눈), 初雪(はつゆき, 첫눈), 深雪(みゆき, 깊이 쌓인 눈), 叢雲(むらくも, 겹겹이 모인 구름), 薄雲(うすぐも, 옅은 구름), 白雲(しらくも, 흰구름), 磯波(いそなみ, 해안가에 이는 파도), 浦

波(うらなみ, 물가로 밀려오는 파도), 綾波(あやなみ, 함께 밀려오는 파도), 敷波(しきなみ, 끊임없이 밀려오는 파도), 朝霧(あさぎり, 아침안개), 夕霧(ゆうぎり, 저녁안개), 天霧(あまぎり, 안개로 하늘이 흐려짐), 狭霧(さぎり, 안개), 漣(さざなみ, 잔물결), 潮(しお, 바다), 響(ひびき, 울림), 雷(いかづち, 벼락), 電(いなづま, 벼락), 初霜(はつしも, 첫서리), 時雨(しぐれ, 늦가을 비), 村雨(むらさめ, 소나기, 늦가을 비), 夕立(ゆうだち, 소나기), 春雨(はるさめ, 봄비), 五月雨(さみだれ, 여름장마), 涼風(すずかぜ, 선들바람), 朝潮(あさしお, 아침 무렵의 조석), 大潮(おおしお, 간만의 차가 가장 크질 때의 바다), 満潮(まんちょう, 만조), 荒潮(あらしお, 거친 조류), 朝雲(あさくも, 아침구름), 山雲(やまくも, 산 구름), 夏雲(なつぐも, 여름구름), 峰雲(みねぐも, 봉우리구름), 霞(かすみ, 안개), 霰(あられ, 싸락눈), 陽炎(かげろう, 아지랑이), 黒潮(くろしお, 검은 바다), 親潮(おやしお, 해류의 한 이름), 早潮(はやしお, 흐름이 빠른 조류), 夏潮(なつしお, 여름 바다), 初風(はつかぜ, 여름 끝에 부는 바람), 雪風(ゆきかぜ, 눈을 머금은 바람), 嵐(あらし, 태풍), 萩風(はぎかぜ, 음력 8월에 부는 바람), 島風(しまかぜ, 섬들 사이를 빠져 나가는 바람), 秋雲(あきくも, 가을구름), 夕雲(ゆうぐも, 저녁구름), 巻雲(まきぐも, 권운), 風雲(かざぐも, 비구름), 巻波(まきなみ, 파도 앞면이 말리는 파도), 高波(たかなみ, 높은 파도), 大波(おおなみ, 큰 파도), 清波(きよなみ, 맑은 파도), 玉波(たまなみ, 아름다운 파도), 鈴波(すずなみ, 파도의 한 이름), 早波(はやなみ, 격랑), 浜波(はまなみ, 해안가에 치는 파도), 沖波(おきなみ, 먼 바다에 일렁이는 파도), 岸波(きしなみ, 연안에 치는 파도), 朝霜(あさしも, 아침서리), 早霜(はやしも, 이른 서리), 秋霜(あきしも, 가을서리), 清霜(きよしも, 맑은 서리), 秋月(あきづき, 가을달), 照月(てるづき, 찬란하게 빛나는 달), 涼月(すずつき, 시원하게 느껴지는 달, 음력 7월), 初月(はつづき, 첫달, 음력 1월), 新月(にいづき, 동쪽 하늘에 빛나는 달), 若月(わかつき, 초생달), 冬月(ふゆつき, 겨울밤에 뜨는 달), 春月

(はるつき, 봄에 뜨는 달), 宵月(よいつき, 새벽녘에 뜨는 달), 夏月(なつづき, 여름달), 花月(はなづき, 꽃과 달), 三日月(みかづき, 초생달), 望月(もちづき, 보름달) 등이 있다. 시간의 예로는 初春(はつはる, 초춘), 子日(ねのひ, 자일), 有明(ありあけ, 새벽), 夕暮(ゆうぐれ, 저녁), 白露(しらつゆ, 백로), 睦月(むつき, 음력 1월), 如月(きさらぎ, 음력 2월), 弥生(やよい, 음력 3월), 卯月(うづき, 음력 4월), 皐月(さつき, 음력 5월), 水無月(みなづき, 음력 6월), 文月(ふみつき, 음력 7월), 長月(ながつき, 음력 8월), 菊月(きくづき, 음력 9월), 霜月(しもつき, 음력 11월), 東雲(しののめ, 새벽녘) 등의 예가 있다. 식물명의 예로는 松(まつ, 소나무), 竹(たけ, 대나무), 梅(うめ, 매화나무), 桃(もも, 복숭아나무), 桑(くわ, 뽕나무), 桐(きり, 오동나무), 杉(すぎ, 삼나무), 槇(まき, 우듬지나무), 樅(もみ, 전나무), 樫(かし, 떡갈나무), 榧(かや, 비자나무), 楢(なら, 졸참나무), 桜(さくら, 벚나무), 柳(やなぎ, 버드나무), 椿(つばき, 참죽나무), 檜(ひのき, 노송나무), 楓(かえで, 단풍나무), 欅(けやき, 느티나무), 柿(かき, 감나무), 樺(かば, 자작나무), 橘(たちばな, 감귤나무), 蔦(つた, 담쟁이), 萩(はぎ, 가래나무), 菫(すみれ, 제비꽃), 楠(くすのき, 녹나무), 初桜(はつざくら, 처음 핀 벚꽃), 楡(にれ, 느릅나무), 梨(なし, 배), 椎(しい, 모밀잣밤나무), 雄竹(おだけ, 참대나무), 初梅(はつうめ, 첫매화), 藤波(ふじなみ, 파도처럼 흔들리는 등나무꽃) 등의 예가 있다.

마지막으로 2등구축함명에 적용된 식물명으로는 松(まつ, 소나무), 竹(たけ, 대나무), 榊(さかき, 비쭈기나무), 梅(うめ, 매화나무), 桂(かつら, 계수나무), 桃(もも, 복숭아나무), 柏(かしわ, 측백나무), 桑(くわ, 뽕나무), 桐(きり, 오동나무), 杉(すぎ, 삼나무), 槇(まき, 우듬지나무), 栗(くり, 밤나무), 樅(もみ, 전나무), 樫(かし, 떡갈나무), 榧(かや, 비자나무), 楢(なら, 졸참나무), 桜(さくら, 벚나무), 柳(やな, ぎ버드나무), 椿(つばき, 참죽나무), 檜(ひのき, 노송나무), 楓(かえで, 단풍나무), 欅(けやき, 느티나무), 柿(かき, 감나무), 樺(かば, 자작나무), 橘(た

ちばな, 감귤나무), 蔦(つた, 담쟁이덩쿨), 栂(つが, 솔송나무), 萩(はぎ, 가래나무), 菫(すみれ, 제비꽃), 楠(くすのき, 녹나무), 初桜(はつざくら, 처음 핀 벚꽃), 菊(きく, 국화), 楡(にれ, 느릅나무), 梨(なし, 배), 椎(しい, 모밀잣밤나무), 雄竹(おだけ, 참대나무), 初梅(はつうめ, 매화), 葵(あおい, 접시꽃), 薄(すすき, 억새풀), 藤(ふじ, 등나무), 葦(あし, 갈대), 菱(ひし, 마름), 蓮(はす, 연밥), 蓬(よもぎ, 쑥), 蕨(わらび, 고사리), 蓼(たで, 여뀌), 若竹(わかたけ, 새로 난 대나무), 呉竹(くれたけ, 염죽), 早苗(さなえ, 볏모), 早蕨(さわらび, 새싹이 난 고사리), 朝顔(あさがお, 나팔꽃), 夕顔(ゆうがお, 밤나팔꽃), 芙蓉(ふよう, 부용), 刈萱(かるかや, 솔새) 등의 예가 있다.

6.6.4 여명기 이후의 잠수함명과 환유의 레토릭

여명기 이후의 잠수함명 중에서 1등잠수함, 2등잠수함, 3등잠수함, 제1차세계대전 전리잠수함명에는 모두 번호(순서)가 매겨져 있어 고찰의 대상에서 제외하였다. 반면에 특수잠항정 및 특공병기, 실험함과 계획함명에는 환유의 레토릭(개념의 인접성)이 적용된 예가 있었다. 먼저 특수잠항정 및 특공병기명에는 동물명인 海龍(かいりゅう, 용), 蛟龍(こうりゅう, 용)가 있었다. 기타명으로는 回天(かいてん, 천하의 형세를 바꾸는 것)과 甲標的(こうひょうてき)이 있었다. 실험함과 계획함명으로는 기타에 해당하는 것으로 震海(しんかい), 邀撃艇(ようげきてい) 등의 예를 들 수 있다.

6.6.5 여명기 이후의 포함명과 환유의 레토릭

여명기 이후의 포함명으로 총 39개의 예가 확인되었다. 지명, 지형, 기타에 해당하는 예가 확인되었는데, 먼저 지명의 예로는 伏見(ふしみ), 隅田(すみだ), 鳥羽(とば), 勢多(せた), 多々良(たたら), 鳴海(なるみ), 唐津(か

らつ), 宇治(うじ), 嵯峨(さが), 安宅(あたか), 熱海(あたみ), 堅田(かたた) 등의 예가 확인되었다. 지형으로는 舞子(まいご, 바다), 二見(ふたみ, 포구), 保津(ほづ, 강), 比良(ひら, 산), 摩耶(まや, 산) 등의 예가 확인되었다. 기타로는 鎮東(ちんとう, 청일전쟁 전리함), 陳西(ちんぜい, 청일전쟁 전리함), 鎮南(ちんなん, 청일전쟁 전리함), 鎮北(ちんぼく, 청일전쟁 전리함), 鎮中(ちんちゅう, 청일전쟁 전리함), 鎮辺(ちんぺん, 청일전쟁 전리함) 등의 예가 확인되었다.

6.6.6 여명기 이후의 해방함명과 환유의 레토릭

다음의 <표20>은 여명기 이후의 해방함명에 적용된 환유의 레토릭을 조사한 결과이다.

<표20> 여명기 이후의 해방함명에 적용된 환유(개념의 인접성)의 비율

해방함	지명	지형	자연현상	시간	동물	식물	기타	합계
1등해방함	69%	16%	5%	0%	0%	0%	10%	**100%(19척)**
2등해방함	32%	46%	0%	0%	0%	0%	22%	**100%(22척)**
3등해방함	18%	54%	0%	0%	0%	0%	18%	**100%(11척)**
등급 폐지 후	78%	22%	0%	0%	0%	0%	0%	**100%(9척)**
신정의함	93%	7%	0%	0%	0%	0%	0%	**100%(30척)**
합계	**56%**	**28%**	**1%**	**0%**	**1%**	**0%**	**14%**	**100%(91척)**

위의 <표20>을 보면 해방함명에 적용된 환유로 지명과 지형명이 각각 56%, 28%로 가장 많고 기타가 14%로 그 뒤를 잇고 있는 것을 알 수 있다. 신정의함명에는 지명이 압도적으로 적용되며, 2등해방함명과 3등해방함명에는 지명보다 지형명이 더 많이 적용되는 것을 볼 수 있다.

1등해방함명에 적용된 지명의 예로는 壱岐(いき), 丹後(たんご), 石見(いわみ), 周防(すおう), 三笠(みかさ), 肥前(ひぜん), 常盤(ときわ), 八雲(やく

も), 出雲(いずも) 등을 들 수 있다. 지형명의 예로는 富士(ふじ, 산), 浅間(あさま, 산), 吾妻(あづま, 산) 등을 들 수 있다. 기타의 예로는 鎮遠(ちんえん), 敷島(しきしま)를, 자연현상의 예로는 朝日(あさひ)를 들 수 있다.

2등해방함명에 적용된 지명의 예로는 橋立(はしだて), 満州(まんしゅう), 豊橋(とよはし), 韓崎(からさき), 武蔵(むさし), 若宮(わかみや) 등의 예를 들 수 있다. 지형명의 예로는 沖島(おきしま), 見島(みしま), 厳島(いつくしま) 등의 섬 이름, 松江(まつえ)와 같은 강 이름, 葛城(かつらぎ)와 같은 산 이름을 들 수 있다. 기타의 예로는 大和(やまと, 일본의 옛 국호), 千代田(ちよだ, 성), 秋津洲(あきつしま, 일본의 아칭) 등을 들 수 있다.

3등해방함명에 적용된 지명의 예로는 武蔵(むさし)가 있으며, 지형명의 예로는 筑波(つくば, 산), 金剛(こんごう, 산), 比叡(ひえい, 산) 등의 산 이름을 들 수 있다. 기타의 예로는 済遠(さいえん, 청일전쟁 전리함)이 있다.

등급폐지 후에 건조된 해방함명에 적용된 지명으로 八雲(やくも), 磐手(いわて), 出雲(いずも), 春日(かすが), 日進(にっしん) 등의 예가 확인되었다. 지형명의 예로는 吾妻(あづま, 산), 浅間(あさま, 산) 등이 확인되었다.

신정의함명에 적용된 지명으로는 御蔵(みくら), 新南(しんなん), 粟国(あぐに), 奄美(あまみ), 沖縄(おきなわ), 志賀(しが), 鵜来(うくる), 昭南(しょうなん), 大東(だいとう), 日振(ひぶり), 倉橋(くらはし), 能美(のうみ), 淡路(あわじ), 三宅(みやけ), 占守(しむしゅ), 国後(くなしり), 石垣(いしがき), 八丈(はちじょう), 択捉(えとろふ), 松輪(まつわ), 佐渡(さど), 隠岐(おき), 六連(むつれ), 福江(ふかえ) 등을 들 수 있다.

6.6.7 정리

지금까지 살펴본 여명기와 여명기 이후의 군함명에 적용된 환유의 레토릭 비율을 정리하면 다음과 같다.

< 표21 > 여명기 이후의 군함명과 환유의 레토릭

대분류	소분류 \ 개념	지명	지형	자연현상	시간	동물	식물	기타	합계
여명기	군함	33%	17%	0%	22%	6%	0%	22%	**100%(18척)**
	운수선	28%	10%	10%	0%	28%	0%	24%	**100%(21척)**
	연습함	20%	60%	0%	0%	0%	0%	20%	**100%(5척)**
	어소함	0%	0%	0%	0%	100%	0%	0%	**100%(2척)**
	합계	**28%**	**17%**	**4%**	**9%**	**20%**	**0%**	**22%**	**100%(46척)**
군함	전함	59%	14%	7%	0%	0%	0%	20%	**100%(44척)**
	순양전함	0%	100%	0%	0%	0%	0%	0%	**100%(8척)**
	항공모함	12%	12%	0%	0%	72%	0%	4%	**100%(26척)**
	순양함	24%	68%	0%	0%	0%	0%	8%	**100%(110척)**
	수상기모함	13%	37%	0%	0%	0%	0%	50%	**100%(8척)**
	잠수모함	17%	33%	0%	0%	50%	0%	0%	**100%(6척)**
	통보함	10%	80%	0%	0%	0%	0%	10%	**100%(10척)**
	부설함	18%	73%	0%	0%	0%	0%	9%	**100%(11척)**
	연습전함	0%	100%	0%	0%	0%	0%	0%	**100%(1척)**
	연습순양함	0%	0%	0%	0%	0%	0%	100%	**100%(3척)**
	합계	**26%**	**50%**	**2%**	**0%**	**10%**	**0%**	**12%**	**100%(227척)**
구축함	등급 제정 이전	0%	5%	64%	23%	2%	2%	4%	**100%(57척)**
	일등구축함	0%	0%	69%	9%	0%	21%	1%	**100%(154척)**
	이등구축함	0%	0%	0%	0%	0%	100%	0%	**100%(51척)**
	합계	**0%**	**1%**	**55%**	**10%**	**1%**	**32%**	**1%**	**100%(262척)**
잠수함	일등잠수함	-	-	-	-	-	-	-	**-(0척)**
	이등잠수함	-	-	-	-	-	-	-	**-(0척)**
	삼등잠수함	-	-	-	-	-	-	-	**-(0척)**
	제1차세계대전 전리 잠수함	-	-	-	-	-	-	-	**-(0척)**
	특수잠항정 · 특효병기	0%	0%	0%	0%	40%	0%	60%	**100%(5척)**
	실험함 · 계획함	0%	0%	0%	0%	0%	0%	100%	**100%(2척)**
	합계	**0%**	**0%**	**0%**	**0%**	**30%**	**0%**	**70%**	**100%(7척)**

포함	**포함**	**41%**	**36%**	**0%**	**0%**	**0%**	**0%**	**23%**	**100%(39척)**
해방함	일등해방함	69%	16%	5%	0%	0%	0%	10%	**100%(19척)**
	이등해방함	32%	46%	0%	0%	0%	0%	22%	**100%(22척)**
	삼등해방함	18%	54%	0%	0%	9%	0%	18%	**100%(11척)**
	등급폐지 후	78%	22%	0%	0%	0%	0%	0%	**100%(9척)**
	신정의함	93%	7%	0%	0%	0%	0%	0%	**100%(30척)**
합계		**56%**	**28%**	**1%**	**0%**	**1%**	**0%**	**14%**	**100%(91척)**
총합계		**22%**	**25%**	**21%**	**4%**	**5%**	**13%**	**10%**	**100%(672척)**

6.7 마치며

지금까지 살펴본 여명기 이전의 군함명과 여명기 이후의 군함명의 음절수, 표기 자종, 레토릭, 환유(개념의 인접성)를 재수록하는 형태로 이 장을 마치고자 한다.

다음의 <표7>은 군함명과 음절수를 종합적으로 정리한 것이다.

<표7> 군함명과 음절수

대분류	음절수 / 소분류	1	2	3	4	5	6	7	8	9	10	합계
여명기	군함	0척	6척	5척	4척	5척	1척	0척	0척	0척	0척	**21척**
	운수선	0척	0척	1척	13척	6척	1척	0척	1척	1척	0척	**23척**
	연습함	0척	4척	0척	2척	0척	0척	0척	0척	0척	0척	**6척**
	어소함	0척	2척	0척	0척	0척	0척	0척	0척	0척	0척	**2척**
	합계(%)	**0%**	**23%**	**12%**	**37%**	**21%**	**4%**	**0%**	**2%**	**2%**	**0%**	**52척 (100%)**

군함	전함	0척	22척	19척	4척	0척	1척	1척	0척	0척	0척	**47척**
	순양전함	0척	2척	5척	1척	0척	0척	0척	0척	0척	0척	**8척**
	항공모함	0척	14척	10척	2척	0척	0척	0척	0척	0척	0척	**26척**
	순양함	0척	27척	63척	16	4척	0척	1척	0척	0척	0척	**111척**
	수상기모함	0척	1척	5척	1척	1척	0척	0척	0척	0척	0척	**8척**
	잠수모함	0척	2척	1척	3척	0척	0척	0척	0척	0척	0척	**6척**
	통보함	0척	2척	6척	2척	0척	0척	0척	0척	0척	0척	**10척**
	부설함	0척	0척	3척	6척	2척	0척	0척	0척	0척	0척	**11척**
	연습전함	0척	1척	0척	0척	0척	0척	0척	0척	0척	0척	**1척**
	연습순양함	0척	1척	2척	0척	0척	0척	0척	0척	0척	0척	**3척**
	합계(%)	**0%**	**31%**	**49%**	**15%**	**3%**	**1%**	**1%**	**0%**	**0%**	**0%**	**231척 (100%)**
구축함	등급 제정 이전	0척	1척	19척	41척	0척	0척	0척	0척	0척	0척	**61척**
	1등구축함	1척	18척	40척	95척	5척	0척	0척	0척	0척	0척	**159척**
	2등구축함	1척	26척	16척	8척	0척	0척	0척	0척	0척	0척	**51척**
	합계(%)	**1%**	**17%**	**28%**	**53%**	**2%**	**0%**	**0%**	**0%**	**0%**	**0%**	**271척 (100%)**
잠수함	1등잠수함	0척	6척	12척	25척	24척	16척	17척	14척	5척	0척	**119척**
	2등잠수함	0척	4척	11척	37척	37척	11척	1척	0척	0척	0척	**101척**
	3등잠수함	0척	6척	8척	3척	0척	0척	0척	0척	0척	0척	**17척**
	제1차세계대전 전리잠수함	0척	0척	0척	0척	0척	4척	3척	0척	0척	0척	**7척**
	특수잠항정 · 특공병기	0척	1척	2척	1척	0척	0척	1척	0척	0척	0척	**5척**
	실험함 · 계화함	0척	0척	1척	1척	1척	0척	0척	0척	0척	0척	**3척**
	합계(%)	**0%**	**7%**	**13%**	**27%**	**25%**	**12%**	**9%**	**6%**	**2%**	**0%**	**252척 (100%)**
포함	하용포함	0척	19척	19척	1척	0척	0척	0척	0척	0척	0척	**39척**
	합계(%)	**0%**	**49%**	**49%**	**2%**	**0%**	**0%**	**0%**	**0%**	**0%**	**0%**	**39척 (100%)**
해방함	1등해방함	0척	8척	10척	1척	0척	0척	0척	0척	0척	0척	**19척**
	2등해방함	0척	3척	10척	6척	3척	0척	0척	0척	0척	0척	**22척**
	3등해방함	0척	3척	8척	0척	0척	0척	0척	0척	0척	0척	**11척**
	등급폐지 후	0척	1척	8척	0척	0척	0척	0척	0척	0척	0척	**9척**
	신정의함	0척	6척	14척	14척	13척	31척	35척	22척	8척	3척	**146척**
합계(%)		**0%**	**10%**	**24%**	**10%**	**8%**	**15%**	**17%**	**11%**	**4%**	**1%**	**207척 (100%)**
총합계(%)		**0.2%**	**18%**	**28%**	**27%**	**10%**	**6%**	**6%**	**4%**	**1%**	**0.2%**	**1052척 (100%)**

둘째, 군함명에 채택된 표기 자종을 정리한 표이다.

<표8> 군함명에 채택된 표기 자종

대분류	소분류 \ 표기 자종	한자가나형	가타카나형	알파벳형	숫자형	합계(척수)
여명기	군함	100%	0%	0%	0%	**100%(21척)**
	운수선	100%	0%	0%	0%	**100%(23척)**
	연습함	100%	0%	0%	0%	**100%(6척)**
	어소함	100%	0%	0%	0%	**100%(2척)**
	합계	**100%**	**0%**	**0%**	**0%**	**100%(52척)**
군함	전함	94%	6%	0%	0%	**100%(47척)**
	순양전함	100%	0%	0%	0%	**100%(8척)**
	항공모함	100%	0%	0%	0%	**100%(26척)**
	순양함	99%	1%	0%	0%	**100%(111척)**
	수상기모함	100%	0%	0%	0%	**100%(8척)**
	잠수모함	100%	0%	0%	0%	**100%(6척)**
	통보함	100%	0%	0%	0%	**100%(10척)**
	부설함	100%	0%	0%	0%	**100%(11척)**
	연습전함	100%	0%	0%	0%	**100%(1척)**
	연습 순양함	100%	0%	0%	0%	**100%(3척)**
	합계	**98%**	**2%**	**0%**	**0%**	**100%(231척)**
구축함	등급 제정 이전	100%	0%	0%	0%	**100%(61척)**
	1등구축함	100%	0%	0%	0%	**100%(159척)**
	2등구축함	100%	0%	0%	0%	**100%(51척)**
	합계	**100%**	**0%**	**0%**	**0%**	**100%(271척)**
잠수함	1등잠수함	0%	0%	0%	100%	**100%(119척)**
	2등잠수함	0%	0%	0%	100%	**100%(101척)**
	3등잠수함	0%	0%	0%	100%	**100%(17척)**
	제1차세계대전 전리잠수함	0%	0%	0%	100%	**100%(7척)**
	특수잠항정·특공병기	100%	0%	0%	0%	**100%(5척)**
	실험함·계화함	67%	0%	0%	23%	**100%(3척)**
	합계	**3%**	**0%**	**0%**	**97%**	**100%(252척)**

포함	**포함**	**100%**	**0%**	**0%**	**0%**	**100%(39척)**
해방함	1등해방함	100%	0%	0%	0%	**100%(19척)**
	2등해방함	100%	0%	0%	0%	**100%(22척)**
	3등해방함	100%	0%	0%	0%	**100%(11척)**
	등급폐지 후	100%	0%	0%	0%	**100%(9척)**
	신정의함	19%	0%	0%	81%	**100%(146척)**
합계(%)		**43%**	**0%**	**0%**	**57%**	**100%(207척)**
총합계(%)		**65%**	**1%**	**0%**	**34%**	**100%(1052척)**

셋째, 군함명과 레토릭을 정리한 것을 표로 제시하면 다음과 같다.

<표15> 군함명과 레토릭

대분류	레토릭 / 소분류	비유		환유			제유	불명	합계
		형상	특성	공간	시간	개념			
여명기	군함	0%	14%	0%	0%	86%	0%	0%	**100%(21척)**
	운수선	0%	9%	0%	0%	91%	0%	0%	**100%(23척)**
	연습함	0%	17%	0%	0%	83%	0%	0%	**100%(6척)**
	어소함	0%	0%	0%	0%	100%	0%	0%	**100%(2척)**
	합계	**0%**	**12%**	**0%**	**0%**	**88%**	**0%**	**0%**	**100%(52척)**
군함	전함	0%	0%	0%	0%	94%	0%	6%	**100%(47척)**
	순양전함	0%	0%	0%	0%	100%	0%	0%	**100%(8척)**
	항공모함	0%	0%	0%	0%	100%	0%	0%	**100%(26척)**
	순양함	0%	0%	0%	0%	99%	0%	1%	**100%(111척)**
	수상기모함	0%	0%	0%	0%	100%	0%	0%	**100%(8척)**
	잠수모함	0%	0%	0%	0%	100%	0%	0%	**100%(6척)**
	통보함	0%	0%	0%	0%	100%	0%	0%	**100%(10척)**
	부설함	0%	0%	0%	0%	100%	0%	0%	**100%(11척)**
	연습전함	0%	0%	0%	0%	100%	0%	0%	**100%(1척)**
	연습순양함	0%	0%	0%	0%	100%	0%	0%	**100%(3척)**
	합계	**0%**	**0%**	**0%**	**0%**	**98%**	**0%**	**2%**	**100%(231척)**

구축함	등급 제정 이전	0%	7%	0%	0%	93%	0%	0%	**100%(61척)**
	1등구축함	0%	3%	0%	0%	97%	0%	0%	**100%(159척)**
	2등구축함	0%	0%	0%	0%	100%	0%	0%	**100%(51척)**
	합계	**0%**	**3%**	**0%**	**0%**	**97%**	**0%**	**0%**	**100%(271척)**
잠수함	1등잠수함	-	-	-	-	-	-	-	**(0척)**
	2등잠수함	-	-	-	-	-	-	-	**(0척)**
	3등잠수함	-	-	-	-	-	-	-	**(0척)**
	제1차세계대전 전리잠수함	-	-	-	-	-	-	-	**(0척)**
	특수잠항정·특효병기	0%	0%	0%	0%	100%	0%	0%	**100%(5척)**
	실험함·계획함	0%	0%	0%	0%	67%	0%	33%	**100%(3척)**
	합계	**0%**	**0%**	**0%**	**0%**	**88%**	**0%**	**12%**	**100%(8척)**
포함	**포함**	**0%**	**0%**	**0%**	**0%**	**100%**	**0%**	**0%**	**100%(39척)**
해방함	1등해방함	0%	0%	0%	0%	100%	0%	0%	**100%(19척)**
	2등해방함	0%	0%	0%	0%	100%	0%	0%	**100%(22척)**
	3등해방함	0%	0%	0%	0%	100%	0%	0%	**100%(11척)**
	등급폐지 후	0%	0%	0%	0%	100%	0%	0%	**100%(9척)**
	신정의함	0%	0%	0%	0%	100%	0%	0%	**100%(146척)**
합계		**0%**	**0%**	**0%**	**0%**	**100%**	**0%**	**0%**	**100%(207척)**
총합계		**0%**	**2%**	**0%**	**0%**	**97%**	**0%**	**1%**	**100%(808척)**

마지막으로 여명기 이후의 군함명에 적용된 환유의 레토릭을 표로 정리하면 다음과 같다.

<표21> 여명기 이후의 군함명과 환유의 레토릭

대분류	개념 / 소분류	지명	지형	자연현상	시간	동물	식물	기타	합계
여명기	군함	33%	17%	0%	22%	6%	0%	22%	**100%(18척)**
	운수선	28%	10%	10%	0%	28%	0%	24%	**100%(21척)**
	연습함	20%	60%	0%	0%	0%	0%	20%	**100%(5척)**
	어소함	0%	0%	0%	0%	100%	0%	0%	**100%(2척)**
	합계	**28%**	**17%**	**4%**	**9%**	**20%**	**0%**	**22%**	**100%(46척)**

군함	전함	59%	14%	7%	0%	0%	0%	20%	**100%(44척)**
	순양전함	0%	100%	0%	0%	0%	0%	0%	**100%(8척)**
	항공모함	12%	12%	0%	0%	72%	0%	4%	**100%(26척)**
	순양함	24%	68%	0%	0%	0%	0%	8%	**100%(110척)**
	수상기모함	13%	37%	0%	0%	0%	0%	50%	**100%(8척)**
	잠수모함	17%	33%	0%	0%	50%	0%	0%	**100%(6척)**
	통보함	10%	80%	0%	0%	0%	0%	10%	**100%(10척)**
	부설함	18%	73%	0%	0%	0%	0%	9%	**100%(11척)**
	연습전함	0%	100%	0%	0%	0%	0%	0%	**100%(1척)**
	연습순양함	0%	0%	0%	0%	0%	0%	100%	**100%(3척)**
	합계	**26%**	**50%**	**2%**	**0%**	**10%**	**0%**	**12%**	**100%(227척)**
구축함	등급 제정 이전	0%	5%	64%	23%	2%	2%	4%	**100%(57척)**
	1등구축함	0%	0%	69%	9%	0%	21%	1%	**100%(154척)**
	2등구축함	0%	0%	0%	0%	0%	100%	0%	**100%(51척)**
	합계	**0%**	**1%**	**55%**	**10%**	**1%**	**32%**	**1%**	**100%(262척)**
잠수함	1등잠수함	-	-	-	-	-	-	-	**-(0척)**
	2등잠수함	-	-	-	-	-	-	-	**-(0척)**
	3등잠수함	-	-	-	-	-	-	-	**-(0척)**
	제1차세계대전 전리잠수함	-	-	-	-	-	-	-	**-(0척)**
	특수잠항정 · 특효병기	0%	0%	0%	0%	40%	0%	60%	**100%(5척)**
	실험함 · 계획함	0%	0%	0%	0%	0%	0%	100%	**100%(2척)**
	합계	**0%**	**0%**	**0%**	**0%**	**30%**	**0%**	**70%**	**100%(7척)**
포함	**포함**	**41%**	**36%**	**0%**	**0%**	**0%**	**0%**	**23%**	**100%(39척)**
해방함	1등해방함	69%	16%	5%	0%	0%	0%	10%	**100%(19척)**
	2등해방함	32%	46%	0%	0%	0%	0%	22%	**100%(22척)**
	3등해방함	18%	54%	0%	0%	9%	0%	18%	**100%(11척)**
	등급폐지 후	78%	22%	0%	0%	0%	0%	0%	**100%(9척)**
	신정의함	93%	7%	0%	0%	0%	0%	0%	**100%(30척)**
합계		**56%**	**28%**	**1%**	**0%**	**1%**	**0%**	**14%**	**100%(91척)**
총합계		**22%**	**25%**	**21%**	**4%**	**5%**	**13%**	**10%**	**100%(672척)**

Abstract

Japanese situation seen through the analysis of war – related Japanese vocabulary
– With a focus on warship names from the mid 19th century to the end of war in 1945

This chapter examines the kind of Japanese-language mechanism that is at work on naming Japanese warships through syllables, character types, and rhetoric, and how naming rituals (linguistic psychology) is applied. First, the names of Japanese ships were found to have mainly two syllables (18%), three syllables (28%) and four syllables (27%). Second, the most common character type was Chinese character type (65%), followed by numeric type (34%). The katakana type was 1% and the numeric type was not identified. For, rhetoric it was found that 2% metaphors and 97% metonymy (proximity of concept) were applied to warship names. Furthermore, a close observation at the application of metonymy by the proximity of concept, 25% of the topography, 22% of the place names, 21% of the natural phenomena, 13% of the plant names, 5% of the animal names, 4% of the time, and others accounted for 10%. Although the results of this study is not sufficient to help us understand Japan's modern history and naval war history, this study is significant in that it attempts to understand the psychology of naming Japanese warships and the historic situation at the time (Japanese situation) from the perspective of Japanese studies.

Keywords: the early days, name of a warship, syllable, notation, metonymy, conceptual adjacency

<제6장의 참고문헌>

인터넷 참고자료는 주에 명시하였음.

제7장

일본어 정치 관련 어휘 분석

-한국어 어휘와의 비교-

日本語要旨

文は複数の単語が配列して成り立ったものである。日本語の文を構成する単語に着目して単語を韓国語に訳しようとするとき、いとも簡単に通訳・翻訳が可能な場合があれば、そうでもない場合もある。その理由は当然ながら同一の漢字文化圏に属している韓国語と日本語の単語の成立の仕方が共通している一方で、そうでない場合があるためであると考えている。本章では政治関連の語彙の語種(漢語・外来語・混種語)に注目して日本語と韓国語の共通点と相違点を考察した。

키워드: 어휘(語彙), 통역(通訳), 번역(翻訳), 한어(漢語), 외래어(外来語), 혼종어(混種語)

7.1 시작하며

일본어를 통번역한다는 것은 문장(발화)을 통번역한다는 것이다. 문장은 예를 들어「私は昨日デパートに行きました」에서 보듯 복수의 단어가 배열되어 성립되는데, 특정 단어를 한국어로 통번역을 하고자 할 경우, 쉽게 통번역이 되는 단어가 있는가 하면 그렇지 않은 경우도 있다. 본 저자는 그 이유로 동일한 한자 문화권에 속하는 일본어와 한국어의 단어가 서로 유사하거나 (어원이) 완전히 동일하거나 혹은 전혀 다른 데에 그 원인이 있다고 생각된다. 한국어와 일본어 단어가 서로 유사하거나 완전히 동일하면 통번역이 쉬울 것이며, 반대로 전혀 다르다면 통번역이 어려울 것이다.

이렇게 생각하면 일본어와 한국어의 어떤 단어가 동일한지, 어떤 단어가 유사한지, 혹은 전혀 다른지가 궁금해진다. 본 장에서는 어종(한어, 외래어, 혼종어)[1]을 기준으로 정치에 관련된 일본어 어휘를 한국어와 비교 고찰하고자 한다. 정치 관련 어휘에 주목하는 이유는 일본어와 한국어의 정치 관련 어휘가 조어 방식에 있어 상당한 공통점이 보이기 때문이다. 본

1 어종에서 순수일본어를 배제한 것은 정치 관련 어휘에서 순수일본어만으로 구성된 어휘가 한 개도 확인되지 않았기 때문이다.

장의 고찰이 미약하게나마 일본어 어휘 지도에 도움이 되었으면 한다.

7.2 고찰의 대상 및 방법

고찰은 우기홍(2015)의 일본어 통번역 사전에 나오는 정치 관련 어휘(정치, 군사, 외교, 법률, 역사)를 대상으로 하였다. 고찰은 정치와 관련한 일본어 어휘를 한어(漢語), 외래어(外来語), 혼종어(混種語)로 분류하고 한국어와 어원이 동일한 어휘, 한국어와 어원이 유사한 어휘, 한국어와 어원이 전혀 다른 어휘, 기타로 나누어 일본어와 한국어 어휘를 비교하는 방식을 채택하였다.

7.3 일본어 한어의 비교

먼저 본 저자가 조사한 일본어와 한국어 어원이나 조어 방식이 동일한 어휘를 제시하면 다음과 같다.

①일본어와 한국어 한자 어원이나 조어 방식이 동일한 경우

青瓦台(청와대), 兵役忌避疑惑(병역기피의혹), 日韓併合(한일병합), 創氏改名(창씨개명), 親日(친일), 脱北者(탈북자), 両院制(양원제), 幹事長(간사장), 平和憲法(평화헌법), 憲法9条(헌법9조), 有事法制(유사법제), 合祀(합사), 分祀(분사), 先軍政治(선군정치), 主体思想(주체사상), 最高人民会議(최고인민회의), 国家主席(국가주석), 全国人民代表大会(전국인민대표대회), 全

国人民代表大会常務委員長(전국인민대표대회상무위원장), 東北三省(동북삼성), 五星紅旗(오성홍기), 星条旗(성조기), 票田(표밭), 大統領選挙(대통령선거), 基礎案(기초안), 上院(상원), 下院(하원), 政権(정권), 連立政権(연립정권), 輪番制(윤번제), 午餐会(오찬회), 引責辞任(인책책임), 発議(발의), 賛成多数(찬성다수), 密室行政(밀실행정), 政策修正(정책수정), 外交政策(외교정책), 装甲車(장갑차), 偵察衛星(정찰위성), 曳光弾(예광탄), 軽水炉(경수로), 催涙弾(최류탄), 波状攻撃(파상공격), 拿捕(나포), 臨界戦核実験(임계전핵실험), 黒鉛減速炉(흑연감속로), 核拡散問題(핵확산문제), 核挑発(핵도발), 精密誘導爆弾(정밀유도폭탄), 威嚇射撃(위협사격), 政冷経熱(정냉경열), 国交正常化(국교정상화), 国交回復(국교회복), 右傾化(우경화), 盟邦(맹방), 政府開発援助(정부개발원조), 答訪(답방), 議長声明(의장성명), 排他的経済水域(배타적경제수역), 法曹界(법조계), 改憲(개헌), 護憲(호헌), 係争中の訴訟(계쟁중의 소송), 金日成国家主席(김일성국가주석), 外務次官(외무차관), 国内法優位の原則(국내법우위의원칙), 先軍政治(선군정치), 主体思想(주체사상)

위에 열거한 일본어와 한국어 어휘에서 나타나는 첫 번째 특징은 일본어 고유의 한자 조어가 한국어에도 그대로 나타난다는 데에 있다. 예를 들어 平和憲法(평화헌법), 幹事長(간사장), 憲法9条(헌법9조), 創氏改名(창씨개명), 合祀(합사), 分祀(분사) 등을 들 수 있다. 두 번째 특징은 일본어에 차용된 한국어 어휘가 존재한다는 것이다. 예를 들어 青瓦台(청와대), 大統領選挙(대통령선거), 兵役忌避疑惑(병역기피의혹), 脱北者(탈북자) 등을 들 수 있다. 셋째, 제3국(북한, 중국)에 관련된 어휘가 한국어와 일본어 모두 동일한 조어 방식으로 존재한다는 것이다. 예를 들어 先軍政治(선군정치), 主体思想(주체사상), 最高人民会議(최고인민회의), 国家主席(국가

주석), 金日成国家主席(김일성국가주석), 全国人民代表大会(전국인민대표대회), 全国人民代表大会常務委員長(전국인민대표대회상무위원장), 東北三省(동북삼성), 五星紅旗(오성홍기), 星条旗(성조기) 등을 들 수 있다. 마지막으로 한국어와 일본어에 모두 동일한 조어 방식의 어휘가 존재한다는 것이다. 예를 들면 親日(친일), 両院制(양원제), 有事法制(유사법제), 票田(표밭), 基礎案(기초안), 上院(상원), 下院(하원), 政権(정권), 連立政権(연립정권), 輪番制(윤번제), 午餐会(오찬회), 引責辞任(인책책임), 発議(발의), 賛成多数(찬성다수), 密室行政(밀실행정), 政策修正(정책수정), 外交政策(외교정책), 装甲車(장갑차), 偵察衛星(정찰위성), 曳光弾(예광탄), 軽水炉(경수로), 催涙弾(최류탄), 波状攻撃(파상공격), 拿捕(나포), 臨界戦核実験(임계전핵실험), 黒鉛減速炉(흑연감속로), 核拡散問題(핵확산문제), 核挑発(핵도발), 精密誘導爆弾(정밀유도폭탄), 威嚇射撃(위협사격), 政冷経熱(정냉경열), 国交正常化(국교정상화), 国交回復(국교회복), 右傾化(우경화), 盟邦(맹방), 政府開発援助(정부개발원조), 答訪(답방), 議長声明(의장성명), 排他的経済水域(배타적경제수역), 法曹界(법조계), 改憲(개헌), 護憲(호헌), 外務次官(외무차관), 先軍政治(선군정치), 主体思想(주체사상), 国家主席(국가주석), 午餐会(오찬회), 政権(정권), 賛成多数(찬성다수), 連立政権(연립정권), 起草案(기초안), 国交正常化(국교정상화), 国交回復(국교회복), 右傾化(우경화), 盟邦(맹방), 議長声明(의장성명) 등을 들 수 있다.

일본어를 전공하지 않은 사람들은 이상 제시한 어휘들이 한국과 일본이 동일한 한자문화권에 속하기 때문에 나타나는 당연한 현상이라고 생각할지도 모른다. 분명 위에 제시한 일본어 어휘들은 한국어와 한자 어원이나 조어 방식에 있어서 동일하므로 쉽게 통번역을 할 수 있을 것으로 생각된다.

그런데 한국어 어휘(한자 어휘)를 그대로 일본어에 대입하여 일본인들과 회화를 할 때 의외로 의미하는 바가 잘 전달되지 않는 경우가 있다. 예를 들어 '신당창당'이라는 어휘가 일본어에도 존재한다고 믿고 新党創党이라고 하면 상대 일본인은 그 의미하는 바를 어렴풋이 짐작은 하겠지만 新党結成이라 말하는 쪽이 훨씬 의미 전달이 잘 된다. 왜냐하면 일본어에는 新党結成이라는 어휘가 사전에 기재되어 있기 때문이다. 따라서 일본어 교수자는 일본어 학습자로 하여금 일본어 어휘와 한국어 어휘의 한자 어원이나 조어 방식상의 동일성보다는 차이점을 강조하는 것이 훨씬 중요하다고 할 수 있다. 일본어 한자 읽기에 익숙해지면 한국어 한자어를 비교적 정확하게 일본어로 발음할 수 있는데 한국어와 일본어 어휘를 동일시하는 습관이 배이면 일본어 어휘 습득을 위한 노력을 게을리 할 염려가 있다.

따라서 다음과 같이 일본어 교수자는 일본어 학습자들에게 일본어와 한국어가 한자 어원이나 조어 방식이 유사한 경우나 전혀 다른 경우, 기타까지 염두에 두고 일본어 어휘를 적극적으로 지도할 필요가 있다고 하겠다.

②일본어와 한국어가 유사한 경우

党首(당대표), 新党結成(신당창당), 日韓併合(한일합방), 在韓米大使館(주한미대사관), 対北朝鮮不正送金事件(대북송금사건), 米韓共同演習(한미합동군사훈련), 天皇皇后両陛下(천왕부부), 朝鮮総連(조총련), 二院制議会(양원제의회), 従軍慰安婦(일본군위안부), 選挙地盤(선거기반), 大統領予備選挙(대선후보경선), 地域主義脱却(탈지역주의), 主導権奪回(주도권탈환), 通常国会(정기국회), 意見聴取(의견수렴), 全会一致(만장일치), 賛否投票(찬반

투표), 政権党(집권여당), 野党第一党(제1야당), 在野諸党(재야여러당), 離党(탈당), 朝食会(조찬회), 政権発足(정권출범), 降格人事(강등인사), 国威発揚(국위선양), 空文化(사문화), 最新鋭の地対空誘導弾(최신예지대공유도탄패트리어트미사일), 地中貫通型核兵器(벙커버스터핵무기), 小型核兵器(소형핵무기), 大量破壊兵器(대량살상무기), 生物化学兵器(생물화학무기), 非対称脅威(비대칭위협), 早期警戒管制機(공중조기경보기), 駐留軍(주둔군), 軍事境界線(군사분계선), 迎撃(요격), 不審船(괴선박), 核放棄優先(선핵포기), 核兵器の廃絶(핵무기철폐), 外交交渉(외교협상), 単独行動主義(일방주의), 歴訪(순방), 表敬訪問(예방), 中東和平(중동평화), 水面下調整(막후조정), 交渉途絶(협상단절), 6ヶ国協議(6자회담), 高官会談(고위급회담), 閣僚級会議(장관급회담), 局長級会議(실무자급회담), 二国間協議(쌍무회담), 徹夜交渉(밤샘협상), 包括提案(일괄타결안), 国際原子力機関(국제원자력기구), 世界貿易機関(세계무역기구), 核兵器国(핵보유국), 非核兵器国(비핵보유국), 核不拡散条約(핵확산금지조약), 大量破壊兵器拡散防止(대량살상무기확산방지), 平等互恵(호혜평등), 最高裁判所(대법원), 高等裁判所(고등법원), 地方裁判所(지방법원), 家庭裁判所(가정법원), 人権派弁護士(인권변호사), 量刑(형량), 裁判官倫理綱領(법관윤리강령), 在宅起訴(불구속기소), 汚職・腐敗(부정부패), 実地調査(현장조사), 公認(공천), 新党結成(창당), 大政奉還(정권이양), 報道官(대변인), 単独行動主義(일방주의), 交渉途絶(협상단절), 同時多発テロ(911테러), 全会一致(만장일치), 賛否投票(찬반투표), 自民退潮(자민당약세), 金正日総書記(김정일위원장), 湾岸戦争(걸프전쟁), 保障措置協定(핵안전조치협정), 通常兵器(재래식병기)

우선 양 언어의 어휘가 완전히 동일하지 않은 점을 확인할 수 있다. 예를 들어 党首를 한국어에서는 '당대표', 日韓併合을 '한일합방', 在韓米大使館을 '주한미대사관', 対北朝鮮不正送金事件을 '대북송금사건', 米韓共同演習을 '한미합동군사훈련', 天皇皇后両陛下를 '천왕부부' 등으로 표기한다.

둘째, 의미 전달에 있어 자국중심의 시점을 우선으로 하는 의도가 보인다는 점이다. 예를 들어 일본어의 従軍慰安婦(일본군 위안부)는 군인들을 따라가서 위로를 해준 부녀자들이라는 말인데, 이 단어는 부녀자들의 자발성을 강조하기 위한 의도로 조어한 것으로 보인다.

셋째, 의미 전달에 있어 충실성의 차이가 확인된다는 점이다. 예를 들어 対北朝鮮不正送金事件이라는 어휘를 보면 북한에 대해 옳지 않은 방법으로 송금한 사건임을 한번에 알 수 있다. 이에 반해 한국어에서는 '대북송금사건'은 '사건'의 어감상 좋지 않은 뜻임을 금세 알아차릴 수는 있지만, 조어 성분만으로는 不正이라는 단어가 들어간 対北朝鮮不正送金事件보다 의미의 전달에 충실성이 떨어지는 것을 볼 수 있다. 同時多発テロ(911테러)에 대해서도 동종의 설명이 가능하다. 또한 반대의 경우도 존재한다. 예를 들면 米韓共同演習이 전형적인 예인데, 사전지식이 없는 사람들에게는 정확히 미국과 한국의 공동연습이 무엇을 의미하는지는 알기 어렵다. 반면에 '한미합동군사훈련'이라고 한다면 이에 대한 사전지식이 없는 사람들도 그 의미하는 바를 바로 알아차릴 수 있을 것이다.

넷째, 의미 초점의 차이이다. 예를 들어 같은 대상(무기)을 일본어에서는 大量破壊兵器라 하고 한국어에서는 '대량살상무기'라고 한다. 일본어에서는 무엇인가를 대량으로 파괴하는 기능을 지닌 무기로 간주한 반면에, 한국어에서는 많은 사람들을 살상하는 무기로 간주한 것이다. 군사적 지식이 있는 사람이라면 대량 파괴가 결국 대량 살상으로 이어지는 것으로 이해할지는 모르지만, 군사적 지식이 없는 사람이라면 그렇게 이해하지 않을지도 모른다.

다섯째, 조어 방식은 같지만 배열순서가 다른 어휘도 보인다. 예를 들어 일본어에서는 平等互恵라 하고 한국어에서는 '호혜평등'이라 하는 경우가 바로 그것이다. 量刑과 '형량'도 그러한 경우에 해당한다.

마지막으로 공간 인식의 차이에서 비롯되는 어휘도 보인다. 예를 들어 最高裁判所(대법원)에서 보듯 最高裁判所는 가장 높은 위치에 존재하는 개념으로 조어된 어휘라면, '대법원'은 스케일의 크기로 조어된 어휘임을 알 수 있다.

그다음으로 일본어와 한국어가 전혀 다른 경우이다. 동일한 사항이나 개념을 지시함에도 불구하고 조어 방식이 전혀 (혹은 다소) 다른 경우이다.

③일본어와 한국어가 전혀 다른 경우

大統領府(청와대), 文禄の役(임진왜란), 慶長の役(정유재란), 第二次日韓協約(을사조약/을사늑약), 植民地時代(일제강점기), 首相(총리), 霞が関(관청가), 日の丸(일장기), 朝鮮民主主義人民共和国(북한), 北朝鮮(북한), 共和国旗(인공기), 一国両制(중국의 흡수합병 통일론), 一国両府(대만의 대등합병론), 湾岸戦争(걸프전쟁), 大政奉還(정권이양), 党の宿痾(당의 고질병), 夕食会(만찬회), 報道官(대변인), 通常兵器(재래식병기), 戦車(탱크), 通常戦力の削減(재래식전력감축), 国連(유엔), 国連軍(유엔군), 主要先進国首脳会議(G7), 贈収賄(뇌물수수), 事情聴取(경위조사)

大統領府는 '청와대'와 전혀 다른 단어구조를 취한다. 文禄の役(임진왜란)과 慶長の役(정유재란), 第二次日韓協約(을사조약/을사늑약)도 마찬가지이다. 그러면 동일한 대상을 두고 왜 전혀 다른 조어 방식의 단어가 존재하느냐는 의문을 제기해 볼 수 있는데, 그것은 시점의 차이 때문으로 생각된다. 예를 들어 植民地時代(일제강점기)라는 단어가 일본의 시각을 반영한 것이라면 '일제강점기'라는 단어는 피해자인 한국의 시각을 반영한 것으로 볼 수 있다. 首相(총리), 朝鮮民主主義人民共和国(북한), 北朝鮮(북한), 共和国旗(인공기), 一国両制(중국의 흡수합병 통일론), 一国両府(대만의 대등합병론), 国連(유엔), 国連軍(유엔군), 主要先進国首脳会議(G7), 保障措置協定(핵안전조치협정), 贈収賄(뇌물수수), 事情聴取(경위조사), 夕食会(만찬회), 報道官(대변인), 戦車(탱크) 등의 어휘는 비교적 우리말에는 볼 수 없는 한자와 일본어만의 독특한 조어 방식이 채택되어 있지만 자세히 살펴보면 그 의미하는 바를 대략 유추할 수 있기는 하다. 그러나 大政奉還(정권이양), 霞が関(관청가), 日の丸(일장기), 文禄の役(임진왜란), 慶長の役(정유재란), 第二次日韓協約(을사조약/을사늑약) 등의 어휘를 이해하기 위해서는 이들 어휘에 드러나지 않은 배경지식(일본역사 관련 지식)을 파악할 필요가 있다.

마지막으로 본 저자는 일본어에만 존재하는 어휘라든가, 단어(복합어)가 아닌 구의 형식으로 된 정치 관련 용어는 모두 기타의 범주로 넣었다. 예를 들면 다음과 같다.

④기타

生ぬるい対応(미온적인 대처), 官房長官(관방장관), 参議院(참의원), 衆議院(중의원), 参院議員(참의원의원), 衆院議員(중의원의원), 後ろ向きな判

決(퇴행적인 판결), 族議員(족의원), 内閣解散(내각해산), 改組(개조), 都道府県(도도부현), 市町村(시정촌), 自衛隊(자위대), 専守防衛(전수방위), 不慣れな外交(아마추어외교), 来るべき交渉(앞으로 해야할 협상), 火の海(불바다), 2000年の南北共同宣言(6.15남북공동선언), 在韓米軍の撤退(주한미군철수), 省庁間の利己主義(부처 간의 이기주의), 本命の候補者(유력한 후보자), 政官業の癒着(정경유착), 離散家族の再会(이산가족상봉), 党の発展的解消(당의 발전적 해체), 両党の合併(양당합당), 各党の現有議席(각 당의 현재 보유 의석), 悪の枢軸(악의 축), 圧政の拠点(폭정의 전초기지), 交渉の場(협상테이블), 両党の合併(양당합당), 最新鋭の地対空誘導弾(최신예지대공유도탄패트리어트미사일), 戦略的要衝の地(전략적 요충지), 核兵器の廃絶(핵무기철폐), 現場の検事(평검사), 党の宿痾(당의 고질병), 通常戦力の削減(재래식전력감축), 国内法優位の原則(국내법우위의원칙)

官房長官(관방장관), 参議院(참의원), 衆議院(중의원), 参院議員(참의원의원), 衆院議員(중의원의원), 族議員(족의원), 内閣解散(내각해산), 改組(개조), 都道府県(도도부현), 市町村(시정촌), 自衛隊(자위대), 専守防衛(전수방위) 등의 어휘는 일본어에만 존재하는 어휘이며, 이들은 보통 원래의 어원과 고유의 배열방식을 고수한 채 한국어의 어휘에 차용된 것으로 보인다. 비록 구의 형식으로 조어가 되어 있기는 하지만 찬찬히 관찰하면 대부분 그 의미하는 바를 알아낼 수 있는 표현들이 대부분이다. 왜냐하면 한국사회도 일본사회가 가지고 있는 정치 사안, 문제점, 이슈를 공유하는 경우가 많기 때문이다. 예를 들어 한국사회에서도 生ぬるい対応(미온적인 대처), 後ろ向きな判決(퇴행적인 판결), 不慣れな外交(아마추어외교), 来るべき交渉(앞으로 해야 할 협상), 本命の候補者(유력한 후보자), 政官業の

癒着(정경유착), 党の発展的解消(당의 발전적 해체), 両党の合併(양당합당), 各党の現有議席(각 당의 현재 보유 의석), 省庁間の利己主義(부처 간의 이기주의), 悪の枢軸(악의 축), 圧政の拠点(폭정의 전초기지), 交渉の場(협상테이블), 最新鋭の地対空誘導弾(최신예지대공유도탄패트리어트미사일), 戦略的要衝の地(전략적 요충지), 核兵器の廃絶(핵무기철폐), 現場の検事(평검사), 党の宿痾(당의 고질병), 通常戦力の削減(재래식전력감축) 등의 어휘에서 보는 사안이나 문제, 이슈 등을 지니고 있다.

7.4 일본어 외래어의 비교

이 절에서는 일본어의 외래어를 중심으로 한국어와의 대응관계를 살펴보기로 하자. 먼저, 일본어와 한국어 어휘가 모두 외래어의 형식을 취하는 경우를 보도록 하자. 예를 들면 다음과 같다.

①일본어와 한국어 모두 외래어를 채택한 경우

アルカイダ(알카에다), モスク(모스크), ネオコン(네오콘(신보수주의)), レイムダック(레임덕), テロリスト(테러리스트), マキャベリスト(마키아벨리스트), ブラックリスト(블랙리스트), アグレマン(아그레망), ナショナリズム(내셔널리즘), レッドライン(레드라인), パトリオッドミサイル(패트리엇미사일)

일본어의 アルカイダ는 한국어에서도 '알카에다'로 외래어의 형식을 취한다. モスク(모스크), ネオコン(네오콘(신보수주의)), レイムダック(레임덕), テロリスト(테러리스트), マキャベリスト(마키아벨리스트), ブラックリスト(블랙리스트), アグレマン(아그레망), ナショナリズム(내셔널리즘), レッドライン(레드라인), パトリオッドミサイル(패트리엇미사일) 등에 대해서도 동종의 설명이 가능하다. 그러나 ネオコン을 '네오콘' 대신에 '신보수주의'로 ナショナリズム을 '내셔널리즘' 대신에 '애국주의'로 번역하는 경우도 있다.

둘째, **②일본어와 한국어가 유사한 경우**인데, キャンプデービッド(캠프데이비드 산장)의 예가 확인되었다. キャンプデービッド를 단순히 '캠프데이비드'로 해도 무방한데, '산장'이라는 말을 추가함으로써 의미를 보충했다는 점이 이채롭다.

셋째, **③일본어에서는 외래어를 사용하는데, 한국어에서는 한어를 사용하는 경우**이다. 예를 들면 ネガティブキャンペーン(낙선운동), マニフェスト(갖춘공약), コンサバ(보수파, 보수당), ブレーン(참모), ホバリング(제자리비행), トリップワイヤ(인계철선), ハイジャック(공중납치), シージャック(해상납치), コンプライアンス(준법정신)에서 보듯 일본어에서는 영어의 어휘를 그대로 차용하는 방식을 취하는 반면, 한국어에서는 한어를 조어하는 방식을 취하였다.

7.5 일본어 혼종어의 비교

먼저 일본어와 한국어의 어휘가 모두 혼종어의 방식을 취한 경우부터 살펴보자. 예를 들어 スンニ派(수니파), シーア派(시아파), クルド族(쿠르드족), イスラム教(이슬람교), 野党叩き(야당 때리기), タカ派(매파), ハト派(비둘기파),

シャトル外交(셔틀외교) 등을 들 수 있다.

둘째, 조어나 어원, 어종이 다르기는 하지만 표현 방식에 있어 일본어와 한국어가 유사한 경우를 보도록 하자. 예컨대 다음과 같은 어휘들을 들 수 있다.

小切手外交(금전외교), 大統領職引き継ぎ委員会(정권인수위원회), 八方塞がりの外交(사면초가외교), 同時多発テロ(911테러), 東北プロジェクト(동북공정), 北朝鮮の核開発問題(북한의 핵개발문제), ろうそくデモ(촛불데모), 省益争い(부처간이기주의), イラク攻撃容認決議案(이라크전쟁결의안), イラク暫定政権(이라크과도정부), アラブ首長国連邦(아랍에미리트연합), 票田固め(표밭다지기), 票集め(표모으기), 一騎打ち(양자구도), 三つどもえ(3파전), 軍事パレード(열병식), 巡航ミサイル(크루즈미사일), アルサムド型ミサイル(알사무드미사일), スマート高性能爆弾(스마트폭탄), 戦闘ヘリ(공격형헬기), 防毒マスク(방독면), ウラン濃縮計画(우라늄농축계획), 使用済み核燃料棒(사용후 핵연료봉), ミサイル脅威(미사일위협), 短射程ミサイル(단거리미사일), 劣化ウラン(열화우라늄), 兵器用プルトニウム(무기급플루토늄), ミサイル防衛(미사일방어), ピンポイント攻撃(정밀공격), テロ支援国家リスト(테러지원국가 명단), 弱腰外交(저자세외교), 土下座外交(등신외교), 草の根外交(민간외교), 外交官僚一筋(외교관료 외길), 巻き返し政策(롤백정책), 北東アジア(동북아시아), ハイレベル交流(고위급교류), アジア欧州会議(아시아유럽정상회의), ASEAN地域フォーラム(아세안지역안보포럼), ビザなし渡航(무비자입국), マラソン交渉(마라톤협상), 泊まり込み交渉(마라톤협상), 大詰め協議(최종협의), ひざ詰め談判(직접담판), 瀬戸際外交(벼랑끝외교), ならず者国家(불량국가/깡패국가), 米朝枠組み合意(제네바합의), べたなぎ国会(잠잠한 국회), 新党旗揚げ(신당창당), 査察受け入れ

(사찰수용), 抜けうち査察(불시사찰), 自ら出頭(자진출두), 特別検察チーム(특검팀)

예를 들어 일본어에서는 ピンポイント攻撃(정밀공격)에서 보듯 [외래어+한어]의 배열방식을 취한 반면, 한국어에서는 '정밀공격'에서 보듯 [한어+한어]의 배열방식을 취한다. 自ら出頭(자진출두)의 경우, 일본어에서는 [순수일본어+한어]의 배열방식을 취하지만, 한국어에서는 [한어+한어]의 배열방식을 취한다. 공통점도 있기는 하다. 예를 들어 票田固め(표밭다지기), 票集め(표모으기)에서 보듯, 양 언어 모두 [한어+순수일본어(순수한국어)]의 배열방식을 취한다.[2]

마지막으로 일본어와 한국어 어휘가 전혀 다른 조어 방식을 취하는 경우와 기타(구의 형식을 취하는 어휘)를 살펴보자. 이하 구체적인 설명은 생략하기로 한다.

③일본어와 한국어의 조어 방식이 전혀 다른 경우

お目付け役(감시역), 若手派(소장파), 丸投げ(전권위임), ガラス張り行政(밀실행정), 縦割り行政(수직적 행정), 横割り行政(수평적 행정), キャッチオール規制(전략물자수출통제제도), 溝板政治(민생정치), ばらまき政治(선심성정치), 政治的素人さ(아마추어정치), 日和見政策(눈치보기식 정치), 地中貫通型核兵器(벙커버스터), 乗っ取り犯(탈취범), テロ撲滅(테러근절)

2 엄밀히 말하면 '표밭'에서 '밭'은 한어가 아니므로 혼종어라고 해야 할 것이다.

④기타

カタールの衛星放送(카타르의 알자지라 방송), 国連主導のイラク復興(유엔주도의 이라크 재건), 候補の仕切り直し(후보의 재대결), 意見の取りまとめ(의견수렴), もみにもんだ原案(논쟁을 거듭한 원안), 任期の折り返し点(임기반환점), 日和見の政治家(철새 정치인), 政官業の癒着(정경유착), 政界のドン(정계의 거물), つぎはぎ式の行政改革(짜깁기식 행정개혁), 政策のぶれ(정책의 비일관성), スロモーな対応(늑장대처), 生ぬるい対応(미온적인 대처), 八方破れの政治手法(될 대로 되란 식의 정치 방법), お任せ民主主義(나몰라라 식의 민주주의), 度重なる制度改正(거듭되는 제도 개정), 時宜にかなった政策(시의적절한 정책), 生ぬるい対応(미온적인 대처), 来るべき交渉後ろ向きな判決(퇴행적인 판결), 不慣れな外交(아마추어외교), 君が代(기미가요), 軍事力の裏打ち(군사력의 뒷받침), 核武装への時間稼ぎ(핵무장을 위한 시간벌기), 力ずくの外交(힘의 외교), ちぐはぐな外交(엇박자외교), 協議のスタイル(회담방식), 圧政の拠点(폭정의 전초기지), 人間の盾(인간방패), 米側よりの姿勢(친미자세), 尻抜けの方案(부실한 법안)

7.6 마치며

의외로 많은 일본어 학습자들이 오해하는 부분이 있는데, 그것은 한국이 근대화 시기를 거치면서 일본어의 어휘를 많이 차용하였기 때문에 일본어 어휘와 한국어 어휘가 거의 동일하다고 생각한다는 점이다. 사실 일본어 단어를 한국어로 쉽게 통번역할 수 있는 경우가 있는 것은 사실이다. 하지만 본 장에서 살펴본 바와 같이 그렇지 않은 경우도 상당수 있다. 그래서 본 장에서는 이러한 오해를 불식시키고 나아가 일본어 학습자들의 어휘 습득을 촉진하자는 의미에서 어종(한어, 외래어, 혼종어)을 기준으로 정치 관련 일본어 어휘를 한국어와 비교하였다. 본 연구가 부디 일본어 어휘에 대한 막연한 오해를 불식시키고, 일본어 어휘습득을 촉진하는 계기기 되길 바라마지 않는다.

Abstract

Analysis for the words related with politics appears in Japanese interpretation and translation dictionary
-Comparison with Korean words-

A sentence is established by the arrangement of plural words. There are some easy interpreting or translating cases but also not easy cases when translate Japanese sentence to Korean paying attention on the word composing the sentence. Unexpectedly, lots of Japanese learners misunderstanding that there are many similar words in Japanese and Korea because Japan and Korea both belong to Chinese character cultural sphere and lots of words made in Japan had been adopted from Japanese to Korean during modern times. So, Japanese words and Korean words related with politics are compared based on the word type (Chinese, loanword and hybrid word) in the meaning to dispel the misunderstanding and promote acquiring words in this chapter. I look forward that this research can be the chance to dispel vague misunderstanding about Japanese words and promote to acquire the Japanese words.

keywords: lexicon, interpretation, translation, Chinese word, loan word, hybrid word

<제7장의 참고문헌>

김인정(2008)『쉬운 통번역일본어』에듀컨텐츠, pp.1-141.

나루세 다케시(成瀬武1996)『英日日英翻訳入門-原文の解釈から訳文の構想まで』研究社出版, pp.1-168.

박영순 편저(2016)『통번역학 이론과 실제』백산출판사, pp.1-409.

우기홍(2015)『일본어 통번역 사전』넥서스JAPANESE, pp.1-464.

이국희·김명순(2014)『통번역 학습을 위한 중국어책』신론사, pp.1-208.

천호재(2017[2019])『일본어 통번역 기초』역락, pp.1-304.

천호재(2018)『일본어 통번역 연습』역락, pp.1-355.

제1부의 결론

제1부는 일본어교육학적인 관점으로 일본어 어휘를 고찰한 것이다. 일본어 학습자들에게 단순히 일본어 어휘를 제시하는 것에 머무르지 않고 특정한 분야의 일본어 어휘에서 나타나는 다양한 일본어학적 특징을 규명하고, 그것과 더불어 일본어교육을 실천하고, 나아가 일본사정의 이해로의 관점의 확장을 도모하는 데에 역점을 두었다. 구체적 각 장별로 살펴보면 다음과 같다.

제1장에서는 일본음식명에 A(전항명사)가 B(후항명사)의 일부, A가 B의 주체, 대상, 원인 및 이유, B가 A의 성질을 나타내는 것으로 해석되는 음식명은 존재하지 않는다는 사실이 밝혀졌다. 또 A와 B가 지시하는 범위가 각각 다르다고 해석되는 음식명 중에서 와가시명의 비율이 가장 높으며, 우동명, 라멘명, 소바명에만 A와 B의 도구 및 수단으로서의 해석이 가능한 점, A가 B의 재료(식재)로 해석되는 음식명 중에서 스시명의 비율이 가장 높은 점, A가 B의 장소로 해석되는 음식명 중에서 라멘명의 비율이 가장 높은 점, A가 B의 시간을 나타내는 것으로 해석되는 음식명 중에서 우동명의 비율이 가장 높다는 점을 밝혀냈다. 그리고 일본과 한국음식명의 통사적 특징을 비교한 결과, 한국인들보다 일본인들의 음식명에 대한 명명의식이 훨씬 다채롭게 발휘된다는 사실이 밝혀졌다.

제2장에서는 1930년대부터 1980년대까지 크게 히트한 100곡의 엔카

가사에서 나타나는 일본인들의 희노애락의 감정표현을 연어 단위로 살펴보았다. 엔카의 곡명은 자연, 식물, 사람, 신체, 동물, 지명, 건조물, 교통기관, 시간, 감정, 기타로 대표되는 11개의 의미적 특징들로 카테고리화할 수 있음을 알 수 있었다. 엔카 가사 중에 슬픔의 감정을 나타내는 엔카 가사가 66%로 가장 많았으며, 희노애락에 관련된 다양한 감정 표현들을 「명사 + 동사, 명사 + 형용사, 형용사 · 형용동사 + 명사, 부사 + 동사 · 형용사 · 형용동사」구조의 연어 단위로 추출할 수 있었다. 마지막으로 일본에만 존재하는 문화어(명사)들이 우리가 진정으로 일본문화를 이해하는 훌륭한 단서가, 도구가, 동기가 될 수 있을 것이라는 점을 강조하였다.

제3장에서는 일본의 동요 가사를 구성하는 (대)명사, 형용사(형용동사), 동사, 연어, 오감 관련 표현을 고찰하였다. 그 결과 일본동요와 한국동요를 객관적으로 비교할 수 있는 발판이 마련되었다. 우선, 일본과 한국의 대표적인 동요 가사를 비교 고찰하여 가사를 구성하는 자립어((대)명사, 형용사(형용동사), 동사), 연어, 오감 표현 등으로 대표되는 품사와 의미구조를 비교할 수 있게 되었다. 둘째, 일본의 동요 가사에 나오는 자립어, 연어, 오감 표현을 일본어 학습자들이 발견해 내는 방식으로 일본어 어휘력과 독해능력을 배양할 수 있을 것으로 기대된다. 마지막으로, 본 장의 고찰에 의해 활성화된 다양한 담론을 다양한 채널을 통해서 우리나라의 아동교육이나 초등교육에 유의미한 시사점을 제안할 수 있게 되었다.

제4장에서는 우선 4음절의 천문학 용어가 19%, 3음절과 5음절이 16%, 6음절이 15%, 2음절이 11%를 각각 차지하는 것으로 밝혀졌다. 둘째, 천문학 용어의 표기 자종으로 한자가나형의 자종이 70%, 가타카나형의 자종이 25%를 차지하는 것으로 밝혀졌다. 셋째, 복합어(파생어)의 형식을 취하는 천문학 용어의 통사적 특징으로 A가 B의 일부를 나타

내는 용어가 44%, A가 B의 성질을 나타내는 용어가 27%를 차지하는 것으로 밝혀졌다. 마지막으로 천문학 용어에 적용된 환유가 94%, 개념의 인접에 의한 환유가 67%, 공간의 인접에 의한 환유가 24%, 비유와 제유가 각각 4%와 2%를 차지하는 것으로 밝혀졌다. 본 저자가 기울인 이러한 노력들로 인해 천문학 용어의 장기기억화가 용이해지고 궁극적으로 천문학이 지향하는 우주관을 이해하는 데에 다소 도움이 될 것으로 기대한다.

제5장에서는 음성학(음절), 문자론(표기), 통사론(복합명사), 인지의미론(레토릭)이라는 일본어학적 방법을 기준으로 일본의 불교 용어를 고찰하였다. 먼저 불교 용어는 2음절의 용어가 가장 많은 사실이 밝혀졌다. 둘째, 불교 용어는 한자가나형과 숫자형이 다수를 차지하는데, 특징적인 것은 숫자형이 천문학 용어와 비교했을 때 압도적으로 많이 나타난다는 점이다. 셋째, A가 B의 일부의 통사적 관계를 지닌 복합명사 형식의 불교 용어가 가장 높은 비율을 차지한다는 사실이 밝혀졌다. 마지막으로 환유(개념의 인접에 의한 환유)와 제유가 적용된 불교 용어가 많다는 사실이 밝혀졌다.

제6장에서는 우선 일본군함명의 음절수 중에서 2음절, 3음절, 4음절의 군함명이 가장 높은 비율을 차지하는 사실이 밝혀졌다. 둘째, 한자가나형의 군함명이 65%로 가장 많으며, 특이하게도 숫자형의 군함명이 34%나 차지한다는 사실이 밝혀졌다. 셋째, 환유의 레토릭이 적용된 군함명이 94%로 압도적인 비율을 차지한 사실이 밝혀졌다. 마지막으로 군함명에 지명, 지형, 자연현상에 관련된 환유가 가장 많이 적용된다는 사실이 밝혀졌다. 이러한 사실은 일본의 군함명에 내재된 명명의 메커니즘, 심리, 나아가 당시 일본의 시대상을 이해하는 데에 도움이 될 것으로

기대된다.

마지막으로 제7장에서는 정치에 관련한 일본어 어휘를 한어, 외래어, 혼종어로 구분하여 한국어의 어휘와 비교하는 방식으로 고찰을 하였다. 그 결과 일본어의 단어를 한국어로 통번역하려고 할 때, 쉽게 통번역이 가능한 경우도 있지만 그렇지 않는 경우도 있음을 알 수 있었다. 한국이 근대화의 시기를 맞이하며 일본어에서 만들어진 어휘를 많이 차용하였기 때문에 일본어와 한국어의 어휘가 상당히 동일할 것으로 생각하기 쉽지만, 정치 관련 어휘를 살펴보았을 때 반드시 그렇지 않다는 사실을 확인할 수 있었다. 제7장의 고찰이 일본어 학습자의 어휘 학습을 적극적으로 촉진하는 계기가 되기를 기대한다.

2부

문법습득

제8장

한국인 일본어 학습자의 수수표현 습득

-의미를 중심으로-

日本語要旨

本章は日本語の授受表現「～てやる（～あげる、さしあげる」「～てくれる（くださる）」「てもらう（いただく）」を取り上げて、日本語学習者と日本語ネイティブスピーカーが該当表現を実際にどのように使っているかを明らかにしたものである。考察の結果、まず日本語学習者は「～てくれる（～てくださる）」を圧倒的に多く使っていることがわかった。第2に、日本語学習者は自動詞、他動詞、使役動詞、漢語動詞のなかで、他動詞や漢語動詞を授受表現化する傾向を見せた。第3に、日本語学習者は授受表現「～てくれる（くださる）」を構成する格の意味制約を大きく違反するが、反対に格の人称制約に対してはほとんど違反しないことがわかった。最後に、日本語学習者は授受表現の構造的類型のなかで「田中さんが妹に絵本を買ってくれた」のように相手に物を授受する文を多用していることがわかった。

키워드: 수수표현(授受表現), 습득(習得), 일본어 모어 화자(日本語母語話者), 일본어 학습자(日本語学習者)

8.1 시작하며

외국어(일본어) 습득 연구는 크게 세 가지로 분류된다. 첫째, 목표언어(일본어)의 습득에 있어 필연적으로 발생하는 외국인의 오용 연구, 둘째, 중간언어 연구, 마지막으로 언어 습득 연구이다. 이들 세 부류의 연구는 각각 독립된 별개의 영역이 아니라 일본어 학습자의 불완전한 일본어 습득을 다룬다는 점에서 서로 밀접하게 연결되어 있다. 오용 연구는 문법을 기준으로 말하면 목표언어의 학습자가 반복해서 비문법적인 문장을 만들어내는 이유나 원리 등을 다루며, 중간언어 연구는 모어도 목표언어도 아닌 학습자의 독자적인 언어(습득이 불완전한 언어) 체계를 규명한다. 언어(일본어) 습득 연구는 완전하지 못한 목표언어 습득의 과정을 규명하고 그 체계화를 시도하는 방식으로 일본어 학습자의 불완전한 일본어 습득을 다룬다.[1]

이 가운데 본 저자는 한국인 대학생 일본어 학습자(이하, 일본어 학습자로 약칭한다.)의 일본어 습득에 중점을 두고 논의를 전개하고자 한다. 일본어를 습득한다함은 일본어의 음성, 음운, 형태, 통사, 의미, 언어행동 등을

---

1 천호재 · 조병현(2011: 50-53)에 인용하였다.

습득한다는 것인데, 본 장에서는 이 중에서 형태, 통사, 의미로 대표되는 문법습득, 그 중에서도 일본어 학습자가 사용한 수수표현(물건이나 행동을 주고받는 표현) 즉, 「~てやる(あげる, さしあげる)」「~てくれる(くださる)」「~てもらう(いただく)」의 습득 양상을 일본 원어민들의 수수표현 운용 양상과 비교하는 방식으로 고찰하고자 한다. 수수표현에 주목하는 이유는 일본어 학습자가 수수표현을 습득함에 있어 몇 가지 특징적인 경향을 보이기 때문인데, 그 근거로 일본어 학습자의 수수표현 습득이 원활하지 못하며, 「~てくれる(くださる)」표현을 압도적으로 많이 사용한다는 점을 들 수 있다(후술한다.). 이러한 경향 때문에 일본어 학습자와 원어민과의 수수표현 사용 양상을 비교함으로써 일본어 학습자의 수수표현 습득의 특이성이 부각될 것으로 기대된다.

다음의 예문은 일본어 수수표현을 예시한 것이다. 아래의 예문은 무라키 신지로(村木新次郎, 1991:28)의 예문을 천호재(2015:113)에서 재인용한 것이다.

(1) a. 教師が生徒をほめた。
b. 教師が生徒をほめてやった。
c. 教師が生徒をほめてくれた。
d. 生徒が教師に/からほめてもらった。

위의 예문 (1b)-(1d)는 제각기 다른 문말 표현 형식을 취하고 있지만 근본적으로 (1a)와 동일한 사상을 기술한다는 점에서 서로 공통점을 지닌다. 그러나 어느 문말 표현을 사용하느냐에 따라서 화자의 시점이 제각기 다르게 표출된다는 점에서 서로 차이점을 보인다. 예를 들어 예문

(1b)에서는 교사의 칭찬 행동이 원심적인 방향(교사 → 학생)으로 묘사되는 반면에, 예문 (1d)에서는 교사의 칭찬 행동이 학생의 시각을 중심으로, 즉 구심적인 방향(학생←교사)으로 묘사된다.

이러한 일본어 수수표현에 대해 그동안 수많은 연구가 행해져 왔는데, 선행연구에서는 주로 수수표현 그 자체의 구조적 의미, 일본어 학습자의 문장 발화나 테스트, 작문을 통한 오용 등을 다룬 연구가 주류를 이루어 왔다(cf. 최숙이(崔淑伊, 1998), 조남성(2006), 임미숙(2000), 심현희(2001), 이토 가쓰히로(伊東克洋, 2002), 송치엽(宋致燁, 2007), 미네자키 도모코(峯崎知子, 2008), 황순화(黃順花, 2012)).[2] 오용에 주안점을 둔 선행연구는 일본어 학습자의 수수표현 사용에서 나타나는 오용 패턴을 이해하는 데에 매우 유용하다. 그러나 이들 연구의 아쉬운 점을 굳이 거론하자면 이들 연구들은 일본어 학습자가 단순히 일본어 수수표현의 규칙을 제대로 기억하느냐, 혹은 기억하지 못하느냐를 가늠하는 것 이상의 연구적 의의는 제시해 주지 못한다는 점이다. 이보다 일본어 학습자의 오용을 단순히 지적하는 것을 넘어 일본어 학습자의 수수표현 습득 양상을 규명하거나 체계화를 시도하는 것이 더 중요하다. 왜냐하면 수수표현의 사용 규칙을 위반하는 데에는 나름 정착된 수수표현 습득 체계가 존재하기 때문이다. 따라서 본 장에서는 수수표현의 사용이 단순히 오용이냐 정용이냐를 따지는 것보다 일본어 학습자가 수수표현의 습득을 어느 정도로 확장해 나가는지를 아는 것(일본 원어민의 사용 능력에 어느 정도로 근접하고 있는지를 아는 것)을 파악하고자 한다. 본 장에서는 수수표현이 오용을 내포한 하나의 독자적인 문법체계를 이룰 수 있다는 것을 아래의 세 가지 관점으로

2 임미숙(2000), 심현희(2001), 이토 가쓰히로(伊東克洋, 2002), 송치엽(宋致燁, 2007), 미네자키 도모코(峯崎知子, 2008)의 논문은 천호재·조병현(2011)에서 재인용한 것이다.

고찰하고자 한다.

첫째, 일본어 학습자들이 사용한 수수 표현과 결합한 동사(자동사, 타동사, 한어동사, 사역동사)의 습득 양상을 고찰한다.
둘째, 각 수수표현의 격에 배당된 의미역(사람, 인칭) 제약에 대한 일본어 학습자의 습득 양상을 고찰한다.
마지막으로, 각 수수표현의 의미 구조적 타입에 대한 일본어 학습자의 습득 양상을 고찰할 것이다.

8.2 일본어 수수표현의 이론적 배경

이 절에서는 일본어 학습자의 수수표현 습득을 분석하기 전에 분석의 기초가 되는 일본어 수수표현의 기본용법을 격 의미(인칭)의 제약과 수수표현의 의미 구조적 유형으로 나누어 살펴보고자 한다.

8.2.1 수수표현에 생기하는 격 의미(인칭)의 제약

이 절에서는「~てやる(あげる,さしあげる)」「~てくれる(くださる)」「~てもらう(いただく)」표현의 기본 문형과 격이 취하는 인칭 제약을 간략히 설명하고자 한다. 이하에서 제시하는 예문, 인칭 서열 순서는 모두 정의상(2006:208-213)에서 인용한 것이다. 우선, 수수표현「~てやる(あげる, さしあげる)」표현을 예시하는 예문과 인칭 제약을 제시하면 다음과 같다. 이하의 예문에는 대표 형식으로「~てあげる」만을 제시한다.

(2) 私は、あなたにどんな本を貸してあげましたか。

(3) 田中は、木村に漫画本を貸してあげた。

(4) 私は彼女の荷物を運んであげました。

(5) あなたが彼女のかばんを持ってあげましたか。

(6) 私は彼女を手伝ってあげました。

예문 (2)-(6)에서 「~てあげる」로 표시되는 수수표현에서는 「が」격 명사와 「に」격 명사가 모두 사람이어야 하며, 「を」격 명사는 사람이거나 사물이어도 무방하다는 것을 알 수 있다. 예문 (3)을 예로 들면 「が」격 명사와 「に」격 명사는 각각 「田中」와 「木村」로 사람이며, 「を」격 명사는 「漫画本」으로 사물이다. 「が」격 명사는 3인칭(田中)뿐만 아니라 1인칭(私)과 2인칭(あなた)도 사용될 수 있다. 이들 제약을 근거로 「~てやる(あげる, さしあげる)」는 다음과 같은 인칭 제약을 지니는 것으로 일반화된다.

(7) ~てあげる「주는 이」≧「받는 이」

(인칭 서열의 순서 1인칭> 2인칭> 3인칭)

(7)의 「주는 이」 > 「받는 이」가 나타내는 바는 「주는 이」가 1인칭이면 「받는 이」는 2인칭이어야 하며, 「주는 이」가 2인칭이면 「받는 이」는 3인칭이어야 한다는 제약이다. 또한 「>」 아래의 「=」표시는 「주는 이」가 3인칭일 경우, 「받는 이」가 같은 3인칭이어도 무방하다는 것을 나타낸다.

둘째, 수수표현 형식 「~てくれる(くださる)」가 들어간 예문을 제시하면 다음과 같다.

(8)昨日あなたが私に貸してくれた本は、もう全部読みました。

(9)田中さんが(私の)妹に絵本を買ってくれた。

(10)彼女があなたのかばんを持ってくれましたか。

(11)彼女は私を手伝ってくれました。

예문 (8)-(11)을 보면「が」격 명사,「に」격 명사는 모두 사람이며「を」격은 사람이거나 사물이라도 무방하다는 것을 알 수 있다. 예문 (9)로 말하면「が」격 명사는「田中さん」이고「に」격 명사는「妹」,「を」격 명사는「絵本」이다.「~てくれる(くださる)」인칭 제약은 다음과 같다.

(12)~てくれる: <주는 이> ≦ <받는 이>

(인칭 서열의 순서 1인칭 > 2인칭 > 3인칭)

(12)의「주는 이」<「받는 이」가 의미하는 바는「주는 이」가 2인칭이면,「받는 이」는 1인칭이어야 하며,「주는 이」가 3인칭이면,「받는 이」는 2인칭이거나 1인칭이어야 한다는 것이다. 그리고「<」아래의「=」표시는「주는 이」가 3인칭이면「받는 이」가 3인칭이어도 무방하다는 것을 나타낸다.

마지막으로「~てもらう(いただく)」가 들어간 예문을 제시하면 다음과 같다.

(13)あなたに買ってもらった本はもう全部読みました。

(14)あなたは昨日、田中さんにどんな本を貸してもらいましたか。

(15)田中さんは、木村さんに漫画本を貸してもらった。

(16)私は、田中さんに/から本を貸してもらいました。

예문 (13)-(16)에서 「が」격 명사와 「に」격 명사가 모두 사람이고, 「を」격 명사는 사물이어야 한다는 것을 확인할 수 있다. 예문 (14)로 말하자면 「が」격 명사는 「あなた」이고 「に」격 명사는 「田中さん」이다. 그리고 「を」격 명사는 「本」이다. 「が」격 명사와 「に」격 명사의 인칭 제약은 다음과 같다.

(17) てもらう: 「받는 이」 ≧ 「주는 이」
(인칭 서열의 순서 1인칭 > 2인칭 > 3인칭)

(17)의 「받는 이」 ≧ 「주는 이」가 의미하는 바는 「받는 이」가 1인칭이면, 「주는 이」는 2인칭이어야 하며, 「받는 이」가 2인칭이면, 「주는 이」는 3인칭이어야 한다는 것이다. 그리고 「>」의 「=」표시는 「받는 이」가 3인칭이면 「주는 이」도 3인칭일 수도 있다는 것을 나타낸다.

8.2.2 수수표현의 의미 구조적 유형

황순화(黃順花, 2012)에 의하면 수수표현의 구조적 유형은 기여태 「~てやる(あげる, さしあげる)」「~てくれる(くださる)」와 수납태 「~てもらう(いただく)」로 분류된다. 황순화(黃順花, 2012)는 기여태 문장의 의미구조적 유형으로 다음의 네 가지 유형과 예문을 제시하였다. 본 장에서는 기여태와 수납태를 모두 수수표현으로 통칭한다.

(18) 수수표현의 구조적 유형

a. 직접적인 대상에 대한 수수표현(상대방에게 이익이 되는 행위를 직접 가함)

예) 私は彼女を手伝ってあげました。

예) 彼女は私を手伝ってくれました。

b. 상대 대상의 수수표현(즉 상대방에게 물건을 주고받음)

예) 田中は、木村に漫画本を貸してあげた。

예) 田中さんが(私の)妹に絵本を買ってくれた。

c. 직접 대상의 소유물에 대한 수수표현(상대방의 소유물에 대해 행위를 가함)

예) 私は彼女の荷物を運んであげました。

예) 彼女があなたのかばんを持ってくれましたか。

d. 간접 대상의 소유주에 의한 수수표현(상대방과 관계있는 인물에 어떤 행위를 가하는 것)

예) チェさんは私の母に釜山を案内してくれました。

본 장에서는 황순화(黃順花, 2012)가 제안한 수수표현의 의미 구조적 유형을 중심으로 일본어 학습자가 사용한 수수표현의 습득 양상을 고찰할 것이다.

8.3 분석 자료의 개요

일본어 학습자들의 일본어 수수표현 습득 양상을 고찰하기 위해 본 저자는 부산 P대학교 일어일문학과에 재학했던 학생들이 직접 작성한 작문 자료(1999년 1학기와 2학기 작문 과제)를 사용하였다. 이 작문 자료는 본 저자가 1999년 1년 동안 P대학교 일어일문학과에서 강사로 있을 때 입수한 것이다.

일본어 학습자들의 수수표현 습득 양상을 고찰하기 위한 방법으로는 작문(발화) 이외에 테스트를 사용하는 방법도 생각해 볼 수 있다. 그러나 본 저자가 일본어 학습자의 작문 자료를 분석으로 도구로 사용한 데에는 나름 이유가 있다.

언어습득 이론에서는 학습자의 목표언어(예를 들어 일본어) 습득이 상황에 따라 변화하는 것으로 보고 있다. 일본어를 사용함에 있어 상황에 따라 오용이 발생할 수도 발생하지 않을 수도 있다는 말이다. 예를 들어 학습자가 테스트나, 예기치 못한 상태에서 갑작스럽게 의사소통을 해야 하는 경우, 즉 시간적으로 충분히 준비가 되지 못한 상황에서 일본어를 사용할 경우, 평소라면 범하지 않을 오용을 자신도 모르게 범할 수 있다는 것이다. 그러면 작문 자료는 어떤가? 작문 자료는 학습자의 발화나 테스트와는 달리 학습자들이 시간적인 여유를 가지고 작성된 것일 가능성이 크다고 할 수 있다. 작문의 작성에 수차례의 수정이 이루어지면서 자연스럽게 작문과 제출 사이의 시간적 간격이 커지기 때문이다. 또 일본어 학습자들은 작문을 하기 위해 사전이나 자신이 이미 학습한 노트를 참고로 하면서 작문을 했을 가능성이 크다. 따라서 작문 자료는 학습자들이 평소라면 범하지 않을 오용을 범할 가능성이 다른 자료보다 훨씬 적다고 할 수 있다. 이와 같이 생각하면 작문 자료는 일본어 학습자의 일본어 습득을 고찰할 수 있는 매우 안정적인 자료라는 결론을 내릴 수 있다.[3]

3 천호재 · 조병현(2011:52)에서 인용한 것이다.

작문 자료의 주제는 인생관, 결혼관, 연애관, 사회문제에 관련된 것들이다. 분량은 총 390매이다. 본 장에서 제시하는 예문은 천호재(2013)과 천호재(2015)에서 인용한 것이며, 작문 자료 제목명은 천호재(2015:19-23)에 모두 제시되어 있다.

고찰은 일본어 학습자들의 수수표현 사용 양상을 일본 원어민들이 작성한 에세이에 나타난 수수표현의 사용 양상과 비교하는 방식을 채택하였다. 원어민들이 작성한 에세이 분량은 모두 59편(A4 1매-3매)이며 에세이명은 예문 오른쪽 괄호 안에 명시하였다.

8.4 각 수수표현 형식의 교체 형식과 사용 빈도의 비교

수수표현에 대한 일본 원어민들과 일본어 학습자들의 사용 빈도를 보면 다음의 <표1>과 같다. <표1>은 천호재(2015:114, 248)에서 인용한 것이다. 괄호 밖의 수치는 일본 원어민들의 수수표현 사용 비율이며, 괄호 안의 수치는 일본어 학습자들의 사용 비율이다.

<표1> 수수표현에 대한 일본 원어민과 한국인 일본어 학습자의 사용 비율 비교

	てやる			てくれる		てもらう	
	てやる	てあげる	てさしあげる	てくれる	てくださる	てもらう	ていただく
소계(%)	8%(8%)	4%(2%)	0%(1%)	73%(83%)	2%(1%)	12%(5%)	0%(0%)
합계(%)	**12%(11%)**			**76%(84%)**		**12%(5%)**	
전체	**100%(100%)**						

위의 <표1>에 명시되어 있지 않지만 일본 원어민들의 수수표현 사용

개수는 49개인 반면에 일본어 학습자의 사용 횟수는 167개였다. 자료 분량은 일본어 학습자 쪽이 2배 정도 많았지만, 단순히 수치로만 보면 일본어 학습자 쪽이 수수표현을 사용하는 비율이 훨씬 높다. 「~(て)やる」형의 사용 비율을 보면 원어민 12%, 일본어 학습자가 11%로 거의 동률을 보이지만, 「~(て)くれる」형의 사용 비율은 원어민 76%와 일본어 학습자 84%로 일본어 학습자 쪽이 압도적으로 높은 것을 알 수 있다. 「~(て)もらう」형의 사용 비율은 원어민 12%와 일본어 학습자 5%로 원어민 쪽의 사용 비율이 압도적으로 높은 사실을 알 수 있다.

8.5 본동사와 수수표현의 습득 양상 비교

우선, 일본 원어민들과 일본어 학습자들이 사용한 수수표현에서 수수표현이 어떤 본동사(타동사, 자동사, 한어동사, 사역동사)에 접속되는지 그 양상을 살펴보기로 한다. 다음의 〈표2〉를 보도록 하자. 괄호 안의 수치는 일본어 학습자의 사용 비율이며, 괄호 밖의 수치는 일본 원어민들의 사용 비율이다. 소수점 첫째 자리 반올림하였다.

<표2> 본동사와 수수표현(원어민과 일본어 학습자의 비교)

	타동사	자동사	한어동사	사역동사	**합계**
~てやる	5%(8%)	2%(0%)	4%(2%)	0%(1%)	**11%(11%)**
~てくれる	58%(52%)	10%(7%)	8%(16%)	2%(9%)	**78%(84%)**
~てもらう	4%(2%)	1%(1%)	6%(2%)	0%(1%)	**10%(6%)**
합계	**66%(62%)**	**13%(8%)**	**18%(20%)**	**2%(11%)**	**100%(100%)**

위의 〈표2〉를 보면 타동사에 수수표현을 연결하는 비율이 원어민은

66%, 일본어 학습자 62%로 거의 동률을 보여주는 것을 알 수 있다. 자동사에 수수표현을 연결하는 비율은 원어민 13%, 일본어 학습자 8%로 원어민 쪽이 5%가량 많다. 한어동사의 경우는 원어민 18%, 일본어 학습자 20%로 거의 동률을 이루었으며, 사역동사의 경우 원어민 2%, 일본어 학습자 11%로 일본어 학습자 쪽이 훨씬 높다. 각 수수표현의 사용 비율은 〈표2〉에 제시한 바와 같다.

그러면 원어민들과 일본어 학습자가 사용한 실제 예문을 보도록 하자. 먼저 원어민들의 수수표현에 연결된 본동사부터 보도록 하자.

(19) 私は入院しているマーちゃんの心をほぐしてやりようがない。(言葉のポトラック)

(20) あの束縛された魂をその苦しみから解放してやるのだ。(塩の像)

(21) だからジジ、ジジはもうしばらく二人のそばにいてあげて。(真夜中)

(22) 鎌倉市は火葬料として5万円支払ってくれた。(真夜中)

(23) ばあちゃんは引退して遊んでくれる人。(これからも石を運びながら)

(24)「私の作家遍歴」を水声社が復刊してくれる。(試行錯誤に漂う1)

(25) 今の時世専業主婦させてくれる男の人などありえないし、(少子化は仕方ないことかも)

(26) さあどうぞ、あなたは私を救ってくださったのですから。(塩の像)

(27) 文字入力と校正をしてくれたメンバー全員のあて名入りのサイン本を作ってもらった。(いや、わかってますよ)

(28) これがもう私のチームは本当の話をしても誰からも信じてもらえないくらい弱く、(プロムナード)

예문 (19)는 타동사「ほぐす」에 수수표현「~てやる」가 접속된 실제 예이다. 예문 (20)은 한어동사「解放する」에 수수표현「~てやる」가 접속된 것을 예시한 것이다. 예문 (21)은 자동사「いる」에 수수표현「てあげる」가 접속된 실제 예이다. 예문 (22)는 타동사「支払う」에, 예문 (23)은 자동사「遊ぶ」에, 예문 (24)는 한어동사「復刊する」에「~てくれる」가 접속된 실제 예이다. 예문 (25)는 사역동사「させる」에「~てくれる」가 접속된 것을 나타낸다. 예문 (26)은 타동사「救う」에 존경형의「~てくださる」가 접속된 실제 예이다. 예문 (27)과 (28)은 타동사「作る」와 한어동사「信じる」에 수수표현 형식「~てもらう」가 접속된 실제 예이다.

이번에는 일본어 학습자가 사용한 수수표현을 살펴보도록 하자. 다음의 예문은 타동사에「~てやる」「~てあげる」「~てさしあげる」가 결합한 것을 나타낸다. 본 저자는 일본어 학습자가 사용한 일본어 예문은 문법적으로 불완전하여 그 의도하는 바를 분명히 제시하고자 한국어 번역을 병기하였다.

(29)彼女とやくそくがある日はしっかりやくそく時間の2時間前に彼女の家に電話をかけてあげます。

그녀와 약속이 있는 날은 약속 시간 2시간 전에 그녀의 집에 반드시 전화를 걸어줍니다.

(30)今からその友人を紹介してあげました。

지금부터 그 친구를 소개해 드리겠습니다.

(31)主人が夕食を食べる間果物をあげたり、魚もあげて一日のできごとをきかせてやりたい。

남편이 저녁을 먹는 동안 과일을 주기도 하고 생선도 주며 그날 있었던 일을 들려주고 싶다.

둘째, 일본어 학습자가 수수표현「~てもらう」「~ていただく」를 자동사(なる), 타동사(書く), 한어동사(保証する)에 연결한 예문을 보도록 하자.

(32)今、僕に人生の意味を分かれるようになってもらった本「三国志」について言って見ようとする。
지금 나에게 인생을 의미를 알 수 있게 해 준 삼국지에 대해 말해보려고 한다.

(33)となりの友だちに打たれると姉が私の代わりにけんかをしてくれて学校の休みの絵の日記をしないで寝入てしまった時も開学の前日晩に二ヶ月分の日記を書いてもらったときもあります。
가까운 친구들에게 맞으면 누나가 내 대신에 싸움을 해주기도 하고 학교 방학숙제인 일기를 쓰지 않고 자버렸을 때도 개학 전날 밤에 2개월분의 일기를 써준 때도 있습니다.

(34)しかし乗客たちは安全を保障してもらう権利も忘れてしまって、運転手の顔色をうかがいながら、疾走するバスの中で取っ手一つに寄りかかれるしかないのだ。
그러나 승객들은 안전을 보장받을 권리도 잊어버리고 운전수의 안색을 살피면서 질주하는 버스 속에서 손잡이 하나에 기댈 수밖에 없는 것이다.

마지막으로 일본어 학습자가 사용한 수수표현「~てくれる(くださる)」가 자동사(役に立つ, なる, 当たる), 타동사(作る, 喧嘩する, 見せる), 사역동사

(成長させる, 奮発させる), 한어동사(忠告する, 保証する)에 연결된 예를 보도록 하자.

(35)私の大学生活におけてこの本はほんとうに役に立ってくれました。

나의 대학생활에 있어서 이 책은 정말로 도움이 되어 주었습니다.

(36)私の希望はいつまでも力になってくれることです。

나의 희망은 언제까지나 힘이 되어 주는 것입니다.

(37)彼に話しをたくさんかけて彼も私に親切に当たってくれた。

그에게 말을 많이 걸어줬기 때문에 그도 내게 친절하게 대해주었다.

(38)それでほうそうを作る人々がすこしきにして作ってくれたらする思いです。

그래서 방송을 제작하는 사람들이 조금 신경 써서 만들어줬으면 하는 생각입니다.

(39)そしてまるで自分のことのようにけんかをしてくれました。

그리고 마치 자기 일처럼 싸움을 해 주었습니다.

(40)また5時から7時までは推薦の曲といろんな歌の順列(→序)も見せてくれるので新しい歌を覚えることもできるしすきな歌が日本でも人気があるかどうかをしることもできます。

또 5시부터 7시까지 추천곡과 여러 노래의 순서도 보여주기 때문에 새로운 노래를 외울 수도 있고 멋진 노래가 일본에서도 인기가 있는지 여부도 알 수 있습니다.

(41)それで、私をなぐさめて、忠告してくれる大切な友だちです。

그래서 나를 위로하고 충고해주는 소중한 친구입니다.

(42)職業は人生の目標を達成してくれる機会を与え、私の能力、知識、および技術が利用できて、未来に対して安定を保障してくれて、社会のために奉仕することのできる機会を提供してくれるからです。

직업은 인생의 목표를 달성해줄 기회를 부여해주며 나의 능력, 지식 및 기술을 이용할 수 있으며 미래에 대해 안정을 보장해주며 사회를 위해 봉사할 수 있는 기회를 제공해주기 때문입니다.

(43)しかし、そこで彼を治療してくれた人は医者じゃなかった。

그러나 거기서 그를 치료해준 사람은 의사가 아니었다.

(44)なぜかというと「旅」をすればするほど自分を大きく成長させてくれるし、普段では味わえない体験ができるからだ。

왜냐하면 여행을 하면 할수록 자신을 크게 성장시켜 주며, 평소에는 맛볼 수 없는 체험을 할 수 있기 때문이다.

(45)しかし、昔話をきかせてくれないのが物たりないです。

그러나 옛날이야기를 들려주지 않는 것이 부족합니다.

(46)なぜならばそれはむしろ私を奮発させてくれるからだ。

왜냐하면 그것은 오히려 나를 분발시켜주기 때문이다.

8.6 수수표현의 격 의미제약(생물, 무생물)에 대한 원어민과 일본어 학습자의 습득 양상 비교

8.6.1 일본 원어민들의 운용 양상

먼저 일본 원어민들이 사용한 수수표현 예문을 보면 문장의 뼈대를 이루는 격이 제대로 명시된 경우가 거의 없다. 예를 들어「今年の冬は暖かいねぐらを作ってやらなければならない(ことばのポトラック)」에서 보듯「が」격 명사와「に」격 명사가 생략되어 있다. 그러나 문맥을 고려하면 생략된 격 명사를 찾을 수 있기 때문에 수수표현에 생기하는 격과 명사의 의미를 파악하는 데에는 문제가 없다. 본 저자가 일본 원어민들이 작성한 일본어 에세이 자료를 면밀히 관찰한 결과, 본 저자는 일본 원어민들이 사용하는 수수표현에서 보이는 격의 의미를 다음과 같이 확인할 수 있었다.

<표3> 수수표현에 생기하는 격의 의미 습득 양상(원어민)

	Nが		Nに	
	생물	무생물	생물	무생물
~てやる	6개	0개	6개	0개
~てもらう	6개	0개	5개	1개
~てくれる	27개	10개	37개	0개
소계	**39개**	**10개**	**48개**	**1개**

〈표3〉을 보면 수수표현을 생기하는「が」격 명사에 생물의 의미가 부여되는 경우가 39개, 무생물의 의미가 부여되는 경우가 10개인 것을 알 수 있다.「に」격 명사의 경우는 생물의 의미가 부여되는 경우가 48개인 반면에 무생물은 단 1개에 불과하다.「が」격 명사와 달리,「に」격 명사

에 무생물의 의미가 강하게 배제되는 것을 확인할 수 있다. 구체적으로 보면 「~てやる」와 「~てもらう」에 생기하는 「が」격 명사에는 생물만이 온다. 「~てくれる」에 생기하는 「が」격 명사에는 생물의 의미를 지니는 예가 27개, 무생물의 의미가 부여되는 예가 10개에 달하는 것을 볼 수 있다.

좀 더 구체적으로 살펴본 결과, 「~てやる」에 생기하는 「が」격 명사 6개 중에 3개의 「が」격 명사가 인간, 나머지 3개는 동물이었다. 「~てもらう」에 생기하는 「が」격 명사가 인간인 경우가 5개, 나머지 1개는 사물이었다. 「~てくれる」에 생기하는 「が」격 명사 중에서 27개가 인간, 나머지 10개는 사물이었다. 「~てやる」의 「に」격 명사 6개 중에 3개는 인간, 나머지 3개는 동물이었다. 「~てもらう」의 「に」격 명사 5개, 「~てくれる」 의 「に」격 명사 37개도 모두 인간이었다.

그러면 수수표현의 격에 부여된 의미역을 예시하는 실제 예문을 보도록 하자. 먼저 「~てやる」가 들어간 수수표현을 보면 다음과 같다.

(47) だからジジ、ジジはもうしばらく二人のそばにいてあげて。(真夜中)

(48) 今年の冬は暖かいねぐらを作ってやらなければならない。(言葉のポトラック)

예문 (47)을 보면 「が」격 명사에는 인간(じじ)이라는 의미역이 부여되었고, 「に」격 명사에도 인간의 의미역(二人)이 부여된 것을 알 수 있다. 예문 (48)에는 「が」격 명사와 「に」격 명사가 생략되었지만 문맥을 통해 각각의 격 명사에 부여된 의미역을 확인할 수 있다. 즉 「が」격 명사에 부여된 의미역은 글쓴이, 즉 인간이며, 「に」격 명사에 부여된 의미역은 동물(고양이)인 것을 문맥을 관찰하면 확인할 수 있다. 이를 통해서 일본의 원어민은 「~てやる」형식에 생기하는 「が」격 명사와 「に」격 명사에 생물(인간 혹은 동물)이라는 의미역을 부여하는 방식으로 「~てやる」 형식을 운용하는 것으로 생각할 수 있다.

둘째, 「~てもらう」가 들어간 수수표현 예문을 보도록 하자.

(49)青山ブックセンターで対談してもらったが、(いや、わかってますよ)

(50)文字入力と校正をしてくれたメンバー全員のあて名入りのサイン本を作ってもらった。(いや、わかってますよ)

「~てもらう」를 예시하는 예문 (49)에서는 「が」격 명사와 「に」격 명사 모두 생략되었지만, 문맥을 살펴 본 결과, 각각의 격 명사에 부여된 의미역으로 글쓴이와 인간(小島さん)이 부여된 사실을 확인할 수 있었다. 예문 (50)에서도 「が」격 명사와 「に」격 명사 역시 모두 생략되었지만, 문맥을 통해서 각각의 격에 인간(글쓴이와 출판사)의 의미역이 부여된 것을 확인하였다. 출판사는 무생물처럼 보이지만, 여기서 말하는 출판사는 출판사에 근무하는 사람을 가리키기 때문에 인간의 의미역이 부여된 것으로 볼 수 있다. 따라서 일본의 원어민들은 「が」격 명사와 「に」격 명사에 각각 인간과 인간(혹은 동물)이라는 의미역을 부여하는 방식으로 「~てもらう」형식을 운용하는 것으로 생각할 수 있다

마지막으로 「~てくれる」가 들어간 수수표현 예문을 보도록 하자.

(51)これも長女が可愛いと<u>褒めてくれ</u>、5·6枚以上作りました。(秋冬

のファションはリフォームと昔の服や靴で)

(52)という長女、10歳離れた妹の世話を一番してくれるのはうちの長女。(小子化は仕方ないことかも)

(53)鎌倉市は火葬料として5万円支払ってくれた。(真夜中)

(54)かろうじて児童館が1-2歳対象の児童クラブをしてくれるらしいけど、(小子化対策のかぎは高校生に)

(55)そしてこのムラ(企業)はムラにいるかぎり地位保証はしてくれます。(日本とムラ)

(56)労働はロボットがしてくれて、(楽園で働く現代)

(57)私たち人間どもが決して知ることのできないコミュニティを作って、ワイワイ大騒ぎしてくれていることを夢見ている。(ラ·アルプ)

「~てくれる」를 예시하는 예문 (51)과 예문 (52)의 「が」격 명사와 「に」격 명사에 부여된 의미역은 각각 「長女」와 「나(私)」로 모두 인간이다. 예문 (53)의 경우, 「が」격 명사에 부여된 의미역은 「무생물(鎌倉市)」이며, 「に」격 명사에 부여된 의미역은 비록 생략되었지만, 문맥을 살펴보니 「鎌倉市」로 확인되었다. 「鎌倉市」는 무생물이기는 하지만, 「鎌倉市」의 시청 직원들을 가리키므로 인간이라고 할 수 있다. 예문 (54)의 「が」격 명사에는 무생물(児童館)이, 「に」격 명사에는 생물, 즉 인간(어린 자녀를 둔 부모)의 의미역이 부여되었다. 「児童館」 역시 무생물의 범주에 들어가지만, 엄밀히 말하면 「児童館」에 근무하는 직원들을 의미하므로 인간으로 해석할 수 있다. 예문 (55)의 「が」격 명사에는 무생물(기업)이, 「に」격 명사에는 인간(사원들)이라는 의미역이 부여되었다. 기업이 무생물이기는

하지만, 이 역시 인간을 의미하므로 인간의 의미역이 부여된 것으로 해석할 수 있다.

한편, 예문 (56)의 「が」격 명사는 로봇을, 「に」격 명사는 인간을 지시한다. 예문 (57)의 「が」격 명사는 생략되었지만, 문맥을 살펴보면 동물, 즉 살쾡이(ドラ猫)이며, 「に」격 명사는 인간을 지시한다. 로봇과 살쾡이는 인간은 아니지만 본 저자가 인간으로 간주하는 것은 둘 다 동작주(행위자, agent)로 해석이 가능하기 때문이다. 따라서 일본의 원어민들은 「が」격 명사와 「に」격 명사에 모두 동작주라는 의미역을 부여하는 방식으로 「~てくれる」 형식을 운용하는 것으로 생각할 수 있다.

8.6.2 일본어 학습자들의 사용 양상

그러면 이번에는 일본어 학습자들의 수수표현 양상을 보도록 하자. 괄호 밖의 수치는 일본 원어민들의 수수표현 사용 비율이며, 괄호 안의 수치는 일본어 학습자의 사용 비율이다.

<표4> 원어민과 일본어 학습자들의 수수표현 격의 의미습득 양상의 비교

	Nが		Nに	
	생물	무생물	생물	무생물
~てやる	6개(15개)	0개(3개)	6(16개)	0개(2개)
~てもらう	6개(9개)	0개(0개)	5개(8개)	1개(1개)
~てくれる	27개(103개)	10개(109개)	37(102개)	0개(32개)
소계	**39개(127개)**	**10개(112개)**	**48개(126개)**	**1개(35개)**

위의 <표4>를 보면 일본어 학습자가 사용한 18개의 「~てやる」 예문에 생기하는 「が」격 명사와 「に」격 명사에 인간의 의미역이 부여된 예가 각각 15개와 16개로 밝혀졌다. 나머지 3개와 2개의 격에는 무생물의 의

미역이 부여되었다. 일본 원어민의 사용 양상과 비교해 볼 때, 일본어 학습자는 「~てやる」에 생기하는 「が」격 명사와 「に」격 명사에 생물의 의미역 이외에 무생물의 의미역을 부여하는 오용을 범하는 것을 확인할 수 있다.

이하 「~てやる」의 「が」격 명사와 「に」격 명사에 부여된 의미역을 예시하는 실제 예문을 제시하면 다음과 같다. 이하 제시하는 예문은 「が」격 명사와 「に」격 명사가 문장 표면에 명시된 것도 있고 명시되지 않은 것도 있다.

(58)またおもしろいし、わたしによく対してやって(→た)からです。

또 재미있고, 저에게 잘 대해 주었기 때문입니다.

(59)なぜして聞いて見ると自分が世上に生きて残るとのために、第一番競争者がちちです、ということばに「よし」して肩を取ってやりました。

왜냐 하고 물어보니 자신이 세상에 살아남기 위해 가장 큰 경쟁자가 아버지입니다라는 말에 (아버지는) 「좋아」하며 어깨를 잡아 주었습니다.

(60)それで皆さんに勧めてやりたいです。

그래서 여러분에게 권해주고 싶습니다.

(61)アカタクリスティの本のなかでアカタミステリーのほかにも短い話がある本がありますけどその本は次に教えてあげます。

아가타 크리스티 책 중에서 아가타 미스테리 외에도 짧은 이야기가 있는 책이 있지만 그 책은 다음에 가르쳐 드리겠습니다.

(62)そしてレクリエーション時間で扇情的な舞いをかなでる女にテ

レビはクローズアップをしてやった。

그리고 레크리에이션 시간에 선정적인 춤을 추는 여자를 텔레비전은 클로즈업을 해 주었다.

(63)巣清掃はいっしゅうにいちどくらいしてやり(→れ)ばなります。

둥지 청소는 일주일에 한 번 정도 해주면 됩니다.

(64)彼女とやくそくがある日はしっかり、やくそく時間の2時間前に彼女の家に電話をかけてあげます。

그녀와 약속이 있는 날은 반드시 약속 시간 2시간 전에 그녀의 집에 전화를 걸어 줍니다.

위의 예문에서는 「が」격 명사와 「に」격 명사에 대부분 「인간」이라는 의미역이 부여되었지만, 예문 (61)에서는 「が」격 명사에 무생물(本)의 의미역이 부여되어 있다.

둘째, 「~てくれる」이다. 「が」격 명사에 인간의 의미역이 부여된 예가 사람인 경우는 103개, 무생물이 109개로 확인되었다. 「に」격 명사에 인간의 의미역이 부여된 예가 102개, 무생물이 32개 확인되었다. 일본 원어민들보다 「~てくれる」의 습득과 운용이 압도적으로 높은 사실을 확인할 수 있다. 더구나 무생물의 의미역이 부여될 수 없는 「に」격 명사가 32개나 확인되었다. 이하 「~てくれる」의 「が」격 명사와 「に」격 명사에 부여된 의미역을 예시하는 실제 예문을 제시하면 다음과 같다. 예문 (65)의 오른쪽 괄호 속의 「(母→私)」는 「が」격 명사가 「母」이고, 「に」격 명사가 「私」임을 나타낸다(이하 동일).

(65)私だちが学校から帰えれば母は準備しておいたおやつを一様に

配ってくださいましたが、私はいつも足りなかった。(母→私)

우리들이 학교에서 돌아오면 엄마는 준비해 둔 간식을 똑같이 나누어 주셨지만 나는 언제나 부족하였다.

(66)私がむずかしい時いつも心配してくれて、力になってくれる姉。(姉→私)

내가 어려울 때 늘 걱정해 주고 힘이 되어준 언니.

(67)私より7歳年うえではじめは両親が反対しましたが、何回会って見てからはつき合いを承諾してくれました。(両親→私たちに)

나보다 7살 많아서 처음에는 부모님이 반대하였지만 몇 번 만나 보고 나서는 교제를 승낙해 주었습니다.

(68)私にとってはこの三つの人生観はいつも私の生活を楽しくさせてくれる。(三つの人生観→私に)

내게 있어서는 이 세 가지 인생관은 늘 나의 생활을 즐겁게 해 준다.

(69)職業は人生の目標を達成してくれる機会を与え、私の能力、知識、および技術が利用できて、(職業→われわれに)

직업은 인생의 목표를 달성해 주는 기회를 주고 나의 능력, 지식, 및 기술을 이용할 수 있으며,

(70)pocket ballは女性にもビリヤードにたいして興味をもってくれる。(pocketball→われわれ)

포켓볼은 여성에게도 당구에 대해 흥미를 가져다준다.

(71)一般的で集中力が生ずると病気の予防の能力に助けくれる。(集中力→病気の予防の能力)

일반적으로 집중력이 생기면 질병의 예방을 도와준다.

(72) 私がすることに対して関心を持ってくれ、私をいつも信じてく

れ、私もそのようにしてあげたいと思います。(彼→私がすることに)

내가 하는 일에 대해 관심을 가져 주고, 나를 늘 믿어 줘서 나도 그렇게 해 주고 싶습니다.

위의 예문 (65), (66), (67), (72)는 「が」격 명사에 「인간」이라는 의미역이 부여된 것을 예시한 것이며, 예문 (68)-(70)은 「が」격 명사에 「사물」의 의미역이 부여된 것을 예시한 것이다. 그리고 예문 (65)-(70)은 「に」격 명사에 「인간」의 의미역이 지정된 것을 예시한 것이며, 예문 (71)은 사물의 의미역이 부여된 것을 예시한 것이다.

마지막으로 「~てもらう」이다. 「が」격 명사에 「인간」의 의미역이 부여된 예는 전체 9개 중에서 9개였으며, 「に」격 명사에서 「인간」의 의미역이 부여된 예는 전체 9개 가운데 8개로 나타났다. 실제 예문을 제시하면 다음과 같다. 구체적인 설명은 생략한다.

(73)それは親切なふりのあいさつをしてもらう人に不快感を与えるのはないだろうか。

그것은 친절함을 가장한 인사를 해주는 사람에게 불쾌감을 주는 것은 아닐까? (誰か ←挨拶する誰か)

(74)その代わりに親の社業(→ 事業)を結んでもらえるようになってるハンサームな王子がいらっしゃってる。(私 ←王子)

그 대신에 부모님의 사업을 물려받을 수 있게 되는 핸섬한 왕자가 계신다.

(75)しかし乗客たちは安全を保障してもらう権利も忘れてしまって、運転手の顔色をうかがいながら、疾走するバスの中で取っ手

一つに寄りかかれるしかないのだ。(われわれ←バス会社)

그러나 승객들은 안전을 보장 받을 권리도 잊어버린 채, 운전수의 안색을 살피면서 질주하는 버스 속에서 손잡이 하나에 매달려 있을 수밖에 없는 것이다.

(76)さいごに午後2時から3時ごろにかけて来るお客の限りに持(→特)別な料理を提供してもらえます。(お客←レストランの従業員)

마지막으로 오후 2시에서 3시쯤에 오는 손님에 한해서 특별한 요리를 제공 받을 수 있습니다.

(77)この店なら男女間にデートをするときとか理(→異)性を紹介してもらうとき、いい場所になると思う。(誰か←誰か)

이 가게라면 남녀 간에 데이트를 할 때라든가 이성을 소개 받을 때, 좋은 장소가 된다고 생각한다.

(78)彼は私が悪かったら忠告してもらう友だちのような人ならもっといいです。(私←彼)

(나의 이상향인) 그는 내가 잘못 했을 때 충고해 줄 친구 같은 사람이라면 더 좋겠습니다.

(79)今僕に人生の意味を分かれるようようになってもらった本「三国志」について言って見ようとする。(僕←三国志)

지금 나에게 인생의 의미를 알 수 있게 해 준 삼국지에 대해 말해 보려고 생각합니다.

8.7 수수표현의 격 의미제약(인칭제약)에 대한 원어민과 일본어 학습자의 습득 양상 비교

일본 원어민이 구사하는 수수표현의 「が」격 명사와 「に」격 명사에는 모두 인간(동작주)의 의미역이 부여되는 것을 확인할 수 있었다. 동작주의 의미역을 더 자세히 살펴보면 「주는 이」와 「받는 이」로 구분할 수 있다. 8.2절에서는 격 명사에 부여되는 동작주의 의미역이 일정한 인칭의 제약을 받는 것을 확인할 수 있는데, 이 절에서는 일본의 원어민들과 일본어 학습자가 사용한 수수표현의 격 명사에서 어떠한 인칭제약이 나타나는지를 비교 고찰하고자 한다.

8.7.1 일본 원어민의 사용 양상

다음의 〈표5〉는 일본 원어민들의 사용한 수수표현의 인칭제약을 나타낸 것이다.

<표5> 주는 이와 받는 이의 인칭 제약(원어민)

	주는 이 → 받는 이		
	3인칭 → 1인칭	3인칭 → 3인칭	**합계**
~てやる	0개	2개	**2개**
~てもらう	5개	1개	**6개**
~てくれる	15개	10개	**25개**
소계	**20개**	**13개**	**33개**

〈표5〉를 보면 「~てやる」형에서 「주는 이」가 3인칭이고 「받는 이」가 1인칭인 예는 단 한 개도 확인되지 않았다. 반면에 「주는 이」가 3인칭

이고 「받는 이」가 3인칭인 예는 2개가 확인되었다.[4] 「~てもらう」형에서는 「주는 이」가 3인칭이고, 「받는 이」가 1인칭인 예로 5개의 예가 확인되었고, 「주는 이」가 3인칭, 「받는 이」가 3인칭인 예로 1개의 예가 확인되었다. 「~てくれる」형에서는 「주는 이」가 3인칭, 「받는 이」가 1인칭인 예로 15개의 예가 확인되었고, 「주는 이」가 3인칭, 「받는 이」가 3인칭인 예로 10개의 예가 확인되었다.

먼저 「~てやる」형의 수수표현에서 「주는 이」와 「받는 이」의 인칭이 3인칭→3인칭을 예시하는 실제 예문을 제시하면 다음과 같다.

(80)だからジジ、ジジはもうしばらく二人のそばにいてあげて。(真夜中)
(81)あの束縛された魂をその苦しみから解放してやるのだ。(塩の像)

예문 (80)에서 「주는 이」는 「ジジ」이고, 「받는 이」가 「二人」로 모두 3인칭이다. 예문 (81)에서는 문장 표면에는 명시되어 있지 않지만, 「주는 이」가 「修道僧」이며, 「받는 이」는 「罪人」로 둘 다 3인칭이다.

둘째, 「~てもらう」형 수수표현의 「주는 이」와 「받는 이」의 인칭 제약을 보여 주는 실제 예문을 살펴보면 다음과 같다.

(82)今若い両親で働いていて、病気のときはおばあちゃんにみてもらう、(小子化は仕方ないことかも)
(83)私はこれを最高級の蓄音機でSPレコードを再生してもらって聞くと、(みすず)

4 「お前を救ってやったではないか。(塩の像)」와 같이 1인칭→2인칭의 예가 사용된 것이 한 건 확인되었다.

(84)賞の効用が少しはあるから、2、3作は辛抱してもらえるとしても、(プロムナード)

예문 (82)에서 「주는 이」는 「おばあちゃん」이고, 「받는 이」는 문장 표면에는 명시되지 않았지만 「戦後の子供」이다. 즉 「받는 이」와 「주는 이」가 3인칭인 것이다. 예문 (83)에서 「주는 이」는 역시 문장 표면에는 명시되지 않았지만 「誰か」로 3인칭이며, 「받는 이」는 1인칭 「私」이다. 예문 (84)에서 「주는 이」와 「받는 이」는 모두 문장 표면에 명시되지 않았지만, 문맥을 살펴본 결과 「読者」와 「私」로 각각 3인칭, 1인칭임이 확인되었다.

마지막으로 「~てくれる」형 수수표현에서 「주는 이」와 「받는 이」의 인칭제약을 보여주는 실제 예문을 제시하면 다음과 같다.

(85)飛び込みの森本アナもじっくり見せてくれる派。(ラ·アルプ)

(86)これも長女が可愛いと褒めてくれ、5·6枚以上作りました。(秋冬のファッションはリフォームと昔の服や靴で)

(87)小学校の時から先生が一度も教えてくれなかったので、(人生の岐路)

(88)お風呂も入れてくれるし。(小子化は仕方ないことかも)

(89)熱がありそうな時は体温計で見てくれる。(小子化は仕方ないことかも)

(90)子どもは見てくれる人が10人いたら10人分の愛情を受けれますもの。(小子化対策のかぎは高校生に)

예문 (85)에서는 「주는 이」는 3인칭(森本アナ)이고, 「받는 이」는 문장 표면에 명시되지 않았지만 1인칭(視聴者)이 사용되었다. 「視聴者」를 1인칭으로 보는 것은 시청자 속에 글쓴이도 들어가 있기 때문이다. 예문 (86)에서는 「주는 이」가 「長女(3인칭)」, 「받는 이」는 문장 표면에 명시되지 않았지만 「私(1인칭)」가 사용되었다. 예문 (87)에서는 「주는 이」와 「받는 이」가 각각 「先生(3인칭)」와 「私(1인칭)」이 사용되었다. 예문 (88)와 예문 (89)에서는 「주는 이」와 「받는 이」는 문장 표면에는 명시되지 않았지만 각각 「長女」와 「次女」로 확인되었다. 모두 3인칭이다. 예문 (90)에서는 「주는 이」와 「받는 이」는 각각 「人」와 「子供」로 모두 3인칭이 사용되었다.

8.7.2 일본어 학습자의 사용 양상

그러면 이번에는 일본어 학습자가 사용한 수수표현의 인칭제약을 일본의 원어민의 수수표현 사용 양상과 비교해 보도록 하자. 다음의 <표6>은 일본 원어민과 일본어 학습자의 수수표현 사용에서 드러난 인칭제약을 나타낸 것이다. 괄호 밖의 숫자는 원어민을 사용 횟수를, 괄호 안의 숫자는 일본어 학습자의 사용 횟수이다.

<표6> 주는 이와 받는 이의 인칭 제약(원어민과 일본어 학습자)

	주는 이→받는 이		
	3인칭→1인칭	3인칭→3인칭	합계
~てやる	0개(0개)	2개(2개)	**2개(2개)**
~てもらう	5개(0개)	1개(1개)	**6개(1개)**
~てくれる	15개(99개)	10개(34개)	**25개(133개)**
소계	**20개(99개)**	**13개(37개)**	**33개(136개)**

이 절에서는 수수표현의 사용 횟수가 가장 많았던「~てくれる」수수표현의 인칭제약만 살펴보기로 한다.「주는 이」와「받는 이」가 각각 3인칭과 1인칭인 예가 99개로 가장 많았다.「주는 이」가 3인칭,「받는 이」가 3인칭인 예로는 34개로 확인되었다. <표>에는 명시하지 않았지만,「주는 이」가 1인칭,「받는 이」가 2인칭인 예문으로는 1개가 확인되었으며,「주는 이」가 1인칭,「받는 이」가 1인칭인 예문도 1개가 있었다. 인칭제약을 위반한 몇몇 오용이 보이기는 하지만 대부분 8.2절에서 살펴본 바와 같이「~てくれる」수수표현에 적용되는 인칭제약을 잘 준수하고 있는 것을 확인할 수 있었다. 이하의 예문은「주는 이」가 3인칭(姉),「받는 이」가 1인칭(私)을 예시한다.

(33) となりの友だちに打たれると姉が私の代わりにけんかをしてくれて学校の休みの絵の日記をしないで寝入てしまった時も開学の前日晩に二ヶ月分の日記を書いてもらったときもあります。
가까운 친구들에게 맞으면 누나가 내 대신에 싸움을 해주기도 하고 학교 방학숙제인 일기를 쓰지 않고 자버렸을 때도 개학 전날 밤에 2개월분의 일기를 써준 때도 있습니다.

8.8 수수표현의 구조적 유형에 대한 일본어 학습자의 습득 양상

원래대로라면 수수표현의 의미 구조적 유형에 대한 일본어 학습자와 일본 원어민의 습득 및 운용 양상을 비교해야 하지만, 이 절에서는 일본어 학습자가 습득한 수수표현의 구조적 유형만을 보도록 하겠다. 8.2.2

절에서는 수수표현 중에서 「~てやる」와 「~てくれる」만 제시하였으므로 이하 이들 수수표현에 한정해서 일본어 학습자가 습득한 수수표현의 구조적 유형을 보도록 하겠다. 먼저, 전체 167개의 예문 중에 <상대방에게 물건을 주고받는 것>을 나타내는 유형이 110개로 가장 많았다. 둘째, <직접적인 대상에 대한 수수표현>, 즉 상대방에게 직접적으로 이익이 되는 행위를 가하는 표현>이 36개로 확인되었다. 셋째, 직접 대상의 소유물에 대한 수수표현, 즉 <상대방의 소유물에 대해 행위를 가하는 것)이 16개, 마지막으로 간접 대상의 소유주에 의한 수수표현, 즉 <상대방과 관계있는 인물에 어떤 행위를 가하는 것>이 5개 확인되었다.

그러면 이들 구조적 유형을 직접 예시해 주는 실제 예문을 보도록 하자. 다음의 예문 (91)-(93)은 직접적인 대상에 대한 수수표현을 예시한 것이다. 예문 (94)-(96)은 상대 대상 물건의 수수 행위를 예시한 것이다. 예문 (97)과 (98)은 직접 대상의 소유물에 대한 수수표현을 예시한 것이다. 예문 (99)와 (100)은 간접 대상의 소유주에 의한 수수표현을 예시한 것이다.

(91) あの人を会う前、私は「私を愛してくれるといい」と思った。

그 사람을 만나기 전에 나는 나를 사랑해주면 된다고 생각했다.

(92) しかし、学校側でも私たちをもう少し考えてくれるといえばあの寒い冬に冷たい教室に追ってしまわないようです。

그러나 학교 측에서도 우리들을 좀 더 생각해 준다고 하면 그 추운 겨울에 차가운 교실로 쫓아 버리지는 않을 것 같습니다.

(93) 世には仕事は多いけれど、すべての仕事が自分を待ってくれることはない。

세상에는 할 일도 많지만 모든 일이 자신을 기다려 주는 것은 아니다.

(94) 帰りの放送を聞きながら帰り道を歩いていると、後ろから「ミナちゃん、一緒に帰ろう！」えりちゃんが声をかけてくれた。

방송을 들으면서 귀갓길을 걷고 있으니 뒤에서「미나야, 같이 가자！」고 에리가 말을 걸어주었다.

(95) そしてまるで自分のことのようにけんかをしてくれました。

그리고 마치 자신이 관계된 것처럼 싸워 주었습니다.

(96) アパートの警備員も父に安否を問いながらその週アパートの行事の日程を教えてくれた。

아파트 경비원도 아버지에게 안부를 물으면서 그 주의 아파트 행사 일정을 가르쳐 주었습니다.

(97) それで、私とは同じ年ですが、末っ子の私のだだとかんしゃくを聞いてくれて、私には本當のお姉さんのような人です。

그래서 나와는 같은 나이이지만 막내인 나를 마냥 짜증을 들어주는, 정말 나에겐 진짜 언니 같은 사람입니다.

(98) けれども、このような反面に、私の話しとか頼みをよく聞いてくれる心の暖かい人です。

하지만 이와 같은 반면에, 나의 이야기라든가 부탁을 잘 들어주는 마음이 따뜻한 사람입니다.

(99) 父と私がアパートに入ったと時そのアパートに住んでいる人たちがはじめて見る私の父にうれしそうにあいさつをしてくれた。

아버지와 내가 아파트에 들어갔을 때 그 아파트에 살고 있는 사람들이 처음 보는 나의 아버지에게 반가운 듯 인사를 해 주었다.

(100) 子供の宿題をいっしょにして、子供の悩みを聞いてくれる人がいいと思う。

아이 숙제를 함께하며 아이의 고민을 들어주는 사람이 좋다고 생각한다.

예를 들어 예문 (91)은 「私」라는 직접적인 대상에 「愛する」라는 애정 행동을 기술한 것이다. 예문 (96)은 상대방과 주체가 추상적인 사물 「日程」의 수수 행위를 예시한 것이다. 예문 (97)은 직접 대상인 「私」의 소유물 「かんしゃく」에 대한 수수 행위를 예시한 것이며 예문 (99)와 (100)은 특정한 사람과 관계있는 사람, 즉 「父」와 「子供」에 대한 수수 행위를 예시한 것이다.

8.9 마치며

본 장은 일본 원어민과 일본어 학습자가 사용한 일본어 수수표현 사용을 비교 고찰한 것이다. 그 결과 다음과 같은 결론을 얻을 수 있었다.

우선, 일본어 학습자는 일본 원어민에 비해 「~てくれる(くださる)」를 압도적으로 사용하는 사실이 밝혀졌다. 이것은 다른 수수표현 형식보다 「~てくれる(くださる)」 형식을 습득하기 쉽고, 그것과 비례하여 한국인 학습자의 뇌에 장기기억화되기 쉽다는 것을 말해주는 것으로 생각된다.

둘째, 일본어 학습자와 원어민 모두 자동사, 타동사, 사역동사, 한어동사 가운데 타동사와 한어동사를 수수표현 형식에 연결하여 사용하는 비중이 높다는 사실이 밝혀졌다. 그러나 차이를 보면 일본어 학습자 쪽이 원어민보다 타동사에 「~てやる」를, 한어동사와 사역동사에 「~てくれ

る(くださる)」를 연결해서 사용하는 비중이 높다. 이는 일본어 학습자가 원어민에 비해 한어동사와 사역동사를 대체하는 일본 고유의 어휘(동사) 지식이 부족하다는 것을 말해주는 것으로 생각된다. 따라서 교수자는 일본어 동사 어휘를 학습자들에게 충실히 지도할 필요가 있다고 생각된다.

셋째, 일본어 학습자는 「~てくれる(くださる)」 형식의 수수표현에 생기하는 「が」격 명사와 「に」격 명사에 인간이 아닌 무생명사(사물)의 의미역을 부여하는 오용을 많이 범하는 한편, 인칭제약은 위반하지 않는 것으로 나타났다. 또 원어민들은 「が」격 명사와 「に」격 명사가 오로지 인간(생물)일 경우에만 「~てやる」표현을 사용하지만[5], 일본어 학습자의 경우는 「が」격 명사와 「に」격 명사가 무생물인 경우에도 사용한다. 따라서 일본어 학습자에게 수수표현에 관여하는 당사자를 철저히 인간(에 준하는 것)이라는 의미특성으로 제한해서 지도할 필요가 있다고 생각한다.

넷째, 원어민들은 「주는 이」와 「받는 이」가 각각 3인칭과 1인칭인 경우 「~てやる」의 사용이 확인되지 않는 반면에 일본어 학습자의 경우는 그 사용이 확인된다. 또 원어민은 「주는 이」와 「받는 이」가 각각 3인칭과 1인칭으로 「~てもらう」를 사용하는 경우가 압도적인 반면에, 일본어 학습자는 「주는 이」와 「받는 이」를 3인칭으로 한정해서 사용하는 비중이 높다. 이것은 일본어 학습자가 「~てもらう」의 습득에 어려움을 겪고 있기 때문이라 생각된다. 따라서 「~てもらう」표현의 지도를 중급 이후로 넘김으로써 초급 일본어 학습자의 학습상의 곤란함을 덜어줄 필요가 있다고 생각된다. 또 원어민과 일본어 학습자들의 「~てくれる」표현에 나타나는 인칭제약의 운용 비율이 상당히 근접해 있다는 사실이 확인

5 「~てもらう」 표현도 오로지 인간이 당사자일 경우에만 사용한다.

되었는데, 이는 이미 언급한 바와 같이 「~てくれる」표현의 습득이 일본어 학습자에게 있어 용이하다는 것을 말해주는 것이므로 금후 초급 일본어 학습자를 대상으로 「~てくれる」형식을 우선적으로 지도할 필요가 있다고 생각된다.

마지막으로 일본어 학습자는 수수표현의 구조적 유형 중에서 상대 대상의 수수표현, 즉 상대방에게 물건을 주고받는 것(田中さんが妹に絵本を買ってくれた)과 「私は彼女を手伝ってあげました」와 같이 직접적인 대상에 대한 수수표현(상대방에게 직접적으로 이익이 되는 행위를 가하는 것)을 다용하는 경향을 보였다.

이상, 일본어 학습자의 수수표현 습득 양상을 살펴보았다. 일본어 학습자는 수수표현(수동표현, 사역표현 등도 포함하여)을 일반적으로 초급일본어 교재 후반부에서 단문의 형식으로 학습하는데, 문제는 수수표현의 의미양상을 고찰하는 데에만 머무르지 않고 일본어 학습자가 얼마나 발전적인 문장(복잡한 문장)을 산출해 내느냐를 일본 원어민들의 습득 양상과 비교하면서 추적 관찰하는 것도 매우 중요하다고 생각한다. 일본어 학습자가 일본어를 학습하는 데에는 일정한 방향성이 작용하기 마련인데, 그 방향성이란 일본어 학습이 지속될수록 쉬운 것에서 어려운 것으로, 기본회화문에서 일본인들이 일상생활에서 사용하는 생활회화문으로, 단순한 것에서 복잡한 것으로, 정확하게 말하고 쓰는 데에서 자연스럽고 복잡하게 말하고 쓰는 쪽으로 나아가려는 것이라 생각한다.[6] 마에다 나오코(前田直子, 2011)는 일본어 수동문을, 천호재(2015)는 일본 원어민들과 일본

6 천호재(2015: 36-38)을 참조하라.

어 학습자의 수수표현(사역문, 수동문, 가능문)을 단문말에 수수표현이 나타난 경우, 복문말(복문 주절말)에 수수표현이 나타난 경우, 단문/복문 연체절에 나타난 수수표현, 연용절말에 수수표현이 나타나는 경우로 나누어 고찰하고 있는데 이들 연구는 이러한 일본어 습득의 방향성에 주목한 전형적인 연구의 하나로 생각할 수 있다. 이러한 방향성에 주목하여 금후 많은 습득 연구가 이루어지기를 바란다.

Abstract

Acquisition of Giving and Receiving Expression for Korean Japanese Learners

The acquisition aspect of Korean University Japanese learners for the Japanese giving and receiving expression such as ~(te)yaru(ageru, sashiageru), ~(te) kureru(kudasaru), ~(te)morau(itadaku) in this chapter. As a result, firstly, it is known that Korean Japanese learners overwhelmingly use tekureru(kudasaru) a lot. Secondly, it is known that Korean Japanese learners has the trend to express the transitive verb and Chinese word verb as giving and receiving expression among the intransitive verb, transitive verb, causative verb and Chinese word verb. Thirdly, Korean Japanese learners quite violate the meaning role of the case (Human) which composes the giving and receiving expression, but almost not violate the grammatical person restriction of the case. Fourthly, it is known that Korean Japanese learners use much meaning structure of giving an object to the other person such as「Danaka takes a picture book to his younger sister」among the structural aspect of the giving and receiving expression. Final one is the appearing position of the giving and receiving expression. It is known that Korean Japanese learners show the trend that use the giving and receiving expression on the complex sentence than use on the short sentence. It is considered that the research in this chapter has great significance because it researched the acquisition aspect of the Korean Japanese learners as center not followed existing misuse research.

Keywords: Giving and Receiving Expression, Acquisition, Japanese Native Speaker, Korean Japanese Learners

<제8장의 참고문헌>

마에다 나오코(前田直子, 2011)「受動表現の指導と「拡大文型」の試み」『日本語 / 日本語教育研究[2]』ココ出版, pp.67-84.

무라키 신지로(村木新次郎, 1991),「ヴォイスのカテゴリーと文構造のレベル」『日本語のヴォイスと多動性』くろしお出版, p.28.

미네자키 도모코(峯崎知子, 2008)「日本語授受表現の使用場面における言語意識」『日本研究』36, pp.533-550.

송치엽(宋致燁, 2007)「日·韓の授受動詞の再考察」『日語日文学研究』62(1), pp.65-89.

심현희(2001)『日本語の授受表現における誤用に関する一考察-書き言葉と話し言葉における誤用例分析を中心として-』중앙대학교대학원 석사학위논문.

이토 가쓰히로(伊東克洋, 2002)「日本語における本{動詞としての授受動詞と視点」『日本文化学報』15, pp.113-124.

임미숙(2000)『日本語の授受表現の中間言語に関する研究』조선대학교 교육대학원 석사학위논문.

정의상(2006)「수익표현」『귀로 쏙쏙 일본어문법』다락원, pp.208-213.

조남성(2006)「제1장 한국어 화자가 잘 틀리는 일본어 오용」『일본어의 오용 분석』보고사, pp.279-315.

천호재 · 조병현(2011)『한국인 일본어 학습자의 오용 연구』한국문화사, pp.50-58.

천호재(2012)『일본어 교육론』어문학사, pp.286-294.

천호재(2013)「한국인 일본어 학습자의 수수표현 습득 양상」『일어일문학』57, pp.217-232.

천호재(2015)『일본어의 態voice와 복문』역락, pp.1-492.

최숙이(崔淑伊, 1998)「韓國人 日本語 學習者의 授受表現 誤用例 分析」『韓日語文論集』2, pp.97-118.

황순화(黃順花, 2012)「大学の日本語教材におけるやりもらいの構造」『第25次東北亞細亞文化學會·東亞細亞日本學會 국제학술대회 발표요지문』東北亞細亞文化學會, p.145.

제9장

한국인 일본어 학습자의 수동구문 습득

-형태와 의미습득을 중심으로-

日本語要旨

本章は形態的側面、意味的側面にもとづいて日本語学習者の作文資料から得た受動構文の習得様相を考察したものである。まず動詞の種類について。日本語学習者の受動構文の習得を観察した結果、全体153件の受動構文のなかで1類動詞の語幹に受動形態素「られ」が付加された例が52件、2類動詞が29件、3類動詞が72件確認された。第2に、受動構文に生ずる格の形態の習得を見ると、格形態が明示された64件の受動構文のなかで「に」格が明示された例が36件、「から」格が10件、「で」格が15件、「によって」格が3件確認された。第3に、日本語学習者が習得した153件の受動構文のなかで属性叙述受動構文が9件、事象叙述受動構文が144件あることが確認された。第4に、受影受動構文がマイナス的な意味として用いられた例が72件、プラス的意味として用いられた例が46件、中立的な意味として用いられた降格受動構文が35件確認された。最後に、日本語学習者が作成した受動構文のなかで「人間」の意味役割が与えられた「に」格名詞が12件、事物が24件確認された。人間の意味役割が与えられた「から」格名詞が3件、事物が7件確認された。「で」格名詞に手段の意味役割が与えられた例が1件、原因が2件、その他が12件確認された。153件の受動構文の中で「が」格名詞が明示された103個の主語に「人間」の意味役割が与えられた例が21件、「事物」は82件確認された。

키워드: 수동구문(受動構文), 습득(習得), 형태(形態), 의미(意味), 일본어 학습자(日本語学習者)

9.1 시작하며

다음의 일본어 문장은 전형적으로 수동구문을 예시한다.

(1) a. 課長からいろいろ聞かれました。

b. この建物は10年前に建てられました。

c. 聖書は各国の言葉に翻訳された。

cf. 나성영·홍민표(2014:121)

일본어 수동구문 실러버스는 통상 일본어 교재의 후반부에 배치되며, 예문 (1)에서 보듯 단문의 형식으로 제시되는 것이 일반적이다. 수동구문은 의미적으로 주어가 동작주로부터 영향을 받는 것을 기술하는 것으로 알려져 있는데, 그 의미는 형태(예를 들어 격 형태), 통사(격과 술어와 상관관계) 등을 통해서 구체적으로 묘사된다.

일본어 수동구문 관련 연구로는 대략 두 가지 주요 흐름이 있는데 하나는 일본어학적 연구 흐름이 있고, 다른 하나는 일본어 교육학적 연구(습득 및 오용 연구) 흐름이 있다. 본 장은 후자의 연구 흐름에 속하는데, 구체적으로는 언급하면 한국인 대학생 일본어 학습자들(이하, 일본어 학습자로 약칭한다.)의 일본어 수동구문 습득 양상을 형태, 의미 층위로 나누어 고찰하는 것이다.

9.2 일본어 수동구문의 문법적 특징

일본어 학습자가 습득한 수동구문을 형태, 의미 층위로 나누어 고찰하기 전의 예비단계로 선행연구에 의해 밝혀진 일본어 수동구문의 형태(9.2.1절)적 특징, 통사적 특징(9.2.2절), 의미적 특징(9.2.3절)을 제시하고자 한다. 이들 수동구문의 특징들은 일본어 학습자의 수동구문 습득 양상을 이해하는 데에 필요한 예비지식이기 때문에 매우 중요하다.

9.2.1 형태적 특징

일본어의 수동구문에는 다음 예문 (2)와 (3)에서 보듯이 동사 술어(愛する)의 어간에 「られ」라고 하는 수동 형태소(접미사 또는 조동사로 보는 관점도 있는데, 본 장에서는 수동 형태소로 통칭한다.)가 부가되며, 그와 동시에 능동문의 주어「太郎」는 「ガ」격이 아닌 「ニ」격을 취하며, 원래 「ヲ」격을 취하고 있던 목적어「花子」는 「ガ」격을 취하며 주어가 된다(cf. 마스오카 다카시(益岡, 1991:105)).

(2) 太郎が花子を愛している。
(3) 花子が太郎に愛されている。

그러나 능동문의 주어「太郎」가 수동구문에서 반드시 「ニ」격만을 취

하는 것은 아니다. 다음과 같이 다양한 격 형태를 수동구문에서 확인할 수 있다. 아래의 예문 (4)-(7)은 무라키 신지로(村木, 1991:15-17)에서 인용하였다.

(4) 花子は太郎に賭けられた。

(5) 太郎は花子からいじめられた。

(6) 二人の会話は騒音で遮られた。

(7) 源氏物語は紫式部によって書かれた。

예문 (4)에서는 능동문의 주어가 「ニ」격으로, 예문 (5)에서는 「カラ」격으로, 예문 (6)에서는 「デ」격으로, 예문 (7)에서는 「ニヨッテ」격으로 표시되어 있다. 이들 격 형태들은 또한 다양한 의미를 가지는데, 9.2.3절에서 상술하도록 하겠다.

수동 형태소「られ」는 타동사의 어간에 생산적으로 부가되지만, 동사의 종류에 따라 결합되는 양상이 다르다. 이하의 예에서 보듯 「られ」는 1류 동사(5단활용동사)의 미연형(u단 → a단)에, 2류동사(상하1단동사)의 미연형(어미 ル를 제거한 형태)에, 3류동사(カ행·サ행변격활용동사)의 미연형(来ル→コ·する → さ)에 결합한다.

(8) a. 1류동사 + られ: 言う→言われる, 乗る→乗られる, 書く→書かれる, 泳ぐ→泳がれる, 死ぬ→死なれる, 学ぶ→学ばれる, 飲む→飲まれる...

b. 2류동사 + られ: 見る→見られる, 教える→教えられる, 捨てる→捨てられる

c. 3류동사 + られ: 来る→来られる, する→される, 勉強する→勉強される

9.3.3절에서는 이러한 일본어 수동구문의 형태적 특징을 근거로 일본어 학습자의 수동구문 습득 양상을 고찰할 것이다.

9.2.2 통사적 특징

수동구문의 통사적 특징은 이미 9.2.1절에서 언급하였는데, 재차 설명하면 동사 술어의 어간에 수동 형태소「られ」가 부가되며, 그와 동시에 능동문의 주어가 「ガ」격 이외의 격을 취하며, 목적어이던 「ヲ」격이 「ガ」격으로 주어의 자리를 차지한다. 그러나 수동구문의 통사적 특징은 다양한 문장에서 출현하는 방식으로도 드러난다. 예를 들면 예문 (9)에서와 같이 수동구문의 술어가 단문뿐만 아니라 복문의 다양한 위치에서도 출현한다.[1]

(9) 수동구문의 출현 위치

① 단문말에 수동구문의 술어가 출현하는 경우:

ex)私は兄に叱られた。

② 복문 후행절(=주절)에 수동구문의 술어가 출현하는 경우:

ex)陽子は夜遅く家に帰り、兄に叱られた。

③ 인용절에 수동구문의 술어가 출현하는 경우:

ex)陽子は兄に叱られたと言った。

1 마에다 나오코(前田直子, 2011: 69-70)에서 인용하였다.

④ 의문절에 수동구문의 술어가 출현하는 경우:

ex)陽子は兄に叱られたか、わからない。

⑤ 연체적 복문 선행절(연체 수식어)에 수동구문의 술어가 출현하는 경우:

ex)兄に叱られた陽子は、大声で泣き出した。

⑥ 연용적 복문 선행절에 수동구문의 술어가 출현하는 경우:

ex)兄に叱られて、陽子は泣き出した。

(9)를 기준으로 일본어 학습자의 수동구문의 확대 사용 능력을 가늠할 수 있는데, 이에 대해서는 이미 천호재(2015:41-88, 181-218)에서 상세하게 고찰하였으므로 본 장에서는 단순히 수동구문의 통사적 특징을 소개하는 선에서 더 이상의 고찰은 하지 않기로 한다.

9.2.3 의미적 특징

이 절에서는 일본어 수동구문의 의미적 특징을 설명하도록 한다. 이하의 예문과 설명은 모두 마스오카 다카시(益岡, 1991)에서 인용한 것이다. (12)는 작례이다.

마스오카(益岡, 1991:106-108)는 수동구문의 의미적 유형으로 크게 속성서술수동문과 사상서술수동문으로 분류하였다. 다음의 예문 (10)-(13)을 보도록 하자.

(10)花子の家は高層ビルに囲まれている。(속성서술수동구문)

(11)私はそのことで親に叱られた。(사상서술수동구문-수영수동구문)

(12)太郎は電車の中で財布を盗まれた。(사상서술수동구문-수영수동구문)

(13)会場の近くに臨時の休憩所が作られた。(사상서술수동구문-항격수동구문)

예문 (10)이 속성서술수동구문이라 불리는 것은 예문 (10)이 어떤 대상(花子の家)의 성질이나 특징을 기술하기 때문이다. 즉 예문 (10)은 특정한 시공간에서 주어의 정적인 속성을 기술한다. 예문 (11)-(13)이 사상서술수동구문이라 불리는 것은 이들 예문들이 주어의 심리적, 물리적 상태변화를 동적으로 기술하기 때문이다.

그러나 예문 (11)-(13)이 동일한 사상서술수동구문이라고 하여도 약간의 차이가 있다. 예문 (11)과 (12)는 주어「私」「太郎」가 각각 「親が叱った」와 「隣の人が(私の)財布を盗んだ」라는 사건에 영향을 받은 것을 기술하므로 수영수동구문(受影受動構文)이라 불린다. 그러나 차이는 예문 (11)이 주체(주어)와 사건과의 관계가 직접적이라면, 예문 (12)는 주어의 소유물(財布)이 영향을 받은 것을 기술하므로 주어와 사건과의 관계는 간접적이라는 데에 있다. 예문 (13)은 항격수동구문이라 불린다. 능동문의 주어(동작주)를 주어의 위치에서 내리고(항격하고), 그 대신 능동문의 목적어(대상)을 주어의 위치로 승격시키고 있다. 항격수동구문에는 동작주의 존재가 의미적으로 함축될 뿐, 문장 표면에 직접적으로 명시되지 않으며 주어가 동작주의 영향을 받았는지 여부는 확실하지 않으며, 별로 중요하지도 않다.

9.2.1절에서 언급한 바와 같이 능동구문의 동사 술어에 대해서「ヲ」격 관계에 있던 명사가 수동구문에서「ニ」「カラ」「デ」「ニヨッテ」 등의 다양한 격 형태를 취한다고 하였다. 그런데 각각의 격 형태는 다양한 의미를 지니는 것으로 알려져 있다. 다음의 예문 (14)-(17)은 무라키 신지로

(村木, 1991:15-17)에서 인용하였다.

(14) a. 太郎は花子にぶたれた。

b. 花子は飼い犬に吠えられた。

c. 花子は海に呑まれてしまった。

(15)a. 花子は太郎から苛められた。

b. 花子は太郎からお見合いをすすめられた。

(16)a. 花子は電話のベルで起こされた。

b. 山頂は新雪で覆われている。

c. 新しい法案が議会で決定された。

(17)a. この子は父親によって信夫と名づけられた。

b. 法隆寺は聖徳太子によって建てられた。

무라키 신지로(村木, 1991:15-17)에 따르면 「ニ」격 명사에는 예문 (14)에서 보듯 인간, 동물, 사물의 의미역이 부여된다. 「カラ」격 명사의 경우, 예문 (15)에서 보듯 인간으로 그 의미역이 한정된다. 「デ」격 명사에는 예문 (16)에서 보듯 <수단>, <원인>, <장소성+동작주성>의 의미역이 부여된다. 「ニヨッテ」격 명사에는 예문 (17)에서 보듯 인간이라는 의미역이 부여된다. 그리고 예문 (14)-(16)의 주어, 즉 「ガ」격 명사에는 인간, 사물의 의미역이 부여된다. 9.3.3절에서는 이상의 설명을 근거로 일본어 학습자의 수동구문 습득 양상을 고찰할 것이다.

9.3 분석 자료와 고찰

본 저자가 분석한 자료는 부산의 P대학교 일어일문학과 수강생들이 작성한 과제이다. 분석 자료(1999학년도 1학기와 2학기 작문 과제)의 상세한 내역은 천호재(2015:19-23)에 제시되어 있으며, 이하의 절에서 제시하는 수동구문 예문은 모두 천호재(2015:364-390)에서 인용한 것이다. 이하의 절에서는 9.2절에서 제시한 일본어 수동구문의 형태적 측면과 의미적 측면에 주목하여 일본어 학습자의 수동구문 습득 양상을 살펴보기로 한다.

9.3.1 일본어 학습자의 수동구문 형태 습득

그러면 일본어 수동구문의 형태적 측면에 주목하여 일본어 학습자의 습득 양상을 보도록 하겠다. 먼저 수동 형태소「られ」가 어떤 동사에 부가되었는지부터 보도록 하자. 먼저 수동 형태소는 모두 153개의 동사 어간에 결합하였는데, 1류 동사에 수동 형태소「られ」가 부가된 예는 52개로 확인되었다. 더 자세히 살펴보면 1류 동사 중에서 V-う형에 부가된 예는 14개, V-つ는 1개, V-る는 12개, V-く는 3개, V-ぐ는 0개, V-ぬ는 0개, V-ぶ는 2개, V-む는 7개, V-す는 13개로 확인되었다(V는 동사의 어간을 의미한다.). 2류 동사는 29개, 3류 동사는 72개로 확인되었다. 이하 각 동사 종류별로 사용된 동사 기본형을 제시하면 다음과 같다.

(18) 1류 동사

V-う: 言う, 失う, 思う, まかなう, 行う, 釣り合う, 誘う, 笑う

V-つ: もつ

V-る: さわる, とる, 引っ張る, 作る, 腐る, 限る, まもる, やる, か

かわる, 知る, しかる, 殴る

V-く: 引く, 聞く, 好く

V-ぐ: 없음

V-ぬ: 없음

V-ぶ: 並ぶ, 呼ぶ

V-む: 含む, 飲む, 積む, かこむ, 妬む, 取り囲む, 込む

V-す: 話す, 出す, 押す, 減らす, 威す, はじき出す, もたす, 照らす, 見下ろす

(19) 2류 동사

育てる, 考える, かえる, 認める, 忘れる, 得る, 捨てる, 受ける, 切り詰める, たてる, いじめる, 与える, 見る, 覚える, 決める, 傷つける, わける, かける, 植える

(20) 3류 동사

影響する, 推定する, 選択する, 集中する, 左右する, 利用する, 形成する, 管理する, 無視する, 解決する, 指摘する, 侮辱する, 後悔する, 魅了する, 祝福する, 完成する, 提起する, 汚染する, 分析する, 拘束する, 細分化する, 隠蔽する, 認識する, 活性化する, 推進する, 質問する, 決定する, 停止する, 苦痛する, 確立する, 加速化する, 加重する, 投入する, 悪化する, 排出する, 議論する, 報道する, 建設する, 使用する, 蓄積する, 実証する, 拡大する, 非難する, 請求する, 疎外する, 重要する(→重要だ), 充足する, かいさいする, 圧倒する, 持続する, 信じる, 解放する, 愛する, 開発する, 心配する, 収監する, 修復する, 発音する, せいりする, 追加する, 解雇する, 逮捕する, 設置する, 解消する, 展示する, せいぞうす

る, 開通する, 改善する, 構成する

위의 예를 보면 일본어 학습자는 3류 동사의 습득 비중이 높으며, 3류 동사 중에서도 「한어명사＋する」에 수동 형태소를 부가하는 비중이 압도적으로 높은 것을 알 수 있다. 이하의 예문 (21)-(23)은 1류 동사에 수동 형태소「られ」가 부가된 실제 예이다.

(21) このころは昔よりたくさん親切になったと言われますが、まだ不親切だと感じます。

요즘은 옛날보다 많이 친절해졌다고 합니다만, 아직 불친절하다고 생각합니다.

(22) 自分で考える方を教えるのよりも考えを取られてすることだ。

스스로 생각하는 것을 가르치기보다 생각을 못하도록 가르친다.

(23) こんなに広く使われているボールペンは以前と違ってデザインの種類がとても多い。

이렇게 널리 사용되는 볼펜은 이전과 달리 디자인 종류가 매우 많다.

이하의 예문 (24)-(26)은 2류 동사에 수동 형태소「られ」가 부가된 실제 예이다.

(24) そこは観光地でなくて捨てられる空き地からです。

거기는 관광지가 아니라 버려진 빈터이기 때문입니다.

(25) 大学修学能力考査が受けられてから一週間ほど経って行きます。

대학수학능력고사가 치러지고 나서 일주일 정도 경과해 갑니다.

(26) わが国でマンガというのは子供たちや家でごろごろしている人などが見ることだと考えられています。

우리나라에서 만화라는 것은 아이들이나 집에서 할 일 없이 노는 사람들이 보는 것으로 여겨지고 있습니다.

이하의 예문 (27)-(29)는 3류 동사에 수동 형태소「られ」가 부가된 실제 예이다.

(27) そんなに作ったカードがよく管理されるのはないでしょう。

그렇게 만든 카드가 잘 관리되는 것은 아닐 것입니다.

(28) 教育水準がだんだん高くなってから優秀な人材が出ている反面、学生の人格の形成は無視されているようです。

교육수준이 점점 높아지고 나서 우수한 인재가 나오는 반면, 학생들의 인격형성은 무시되고 있는 것 같습니다.

(29) 私たちがこんな問題点を袖手傍観せずに指摘して進むといつだったかこんな問題たちが解決されでしょう。

우리들이 이런 문제점을 수수방관하지 않고 지적하여 나아가면 어느새 이런 문제들이 해결될 것입니다.

둘째, 수동구문의 주격 이외의 격 형태에 대한 일본어 학습자의 습득 양상을 살펴보도록 하자. 수동구문에 나타나는 주격, 즉「ガ」격 이외의 격 형태로 총 64개가 확인되었다.[2] 64개 중에서 「ニ」격이 명시된 예가 36개, 「カラ」격이 10개, 「デ」격이 15개, 「ニヨッテ」격이 3개로 확인되었다. 예문 (30)은 「ニ」격이 사용된 실제 예이며, 예문 (31)은 「カラ」격이, 예문 (32)는 「デ」격이, 예문 (33)은 「ニヨッテ」격이 사용된 실제 예이다.

(30) ところが、世間の存在を意識しないとき、つまり誰にも見られていないと思ったときは、不道徳なことを平気で行う。

그런데 세간의 존재를 의식하지 않을 때, 즉 누구의 눈에도 띄지 않는다고 생각했을 때는 부도덕한 짓을 스스럼없이 행한다.

(31) また、車や工場から出される排気ガスは空気を汚し、その汚れた空気も自然破壊につながっています。

또한 차나 공장에서 나오는 배기가스는 공기를 오염시키고 그 오염된 공기도 자연 파괴로 이어지고 있습니다.

(32) みんながそのように私にも長い時間で形成された私だけの理想型があります。

모두가 그렇게 나에게도 긴 시간 동안 형성된 나만의 이상형이 있습니다.

(33) 現在私たち釜山市民の生活用水は洛東江上流を水源とする地下水を汲みあげることによってまかなわれています。

현재 우리들 부산시민의 생활용수는 낙동강 상류를 수원으로 하는 지하수를 퍼 올림으로써 충당되고 있습니다.

2 채집한 수동구문 예문이 모두 153개였는데, 주격「ガ」격 이외의 격 형태가 직접 명시된 예가 64개라는 의미임.

위의 예를 보면 일본어 학습자들이 짧은 일본어 학습 경력을 지니고 있음에도 불구하고 비교적 빠른 시기에 다양한 격 형태를 습득하고 있음을 알 수 있다. 「ニ」격이 가장 많은 것은 예문 (1)에서 이미 본 것처럼 기초 일본어 단계에서 「ニ격」수동구문이 제시되는 것과 무관하지 않는 것으로 생각된다.

그러나 일본어 수동구문에 보이는 격 형태의 습득이 구체적으로 어느 정도인지를 가늠하기 위해서는 일본 원어민들이 작성한 텍스트와 비교를 할 필요가 있는데 이것에 대해서는 금후의 과제로 돌리고자 한다.

9.3.2 일본어 학습자의 수동구문 통사 습득

예문 (1)에서 본 것처럼 기초 일본어 단계에서는 거의 단문말에 출현하는 수동구문만 제시된다고 해도 과언이 아니다. 그러나 수동구문의 술어가 실제로는 단문말에뿐만 아니라 복문의 다양한 위치에서 출현한다. 따라서 일본어 학습자들의 수동구문 습득 양상을 단문말에만 출현하는 수동구문에서만 살펴볼 일이 아니라 복문으로 그 습득 양상을 확대하여 관찰할 필요가 있다. 천호재(2015)에서는 단문말에만 출현하는 수동구문을 학습한 일본어 학습자들이 단문말에서 머무르지 않고 복문말, 인용절말, 의문절말, 연체수식절, 연용절말과 같은 다양한 문장 위치로 확장을 하면서 습득을 진행해 나가는 것을 고찰하였다. 또한 일본 원어민들과의 비교 고찰을 통해서 일본어 학습자들의 수동구문 습득 양상을 고찰하였기 때문에 여기에서는 더 이상 다루지 않겠다.[3]

3 상세하게는 천호재(2015:181-218)을 참조하길 바란다.

9.3.3 일본어 학습자의 수동구문 의미 습득

수동구문은 사상서술수동구문과 속성서술수동구문으로 나뉘는데, 일본어 학습자가 습득한 수동구문을 보면 전체 153개 수동구문 중에서 속성서술수동구문이 9개, 사상서술수동구문이 144개로 사상서술수동구문을 습득한 수치가 훨씬 많다. 다음의 예문 (34)는 일본어 학습자가 작문한 속성서술수동구문을 예시하는 것이며, 예문 (35)는 사상서술수동구문을 예시하는 것이다.

(34) 慶州はしゅういがゆるやかな山にかこまれた盆地で車を走らせばソウルからおおよそ5時間、釜山からならわずか1時間たらずの道です。

경주는 주위가 완만한 산으로 에워싸인 분지로, 차를 달리면 서울에서 약 5시간, 부산에서라면 불과 1시간 남짓 되는 길입니다.

(35) 解雇された朝、家に帰りかけて駅の階段で子供にぶつかって一瞬の差で地下鉄に乗り遅れた女性ヘレン。

해고된 아침, 집에 돌아가다가 역 계단에서 아이와 부딪쳐 간발의 차이로 지하철을 놓친 여성 헬렌.

사상서술수동구문은 다시 수영수동구문과 항격수동구문으로 나뉘며, 수영수동구문은 주체와 사건과의 관계가 직접적인 것과 간접적인 것으로 다시 나뉜다. 144개의 사상서술수동구문 중에서 수영수동구문으로 모두 52개로 확인되었으며 항격수동구문은 92개로 확인되었다. 예문 (36)은 수영수동구문을 예시하며, 예문 (37)은 항격수동구문을 예시한다.

(36) 自存心(→自尊心)に大きい打撃を負わせだけではなく人材の流出が加速化されるかもしれない危機感が高い。

자존심에 큰 타격을 입혔을 뿐만 아니라 인재의 유출이 가속화될지도 모르는 위기감이 크다.

(37) ここには芸術家の魂を込めていた30余種の作品が展示されています。

여기에는 예술가의 혼을 담은 30여 종의 작품이 전시되어 있습니다.

수영수동구문을 예시하는 예문 (36)에서는 주체와 사건과의 관계가 직접적이다. 즉 사건「人材の流出」이 가속화된다는 사건의 영향을 문장 표면에 드러나지 않은 주체, 즉 당사자(地方自治団体)가 직접적으로 영향을 받는다. 반면, 항격수동구문을 예시하는 예문 (37)에서 작품 전시를 통해서 구체적으로 주체「芸術家」가 어떠한 영향을 받았는지는 확실하지 않다.

이미 본 것처럼 수영수동구문은 주체(주어)가 모종의 영향을 받는 것을 기술하는 구문이다. 그런데 수영수동구문에서 주어가 입는 모종의 영향이 플러스적인가, 혹은 마이너스적인지를 생각해 볼 필요가 있다. 조사를 한 결과, 마이너스적인 영향을 받은 것으로 사용된 수영수동구문이 72개, 플러스적인 영향을 받은 것으로 사용된 수영수동구문이 46개로 나타났다. 이것에서 일본어 학습자가 사용하는 일본어 수동구문은 마이너스적인 의미로 사용하는 경우가 훨씬 많다는 것을 알 수 있다. 이 밖에 중립적인 영향을 받은 예문도 35개가 존재하는 것으로 확인되었는데, 항격수동구문을 예시하는 예문 (37)이 전형적인 예이다. 따라서 항격수동구문을 수영수동구문에서 구별하는 하나의 근거가 된다고 생각된다. 다음의 예문 (38)은 마이너스적인 의미로 사용된 예이며, 예문 (39)는 플러스적인 의미로, 예문 (40)은 (37)과 더불어 중립적 의미로 사용된 예이다.

(38) 大学に進学するためにこんな3年間を過ごした私にとっていまでは失われた青春が惜しい。
대학에 진학하기 위해 이런 3년을 보낸 내게 있어서 지금 상실한 청춘이 아깝다.

(39) けれどもそんなに忙しい生活にもかかわらず可愛い文句も言われる彼はあかるいひまわりのようだ。
그러나 그렇게 바쁜 생활에도 불구하고 귀여운 문구도 말을 할 줄 아는 그는 밝은 해바라기 같다.

(40) まず何を食べるかは、文化の問題であり、宗教と観念に影響されます。
우선 무엇을 먹을 것이냐는 것은 문화의 문제이고 종교에 관념에 영향을 받습니다.

9.2.3절에서 이미 본 것처럼 수동구문에 나타나는 「ニ」격 명사에는 인간, 사물의 의미역이 부여된다. 「カラ」격 명사에는 의미역으로 인간이 부여된다. 「デ」격 명사에는 〈수단〉〈원인〉〈장소성＋동작주성〉의 의미역이 부여된다. 「ニヨッテ」격 명사에는 인간이 의미역으로 부여된다. 그리고 「ガ」격 주어의 위치를 차지하는 명사에는 인간, 동물, 사물의 의미역이 부여되는 것을 볼 수 있었다.

본 저자는 일본어 학습자가 작성한 수동구문에서 「ニ」격 명사, 「カラ」격 명사, 「デ」격 명사, 「ニヨッテ」격 명사, 「ガ」격 명사가 명시된 64

개의 예를 확인할 수 있었다. 우선 첫째로 일본어 학습자가 사용한 수동구문의 「ニ」격 명사에 지정된 의미역으로 인간이 12개, 사물이 24개, 동물이 0개로 확인되었다.

(41)高校時代によく遊んだり問題を起こしたりして先生にしかられた思い出がいまもよみがえります。

고등학교 시절에 잘 놀거나 문제를 일으키며 선생님에게 꾸중들은 추억이 지금도 떠오릅니다.

(42)わたしの国はとらの形で、三面が海にかこまれて、山もたくさんあります。

우리나라는 호랑이 모양을 하였으며 3면이 바다로 에워싸여 있고 산도 많이 있습니다.

예문 (41)의 「ニ」격 명사에는 인간(先生), 예문 (42)의 「ニ」격 명사에는 사물(海)이 의미역으로 지정되어 있다.

둘째, 「カラ」격 명사에는 통상적으로 의미역으로 인간이 지정되는데, 일본어 학습자가 습득한 수동구문에서 인간의 의미역이 부여된 예가 3개, 사물의 의미역이 부여된 예가 7개 존재하는 것이 확인되었다. 예문 (43)에서는 인간, (44)에서는 사물이 의미역으로 부여되었다.

(43) 例えば、性格の暗い人と汚い人、おとなしい人、いじめても我慢する人、自己主張のない人、気が弱い人たちがグループから仲間外れにされたりいじめられます。

예를 들면 성격이 어두운 사람과 더러운 사람, 점잖은 사람, 괴롭혀도 참는 사람, 자기주장이 없는 사람, 마음이 약한 사람들이 그룹에서 소외되거나 따돌림 당합니다.

(44) 人々の生活から出される二酸化炭素やフロンガスは気温を上げます。
사람들의 생활에서 나오는 이산화탄소나 프로판가스는 기온을 올립니다.

일본어 학습자가 습득한 수동구문에서 「デ」격 명사가 수단의 의미역으로 사용된 예가 1개, 원인이 2개, 기타가 12개로 확인되었다.

(45) 大邱市は大邱地域の経済の活性化のために위천工団の造成で洛東江の水質汚染が加重される。
대구시는 대구지역의 경제 활성화를 위해 위천공단 조성으로 낙동강 수질오염이 가중된다.

(46) まだわが社会で、女性における性はとても隠蔽されるし、抑圧的だ。
아직 우리 사회에서 여성에 있어서 성은 매우 은폐되어 있으며 억압적이다.

(47) このような有害物質は、汚·廃水と混じて洛東江で(→へ)排出されて洛東江の汚染をもっと悪化させる。
이와 같은 유해물질은 오폐수와 섞여 낙동강으로 배출되어 낙동강의 오염을 더더욱 악화시킨다.

예문 (45)는 「デ」격 명사가 원인, 나머지 예문 (46)은 장소, 예문 (47)은

기타의 의미역이 부여된 예(오용 예)이다.

셋째, 일본어 학습자가 수동구문에서 사용한 「ニヨッテ」격 명사의 의미역을 보도록 하자. 모두 3개의 예가 확인되었는데, 그 중에서 인간이 1개, 사물이 2개로 확인되었다. 예문 (48)과 (49)는 각각 인간(사물로도 해석이 가능함), 사물의 의미역이 지정된 것을 보여주는 예이다.

(48) その経済のピンチの乗り越えるのためにIMFのよって経済の政策を推進されています。
그 경제의 핀치를 극복하기 위해 IMF에 의해 경제 정책이 추진되고 있습니다.

(49) 水質汚染は川の生態容量を超過して汚染物質が投入されるによって発生する問題として洛東江の汚染の水準は生態容量をずっと超過して投入されている。
수질오염은 강의 생태 용량을 초과하여 오염물질이 투입됨에 따라 발생하는 문제로 낙동강 오염의 수준은 생태 용량을 훨씬 초과하여 투입되고 있다.

마지막으로 일본어 학습자가 수동구문에서 명시된 「ガ」격 주어는 모두 103개로 확인되었는데, 이 가운데 인간이 21개, 동물이 0개, 사물이 82개로 확인되었다. 예문 (50)은 「ガ」격 주어에 인간의 의미역이 지정된 예이며, 예문 (51)은 사물의 의미역이 지정된 예이다.

(50) そして集団の中で特異性をもっていたり、他の人とコミュニケーションが少ない人がいじめられる場合も多いです。

그리고 집단 속에서 특이성을 지니고 있거나 다른 사람과 의사소통이 뜸한 사람이 집단 괴롭힘을 당하는 경우도 많습니다.

(51) しかし、そのとなりにやく十年前にたてられたアパートがかおにひどいきずをもってままさびしくたっている。

그러나 그 옆에 약 10년 전에 세워진 아파트가 표면에 심한 상처가 난 채 외로이 서 있다.

이상 의미적인 측면에 초점을 두고 일본어 학습자가 작성한 수동구문의 습득 양상을 살펴보았다. 그러나 일본어 학습자의 습득 양상이 일본 원어민의 운용 능력에 어느 정도로 근접해 있는지 실제의 좌표를 확인하기 위해서는 일본어 학습자가 작성한 수동구문과 일본 원어민이 작성한 수동구문을 비교 고찰할 필요성이 있다. 이 점에 대해서는 금후의 과제로 돌리고자 한다.

9.4 마치며

본 장에서는 형태적 측면, 의미적 측면에 주목하여 일본어 학습자의 수동구문 습득 양상을 고찰하였다. 우선 형태적 측면에 주목하여 일본어 학습자가 습득한 수동구문을 살펴본 결과, 전체 153개 중에 1류 동사에 수동 형태소「られ」가 부가된 예가 52개, 2류 동사가 29개, 3류 동사는 72개로 확인되었다. 둘째, 수동구문에 생기하는 격의 형태 습득 양상을 살펴본 결과, 격 형태가 명시된 전체 64개 중에서「に」격이 명시된 예가 36개,「から」격이 10개,「で」격이 15개,「によって」격이 3개로 확인되었다. 셋째, 일본어 학습자가 습득한 수동구문을 살펴본 결과, 전체 153개 수동구문 중에서 속성서술수동구문이 9개, 사상서술수동구문이 144개로 사상서술수동구문이 압도적으로 많은 것을 알 수 있었다. 넷째, 수영수동구문이 마이너스적인 의미로 사용된 예가 72개, 플러스적인 의미로 사용된 예가 46개, 중립적인 의미로 사용된 항격수동구문이 35개로 확인되었다. 마지막으로 일본어 학습자가 작성한 수동구문에서「に」격 명사에 부여된 의미역으로 인간인 경우가 12개, 사물이 24개로 확인되었다.「から」격 명사에 부여된 의미역으로 인간인 경우가 3개, 사물이 7개로 확인되었다.「で」격 명사에는 수단의 의미역이 부여된 예가 1개, 원인이 2개, 기타가 12개로 확인되었다.「によって」격 명사에 부여된 의미역으로 인간이 1개, 사물이 2개로 확인되었다. 103개의 수동구문에 명시된「ガ」격 주어에 인간의 의미역이 부여된 예가 21개, 사물이 82개로 확인되었다.

이상 형태적 측면, 의미적인 측면에 초점을 두고 일본어 학습자가 작성한 수동구문의 습득 양상을 살펴보았다. 그러나 일본어 학습자가 습득한 수동구문이 일본 원어민이 운용한 수동구문에 어느 정도로 근접해 있는지를 파악하기 위해서는 일본 원어민들이 작성한 수동구문과 비교 고찰할 필요성이 있다. 이 점에 대해서는 금후의 과제로 돌리고자 한다.

Abstract

Acquisition of Korean Japanese Learners for the Passive Construction in Japanese

The acquisition aspect of Korean Japanese Learners for the passive construction with the attention of the morphological side, semantic side has been considered in this chapter. The target of the consideration is the papers from the students of the Department of Japanese Language and Literature in P University at Pusan and the passive construction have been collected among the papers. First, it is confirmed that the number of the examples added passive morpheme Rare on the 1st group verb Rare 52 cases, on the 2ndgroup verb Rare 29 cases and on the 3rdgroup verb Rare 72 cases among total 132cases based on the research on the acquisition of Korean Japanese Learners for the passive construction with the attention of the morphological side. It is confirmed that the number of the examples stated Ni cases are 36cases, stated Kara cases are 10cases, stated De cases are 15cases and stated Niyotte cases are 3cases among total 64cases stated the cases with the attention of the cases acquisition. Thirdly, it is confirmed that there are overwhelmingly large numbers of the idea description passive construction based on the research that the number of the attribute description passive constructions are 9cases and idea description passive construction are 144 cases among total 153cases of passive construction which acquired by the Korean Japanese Learners. Then, it is confirmed that the number of the examples that the passive constructions used with minus meaning are 72 cases, used with plus meaning are 46 cases and used with neutral meaning are 35cases. As a last, it is confirmed that the number of examples that human in the Ni case noun are 12cases and object in the Ni case noun are 24cases in the passive constructions prepared by the Korean Japanese Learners. It is confirmed that 3 cases for human and 7cases for object in Kara case noun. It is confirmed that the number of the examples which used the matic of the means are 1case, cause are 2cases and others are 12cases in De case noun. It is confirmed that the numbers of examples for the human is 1case and object are 2cases for the Niyotte case noun. It is confirmed that the numbers of examples for the human are 21 cases and object are 82cases among 103 cases of ga case subject. As mentioned above, the acquisition aspect of the passive construction prepare by the Korean Japanese Learners has been researched, but there should be the consideration to compare it with the passive construction which was prepared by the Japanese Native Speakers to check that the passive construction acquisition aspect of Korean Japanese Learners are how much closed to the operational capacity of the Japanese Native Speakers. This could be the future subject.

Key words: Passive construction, Acquisition, Morphology, Meaning, Korean Japanese Learners

<제9장의 참고문헌>

나성영·홍민표(2014)『다노시이 일본어 활용 たのしい日本語活用』 계명대학교 출판부, pp. 1-187.

마스오카 다카시(益岡隆志,1991) 「受動表現と主観性」『日本語のボイスと他動性』くろしお出版, pp. 105-121.

마에다 나오코(前田直子,2011)「受動表現の指導と「拡大文型」の試み」『日本語/日本語教育研究(2)』ココ出版, pp. 67-84.

무라키 신지로(村木新次郎,1991)「ボイスのカテゴリーと文構造のレベル」『日本語のボイスと他動性』くろしお出版, pp. 1-30.

천호재(2015)『일본어의 態voice와 복문』 역락, pp. 1-492.

제10장

일본어 문법 영역의 학습전략 수립과 효과

-JLPT1급을 중심으로-

日本語要旨

本章は第２言語習得理論にもとづき日本語の文法項目（日本語能力試験1級（JLPT）に出現する文法項目）の学習戦略と効果を考察したものである。本章で提案した学習戦略は、まず「語句の分解による学習戦略」、第２に、「文脈提示による学習戦略」、第３に、「連想による学習戦略」、第４に「マルチメディア（動画）による学習戦略」、第５に、「写真や絵などを通した学習戦略」、第６に、「感情移入による学習戦略」、第７に、「スパイラル方式の学習戦略」、最後に、「ラフに翻訳する学習戦略」である。その次に以上の８つの学習戦略を被実験者（日本語専攻者３人）に適用してテストを行った結果、テストする前の成績と大きな差が出ることがわかった。

키워드 : 문법항목(文法項目), 학습전략(学習ストラテジー), 어구분해(語句の分解), 문맥 제시(コンテクスト提示), 감정이입(感情移入), 스파이럴 방식(スパイラル方式)

10.1 시작하며

다음의 일본어 예문을 접한 학습자는 문형사전을 통해서, 혹은 번역본을 참조하는 등의 노력을 통해서 밑줄 친 부분의 문법항목 「~をおいて」를 학습할 것으로 예상된다. 예문 (1)은 이치우·北嶋千鶴子(2014:234)에서 인용한 것이다.[1]

(1) この仕事を頼めるのは, 君をおいてほかにいないだろう。
　'이 일을 부탁할 수 있는 것은 자네 외에는 없을 것이다.'

이치우·北嶋千鶴子(2014:234)는 밑줄 친 문법항목 「~をおいて」를 '~외에'로 번역하고 있다. 학습의욕이 높은 학습자는 문법항목 「~をおいて」를 무조건 암기하기보다는 문법항목을 구성하는 형식과 의미와의 연계 가능성에 주의를 기울일 것이며, 나아가 「~をおいて」를 활용한 의사소통 상황까지 염두에 두고 반복해서 연습하는 등, 나름의 학습전략을 적용하는 방식으로 학습을 도모하고자 노력할 것이다.

1 본 장에 나오는 일본어 예는 모두 이치우·北嶋千鶴子(2014)에서 인용한 것이다.

이에 본 장에서는 제2언어습득이론에 의거하여 본 저자가 마련한 학습전략을 제시하고, 피험자들을 대상으로 본고에서 제시한 학습전략이 실제로 어느 정도의 학습효과를 보이는지를 고찰하고자 한다.

10.2 JLPT와 문법항목에 주목하는 이유

고찰의 대상으로 삼은 문법항목은 모두 일본어능력시험(JLPT) 1급(N1)에 해당하는 것이다. 본 저자가 JLPT라는 텍스트에 주목하는 이유는 다음과 같다. 널리 알려진 바와 같이 JLPT는 연 2회 국제교류기금과 일본국제교육지원협회가 주최가 되어 일본어가 모국어가 아닌 사람들을 대상으로 일본어 능력을 측정하는 시험이다. 그 성취도의 정도에 따라 N1, N2, N3, N4, N5으로 분류되는데 N5가 가장 성취도가 낮은 등급을, N1이 가장 성취도가 높은 등급을 나타낸다.

본 저자가 JLPT에 주목하는 이유는 우선 첫째로 외국인의 JLPT 성취도가 일본 출입국관리상의 대우를 받을 수 있는 요건이 된다는 것이고, 둘째는 JLPT가 외국인이 일본에서 의사 국가시험과 준간호사 시험에 응시할 수 있는 조건의 하나이기 때문이다. 셋째, JLPT가 일본유학이나 일본취업에 관련하여 해당 학습자의 일본어능력을 보증하는 공신력을 가진다는 점 때문이다.[2] 마지막으로 JLPT의 성취도(N1)가 현재 대부분의 대학에서 졸업 가능 요건으로 채택하고 있기 때문이다. 이러한 모든 것은 JLPT를 고찰의 텍스트로 삼기에 충분하다는 것을 뒷받침해 준다.

---

2 보다 상세하게는 〈日本語能力試験 JLPT〉 https://www.jlpt.jp/about/merit.html(2019.03.19.)를 참조할 것.

JLPT의 시험 내용은 문자·어휘, 문법, 독해, 청해 파트로 나뉘어져 있는데, 본 저자가 이 중에서 문법항목에 주목하는 이유는 다음과 같다. 첫째는 문자·어휘, 그리고 독해, 청해 학습에 관련한 선행연구는 많이 있는 반면에[3], 문법항목 학습에 대한 선행연구는 본 저자가 아는 한 별로 존재하지 않기 때문이다.[4] 둘째는 문법항목 학습의 중요성 때문이다. 문법항목을 철저히 학습하면 학습자들이 자신의 복잡 미묘한 내외적 정황을 복문의 방식으로 훨씬 정확하게 전달이 가능하다. 예를 들어「동사의 기본형+ことなしに」를 학습하여 학습자들이「事実関係を十分に確認することなしに, うわさだけで彼女を犯人扱いするのはおかしい」라는 복문을 산출할 수 있는 역량을 갖춤으로써 자신의 표현 능력을 제고할 수 있다. 본 장에서 고찰하는 문법항목은 대부분 복문을 산출하는 데에 사용되는 것임을 밝혀둔다. 셋째는 문법항목의 학습은 일본어 학습자의 논리적인 문장 작성을 가능하게 때문이다. 예문 (1)의 문법항목인「~をおいて」를 비롯하여「確認することなしに」「不安にせずにはおかないだろう」 등의 문법항목들은 단어, 즉 어휘가 아니기 때문에 사전에 등재되지 않는다. 사전에 등재되지 않기 때문에 이들 문법항목들을 학습할 기회가 문자나 어휘에 비해서 상대적으로 적다. 따라서 이들 문법항목들을 적극적으로 학습함으로써 보다 고난도의 일본어를 논리적으로 구사

---

3 예를 들어 방영림(方潁琳, 2010), 오카자키 히토미(岡崎眸)·오카자키 도시오(岡崎敏雄, 2001) 등의 연구를 들 수 있다.

4 문법습득에 관한 대표적인 연구로는 노다 히사시 외(野田尚史外, 2001)와 고이케 이쿠오 편(小池生夫編, 2004) 등의 연구를 들 수 있다. 예를 들어 노다 히사시 외(野田尚史外, 2001)는 일본어 학습자들이 회화나 작문을 통해, 이미 학습한 수동문이나 권유문의 형식을 만들 수 있는지, 또는 사용할 수 있는지를 보고, 그 정확도의 정도에 따라 일정한 습득가설(軽重條件, 異同條件)을 제시하는 데에 주력하였다. 그러나 노다 히사시 외(野田尚, 2001)의 연구와 구별되는 것은 본 장의 연구가 문법항목의 습득에 있어 복수의 학습전략을 피험자들에게 실험하고, 그 결과를 바탕으로 특정 학습전략의 효율성을 측정하였다는 것이다.

하도록 할 필요가 있다.

10.3 제2언어습득 이론의 이론적 배경

일본어(제2언어)의 학습은 결국 습득으로 직결된다. 예를 들어 특정 일본어 문법항목을 성공적으로 학습하였다고 한다면 해당 학습자는 특정 일본어 문법항목을 완전하게 습득했다고 할 수 있다. 일본어 문법항목을 성공적으로 학습하기 위해서는 일본어 학습자의 자기주도적 노력에 효율적인 학습전략이 수반되어야 할 것이다. 효율적인 학습전략이 수반되면 궁극적으로 원어민이 지닌 최고 수준의 습득 단계까지 도달할 수 있다. 이 절에서는 구체적 학습전략을 수립하기 위한 일환으로 제2언어습득 이론의 몇 가지 중요한 개념들을 살펴보도록 하겠다.

제2언어습득에 관련한 대표적인 선행연구로 롯드 엘리스(ロッド・エリス(牧野高吉訳), 1988), Schmidt, R.W.(1990)[5], Heidi D・Martin B・Stephen・K(1993, 牧野高吉訳), 누이베 요시노리(縫部義憲, 1994), D・Larsen-Freeman・M.H.Long(1995, 牧野高吉訳), 오카자키 히토미(岡崎眸)・오카자키 도시오(岡崎敏雄, 2001), 고바야시 요시코(小林由子, 2001), 죠하쿠타로 편(城生佰太郎編, 2002), 레슬리(レスリー・M. ビービ, 2002,島岡丘・卯城裕司・佐久間康之訳), 롯드 엘리스(ロッド・エリス, 金子朝子訳, 2003), 데라우치 마사노리(寺内正典)・기노시타 고지(木下耕児)・나리타 마스미(成田真澄, 2004), 사코다 구미코(迫田久美子, 2005), 사코다 구미코 편집(迫田

5 사코다 구미코(迫田久美子, 2005)에서 재인용하였다.

久美子編集, 2006), 고야나기 가오루(2006, 김지선 역), 가도다 슈헤이(門田修平, 2006), 사사키 요시노리(佐々木嘉則, 2010), 오제키 히로미(大関浩美, 2012) 등의 연구를 들 수 있는데, 그 주요 골자를 간추리면 다음과 같다.

(2) **<제2언어습득 이론의 주요 골자>**

a. 인간의 정보 처리에는 통제적 처리와 자동적 처리가 있다.
b. 인간은 제2언어의 형식을 의도성을 가지고 학습한다.
c. 인간은 문법 형식과 그 형식이 지니는 의미와의 연관성이 이해되었을 때에만 해당 문법 형식을 이해할 수 있다.
d. 회화적인 자극(영상)은 언어 습득을 용이하게 한다.
e. 영상은 언어음의 지각 레벨에서, 보다 고차적인 학습(청취)의 촉진에 이르기까지 폭넓은 효과를 기대할 수 있다.

먼저 (2a)의 통제적 처리와 자동적 처리의 개념부터 살펴보자. 인간이 행하는 정보처리로 통제적 처리와 자동적 처리를 들 수 있다. 전자의 통제적 처리란 학습자가 아직 충분히 학습하지 못한 내용을, 주의를 기울이면서 의식적으로 처리하는 것을 말한다. 정보를 일본어 지식에 국한해서 말하면, 예를 들어 일본어 학습자는 의도적이고 지속적인 노력을 통해 일본어 지식을 학습한다. 이에 반해 자동적 처리란 일본어 학습 항목을 주의를 기울이지 않고 거의 무의식적으로 학습하는 것을 말한다. 이들 두 가지 처리 방식은 제각기 독립적으로, 또 상호관계를 지니는 방식으로 존재한다. 즉 일본어 지식을 통제적 처리 방식으로도 학습(습득)하고, 자동적 처리 방식으로도 학습한다. 공통점은 어느 쪽의 습득 방식이든 학습자의 학습 정보가 단기기억에서 장기기억으로 변환될 가능성을 내포한다.

둘째, (2b)와 (2c)는 학습자가 제2언어(일본어) 지식을 의도성을 가지고 학습하며, 문법 형식과 그것이 지니는 의미와의 연관성이 이해되었을 때에만 해당 문법 형식을 이해할 수 한다는 것이다. 여기에는 Schmidt(1990)의 문법에 대한 의식 앙양(consciousness-rasing), 의식의 자각(noticing), 인풋 처리(input processing) 등이 있다. 먼저 문법에 대한 의식 앙양이란 제2언어의 형식적 특징, 예를 들면 문법 형식이 지니는 특징을 학습자가 의식하도록 교수자가 의도적으로 학습자들에게 영향력을 행사하는 것을 말한다.[6] 교수자가 학습자들을 방임하는 것은 옳지 못한 행동이다. 의식의 자각이란 제2언어 습득에 있어서 목표로 하는 문법 형식이 학습자에게 입력이 되어 있는 상태여야 하며, 나아가 그것을 학습자가 의식적으로 자각하고 있느냐 하는 것이다. 인풋 처리란 문법 형식과 그 형식이 지니는 의미를 이해하기 위해서는 먼저 해당 형식과 의미를 습득해야 하는 것을 말한다. 물론 특정한 문법 형식의 의미를 몰라도 상황적인 맥락(context)만으로도 특정 문법 형식의 의미 습득이 가능하다. 이는 일본어 학습자가 문법 형식에 의미를 잘 연결해서 학습을 시도해야 하는 것이 무엇보다 필요하다는 사실을 말해주는 것이다.

마지막으로, (2d)와 (2e)는 회화적인 자극(영상)이 언어 습득, 예를 들어 문자, 문법, 독해, 청해 등의 습득을 용이하게 한다는 것이다. 즉 영상이 언어음의 지각(주관적 지각, 객관적 지각) 레벨에서 고차적인 학습(청취)까지 촉진할 수 있다는 것이다. 이는 쉽게 말하면 제2언어 습득에 있어 영상을 포함한 미디어의 이용이 제2언어 학습에 매우 효과적이라는 것을 말

6 천호재 · 조병현(2011)에 의하면 한국인 일본어 학습자의 문법 형식에 대한 의식(문법성 판단)이 매우 낮다는 것이 판명되었다.

해준다. 환언하면 감각 경로로 입력된 유의미한 정보(일본어 지식) 습득을 위해 영상을 활용하는 것이 무엇보다 효율적이라는 말이다.

10.4 실험을 위한 학습전략의 제안

이상의 제2언어습득 이론에 근거하여 본 저자는 일본어 문법항목의 학습전략을 다음의 (3)과 같이 요약해 보았다.

(3) 〈제2언어습득 학습전략의 이론적 근거〉

a. 통제적 처리에 관련된 학습전략

b. 문법항목 학습에 대한 의식적 앙양에 관련한 학습전략

c. Schmidt(1990)의 자각(noticing)에 관련한 학습전략

d. 인풋 처리(input processing)에 관련한 학습전략

e. 영상(사진, 동영상)에 관련한 학습전략

그리고 본 저자는 (3)의 이론적 근거를 바탕으로 다음의 (4)와 같은 세분화된 학습전략을 수립하였다.

(4) 〈학습전략의 제안〉

a. 어구의 분해에 의한 학습전략

b. 문맥 제시에 의한 학습전략

c. 연상에 의한 학습전략

d. 멀티미디어(동영상)에 의한 학습전략

e. 사진이나 그림을 통한 학습전략

f. 감정이입에 의한 학습전략

g. 스파이럴식 학습전략

h. 엉성하게 번역하는 학습전략

(4)에서 제시한 학습전략들은 각각 독립적이면서도 서로 연계되어 있다. 연계된 것으로 보는 근거로 (4)에서 제시한 학습전략들이 모두 (3)의 이론적 근거를 기반으로 삼는 점을 들 수 있다. 우선 (4)에서 제시한 학습전략들은 모두 통제적 처리와 관련이 있다. 이들 학습전략들이 의도적인 통제를 기반으로 하기 때문이다. 둘째, (4)에서 제시한 학습전략들은 모두 문법항목 학습에 대한 의식적 앙양, 자각, 인풋처리에 관련한 것들이다. 어구 분해, 문맥 제시, 연상, 멀티미디어 활용, 감정이입, 직역 등이 모두 해당 문법항목의 학습을 의식적으로 자각하고자 하는 데에서 비롯된 전략들이기 때문이다. 마지막으로 (4)에서 제시한 학습전략 중에서 (4d, e)는 (3e)의 영상(사진, 그림 포함)에 관련한 학습전략이다. 각 학습전략에 대한 정의는 10.5절에서 상술하겠다. 그리고 10.5절에서는 이들 학습전략을 일본어 학습자들에게 적용하여 적용 전과 적용 후의 테스트 점수 결과를 살펴봄으로써 (4)에 제시된 학습전략의 타당성과 효용성의 정도를 고찰할 것이다.

10.5 실험의 개요 및 결과

이 절에서는 학습전략의 실험 개요(10.5.1절)와 그 결과(10.5.2절)에 대해 살펴보고자 한다.

10.5.1 실험의 개요

실험의 개요는 다음과 같다. 본 실험은 2018년 10월 1일-10월 31일 사이에 이루어졌다. 피실험자는 모두 본 연구자의 수업을 듣는 일본어를 전공하는 2학년 수강생이다. 피실험자는 모두 3명(JLPT나 JPT성적이 없음)이다. 이하의 S는 Student의 두문자이고, S1,S2,S3는 피실험자 순서를 의미한다.

<표1=표3> 어구 분해에 의한 학습전략 적용 전후 점수 결과

1차	학습전략 적용 전 결과	2차	학습전략 적용 후 결과
S1	20	S1	90
S2	10	S2	100
S3	20	S3	50
합계	**16.7**	**합계**	**80.0**

예를 들어 〈표1〉은 어구 분해에 의한 학습전략 적용 전후 점수 결과를 나타낸 것이다. 학습전략 적용 전의 피실험자들에게 10분간 문법항목(10개)과 번역을 따라 읽게 한 뒤, 해당 문법항목을 한국어로 번역하는 방식으로 1차 시험을 실시하였다. 그다음에 다시 10분간 문법항목을 어구를 분해하는 방식으로 피실험자들에게 설명을 한 뒤, 해당 문법항목을 한국어로 번역하는 2차 시험을 실시하였다.[7] 나머지 7개의 테스트도 동

7 특정한 학습전략의 효과를 측정하기 위한 실험 내용은 실험 전과 실험 적용 후 모두 동일한 것임을 밝혀둔다. 그런데 〈표1〉의 어구 분해에 의한 학습전략 적용 전후의 점수 결과에서 나타나는 점수 차이가 동일한 실험 내용에서 비롯된 것이라면 그것은 학습전략 때문이 아니라 동일한 실험 내용이 피실험자에게 강화되었기 때문이 아닌가라는 반론이 예상된다. 이러한 반론은 충분히 합당하다고 생각된다. 그래서 본 저자는 2차례에 걸쳐 학습전략을 적용하지 않고 단순히 해당 문법항목과 번역을 10분간 따라 읽게 하고, 해당 문법항목을 한국어로 번역하는 시험을 실시하고, 10

일한 방식으로 실시하였다. 위의 표를 보면 어구 분해에 의한 학습전략을 적용하기 전에는 평균 점수가 16.7점이던 것이, 적용 후에는 평균 점수가 80점인 것을 알 수 있다.[8]

10.5.2 테스트 결과

이하의 절에서는 피실험자들을 대상으로 다음과 같은 학습전략을 적용하여 적용 전과 적용 후의 테스트 결과를 제시하고 점수 차를 구체적으로 살펴보고자 한다.

이하의 절에서는 각 학습전략이 과연 효과가 있었는지, 있다면 어느 정도인지, 8개의 학습전략 중에서 가장 높은 점수차를 나타낸 전략은 무엇이었는지를 살펴볼 것이다. 각 학습전략의 효율성을 가늠하기 위해 채택한 문법항목은 모두 이치우·北嶋千鶴子(2014:176-281)에서 인용한 것이다.

10.5.3 어구의 분해에 의한 학습전략

먼저 어구의 분해에 의한 학습전략의 효용성을 알아보기 위해 채택한 문법항목을 정리하면 다음과 같다.

분간 휴식을 취한 뒤, 다시 동일한 과정을 거쳐 시험을 실시해 보았다. 확실히 실험 내용이 반복적으로 강화된 때문인지, 점수 결과의 상승이 일어나기는 하였으나 그 상승폭은 그리 크지 않았다. 그러나 학습전략을 적용한 실험 결과는 그렇지 않은 실험 결과에 비해 압도적인 점수 차가 발생했다는 점을 강조하고 싶다.

8 10.5.3절부터 제시하는 실험 결과는 각 학습전략별로 실시한 실험 내용(문법항목)은 대부분 다르다. 따라서 각각의 실험 내용이 다른 실험 결과가 학습전략 때문인지, 혹은 실험 내용의 난도에 따른 차이 때문인지 구분할 수 없을 것이라는 반론이 예상된다. 독자들은 다음의 두 가지 점에 유의해 주길 바란다. 하나는 본 실험에 사용한 문법항목들이 대부분 다르지만 모두 JLPT 1급에 나오는 문법항목을 취급하였다는 점에서 난도가 유사하다는 것이다. 다른 하나는 학습전략의 적용 전과 적용 후의 결과가 난도에 상관없이 일률적으로 크게 차이가 나타난다는 사실은 분명하다. 하지만 학습전략을 적용하기 전과 적용한 후의 결과가 다르다는 사실은 분명하다.

<표2> 어구의 분해에 의한 학습전략 테스트에 채택된 문법항목

No	문법항목	학습전략 적용 전 번역	학습전략을 적용한 번역
(1)	~あっての	~이 있어야 성립하는	~가 있어서의
(2)	~することなしに	~하지 않고	~하는 일 없이
(3)	~せずにはおかない	반드시 ~한다	~하지 않고서는 두지 않는다
(4)	~てやまない	~해 마지 않는다	~해 그치지 않는다
(5)	~せずにはすまない	반드시 ~해야 한다	~하지 않고서는 끝나지 않는다
(6)	~そばから	~하는 족족	~하는 곁에서
(7)	~しないものでもない	~할 수도 있다	~하지 않는 것도 아니다
(8)	~をもって	~으로	~을 가지고
(9)	~しまつだ	형편이다	처음부터 끝까지이다
(10)	~でなくてなんだろう	그 자체이다	~이 아니고 무엇인가?

어구의 분해에 의한 학습전략이란 학습자들이 문법항목을 구성하는 어구를 분해한 뒤, 분해된 어구를 직역, 그다음으로 의역을 제시함으로써 해당 문법항목의 의미 이해로 연결되도록 구사하는 전략을 말한다. 먼저 (1)「~あっての」를 「~あって + の」로 분해하여 우선 「~가 있어서의」로 직역한 뒤, 그다음으로 「~이 있어야 성립하는」이라는 의미 이해로 연결되도록 피실험자들에게 설명을 하였다. (2)의 「~することなしに」는 「~する + こと + なしに」로 분해하여 직역→의역의 과정을 거쳤다. (3)의 「~せずにはおかない」는 「~せず + に + は + おか + ない」로 분해하여 직역→의역의 과정을 거쳤다. 지면 관계상 간단히 표시하면 다음과 같다. (4)「~てやまない」→「~て + やま + ない」「~해 그만두지 않는다(직역)」→「 ~해 마지 않는다(의역)」, (5)「~ずにはすまない」→「~ずに + は + すま + ない」「~않고서는 끝나지 않는다(직역)」→「반드시 ~해야 한다(의역)」, (6)「~そばから」「~そば + から」「~하는 옆에서(직역)」→「~하는 족족(의역)」, (7)「~ないものでもない」→「 ~ない + もの + で

も＋ない」「 ~하지 않는 것도 아니다(직역)」→「~할 수도 있다(의역)」, (8)「~をもって」→「~を＋もって」「~을 가지고(직역)」→「~으로(의역)」, (9)「~しまつだ」→「~しまつ＋だ」「처음부터 끝까지(꼴)이다(직역)」→「~형국이다, ~형편이다(의역)」, (10)「~でなくてなんだろう」→「~でな(ではない)＋くて＋なん＋だろう」「~이 아니고 무엇이란 말인가?(직역)」→「~그 자체이다(의역)」이다. 의역이나 직역 모두 정답으로 인정하였다.

이상의 과정을 통해, 피실험자들의 시험 결과는 <표3>과 같다. 총점 63.3의 점수가 증가한 것을 볼 수 있다.

<표3> 어구 분해에 의한 학습전략 적용 전후 점수 결과

1차	학습전략의 적용 전 결과	2차	학습전략의 적용 후 결과
S1	20	S1	90
S2	10	S2	100
S3	20	S3	50
평균	**16.7**	**평균**	**80.0**

10.5.4 문맥 제시에 의한 학습전략

이번에는 문맥 제시에 의한 학습전략 적용 전과 후의 결과에 대해서 살펴보도록 하자.

<표4> 문맥 제시에 의한 학습전략 테스트에 채택된 문법항목

No	문법항목	학습전략 적용 전 번역	학습전략의 적용
(1)	~にかこつけて	~을 핑계로	예문과 번역문 제시
(2)	~ともあろうものが	~라는 사람이	예문과 번역문 제시
(3)	~弾みに/拍子に	~하는 바로 그때	예문과 번역문 제시
(4)	~にしたところで	~인들	예문과 번역문 제시
(5)	~とばかりに	~라는 듯이	예문과 번역문 제시
(6)	~ならいざしらず	~라면 모를까	예문과 번역문 제시

(7)	~とは	~다니	예문과 번역문 제시
(8)	~ならでは	~이 아니고는 안 되는	예문과 번역문 제시
(9)	~のやら, ~のやら	~인지, ~인지	예문과 번역문 제시
(10)	~が早いか	~하자마자	예문과 번역문 제시

문맥 제시에 의한 학습전략이란 예를 들어 「~にかこつけて」가 아닌 「風邪にかこつけて、学校をずる休みした[감기를 핑계로 학교를 계속 쉬었다]」에서 보듯, 해당 문법항목이 들어간 문맥, 즉 예문과 번역을 제시함으로써 최종적으로 「~にかこつけて」의 의미 이해로 연결되도록 구사하는 전략을 말한다. 위의 <표4>는 문맥 제시에 의한 학습전략 적용 전은 단순히 문법항목과 번역만을 피실험자에게 설명한 것을 나타내는 반면에, 적용 후는 해당 문법항목이 들어간 예문과 번역을 피실험자에게 설명한 것을 나타낸다. (1)風邪にかこつけて、学校をずる休みした[감기를 핑계로 학교를 계속 쉬었다], (2)警官ともあろう者が、市民を恐喝するとは…[경관이란 사람이 시민을 공갈하다니…], (3)a. 転んだ拍子に、足首を捻挫してしまった[넘어지자마자 발목을 삐고 말았다] b. バスが急ブレーキをかけた弾みに、立っていた乗客は前へ将棋倒しになった[버스가 급정거를 하는 순간, 서 있던 승객들은 앞으로 연달아 쓰러졌다], (4)いつまでも先輩ばかり頼るわけにはいかない。田中先輩にしたところで、この先ずっと日本にいるわけではないのだから[언제까지나 선배만 의지할 수는 없어. 다나카 선배인들 앞으로 계속해서 일본에 있는 것은 아니니까], (5)彼は帰れとばかりに音を立ててドアを閉めた[그는 돌아가란 듯이 소리를 내며 문을 닫았다], (6)専門家ならいざしらず、素人ではこの機会を修理することはできない[전문가라면 모를까, 초보가 이 기계를 수리할 수는 없다], (7)あの強いチームが初出場チー

ムに破れるとは、全く予想外だった[그 강한 팀이 첫 출전한 팀에게 지다니, 전혀 예상 밖이었다], (8)今度の学園祭にはわがクラスならではの展示をしたいものだが、なんかいい企画はないか[이번 학교축제에는 우리 반만의 전시를 하고 싶은데, 뭔가 좋은 계획 없어?], (9)本当のことを言っていいのやら悪いのやら[진실을 말해도 좋을지 나쁠지], (10)警察の姿を見るが早か、店の現金をつかんで男は逃げ出した[경찰의 모습을 보자마자 가게 현금을 집어 들고 남자는 도망쳤다].

학습전략을 적용하기 전과 적용한 후의 테스트 점수 결과를 정리하면 <표5>와 같다. 평균 점수가 80점 증가한 것을 볼 수 있다.

<표5>문맥 제시에 의한 학습전략 적용 전후 테스트 점수 결과

1차	학습전략의 적용 전 결과	2차	학습전략의 적용 후 결과
S1	10	S1	90
S2	30	S2	100
S3	10	S3	100
평균	**16.7**	**평균**	**96.7**

10.5.5 연상에 의한 학습전략

이 절에서는 연상에 의한 학습전략 적용 전과 후의 결과에 대해서 살펴보겠다. 연상에 의한 학습전략이란 특정한 문법항목과 어떻게든 연관을 지어 이미지화한 뒤, 최종적으로 해당 문법항목의 의미 이해로 귀결되도록 구사하는 전략을 말한다.

<표6> 연상에 의한 학습전략 테스트에 채택된 문법항목

No	문법항목	학습전략의 적용 전 번역	학습전략을 적용한 번역
(1)	~かたわら	~하는 한편	갔다와라
(2)	~ぐるみ	~까지 합해서	꾸러미

(3)	~そばから	~하는 족족	소바
(4)	~つける	늘 ~하고 있다	~을 붙인다
(5)	~をかわきりに	~을 시작으로	먹으려면 껍질부터
(6)	~よそに	~을 아랑곳하지 않고	~을 바깥으로
(7)	~ものともせず	~을 개의치 않고	~을 물건으로 여기지 않고
(8)	~にこしたことはない	~보다 나은 것은 없다	~을 넘은 것은 없다
(9)	~にたえない	차마 ~할 수 없다	~에 견디지 못한다
(10)	~ばそれまでだ	하면 그것으로 끝이다	~하면 그것까지이다

예를 들어 (1)의 「~かたわら」는 한국어「갔다와라」와 발음이 유사하므로 「~かたわら」를 「갔다와라」로 연상을 시킨다. 그다음에 장소를 넣어 옆에 「갔다와라」를 연상시키고, 그다음에는 「옆」이란 방향사를 통해 어느 동작을 하는 바로 한편을 연상시킨다. 즉, 「옆(한편)」에서 「~하는 한편」의 의미 이해로 이어지도록 하는 것이다. (2)「~ぐるみ」는 「꾸러미」로, 그리고 다시 「꾸러미」를 「몽땅」으로, 최종적으로 「~까지 몽땅」의 이해로 이어지게 한다. (3)「~そばから」는 「(소바를) 만드는 족족 소바를 먹는다」라는 연상을 통해서 「~하는 족족, 하자마자」의 의미 이해로, (4)「~つける」는 동사 연용형에 연결되므로 어느 동작을 몸에 「~붙인다」로 연상을 시킨다. 예를 들어 「使いつける」를 「사용해서 몸에 붙이다」로 연상을 시킨 뒤, 최종적으로 「늘 사용하고 있다, 사용하는 데 익숙하다」의 의미 이해로 이어지도록 한다. 이하 화살표는 연상의 과정을 거쳤다는 것을 나타내는데, 지면 관계가 구체적 기술은 생략한다. (5)「~をかわきりに」는 「~을 껍질을 자르기부터」→「~을 시작으로」, (6)「~よそに」는「~을 바깥으로」→「~을 아랑곳하지 않고, ~을 무시하고」, (7)의 「~ものともせず」는 「~을 물건으로 하지 않고」→「~을 개의치 않고」, (8)의 「~にこしたことはない」는 「~을 넘은 것은 없다」→「~보다 나은

것은 없다」, (9)「~にたえない」의 「~에 견디지 못 한다」→「차마 ~할 수 없다」, (10)의 「~ばそれまでだ」「~하면 그것까지이다」→「하면 그것으로 끝이다」에 대해서도 동종의 설명이 가능하다.

학습전략 적용 전과 적용 후의 테스트 점수 결과를 정리하면 다음과 같다. 평균 점수가 23.3점 증가한 것을 볼 수 있다.

<표7> 연상에 의한 학습전략 적용 전후의 점수 결과

1차	학습전략의 적용 전 결과	2차	학습전략의 적용 후 결과
S1	60	S1	40
S2	50	S2	100
S3	30	S3	70
평균	**46.7**	**평균**	**70.0**

10.5.6 멀티미디어(동영상)에 의한 학습전략

이 절에서는 멀티미디어(동영상)에 의한 학습전략을 적용하기 전과 적용한 후의 테스트 점수 결과에 대해서 살펴보겠다. 멀티미디어(동영상)에 의한 학습전략이란 특정 문법항목이 들어간 멀티미디어, 즉 동영상을 학습자들이 시청한 뒤, 최종적으로 해당 문법항목의 의미 이해로 이어지도록 하는 전략을 말한다.

<표8> 멀티미디어(동영상)에 의한 학습전략 테스트에 채택된 문법항목

No	문법항목	학습전략의 적용 전 번역	학습전략의 적용
(1)	~まみれ	~투성이	JLPT1급 동영상 시청
(2)	~といい~といい	~로 보나 ~로 보나	JLPT1급 동영상 시청
(3)	~っぱなし	~한 채	NHK「ぱなしのはなし」 동영상 시청
(4)	~つ~つ	~하거나, ~하거나	JLPT1급 동영상 시청
(5)	~ではあるまいし	~도 아니고	JLPT1급 동영상 시청
(6)	~はおろか	~은커녕	JLPT1급 동영상 시청

(7)	~てからというもの	~하고 나서(계속)	JLPT1급 동영상 시청
(8)	~たりとも	~(이)라도	JLPT1급 동영상 시청
(9)	~だに	~하는 것만으로도	JLPT1급 동영상 시청
(10)	~ならまだしも	~라면 모를까	JLPT1급 동영상 시청

위의 <표8>은 멀티미디어(동영상)에 의한 학습전략을 적용하기 전에는 단순히 문법항목과 번역만을 피실험자들에게 설명하고 테스트를 행한 반면에, 오른쪽은 해당 문법항목이 들어간 동영상을 피실험자들에게 시청하게 한 뒤[9], 테스트를 행한 것임을 나타낸다.

이상의 과정을 통해, 피실험자들의 테스트 결과를 보면 평균 점수가 36.7점 증가한 것을 알 수 있다.

<표9> 멀티미디어(동영상)에 의한 학습전략 적용 전후의 점수 결과

1차	학습전략의 적용 전 결과	2차	학습전략의 적용 후 결과
S1	70	S1	90
S2	30	S2	40
S3	20	S3	100
평균	**40.0**	**평균**	**76.7**

10.5.7 사진이나 그림을 통한 학습전략

이 절에서는 사진이나 그림을 통한 학습전략 적용 전후의 테스트 결과에 대해 살펴보도록 하겠다. 사진이나 그림을 통한 학습전략이란, 특정 문법항목의 의미를 나타내는 (또는 특정 문법항목과 동음이의인) 사진이나 그림을 학습자들이 직접 보고, 최종적으로 해당 문법항목의 의미 이해로

9 멀티미디어에 의한 학습전략의 효율성을 가늠하기 위해 사용한 동영상에는 일본어 자막이 있었다(한국어 자막은 없었다.). 10.3절에서 영상이 주는 학습효과를 언급하였는데, <표9>에서 보듯 학습전략의 적용 전후로 점수 차가 나는 이유는 영상과 자막의 시너지 효과가 다이나믹하게 작용했기 때문으로 생각된다.

이어지도록 하는 전략을 말한다.[10] 다음의 〈표10〉을 보자.

<표10> 사진이나 그림을 통한 학습전략 테스트에 채택된 문법항목

No	문법항목	학습전략 적용 전 번역	학습전략의 적용
(1)	~だに	~하는 것만으로도	진드기 사진 보여줌
(2)	~極まりない	~하기 짝이 없다	토끼탈을 쓴 볼썽사나운 어른들 사진 보여줌
(3)	~ごとき	~와 같은	인간을 무시하는 듯한 고양이 사진 보여줌
(4)	~と思いきや	~라고 생각했는데	언뜻 고기로 보이는 벌집 요리 사진 보여줌
(5)	~べからず	~하지 마시오	담배 투척 금지 포스터 사진 보여줌
(6)	~んばかりに	곧 ~할 듯이	금방이라도 울음을 터트릴 아기 사진 보여줌
(7)	~を限りに	~을 끝으로	정년을 마치고 떠나는 교사 사진 보여줌
(8)	~やいなや	~하자마자	유치원에서 돌아와 요리하는 여자아이 보여줌
(9)	~めく	~다워지다	처녀티가 나는 고교생 사진 보여줌
(10)	~にひきかえ	~와는 달리	울지 않는 아이와 우는 아이 사진 보여줌

위의 〈표10〉은 사진이나 그림을 통한 학습전략을 적용하기 전에는 단순히 문법항목과 번역만을 피실험자들에게 설명하고 테스트를 행한 반면에, 오른쪽은 해당 문법항목을 직간접적으로 나타내는 사진과 그림을 보여주면서 설명을 한 뒤, 테스트를 행한 것임을 나타낸다. 예를 들어 문법항목 (1)의 「~だに」는 진드기라는 뜻의 단어와 동음이의어이다. 나머지 문법항목에 대해서는 〈표10〉을 참조하길 바란다.

이상의 과정을 통해, 사진이나 그림을 통한 학습전략 테스트 결과를 제시하면 〈표11〉과 같다. 평균 점수가 50점이 증가한 것을 볼 수 있다.

10 사진이나 그림도 비록 정지화면(이미지)이기는 하지만 영상이 주는 학습효과와 동등한 효과를 지닌다고 생각된다. 그리고 동음이의어나 연상을 일으키는 사진이나 그림을 활용한 것은 10.5.5절에서 제시한 연상에 의한 학습전략과 부합하는 면이 크지만, 차이는 연상에 의한 학습전략에서는 사진이나 그림이 사용되지 않는다는 점이다.

<표11> 사진이나 그림을 통한 학습전략 적용 전후의 점수 결과

1차	학습전략의 적용 전 결과	2차	학습전략의 적용 후 결과
S1	40	S1	70
S2	10	S2	90
S3	50	S3	90
평균	**33.3**	**평균**	**83.3**

10.5.8 감정이입에 의한 학습전략

이 절에서는 감정이입에 의한 학습전략을 적용하기 전과 학습전략 적용 후의 테스트 결과를 보도록 하겠다. 감정이입에 의한 학습전략이란 특정 문법항목의 의미에 학습자들이 감정이입을 할 수 있도록 유도함으로써 최종적으로 해당 문법항목의 의미 이해로 이어지도록 하는 전략을 말한다.

<표12> 감정이입에 의한 학습전략 테스트에 채택된 문법항목

No	문법항목	학습전략의 적용 전 번역	학습전략의 적용
(1)	~にかこつけて	~을 핑계로	잔꾀를 부리는 표정을 짓게 함
(2)	~ともあろうものが	~라는 사람이	옐로우카드를 꺼내들게 함
(3)	~弾みに/拍子に	~하는 바로 그때	순간적으로 깜짝 놀라게 함
(4)	~にしたところで	~인들	눈물 흘리며 체념하는 표정을 짓게 함
(5)	~とばかりに	~라는 듯이	얼굴을 붉히며 화가 난 표정을 짓게 함
(6)	~ならいざしらず	~라면 모를까	불가항력의 현실 앞에 멍한 모습을 짓게 함
(7)	~とは	~다니	매우 놀라운 표정을 짓게 함
(8)	~ならでは	~이 아니고는 안 되는	매우 뽐내는 얼굴 표정을 짓게 함
(9)	~のやら, ~のやら	~인지, ~인지	도무지 영문을 모르는 얼굴 표정을 짓게 함
(10)	~が早いか	~하자마자	경탄과 놀라움을 표현한 얼굴 표정을 짓게 함

감정이입은 연상이나 사진 및 그림을 통한 학습전략과 중첩하는 바가 크다. 다만 차이는 본 저자는 감정이입 적용 실험을 하면서 피실험자들에게 예를 들어 (1)의 「~にかこつけて」의 의미를 이해하도록 하기 위해

학습자(피실험자) 스스로 잔꾀를 부리는 감정을 표정으로 드러내도록 하면서 시험을 치르도록 했다는 점에서 다른 학습전략과 구별된다.

감정이입에 의한 학습전략으로 테스트한 결과를 제시하면 〈표13〉과 같다. 평균 점수가 30점이 증가한 것을 볼 수 있다.

<표13> 감정이입에 의한 학습전략 적용 전후의 점수 결과

1차	학습전략의 적용 전 결과	2차	학습전략의 적용 후 결과
S1	10	S1	20
S2	30	S2	60
S3	10	S3	60
평균	**16.7**	**평균**	**46.7**

10.5.9 스파이럴식 학습전략

스파이럴식(접시 돌리기식) 학습전략이란 끊임없는 반복을 통해 최종적으로 문법항목의 의미 이해를 강화해나가는 전략을 말한다. 이는 접시돌리기 쇼를 보면 알 수 있듯이 복수의 접시 중에서 회전력이 떨어지는 접시를 계속 돌려주는 것과 같은 이치이다. 예를 들어 10개의 문법항목을 차례대로 학습할 때, 10번의 문법항목 학습은 현재 시점과 가장 가까운 학습이므로 가장 기억에 남는다. 반대로 1번은 현재 시점에서 가장 멀리 떨어져 있으므로 기억에 덜 남는다. 그래서 특정 문법항목을 학습할 때, 이전의 문법항목도 계속 반복적으로 학습하면서 기억에 남도록 하는 것이다.

<표14> 스파이럴 방식에 의한 학습전략 테스트에 채택된 문법항목

No	문법항목	학습전략 적용 전	학습전략의 적용
(1)	~あっての	~이 있어야 성립하는	1번 항목 및 번역 읽기
(2)	~することなしに	~하지 않고	1번과 2번 항목 및 번역 읽기

(3)	~せずにはおかない	반드시 ~한다	1번~3번 항목 및 번역 읽기
(4)	~てやまない	~해 마지 않는다	1번~4번 항목 및 번역 읽기
(5)	~せずにはすまない	반드시 ~해야 한다	1번~5번 항목 및 번역 읽기
(6)	~そばから	~하는 족족	1번~6번 항목 및 번역 읽기
(7)	~しないものでもない	~할 수도 있다	1번~7번 항목 및 번역 읽기
(8)	~をもって	~으로	1번~8번 항목 및 번역 읽기
(9)	~しまつだ	형편이다	1번~9번 항목 및 번역 읽기
(10)	~でなくてなんだろう	그 자체이다	1번~10번 항목 및 번역 읽기

위의 〈표14〉의 스파이럴식에 의한 학습전략이 의미하는 바는 새로운 문법항목을 학습하기 전에, 누적된 이전의 문법항목을 읽고 번역을 한 뒤, 새로운 문법항목 학습으로 들어가도록 하는 것을 말한다. 예를 들어 3번 문법항목을 학습할 때, 1번, 2번 문법항목을 읽고 번역하고, 마지막으로 3번 문법항목을 읽고 번역을 한다.

스파이럴식에 의한 학습전략의 테스트 결과를 제시하면 다음과 같다. 평균 점수가 36.6점이 증가한 것을 볼 수 있다.

<표15> 스파이럴식 학습전략 적용 전후의 점수 결과

1차	학습전략의 적용 전 결과	2차	학습전략의 적용 후 결과
S1	20	S1	70
S2	10	S2	30
S3	20	S3	60
평균	**16.7**	**평균**	**53.3**

10.5.10 엉성하게 번역하는 학습전략

엉성하게 번역하는 전략이란 문법항목을 의역하지 않고, 부자연스러운 직역을 하는 방식으로 특정 문법항목의 이해에 도달하고자 하는 전략을 말한다. 이 학습전략이 10.5.3절에서 제시한 어구의 분해에 의한 학습전략과 다른 점은 이 어구를 분해하지 않고 해당 문법항목을 있는 그대로 엉성하게 번역을 한다는 점이다.

<표16> 엉성하게 번역하는 학습전략 테스트에 채택된 문법항목

No	문법항목	학습전략 적용 전 번역	학습전략을 적용한 번역
(1)	してはばからない	거리낌 없이 ~하다	~하여 거리낌 없다
(2)	~をもってすれば	~을 사용하면	~을 가지고 하면
(3)	~を踏まえて	~에 입각하여	~을 밟고
(4)	~をおいて	~을 제외하고	~을 두고
(5)	~にとどまらず	~뿐만 아니라	~에 머무르지 않고
(6)	~をよそに	~을 무시하고	~을 바깥에
(7)	~をものともせず	~을 개의치 않고	~을 물건으로 여기지 않고
(8)	~ないではおかない	반드시 ~한다	~하지 않고는 두지 않는다
(9)	~には及ばない	~할 것까지는 없다	~하기에 이르지 않는다
(10)	~をおして	~을 무릅쓰고	~을 누르고

(1)번 문법항목을 예로 들면 「~してはばからない」를 「거리낌 없이 ~하다」로 의역해도 「~하여 거리낌 없다」로 직역을 해도 해당 문법항목의 의미 이해에 큰 어려움은 없다. 문법항목을 학습하는 주체는 학습자 자신이기 때문에 청자나 독자의 가독성을 염두에 둔 의역을 굳이 할 필요가 없다. 또 직역이 비록 부자연스런 한국어라고 해도, 직역의 의미가 입력되면 뇌 내의 재조정을 거쳐 자연스러운 의역으로 도달할 수 있을 것으로 생각된다. 그러나 직역에 의한 학습전략을 적용하지 않고 처음부터 교재에 제시된 의역을 암기하는 방식으로 해당 문법항목의 의미를 학습하도록 하면 학습자들은 분명히 학습장애를 겪을 것으로 생각되는데, 이는 특정 문법항목(형식)과 의미(의역) 사이의 유연성(類縁性)이 희박하기 때문이다. 예를 들어 (6)번 문법항목 「~をよそに」와 「~을 무시하고」라는 의역 사이의 유연성을 학습자가 포착하기란 거의 불가능하다. 그러나 「よそ」의 의미가 내부가 아닌 외부인 점을 감안하면 무엇인가의 관심사

가 화자의 인지 영역의 외부에 있다는 것이 결국 무시한다는 것으로 납득이 이루어질 것으로 예상되기 때문에 엉성하게 번역을 함으로써 그만큼 학습자는 형식과 의미와의 유연성을 포착하기가 용이해질 것으로 생각된다. <표17>은 테스트 결과이다.

<표17> 엉성하게 번역하는 학습전략의 적용 전후의 점수 결과

1차	학습전략의 적용 전 결과	2차	학습전략의 적용 후 결과
S1	10	S1	60
S2	10	S2	100
S3	20	S3	80
합계	**13.3**	**합계**	**80.0**

10.6 마치며

본 장에서는 지금까지 일본어능력시험 1급(JLPT)에 나오는 문법항목에 대한 학습전략을 고찰하였다. 제2언어습득 이론에 의거한 학습전략으로 첫째, 어구의 분해에 의한 학습전략, 둘째, 문맥 제시에 의한 학습전략, 셋째, 연상에 의한 학습전략, 넷째, 멀티미디어(동영상)에 의한 학습전략, 다섯째, 사진이나 그림을 통한 학습전략, 여섯째, 감정이입에 의한 학습전략, 일곱째, 스파이럴식 학습전략, 마지막으로 엉성하게 번역하는 학습전략을 수립하였다. 그다음으로 피실험자들(일본어 전공자)들을 대상으로 이들 각 학습전략을 적용하여 테스트를 하고 그 결과를 제시하였다. 그 결과를 정리하면 다음과 같다.

<표18> 문법항목의 학습전략 적용 전후의 점수 결과(괄호 안의 숫자는 순위)

No	학습전략의 유형	적용 전	적용 후	점수 차
1	어구의 분해에 의한 학습전략	16.7	80.0	+63.3(3)
2	문맥 제시에 의한 학습전략	16.7	96.7	+80.0(1)
3	연상에 의한 학습전략	46.7	70.0	+23.3(8)
4	멀티미디어(동영상)에 의한 학습전략	40.0	76.7	+36.7(5)
5	사진이나 그림을 통한 학습전략	33.3	83.3	+50.0(4)
6	감정이입에 의한 학습전략	16.7	46.7	+30.0(7)
7	스파이럴식 학습전략	16.7	53.3	+36.6(6)
8	엉성하게 번역하는 학습전략	13.3	80.0	+66.7(2)

〈표18〉을 보면 문맥 제시에 의한 학습전략이 가장 강력한 것을 알 수 있다. 엉성하게 번역하는 학습전략, 어구의 분해에 의한 학습전략, 사진이나 그림을 통한 학습전략이 그 뒤를 잇고 있다.[11] 8가지의 학습전략은 다양한 성질을 지니는 문법항목의 학습에 유연하게 대처할 수 있다는 점에서 매우 고무적이라고 생각된다. 〈표18〉에 제시된 수치를 통해, 본 연구자가 수립한 문법항목의 학습전략이 대부분 효과적인 것을 확인할 수 있다. 따라서 금후 교수자가 문법항목을 지도할 경우, 반대로 학습자가 자기주도학습의 방식으로 문법항목을 스스로 학습할 경우, 문법항목별로 일본어 학습자에게 어떠한 학습전략을 적용하는 것이 타당한지를 알 수 있다는 점에서 본 장의 분석 결과는 학습자 쌍방에게 도움을 줄 것으로 예상된다.

11 오히려 동일한 문법항목을 가지고 어떠한 학습전략이 효과적인지를 가늠하는 과정을 거치는 것이 더 중요할지도 모른다는 반론이 예상된다. 〈표18〉에서 비록 어느 학습전략이 가장 효율적인지를 점수 차를 기준으로 차등을 매겼지만, 이것은 어디까지나 편의상의 기술일 뿐, 본 장의 연구는 특정 학습전략의 우열을 가리기 위함이 아니라, 문법항목의 학습전략이 가지는 중요성을 강조하는 데 그 목적이 있다는 점을 염두에 두길 바란다. 또한 피실험자 한 사람 한 사람의 결과를 학습전략별로 비교하여 공통점을 찾는 연구 방법도 모색할 수 있을 것으로 생각된다. 즉 피실험자의 실험 결과 내역을 본 장에서 취한 관점과 다른 관점으로 고찰할 수 있을 수도 있을 것으로 생각된다. 이 점에 대해서는 금후의 과제로 돌린다.

Abstract

Learning strategies for Japanese grammar
-Focusing on JLPT Level 1-

In the present paper, I examine the learning strategies for Japanese grammar in Japanese Language Proficiency Test Level 1 (JLPT). As a learning strategy based on 2nd language acquisition theory, first is the learning strategy through phrase segmentation, second is the learning strategy through contextualization, third is the learning strategy through association, fourth is the learning strategy through multimedia (video clips), fifth is the learning strategy through photos and pictures, sixth is the learning strategy through empathy, seventh is the spiral learning strategy, and the last is the learning strategy through flimsy translation. After that, I tested the efficacy of the eight learning strategies to the subjects (Japanese majors) to compare the scores before and after the application of strategies. The results are as follows.

<Table> Scores before and after the application of learning strategies for grammar questions

No	Types of leaning strategies	Before application	After application	Score gap
1	Learning strategy through phrase segmentation	16.7	80.0	+63.3
2	Learning strategy through contextualiation	16.7	96.7	+80.0
3	Learning strategy through association	46.7	70.0	+23.3
4	Learning strategy through multimedia (video clips)	40.0	76.7	+36.7
5	Learning strategy through photos and pictures	33.3	83.3	+50.0
6	Learning strategy through empathy	16.7	46.7	+30.0
7	Spiral learning strategy	16.7	53.3	+36.6
8	Learning strategy through flimsy translation	13.3	80.0	+66.7

The table above demonstrates the effectiveness of each learning strategy for grammar questions, and the most effective strategy of all. Furthermore, the present research is significant in a way that those who will teach grammar in the future will be able to understand the valid learning strategies to be applied to the learners.

Key Word : grammar questions, learning strategies, phrase segmentation, contextualiation, spiral learning strategy

<제10장의 참고문헌>

가도다 슈헤이(門田修平, 2006)『第二言語理解の認知メカニズム』くろしお出版, pp.1-234.

고바야시 요시코(小林由子, 2001)「第Ⅱ部第1章 認知心理学的視点」『日本語教育学を学ぶ人のために』世界思想社, pp.56-71.

고야나기 가오루(2006, 김지선 옮김)『일본어 교사를 위한 새로운 언어습득개론』한국문화사, pp.1-352.

고이케 이쿠오(小池生夫編, 2004)『第二言語研究の現在』大修館書店, pp.1-340.

누이베 요시노리(縫部義憲, 1994)「第5章 両脳教育と日本語教育」『日本語教育学入門』創拓社, pp.116-137.

노다 히사시 외(野田尚史外, 2001)『日本語学習者の文法習得』大修館書店, pp.4-235.

데라우치 마사노리(寺内正典)·기노시타 고지(木下耕児)·나리타 마스미(成田真澄, 2004)『第二言語習得研究の現在』大修館書店, pp.1-340.

레슬리(レスリー·M. ビービ, 2002, 島岡丘·卯城裕司·佐久間康之訳)『第二言語習得の研究』大修館書店, pp.1-268.

롯드 엘리스(ロッド·エリス(牧野高吉訳), 1988)『第二言語習得の基礎』nci, pp.1-342.

롯드 엘리스(ロッド·エリス, 金子朝子訳, 2003)「第1章 第二言語習得研究」『第二言語習得序説-学習者言語の研究』研究社, pp.1-27.

방영림(方穎琳, 2012)「中国人日本語学習者による語彙的問題を修復するためのコミュニケーション方略」『日本語/日本語教育研究[3]』ココ出版, pp.127-143.

사사키 요시노리(佐々木嘉則, 2010)『第二言語習得再入門』凡人社, pp.1-243.

사코다 구미코(迫田久美子, 2005)「第3章 第二言語習得の理論·モデル」『第二言語習得研究』アルク, pp.35-57.

사코다 구미코 편집(迫田久美子編集, 2006)「第3章 言語学習の認知過程」『第3巻 言語学習の心理』スリーエーネットワーク, pp.127-227.

오제키 히로미(大関浩美, 2012)『第二言語習得論入門』くろしお出版, pp.1-203.

오카자키 히토미(岡崎眸)·오카자키 도시오(岡崎敏雄, 2001)「第2章 理解(読むこと·聴くこと)の過程をめぐる研究と現場への示唆」『日本語教育における学習の分析とデザイン-言語習得過程の視点から見た日本語教育』凡人社, pp.25-74.

이치우·北嶋千鶴子(2014)『한권으로 끝내기 N1』다락원, pp.1-456.

죠하쿠타로 편(城生佰太郎編, 2002)『映像の言語学』おうふう, pp. 1-195.
천호재 · 조병현(2011)『한국인 일본어 학습자의 오용 연구』한국문화사, pp. 1-296.
D · Larsen-Freeman · M. H. Long(1995, 牧野高吉訳)「第7章 第2言語習得の諸理論」『第2言語習得の招待』鷹書房プレス, pp. 230-283.
Heidi D · Martin B · Stephen · K(1993, 牧野高吉訳)「第2章 言語習得の心理作用」『第2言語の習得』鷹書房プレス, pp. 13-44.
Schmidt, R. W. (1990) The role of consciousness in second language learning, Applied Linguistics 11, 129-158.
〈日本語能力試験 JLPT〉 https://www.jlpt.jp/about/merit.html(2019.03.19.)

제11장

스토리텔링을 통한 일본어교육

-문법교육을 중심으로-

日本語要旨

本章ではストーリテリングを通した日本語文法の指導可能性を論じた。結論を言えば、日本語文法シラバスを知識情報の形で学習者に単純に提示する場合より、ストーリテリングと日本語文法シラバスを結びつけて提示した方が学習者たちの授業に対する満足度や成就度が向上すると予想される。この予想を導くために、まず本章では先行研究によって明らかになったストーリテリングの理論的背景を論じる。第2には、文法シラバスをストーリテリング化するために、特定の文法シラバスを純粋なストーリ材料、プロット化、テキスト化を試みる。第3に、文法シラバスを最少ストーリ化する。最後に、幾つかの文法シラバスをストーリテリング理論に適用して実際の指導例を提示する。

키워드: 스토리텔링(ストーリテリング), 문법실러버스(文法シラバス), 스토리재료(ストーリ材料), 플롯(プロット), 텍스트(テキスト)

11.1 시작하며 -왜 스토리텔링인가?

사전적 의미로 눈물의 의미는 "슬픔이나 기쁨, 분노 등의 격한 감정, 고통을 느낄 때, 하품을 할 때, 눈에 이물질이 들어갔을 때" 눈물샘에서 흘러나오는 액체 상태의 분비물로 정의된다(cf. 나무위키(2016.08.29.)). 이러한 눈물의 사전적 의미(지식 정보)를 일선 학교의 교사들이 초등학생들에게 가르친다고 할 때, 초등학생들은 과연 어느 정도로 납득을 할 것이냐는 의문이 대두된다. 설사 초등학생들이 눈물의 사전적 의미를 파악한다고 해도 그 의미를 매우 한정적으로밖에 파악하지 못할 가능성이 있다.

그러나 다음과 같은 스토리텔링을 활용하여 눈물의 지식 정보를 초등학생들에게 전했다고 생각해보자.

소라는 친구들과 함께 공원에서 놀고 있었어요. 그때 휘하고 바람이 불어와 소라의 눈에 모래가 들어갔어요. "앗, 아야!" 소라가 눈을 비비려고 하니까, 눈물이 주르륵 흘러내렸어요. 그때 조그만 소리가 들렸어요. "비비면 안 돼." 주룩주룩 주르륵. 소라는 자꾸만 눈물을 흘렸어요. 또 조그만 소리가 들렸어요. "이제 눈은 아프지 않아. 소라야." 소라는 살며시 눈을 떠 보았어요. "어, 정말이다. 이제 안 아파." "우리가 소라의 눈에 들어간 모래를 빼 줬기 때문이야." "우리?" 소라는 소리가 들리는 쪽을 보았어요. "우리는 눈물이야. 소라의 눈이 '아야, 아파, 나 좀 도와줘!'하고 불러서 나온 거야."[1]

최예정 · 김성룡(2009:15-16)에 의하면 어떤 사항(예를 들어 눈물)에 대한 지식 정보만을 제시한 경우는 단편적이고 무시간적이고 사실 전달적이며 논리적이긴 하지만 장기기억화되기는 어렵다고 하였다. 반면에, 스토리텔링을 사용하여 어떤 지식 정보를 제시하는 경우, 그것은 연속적이며 시간적이며 경험 전달적이며 흥미를 가지게 하므로 장기기억화가 매우 잘 진행되는 특성을 띤다고 하였다. 즉 위의 눈물의 사전적 의미(지식 정보)를 초등학생들에게 전달하는 경우, 그것은 장기기억화되기 어려운 반면에 스토리텔링을 활용햐여 눈물의 의미를 전달하는 경우, 그것은 문장 속에 나열된 사건의 순서가 연속적이고 시간적이며 독자들에 내재된 경험도 환기할 수 있기 때문에 그만큼 흥미를 가지게 되어 장기기억화되기 쉽다는 것이다.

눈물의 지식 정보를 스토리텔링화하는 방법이 한 가지만 있는 것은 아니다. 매우 다양한 스토리텔링을 각자의 경험에 입각하여 만들어낼 수 있기 때문에 스토리텔링이 가져다주는 이점은 실로 크다 하지 않을 수 없다.

또 스토리텔링은 눈물의 경우에만 한정되지 않는다. 모든 학문 분야로 적용이 가능하다. 일본어문법을 일본어 학습자들에게 지도할 경우에도 쉽게 적용할 수 있다. 일본어 문법지도에 스토리텔링과 문법항목을 성공

1 고바야시 마사코(2002) 『눈물아 고마워』 시공주니어, 최예정·김성룡(2009:16)에서 재인용함.

적으로 접목시킬 수만 있다면 교수자는 학습자들에게 쉽게 지도가 가능하며, 동시에 학습자들은 교수자가 지도하는 문법항목을 성공적으로 습득할 수 있다. 즉 일본어 문법항목을 지식 정보의 형태로 학습자들에게 단순히 제시하는 경우보다 스토리텔링으로 엮어서 제시하는 쪽이 학습자들의 학습효과가 상승하며 그것과 비례하여 수업 만족도도 제고될 가능성이 있다. 스토리텔링을 활용하면 학습자들의 학습 만족도가 크게 상승한다는 사실은 본 저자가 수업을 하면서 지금까지 많이 목격해 왔기 때문에 어느 정도, 혹은 상당히 유력한 설이라고 할 수 있다.

본 장에서는 이에 일본어의 문법항목을 스토리텔링과 연계하여 지도하는 방안을 제시하고자 한다. 그 일환으로 우선, 선행연구를 통하여 스토리텔링의 이론적 배경을 소개하고자 한다. 둘째, 문법항목을 스토리텔링화하는 하기 전에 우선 문법항목을 순수한 이야기 재료, 플롯화, 텍스트화를 시도한다. 셋째, 문법항목을 최소 스토리화하고자 하며, 마지막으로 몇 몇 일본어 문법항목을 본 저자의 경험에 바탕을 두고 스토리텔링화하여 제시하고자 한다.

11.2 스토리텔링의 이론적 배경

이 절에서는 최예정·김성룡(2009)과 소강춘·장미영·유지은·이수라(2009)에서 제시된 스토링텔링의 이론적 배경을 소개하고자 한다. 이하에 제시하는 스토리텔링 관련 개념 설명은 모두 최예정·김성룡(2009)과 소강춘·장미영·유지은·이수라(2009)에서 인용한 것이며 예시 및 예시 설명은 본 저자가 직접 작성한 것이다.

스토리텔링의 이론적 배경을 파악하기 위해서는 우선 텍스트, 스토리, 플롯의 개념을 알아두어야 한다. 먼저 「텍스트」란 독자들이나 청자들에게 문자나 소리의 방식으로 전달되는 인공물을 말한다. 예를 들어 일본의 모모타로(桃太郎)라는 민담을 전달하는 책이나 읽기(낭독)가 텍스트에 해당하는 셈이다. 그다음으로 「스토리」란 이야기의 순수 재료이다. 순수 재료는 선조적인 연속으로 구성된다. 선조적인 연속이라는 것은 이야기를 구성하는 복수의 순수 스토리가 시간적인 선후관계를 형성하며 연속적으로 배열된다는 것이다. 모모타로(桃太郎)를 예로 들면 옛날 옛날에 할아버지와 할머니가 살았다(순수 재료1)→할아버지는 나무하러 가고 할머니는 빨래하러 갔다(순수 재료2)→할머니가 빨래를 하는데, 갑자기 커다란 복숭아가 두둥실 떠내려 왔다(순수 재료3)→복숭아를 건져서 집으로 가져왔다(순수 재료4)→복숭아를 할아버지와 할머니가 함께 쪼개어보니 그 안에서 사내아이가 나왔다(순수 재료5)→할아버지와 할머니는 그 사내아이가 복숭아에서 태어났다고 해서 그 사내아이의 이름을 모모타로라고 이름 지었다(순수 재료6)…와 같이 복수의 스토리가 시간적인 선후관계에 의해서 전개되는 것을 확인할 수 있다. 만약에 순수 재료6을 순수재료1 앞에 놓아 시간적인 선후관계를 흩트리면 모모타로라는 민담은 처음부터 성립되지 않는다. 이것은 모든 이야기가 지니는 보편적인 특성이다. 「플롯(plot)」은 스토리를 인위적인 방식으로, 시간적인 선후관계를 위배함이 없이 (재)배열하거나 가공한 것이다. 예를 들어 할아버지는 나무하러 가고 할머니는 빨래하러 갔다(순수 재료2)를 할머니는 빨래하러 가고 할아버지는 나무하러 간 것으로 순수재료를 재배열할 수도 있고, 또한 사내아이를 여자아이로, 또는 모모타로에 나오는 도깨비를 마귀나 해적으로 이야기를 가공할 수도 있다.

둘째, 최소 스토리이다. 「최소 스토리」라는 것은 앞에서 언급한 순수 재료보다 단위가 약간 큰 개념이다. 스토리텔링을 구성하는 최소의 사건 단위를 말한다. 모모타로를 예로 들면 다음과 같다.

최소 스토리1 - 옛날옛날 어느 마을에 할아버지와 할머니가 살았다. 할아버지는 나무하러 가고 할머니는 빨래하러 갔다.

최소 스토리2 - 할머니가 시냇가에서 빨래를 하는데, 커다란 복숭아가 떠내려 왔다. 할머니가 그 복숭아를 건져 집으로 가지고 왔다.

최소 스토리3 - 할머니와 할아버지가 그 복숭아를 쪼개었다. 사내아이가 나왔다. 그래서 그 사내아이를 모모타로라 이름 지었다.

위에 제시된 최소 스토리들 역시 선조적으로 일관되게 이루어져 있으며 모모타로라는 민담의 뼈대를 형성하고 있다. 이들 뼈대들이 무너지면 민담은 성립될 수 없거나 성립된다고 해도 모모타로가 전달하고자 하는 메시지가 변형되거나 심각하게 훼손된다고 할 수 있다.

셋째, 스토리텔링하기이다. 「스토리텔링」은 복수의 사건이 나열되어 조직화된 언어적 구성물이라 할 수 있다. 모모타로를 예로 들면 옛날 옛날에 할아버지와 할머니가 어느 마을에 살았다(사건1). 어느 날 할아버지는 산에 나무하러 가고 할머니는 시냇가에 빨래를 하러갔다(사건2). 할머니가 빨래를 하는데 큰 복숭아가 떠내려 왔다(사건3). 할머니가 그 복숭아를 건져서 집으로 가지고 갔다(사건4). 집에서 할아버지와 할머니가 그 복숭아를 쪼갰다(사건5). 그 복숭아 안에서 사내아이가 나왔다(사건6). 그 사내아이를 모모타로라고 이름 붙였다(사건7)와 같이 스토리텔링은 복수의 사건(최소한 하나 이상의 사건)을 가공하여 청자나 독자들에게 전달하는 언어행동이다.

그런데 여기에서 스토리텔링이 복수의 사건을 가공하여 전달하는 언어행동이라는 말에서 '가공하여'라는 말이 의미하는 바가 무엇일까? 이 말은 예를 들어 모모타로라는 스토리 구성에 관여한 〈사건1〉-〈사건7〉이 모모타로 스토리에서 일어난 모든 사건을 하나도 빠짐없이 전달하지는 않았다는 것, 즉 선별해서 가공해서 전달했다는 것을 의미한다. 예를 들어 할아버지와 할머니가 구체적으로 몇 년 전, 어느 마을에서 어떠한 집에서 살았는지를 글쓴이는 전달하지 않았다. 또한 할아버지는 어디에 위치한 산에 갔는지, 도끼를 가지고 갔는지, 낫을 가지고 갔는지도 전달하지 않았다. 복숭아의 크기가 어느 정도인지 구체적으로 언급하지도 않았고, 그 큰 복숭아를 할머니가 어떻게 집으로 가지고 갔는지도 전달하지 않았다. 따라서 〈사건1〉-〈사건7〉은 다양한 사건들 가운데 특정한 사건을 글쓴이의 의도대로 취사선택, 즉 가공하여 제시한 것이라 할 수 있다.

또한 이상 제시한 사건들은 모두 시간적인 선후관계를 가지고 있다. 〈사건2〉가 〈사건1〉을 시간적으로 앞설 수 없고, 〈사건1〉이 〈사건2〉 뒤에 위치할 수도 없다. 그리고 〈사건1-사건7〉은 원인과 결과에 의한 배열이다. 예를 들어 복숭아를 쪼갰기 때문에 사내아이가 나왔고, 사내아이가 복숭아에서 나왔기 때문에 모모타로라는 이름이 붙여진 것이다. 복숭아를 쪼개지 않았으면 사내아이가 나오지 않았을 것이고 모모타로라는 이름이 붙여질 일도 없었을 것이다. 이와 같이 사건들이 서로 원인과 결과에 맞물려 배열되는 성질을 「서사적 순차성」이라고 한다.

마지막으로 스토리텔링의 종류이다. 스토리텔링에는 「실화 스토리텔링, 창작스토리텔링, 영화 스토리텔링, 애니메이션 스토리텔링, 게임 스

토리텔링, 연극 스토리텔링, 축제 스토리텔링, 만화 스토리텔링, 동화 및 민담(옛날이야기), 박물관 스토리텔링, 텔레비전 스토리텔링, 쇼핑몰 스토리텔링」 등이 있다. 먼저 실화 스토리텔링은 일상 속에서 또는 역사적으로 실제적으로 일어난 실화를 바탕으로 한 것이다. 창작 스토리텔링은 실존하지 않았던 글쓴이가 임의대로 지어낸, 즉 가공한 이야기이다. 영화 스토리텔링은 영화 제작을 위해서 만들어지거나 실화를 바탕으로 한 이야기이다. 애니메이션 스토리텔링은 애니메이션 제작을 위해 만들어지거나 실화를 바탕으로 한 이야기이다. 게임 스토리텔링은 게임을 하는 사람들이 실감나게 게임에 몰입할 수 있도록 만든 이야기이다. 연극 스토리텔링은 연극 공연을 위해서 실화를 바탕으로 혹은 가공한 이야기이다. 축제 스토리텔링은 축제를 위해서 만들어진 혹은 실화에 바탕을 둔 이야기이다. 예를 들어 일본 센다이(仙台)에서 매년 8월 초에 개최되는 다나바타마쓰리(七夕祭り)는 견우와 직녀의 전설을 바탕으로 펼쳐지는 마쓰리이다. 만화 스토리텔링은 만화 제작을 위해서 가공된 이야기일 가능성이 크다. 동화 및 민담 스토리텔링은 동화나 민담(옛날이야기)이 담고 있는 이야기이다. 박물관 스토리텔링은 특정한 인물을 주제로 하여 그 주제와 관련된 다양한 유물을 전시하기 위해 채택된 이야기이다. 텔레비전 스토리텔링은 텔레비전 프로그램 제작을 위해 채택된 실화 혹은 가공의 이야기이다. 마지막으로 쇼핑몰 스토리텔링은 쇼핑몰에서 판매 전략의 일환으로 채택된 이야기이다.

스토리텔링의 종류는 실제로는 이상에서 제시한 것보다 훨씬 복잡 다양하다. 이러한 스토리텔링의 다양성은 특정한 지식 정보를 스토리텔링화하는 하는 방법이 매우 다양하다는 사실을 뒷받침해 준다. 자신이 선호하는 방식대로 특정한 지식 정보를 거의 무한한 방식으로 스토리텔링

화하여 장기기억화할 수 있는 것이다.[2]

11.3 일본어 문법항목

일본어 문법항목을 스토리텔링에 접목시켜서 일본어문법 자체를 연속적, 시간적, 경험적으로 학습자들에게 흥미롭게 전달하기 위해서는 우선 일본어문법서에 어떠한 문법항목이 배열되어 있는지를 파악해 둘 필요가 있다. 이 절에서는 초급일본어 교재에 나타난 일반적인 문법항목을 소개하고자 한다.

본 장의 고찰 교재로는 나성영·홍민표(2013)[다노시이 일본어 입문, 계명대학교 출판부], 나성영·홍민표(2014)[다노시이 일본어 활용, 계명대학교 출판부]이다. 나성영·홍민표(2013)[다노시이 일본어 입문, 계명대학교 출판부]는 일본어 학습경력이 전혀 없는 초심자용 교재이다. 나성영·홍민표(2014)[다노시이 일본어 활용, 계명대학교 출판부]는 다노시이 일본어 입문을 수강한 학습자나 혹은 그것에 준하는 초급일본어 지식을 갖춘 학습자를 대상으로 한 교재이다. 이하 나성영·홍민표(2013)에 제시된 문법항목을 간단히 소개한다.

나성영·홍민표(2013)에서 제시된 문법항목로 우선 い형용사 활용에 관련한 실러버스를 들 수 있다. 「い」형용사 활용 패턴으로「寒い→寒いです→寒くありません(寒くないです)→寒くて→寒い冬」에서 보듯 기

2 스토리텔링을 활용한 일본어교육 관련 선행연구로 정지현(2005), 이상임(2007), 양아름(2009)의 연구를 들 수 있는데, 이들 연구는 문법항목을 스토리텔링화하는 방식으로 고찰하지 않았다는 점에서 본 장과는 구별된다.

본형, 긍정형, 부정형, 중지형, 연체형 등을 들 수 있다. 둘째, 「な」형용사 활용에 관련된 실러버스가 있다. 「な」형용사 활용 패턴으로 「まじめだ→まじめです→まじめではありません→まじめで→まじめな学生です」을 들 수 있다. 「い」형용사 활용 패턴과 마찬가지로 기본형, 긍정형, 부정형, 중지형, 연체형 활용 패턴이 제시되어 있다. 셋째, 동사의 연용형에 관련된 실러버스가 있다. 동사의 기본형과 종류, 종류에 따른 「ます」 접속법, 「ます」의 활용 패턴(긍정형, 부정형, 권유형, 과거형, 부정과거형, 동시동작)이 제시되어 있다. 구체적으로 예를 들면 「飲みます→飲みません→飲みましょう→飲みました→飲みませんでした→飲みながら」 등의 활용 패턴이 제시되어 있다. 넷째, 동사의 음편형에 관련된 실러버스이다. 예를 들면 「あう→あって→あっています→あってください→あってもいいです→あってみてもいいです→あってから」에서 보듯 기본형, 음편형과 진행, 의뢰, 허가, 순차 등의 의미를 지닌 활용 패턴이 제시되어 있다. 마지막으로, 동사의 부정형에 관련된 항목(실러버스)이다. 예를 들면 「乗る→乗らない→乗らないでください→乗らなくてもいいです」에서 보듯 기본형, 부정형과 부정 의뢰, 부정 허가 등의 의미를 지닌 활용 패턴이 제시되어 있다.

나성영·홍민표(2014)에 제시된 문법항목으로 우선 「동사+과거형(た) 활용과 그것과 관련한 의미 기능」을 들 수 있다. 예를 들면「書く→書いた→書いたほうがいいです→書いたらどうですか→書いたり→書いたばかり」 등의 의미 기능 등이 제시되어 있다. 둘째, 동사의 음편형과 그것과 관련한 의미 기능 등이 제시되어 있다. 예를 들면 「待つ→待って→待っているところだ→待っておく→待ってあげる→待ってもらう→待ってくれる→待ってしまう」 등을 들 수 있다. 셋째, 동사의 기본형을 활용한 패턴이 제시되어 있다. 예를 들면「飲む→飲むことができる→飲むつもりです→飲むように」 등을 들 수 있다. 넷째, 동사의 부정형과 그것과 관련한 의미용법이 확인되었다. 구체적으로 예를 들면「飲まない→飲まないほうがいいです→飲まなければならない→飲まないように」 등의 부정형에 관련한 의미용법이 제시되어 있다. 다섯째, 동사의 가정형과 그것과 관련한 의미용법이 제시되어 있다. 예를 들어「飲む→飲めば→飲めば飲むほど」 등의 가정형과 관련 의미용법을 확인할 수 있다. 여섯째, 동사의 사역형과 수동형, 그와 관련된 의미용법이 제시되었으며, 일곱 번째, 동사의 연용형과 그와 관련된 의미용법(「희망-飲みたい, 상호-飲みあう, 종료-飲み終わる」), 마지막으로 동사의 의지형(「飲もう」)과 그와 관련된 의미용법(「飲もうと思います」)이 제시되어 있다.

11.4 문법항목과 순수한 이야기 재료, 플롯화, 텍스트화

문법항목을 스토리텔링화하여 가르치기 위해서는 문법항목을 순수한 이야기 재료, 플롯화, 텍스트화할 필요가 있다. 이 절에서는 다양한 문법항목 가운데 중추를 이루는 동사의「ます」접속법과 동사의 음편형, 즉 동사의「て(で)」접속법에 순수한 이야기 재료, 플롯화, 텍스트화를 어떻게 적용할 수 있는지에 대해서 살펴보도록 하겠다.

교수자가 동사의「ます」접속법을 학습자들에게 가르치기 위해서는 우선 동사의 개념을 파악해 둘 필요가 있다. 동사란 생물이나 무생물의 움직임, 상태변화를 언어 표현화한 것이다. 둘째, 동사에「ます」가 접속되는 이유이다. 일본도 한국과 마찬가지로 높임말 체계가 존재하는데,

동사의 어간에 「ます」를 접속하면 반말이 높임말이 된다. 셋째, 동사의 구조이다. 동사는 어간과 어미「う단」으로 구성된다. 어간은 형태가 변화하지 않는 반면에 어미는 형태 변화를 허용한다. 넷째, 동사의 종류로 1류 동사, 2류 동사, 3류 동사가 있다. 즉 동사를 보고 무슨 동사인지를 판별할 수 있어야 한다. 동사의 종류 판별이 중요한 것은 동사 종류를 판별할 수 있어야 「ます」를 동사의 어간에 정확하게 접속할 수 있기 때문이다. 1류 동사는 어미「う」단을 「い」단으로 고쳐 「ます」를 접속한다. 2류 동사는 어미「る」를 삭제하고 「ます」를 접속한다. 3류 동사는 「来る」와 「する」2개가 있는데, 「来る」는 「来ます」로, 「する」는 「します」로 고쳐야 한다. 다섯째, 동사의 「ます」활용형을 보고 기본형을 복구할 수 있으며, 그렇게 할 수 있어야만 의미를 파악할 수 있다. 즉 「飲みます」에서 「飲む」라는 기본형을 복구해 낼 수 있어야 한다. 마지막으로 「飲む→飲みます→飲みますか→飲みません→飲みませんか→飲みましょう→飲みましょうか」에서 보듯 「ます」는 다양한 활용 패턴을 지닌다. 동사의 음편형을 가르칠 때도 이상과 같은 개념 파악이 필요하다.

동사의 「ます」접속법을 스토리텔링화하고자 할 경우, 동사의 「ます」접속법에 관련된 이상의 내용들을 순수한 이야기 재료화할 수 있는 역량을 발휘할 수 있어야 한다. 즉 동사의 구조(어간+어미), 동사에 「ます」가 연결되는 이유, 동사의 종류에 따른 「ます」접속법, 동사의 형태(기본형), 동사의 개념, 「ます」의 다양한 형태가 순수한 이야기 재료가 될 수 있음을 유념한다. 마찬가지로 동사의 음편형의 경우도 동사의 기본형, 동사의 구조, 음편형으로 변환해야 하는 이유, 동사의 종류, 동사 음편형 변환 방법 등은 순수한 이야기 재료가 될 수 있도록 그 가능성을 열어두어야 한다.

동사의 「ます」접속법과 음편형을 스토리텔링화하기 위해서는 순수한 이야기 재료를 원인과 결과라고 하는 순차성에 입각하여 플롯화할 수 있어야 한다. 위에서 제시한 순수한 이야기 재료를 플롯화하면 동사란 무엇인가 →동사의 구조는 무엇인가 →동사의 형태는 어떠한가? →동사의 종류는? →왜 「ます(て,で)」가 접속되는가? →「ます(て,で)」의 접속법은? →「ます(て,で)」활용에서 기본형을 복구하는 방법은? →「ます(て,で)」의 다양한 형태는 무엇이냐 등의 순서로 플롯화할 필요가 있다. 동사란 무엇이냐는 질문이 동사의 구조는 무엇이냐는 질문에 선행하는 것은 전자의 질문이 후자의 질문을 가능하게 하는 전제가 되기 때문이다. 즉 동사가 무엇이냐라는 질문을 통해서 동사의 구조에 대한 관심이 일어나기 때문이다. 환언하면 전자의 질문과 후자의 질문은 원인-결과라는 순차적 관계에 놓여 있다. 동사「ます」형에 관련하여 8개의 질문들은 모두 원인-결과라는 순차적 관계를 형성한다고 할 수 있다.

동사의 「ます」접속법과 음편형을 스토리텔링화하기 위해서는 순수한 이야기 재료, 플롯화하는 것을 통해 텍스트화할 수 있어야 한다. 즉 교수자는 자신의 경험이나 고유의 견해를 가지고 순수한 이야기를 구성하며, 플롯화한 것을 가지고 실화 스토리텔링, 창작스토리텔링, 영화 스토리텔링, 게임 스토리텔링, 연극 스토리텔링, 축제 스토리텔링, 만화 스토리텔링, 동화 및 민담 스토리텔링, 박물관 스토리텔링, 텔레비전 스토리텔링, 쇼핑몰 스토리텔링 등으로 대표되는 스토리텔링의 전체 혹은 일부를 가지고 텍스트화할 수 있는 역량을 길러두어야 한다.

11.5 문법항목과 최소스토리

문법항목을 순수한 이야기 재료화하고 플롯화하고 나아가 텍스트화의 기틀을 마련했다고 해서 스토리텔링이 완성되는 것은 아니다. 즉 스토리 라인을 구성하기 위해서 몇 가지 최소 스토리 뼈대를 세워야 한다. 예를 들어 동사의 「ます」접속법을 스토리텔링화하기 위한 최소 스토리를 제시하면 다음과 같다.

최소 스토리1-옛날 옛날에 동사가 살고 있었다(일본어에는 동사라는 것이 있다.). 그 동사는 사물이나 사람, 동식물의 움직임 하나하나를 이름 붙인 것이다(동사란 무엇인가?). 동사에게는 자식이 많다(또는 동사로 날라드는 나비(조동사)가 많다.). 즉 동사에 연결되는 조동사가 많이 있다.

최소 스토리2-마을에 여러 품사들이 사는데 동사는 특별한 생김새를 하고 있으므로 금방 알아볼 수 있다(동사의 구조 및 형태). 동사에게는 3명의 형제가 있다. 1류 동사와 2류 동사 그리고 3류 동사이다. 각기 다른 동사는 제각각 고유의 방식으로 조동사와 연결되며 살아간다. 1류 동사는 「ます」와 연결될 때, 어미「う단」이 「い」단으로 납작해지는 고통을 안으며 살아간다. 2류 동사는 어미 「る」가 잘리는 아픔을 겪는다. 3류 동사는 「来る→来ます, する→します」에 보듯 원래 자신의 흔적이 거의 남김없이 사라지면서 「ます」와 연결된다.

최소 스토리3-동사는 향기로운 꽃이어서 많은 나비(조동사)가 동사에 날

아든다. 날아드는 나비들(조동사들) 덕분에 동사는 다양한 말의 꽃을 피운다.「飲む→飲みます→飲みますか→飲みません→飲みましょう→飲みました」

11.6 스토리텔링하기(1)

앞에서 스토리텔링은 사건의 나열로 엮어진 언어적 구성물이라 하였다. 또한 스토리텔링은 하나 이상의 사건을 가공하여 전달하는 행위라고 하였다. 하지만 문법항목은 가공되어서는 안 된다. 즉 동사의「ます」접속법(동사 음편형 변환법)에 관련된 정보는 절대 가공되어서는 안 되며 모든 정보는 학습자들에게 정확하게 전달되어야 한다. 동사의「ます」접속법은 시간적 선후관계를 지니며 배열되어야 한다. 시간적 선후관계로 배열된다고 함은 원인과 결과에 따른 배열이어야 한다는 말이다. 원인과 결과에 따른 배열순서가 흐트러지면 스토리라인이 무너지고 종국에 가서는 스토리텔링이 성립하지 않게 된다.

11.7 스토리텔링하기(2)

스토리텔링에는 11.2절에서 살펴본 바와 같이 다양한 종류가 있다. 문법항목에 스토리텔링을 접목하고자 할 경우, 교수자는 일률적이 아닌 실로 다양한 방법을 사용할 수 있다. 교수자 자신이 감명 깊게 본 영화의 장면이나 드라마 장면, 애니메이션 장면을 연상하며 문법항목을 접목할 수 있다. 또 문법항목을 플롯화하여 창작 스토리텔링화할 수도 있다.

우선 창작 스토리텔링의 방식으로 「ます」접속법을 스토리텔링화한 하나의 예시이다.

동사의 슬픔을 아시나요. 동사는 홀로 살아가는 것도 있지만 결혼을 해서 아이를 많이 낳기도 해요. 동사와 결혼할 수 있는 배우자는 주로 조동사라고 불리죠. 동사는 많은 배우자를 거느려요. 즉 일부다처인 것이죠. 예를 들면 「ます, ながら, たい, ば, ない...」 등이 있죠. 이들 조동사들과 결혼을 하는 동사는 자신의 몸이 찢어지는 고통을 겪는답니다. 가령 1류 동사들은 「ます」와 결혼을 하면 자신의 꼬리(어미, う단)가 납작해지는(い단이 되는) 아픔을 겪죠. 그러나 2류 동사들에 비하면 1류 동사의 고통은 아무것도 아니랍니다. 2류 동사들이 「ます」와 결혼을 하면 「たべる→たべます」처럼 자신들의 꼬리를 잘리게 되는 아픔을 겪기 때문이죠. 마치 뭐랄까? 도마뱀이 자신의 꼬리를 자르는 아픔이랄까? 그런데 3류 동사들은 그보다 더한 아픔을 겪죠. 「来る(kwuru)」와 「ます」가 결혼한 「来ます(kimasu)」에 来る(kuru)의 원래 모습은 온데간데없고 [k]라는 파편만이 남아 있답니다. 「する(swuru)」와 「ます」가 결혼한 「します(shimasu)」에도 する(suru)의 원래 모습은 거의 남아 있지 않죠. [s]만이 남아 있죠. 이러한 아픔을 겪는 동사들은 다양한 조동사들과 결혼하는 것을 꺼릴 것 같은 생각이 드네요. 하지만 동사들은 그러한 고통을 통해 참으로 다양하고 섬세한 말의 꽃을 피우는 기적을 보여주죠.

둘째, 동사 음편형의 경우도 다양한 스토리텔링을 적용해볼 수 있다고 생각되는데, 이번에도 자체 내의 플롯을 중시하여 창작 스토리텔링화(잔

혹동화)를 시도해보았다.

조동사「て(で)」는 사나우며 까탈스런 존재랍니다. 동사들과 일관된 방법으로 결합하지 않아요. 우쭐거리는 동사에는 한 대 치면서 결합을 하죠. 예를 들면「あう, まつ, のる」와 같이 우쭐(-う, -つ, -る)거리는 동사는「あって, まって, のって」와 같이「て(で)」에 맞아서 어미가 모두 욱(っ)하며 변해요.「て(で)」는 비둘기처럼 구구(-く, -ぐ)거리는 동사들, 그러니까「かく, およぐ」의 어미를 구이(かく→かいて, およぐ→およいで)를 해 먹어 버린답니다. 경상도에서 옛날에 결혼한 '누나'를 '누부'라고 부른 거 아시나요? 1류 동사 중에는「しぬ, とぶ, よむ」와 같이 어미가 '누부무'로 끝나는 동사가 있는데, 이런 동사들한테는「て(で)」가 애원을 하며 결합을 한답니다. 어떻게 애원하냐구요. "누부야 물 좀 줘, 응?"「しぬ→しんで, とぶ→とんで, よむ→よんで」처럼 하죠. 조동사「て(で)」가 살아가는 법 참으로 대단하지 않나요? 동사들을 때리기도 하고, 구이를 해 먹어 버리기도 하고, 싹싹 빌어 애원을 하기도 하고 말이죠^^;;

마지막으로 형용사「よい」와「いい」의 차이를 설명하는 데에도 스토리텔링 기법을 적용할 수 있다.

「よい」와「いい」는 서로 얼굴이 닮아서 사람들이 헷갈려할 때가 참 많답니다.「よいです(いいです), よいですか(いいですか), よい人(いい人), よい人(いい人)」처럼「よい」와「いい」는 의문문, 평서문, 명사를 수식할 때는 사이좋게 같이 쓰이곤 하죠. 그래서 사람들(일본어 학습자들)은「よい」와「いい」를 구별하지 않고 그냥 같은 걸로 편히 생각하곤 하죠. 그러나

「よい」와 「いい」는 늘 그러한 사람들의 시선들이 슬펐죠. 왜냐하면 오래 전부터 「よい」와 「いい」는 서로의 영역을 가급적 침범하지 않고 독립적으로 살고 있는데 사람들이 그걸 몰라줬으니까요. 서로의 영역이란 바로 「よい」는 궂은 일을, 「いい」는 비교적 쉬운 일을 도맡아하는 것이랍니다. 그래서「よい」는 궂은일(부정하는 일, 과거화하는 일, 가정하는 일)을 도맡아 하는 자기 일을 사람들이 충분히 알아주길 바란답니다. 「よい→よくない→よくて→よくありません→よくなかった→よかったら」에서 보듯 부정하거나 중지를 하거나 과거사로 돌리거나, 가정을 할 때 「よい」를 사용하죠. 「*いい→*いくない→*いくて→*いくありません→*いくなかった→*いかったら」와 같이 궂은일을 할 때는 「いい」는 발을 빼버리죠. 참 나쁜 「いい」('A')

마지막으로 일본어는 아니지만 THAT의 문법적 특성을 성서의 십계명에 빗대어 설명한 예를 확인할 수 있다.[3] 「*」표시는 비문법적인 문장임을 나타내는 것임.

1) 네 이웃(who, whom, which)을 사랑하라.[4]

He' s the man that saved me in the pool.

Lend me the book that you bought yesterday.

2) 내 앞에 전치사를 두지 마라.

This is the man that I work with.

---

3 이하의 영어 예와 설명은 정철 영어(2009.05)에서 인용한 것이다. 원문에는 밑줄이 없다.

4 네 이웃(who, whom, which)을 사랑하라는 말은 that 대신에 who, whom, which를 바꿔 쓸 수 있다는 뜻이다.

*This is the man with that I work.

3) all, little, much, -thing 족은 나를 따르라.

This is all that I have.

I can't believe anything that she said.

4) 최상의 것과 유일한 것은 내게 바쳐라.

She's the first woman that won the race.

It's the only thing that I can do for you.

5) 사람과 사물을 똑같이 사랑하라.

Look at the man and the dog that are running over there.

6) 궁금한 것이 있으면 다 내게로 오라.

Who is the woman that is sitting over there.

11.8 마치며

문법항목을 지식 정보의 차원으로만 학습자들에게 제시하면 지식 정보가 지니는 단편성, 무시간성, 사실 전달성, 논리성이라는 성질 때문에 학습자에게 장기기억화되기 어렵다는 문제점이 있다. 반면에 문법항목을 스토리텔링화하여 학습자들에게 전달하면 스토리텔링이 지니는 연속성, 시간성, 경험 전달성, 흥미성 때문에 장기기억화가 매우 용이해진다. 이것은 다년간에 걸친 본 저자의 현장 경험에 의해서도 뒷받침된다. 문법항목을 스토리텔링화하는 데에 많은 노력이 요구되기는 하지만 스토리텔링화하는 교실환경은 매우 활발하고 쾌적하고 언제나 웃음이 흘러 넘친다. 교수자는 자신의 학습현장 경험에 입각하여 매우 다양한 종류의 스토리텔링을 문법항목에 적용할 수 있다.

Abstract

Japanese Education by Storytelling
-Centering grammar education-

I analyzed about the possibility of Japanese grammar teaching by storytelling in this chapter. In conclusion, the satisfaction of the class for the learners is increased when presents weaving storytelling and Japanese grammar syllabus than simply presents Japanese grammar syllabus as knowledge information type to the learners. To arrive this conclusion, I discussed about theoretical background of storytelling disclosed by prior researches in this chapter. Secondly, I presented grammar syllabus for each type extracted from Japanese textbook. Thirdly, I tried to make specific grammar syllabus as story material, plot and text to make grammar syllabus as storytelling. Fourthly, I made specific grammar syllabus as minimum story and presented actual teaching example by applying several grammar syllabuses on storytelling theory as a last.

keywords: storytelling, grammar syllabus, story material, plot, text

<11장의 참고문헌>

고바야시 마사코(2002)『눈물아 고마워』시공주니어.

나성영 · 홍민표(2013)『다노시이 일본어 입문』계명대학교 출판부, pp. 1-158.

나성영 · 홍민표(2014)『다노시이 일본어 활용』계명대학교 출판부, pp. 1-187.

소강춘 · 장미영 · 유지은 · 이수라(2009)『스토리텔링과 문화사업』글누림, pp. 1-304.

양아름(2009) 스토리텔링을 활용한 일본어 교수법에 관한 연구, 경희대 교육대학원 석사논문.

이상임(2007)『스토리텔링을 활용한 초급 일본어 듣기 말하기 교수법에 관한 고찰』영남대 교육대학원 석사논문.

전충현(2009)「7. 문화 콘텐츠 스토리텔링 기획」『문화콘텐츠 전략 기획론』글누림, pp. 183-199.

정지현(2005)『스토리텔링을 활용한 일본어 교수 학습 모형 개발』단국대 교육대학원.

최예정 · 김성룡(2009)『스토리텔링과 내러티브』글누림, pp. 1-208.

최혜실(2008)「제1장 공간 스토리텔링으로서의 테마파크」『테마파크의 스토리텔링』, 글누림, pp. 1-32.

인터넷 자료는 본문에 명시함

제2부의 결론

제2부는 일본어 문법습득에 관한 연구이다. 제2부에서 본 저자는 일본어 학습자들이 일본어 문법을 막연히 이해하는 데에서 나아가 일본어 문법습득의 효율성, 일본어 학습자의 문법습득 상황, 일본어 학습자와 일본 원어민과의 운용 양상, 스토리텔링을 활용한 문법학습 방안을 고찰하였다. 제8장에서는 일본어 학습자가 학습한 일본어 수수표현 사용 양상, 즉 습득 양상을 작문 자료를 통해서 고찰하였다. 그 결과 일본어 학습자는 수수표현 가운데 「~てくれる(くださる)」를 압도적으로 사용하는 양상을 확인할 수 있었다. 둘째, 일본어 학습자는 자동사, 타동사, 사역동사, 한어동사 가운데 타동사와 한어동사를 중점적으로 수수표현 형식에 연결하여 사용하는 비중이 높다는 사실이 확인되었다. 셋째, 일본어 학습자는 「~てくれる(くださる)」 형식의 수수표현에 생기하는 「が」격 명사와 「に」격 명사에 인간이 아닌 무생명사(사물)의 의미역을 부여하는 오용을 많이 범하는 한편, 인칭제약은 위반하지 않는다는 사실이 확인되었다. 넷째, 일본어 학습자는 수수표현의 구조적 유형 중에서 상대 대상의 수수표현과 직접적인 대상에 대한 수수표현을 다용하는 경향을 확인할 수 있었다.

제9장에서는 형태적 측면, 의미적 측면에 주목하여 일본어 학습자의 수동구문 습득 양상을 고찰하였다. 우선 형태적 측면에 주목하여 일본어

학습자의 수동구문 습득을 살펴본 결과, 전체 153개 중에 1류 동사에 수동 형태소「られ」가 부가된 예가 52개, 2류 동사가 29개, 3류 동사는 72개로 확인되었다. 둘째, 격 형태 습득을 보면 격 형태가 명시된 전체 64개 중에서「に」격이 명시된 예가 36개,「から」격이 10개,「で」격이 15개,「によって」격이 3개로 확인되었다. 셋째, 일본어 학습자가 습득한 수동구문을 보면 전체 153개 수동구문 중에서 속성서술수동구문이 9개, 사상서술수동구문이 144개로 사상서술수동구문이 압도적으로 많은 것을 알 수 있었다. 넷째, 수동구문이 마이너스적인 의미로 사용된 수영수동구문이 72개, 플러스적인 의미로 사용된 수영수동구문이 46개, 중립적인 의미로 사용된 항격수동구문이 35개로 확인되었다. 마지막으로 일본어 학습자가 작성한 수동구문에서「に」격 명사에 부여된 의미역으로 인간이 12개, 사물이 24개로 확인되었다.「から」격 명사에 부여된 의미역으로 인간이 3개, 사물이 7개가 확인되었다.「で」격 명사에는 수단으로서 의미역이 부여된 예가 1개, 원인이 2개, 기타가 12개로 확인되었다.「によって」격 명사에 부여된 의미역으로 인간이 1개, 사물이 2개로 확인되었다. 103개의수동구문에 명시된「が」격 주어에 인간의 의미역이 부여된 예가 21개, 사물이 82개로 확인되었다. 끝으로 이러한 결론이 보다 더 유의미한 결론으로 도달하기 위해서는 일본어 학습자의 수동구문 습득 양상이 일본 원어민의 운용 능력에 어느 정도로 근접해 있는지를 일본 원어민들이 작성한 수동구문과 비교 고찰할 필요성이 있음을 강조하였다.

제10장에서는 일본어능력시험 1급(JLPT)에 나오는 문법항목에 대한 효율적인 학습전략과 피실험자의 실험을 통해 그 효과를 고찰하였다. 그 결과, 우선 어구의 분해에 의한 학습전략, 둘째, 문맥 제시에 의한 학습

전략, 셋째, 연상에 의한 학습전략, 넷째, 멀티미디어(동영상)에 의한 학습전략, 다섯째, 사진이나 그림을 통한 학습전략, 여섯째, 감정이입에 의한 학습전략, 일곱째, 스파이럴식 학습전략, 마지막으로 엉성하게 번역하는 학습전략들을 적용하기 전보다 적용 후가 훨씬 높은 점수를 득점한다는 사실이 밝혀졌다. 이들 학습전략을 통해 교수자나 학습자 쌍방에 있어 문법항목 학습에 대한 유연하고 효율적인 대처가 가능해질 것으로 기대된다.

마지막으로 제11장에서는 단편성, 무시간성, 사실전달성, 논리성 등의 성질을 강하게 지니는 문법항목이 장기기억화되기 어렵다는 문제점을 해결하기 위한 방안으로 스토리텔링화 기법을 제안하였다. 문법항목을 스토리텔링화하면 단편성, 무시간성, 사실전달성, 논리성이 연속성, 시간성, 경험 전달성, 흥미성으로 변환될 가능성이 매우 높아지며 그 결과 문법항목의 장기기억화가 발생할 가능성이 매우 높아질 것으로 전망하였다. 문법항목을 스토리텔링화하는 데에 창의적인 노력이 많이 요구되기는 하지만 그러한 노력의 결과는 쾌적한 교실환경과 학습의 극대화를 가져올 것이라는 점을 강조하였다.

지은이 천호재(千昊載)
계명대학교 인문국제대학 일본어문학과 부교수
대한일어일문학회 편집 위원
한국일어일문학회 편집 위원
일본 도호쿠(東北)대학 대학원 문학연구과 언어학박사(ph.D)

[주요 논저]

- 한국어의 중간 자동사 구문과 중간 수동 구문에 관한 연구(2002) 어학연구, 38(1), pp.211-239.
- 日本語の総称文と中間構文(2007) 일어일문학연구, 63(1), pp. 551-569.
- 英語のHAVE構文の分析 (2007) 言語学論集16, pp.31-42.
- 日本語の自動詞文と中間自動詞文(2007)일어일문학연구 61(1), pp.317-340.
- 일본어와 중국어 인식구문의 통사적 특질(2008) 동북아문화연구14, pp. 525-544.
- 일본어 자발문의 유형론적 분석(2008) 한국문화사(2009 문화체육관광부 우수저서)
- 인식 조동사 구문의 보편적 특징(2009) 한국문화사
- 일본어 학습에 대한 의식(2009) 한국문화사
- 중간 구문의 개별 언어 분석 및 범언어적 분석(2009) 한국문화사
- 인터넷 기반 일본어교육의 가능성과 연구 방법(2011) 한국문화사
- 의미수동화조작의 보편적 특징(2012) 한국문화사
- 일본어교육론(2012) 어문학사
- 언어의 이해(2013) 어문학사
- 일본문화의 이해와 일본어교육(2014) 역락
- 일본어의 態voice와 복문(2015) 역락(2016 세종도서학술부문 우수저서)
- 언어문화로 본 일본사정의 이해(2016) 역락
- 일본어통번역기초(2017) 역락
- 라디오 명작 드라마로 배우는 일본어(2017) 역락
- 웹기반 일본어 리터러시(2017) 역락
- 웹 동영상으로 일본어 듣고 독해하기(2018) 역락
- 시청각으로 배우는 일본어(2018) 역락
- 일본어통번역 연습(2018) 역락
- 일본어학의 이해(2019) 어문학사
- 일본어 음성의 이해(2019) 신아사

일본어의 어휘와 문법습득 연구
-일본어교육학의 관점을 중심으로-

초판 1쇄 발행일 2020년 6월 30일

지은이 천호재
펴낸이 박영희
편집 박은지
디자인 최민형
마케팅 김유미
인쇄·제본 제삼인쇄
펴낸곳 도서출판 어문학사
서울특별시 도봉구 해등로 357 나너울카운티 1층
대표전화: 02-998-0094/편집부1: 02-998-2267, 편집부2: 02-998-2269
홈페이지: www.amhbook.com
트위터: @with_amhbook
페이스북: https://www.facebook.com/amhbook
블로그: 네이버 http://blog.naver.com/amhbook
다음 http://blog.daum.net/amhbook
e-mail: am@amhbook.com
등록: 2004년 7월 26일 제2009-2호

ISBN 978-89-6184-952-4 93730
정가 26,000원

이 도서의 국립중앙도서관 출판예정도서목록(CIP)은 e-CIP홈페이지(http://www.nl.go.kr/ecip)와
국가자료공동목록시스템(http://www.nl.go.kr/kolisnet)에서 이용하실 수 있습니다.
(CIP제어번호: CIP 2020021183)